2008年于北大蓝旗营家中

16岁照片

1950年在天津劳动局工作时的证件照

1953年在北大上学期间

1956年任北大助教时照片

1954年12月与妻子刘婉然结婚照

1978年与历史地理学家侯仁之先生在一起

1979年在中国古文字研究会上发言

1981年于北大中关园家中

1982年在专题讲座上授课

1984年受邀去美国讲学照片

1985年参加美国伯克利大学同事们为其在郊外举办的野餐会

1989年应邀去英国伦敦大学讲学

1989年应邀去法国巴黎大学做学术报告

1990年与国际友人汤姆森教授在一起

1993年参加中国社会科学院历史系博士论文答辩会

1994年与李学勤（右三）等古文字学界同仁在学术研讨会上相逢

1996年在美国加州大学授课期间留影

在北大考古系授课

鉴定青铜器上的铭文

2002年与同事、友人拍摄于北大考古文博院

2003年与2000级博士毕业生合影

2010年为纪念好友启功先生在北京师范大学举办的大会上发言

2013年与国际友人艾兰教授在一起

1995年在美国探望女儿与外孙、外孙女

相濡以沫五十年金婚时节与夫人摄于北大家中

2005年新春时节与夫人摄于北大校园

2006年12月26日在八十岁寿宴上与家人、友人在一起

2009年于北京郊外

与儿子、女儿在一起

和孙子在一起

和孙女在一起

2014年为纪念"钻石婚"与家人合影

高明先生九秩华诞庆寿论文集

北京大学考古文博学院 编

科学出版社
北京

图书在版编目(CIP)数据

高明先生九秩华诞庆寿论文集 / 北京大学考古文博学院编. —北京：科学出版社，2016.12
ISBN 978-7-03-051053-2

Ⅰ.①高… Ⅱ.①北… Ⅲ.①考古学–文集 Ⅳ.①K851-53

中国版本图书馆CIP数据核字（2016）第294840号

责任编辑：刘　能 / 责任校对：钟　洋
责任印制：肖　兴 / 封面设计：美光制版

科 学 出 版 社 出版
北京东黄城根北街16号
邮政编码：100717
http://www.sciencep.com

北京通州皇家印刷厂 印刷
科学出版社发行　各地新华书店经销

*

2016年12月第 一 版　　开本：787×1092　1/16
2016年12月第一次印刷　　印张：23　插页：6
字数：545 000
定价：180.00元
（如有印装质量问题，我社负责调换）

献　辞

李　零

今年12月26日是高老师九十华诞，这是个值得纪念的日子。

去年，高老师的同学，叶小燕、王世民、徐元邦、马克垚、耿引曾、黄景略，他们这批老前辈曾到蓝旗营给高老师祝寿。我跟曹玮、国龙谈起，我们这些晚辈是不是也应给高老师庆祝一下呀？最好的方式是像十年前那样，由北大考古文博学院出面，请高老师的学生和朋友分头撰文，为高老师庆寿，因此有了这个纪念集。

前两天，曹玮跟我说，你给这个纪念集写个序言吧。我说，序言不太合适吧，我还是写一点回忆，说几句祝福更好。

我认识高老师很早，距离现在已有30多年，将近40年。

1976年，我从山西农村回到北京，目睹了"文革"结束和一个新时代的开启，渴望读书，特别想找一份与考古沾边的工作，哪怕是印考古报告或文物图录的工人，或卖这类书籍的书店售货员。

1977年，得夏鼐先生青眼，我居然进了中国社会科学院的考古研究所，参加《殷周金文集成》的准备工作，天天对拓片，埋头古文字。

1979年，我跟张政烺先生读研究生，开始步入学术之门，一切有如梦幻。

当时的古文字学界，罗王之学的三代传人，绝大多数还健在。唐兰在故宫博物院，于省吾在吉林大学，容庚、商承祚在中山大学，徐中舒在四川大学。这些老先生在70岁上下。比他们小一轮，陈梦家死于"文革"开始，走得太早；胡厚宣、张政烺在中国社会科学院历史所，也就60多岁。我们只把这两批先生叫先生。再往下数，才是高老师和李学勤、裘锡圭两位老师。我们习惯上是叫老师。他们三位，高老师参加工作早，年纪大一点儿，也就50多岁，李学勤老师和裘锡圭老师连50岁都不到。我自己呢，正当而立之年。现在想想，那可是一个大师云集的时代呀！

我很庆幸，我是在这样的年龄段开始接触古文字学，接触古文字学界，因而认识了高老师。高老师一直跟我说，做人要学张先生。其实，他本人也是我的榜样。

时间过得真快。眨眼之间，我们的老师，纷纷撒手而去，就连我们这些学生辈儿的人都老了。说实话，我真想不到，高老师可能已经是古文字学界年龄最大的人。

老人是个时间坐标。看到他们，我会想到自己，想到生命的重复和轮回，时间接力形成历史链条，一环扣一环。我们走进的是同一个历史，我们与老师同在。

北大老师，我认识最早也最熟悉的当属三位，历史系的马克垚老师，考古系的俞伟超老师和高明老师，他们都曾经是"最年轻的老师"。我对老先生，一直保持敬畏，敬畏产生距离感，真正接触最多也更为亲近的，其实是这些"最年轻的老师"。

记得当年，我住中关村10号楼，高老师住燕东园，彼此离得近，来往很方便。后来我搬劲松，他搬中关园，上一趟北大不容易，我看高老师，他会留我聊天吃饭。1985年，我调北大，搬回西郊，距离再一次拉近。

看来我跟北大有缘呀，更正确地说，是跟北大的老师有缘。我跟北大领导一直没什么关系，他们不认识我，我也不认识他们。学生也一点儿不熟。

这些老师是我的引路人。

20世纪80年代，人人言商，"发财是硬道理"。

我调北大是1985年，正式上课是1986年，上过一回，学生派个代表跟我商量，说您讲的我们听不懂，是不是就甭上了。那阵儿，系里还有政治学习，每次开会，没说几句，就哭穷，人心浮动，纷言下海经商办公司，学生宿舍门口有各种小广告。学生不上课，在宿舍喝酒，甚至邀我跟他们划拳行令，直到发生柴庆丰事件。

1988年，中文系居然排不出课（老师太多，不够上），我就到考古系给曹玮他们那批研究生上课。高老师不但让我帮他上课，还游说领导，调我到考古系。他特别担心的是，等他退了，古文字这摊儿断了档。

虽然我没能到考古系，但一直与考古系保持密切联系，与高老师保持密切联系。

想不到，2001年，我们都搬蓝旗营，两座楼，一前一后，一抬脚就能去看高老师，太好了。

老师不是老板。我熟悉的老师，跟现在不一样。

第一，他们朴素，淡泊名利，没有大把的钱烧着、课题和评审督着，照样做学问。个人学术就是个人学术，没有团队作业、竞争管理、靠年轻人打工的大工程。学生呢，也不是私属，只要在校听课都是学生，无所谓"子弟兵"，很有点"天下为公"的味道。

第二，他们真诚，不像现在的很多"小窝头"（上海话的"小滑头"），拉拉扯扯，吹吹拍拍，一心向上爬，表演欲、领导欲和大师欲高得不得了，唯恐别人不知道自己，唯恐自己不是人上人。

古文字是门什么样的学问，不同的人可能有不同的理解。我理解，这是个多学科共同参与的学问。李学勤先生在历史所和历史系研究古文字，裘锡圭先生在中文系研究古文字，他们都是大师，没问题。但我们要注意，高老师是在考古系研究古文字，学术背景不一样，学术贡献不一样。

高老师是古文字学家，但首先是考古学家。他是先当考古学家，后当古文字学家。无论考古发掘，还是古文字教学，他都对北大考古系有不可磨灭的贡献。

他常对我说，他家境贫寒，年龄大，起步晚，跟很多人没法比，只能以勤补拙。他这一辈子，笔耕不辍，留下的书和文章很多，一直到去年还在编书写文章。

从考古学入手，研究古文字，高老师有很多收获，很多贡献。我想，凡是了解高老师的经历，读过他的书，读其书而想见其人，都不难看到这一点。

读高老师的书，我有三点体会，可以概括一下。

第一，高老师有近20年的考古经历，参加过很多重大发掘，这种经历很重要。他的《中原地区东周时代青铜礼器研究》和《周代用鼎制度研究》初稿（见《高明学术论集》，上海古籍出版社，2013年），没有考古积累，绝对写不出来。

第二，我读研究生的时代，古文字教学还非常落后，根本没有教材。当时考研，除了郭沫若和陈梦家的几部专著，没有一部系统的通论和整合全部古文字材料的文字编。高老师的《中国古文字学通论》和《古文字类编》填补了这个空白。

第三，古文字是研究简单事实的小道，很多专门从事古文字研究的人，除了否定别人的意见，突出自己的发明，无事可做，养成好与人争、好与人辩的职业病。高老师没有这个恶习，月小山高，嶔崎磊落，学问高明，人也高明。

我们这个时代，做好人不容易。

高老师是好人。

祝高老师健康长寿，全家幸福！

2016年5月10日写于北京蓝旗营寓所

目　录

献辞 ··· 李　零（i）

早期中国说 ·· 严文明（1）
中华人文传统与古国兴衰 ·· 葛英会（13）
试论泾水中上游地区的商代文化遗存 ··· 张天恩（19）
汉中盆地出土商代晚期青铜器反映的祭祀模式 ··································· 曹　玮（31）
海岱地区商周时期的青铜器用制度——以中原地区为参照 ···················· 毕经纬（39）
"多子族"复合族徽举例 ·· 王恩田（57）
关于"召公建燕" ·· 唐晓峰（69）
懋尊、懋卣考释 ·· 吴镇烽（75）
由《虢季子白盘》谈西周王号生称 ··· 涂白奎（84）
古文字所见宾客及相关问题 ··· 黄益飞（96）
西周册命铭文赏赐品中的市 ··· 闫　志（103）
金文饮至礼研究 ·· 王少林（113）
青铜饮壶、鎬、觯及相关问题——从伯㦰饮壶说起 ······························ 孙　华（123）
古埃及人曾来过中国吗？——史前时期跨文化研究札记 ······················· 李水城（145）
论三足锯齿形铸接青铜鼎——兼论联裆鼎和侯马铸铜作坊生产诸题 ······· 苏荣誉（152）
介绍一件新见"州"字铜镈 ··· 黄锡全（188）
齐国"立事岁"陶文选释 ·· 陈治军（195）
"王卒左廪"与齐国官营制陶业 ·· 胡嘉麟（201）
战国楚卜筮简中"卜人与卜筮工具"之研究 ······································· 于成龙（216）
关于清华简《郑文公问太伯》战事中的若干问题 ································· 沈建华（238）
多篇章文献的成型：一个假说 ······················ 〔美〕艾兰著　蔡雨钱译（245）

据清华简释金文甲骨中的"袭"字……………………………………付　强（250）
出土文献"画"字形义疏证………………………………………李洪财（252）
马王堆《丧服图》续考……………………………………………来国龙（262）
帛书《经法·道法》笺证…………………………………………连劭名（275）
说骰——从满城汉墓出土的酒骰和"宫中行乐钱"说起…………李　零（296）
记《鲁阳都乡正卫弹碑》…………………………………………胡海帆（304）
六书研究……………………………………………………………冯　时（316）
谈谈汉唐之间的石刻线画…………………………………………赵　超（326）
丝绸之路上的景教艺术……………………………………………林梅村（336）
峨岈山，南诏国的"龙舆"山——"峨岈"一名来历试释………何金龙（349）

编后记……………………………………………………………………（357）

早期中国说

严文明

(北京大学考古文博学院)

一、何谓早期中国？

很多人以为"中国"一名是在"中华民国"时期才开始正式称呼起来的，在此以前只有王朝的名称，如汉朝、唐朝、宋朝、明朝之类。此话乍看起来似乎有一定道理，但并不确切。因为"中国"一名是早就有的，在先秦文献中已经多次出现，秦汉以后各朝在对外交往中也每以中国自称，武汉大学的冯天瑜先生有比较详细的说明[①]。例如《史记·大宛列传》即以中国与西域的大宛、大夏和安息等国对称。《后汉书·西域传》则以中国与天竺（印度）对称。《唐会要·大秦寺》以中国和波斯、大秦（罗马）对称。元朝派往日本的使臣所持国书亦称自己的国家为中国。明清沿袭这种做法。清康熙与沙俄于1689年签订的《尼布楚条约》，也明确称己方为中国而不是大清。仔细研究早期中国的概念和历代传承变化的情况，就知道现代中国无非是早期中国的继续和发展。而对早期中国实际情况的认识，除了应该对有关文献进行研究外，考古学的探索更是必不可少的途径。

让我们首先看看先秦文献和相关资料是怎样讲的。

《孟子·万章》篇引孟子的话说："尧崩，三年之丧毕，舜避尧之子于南河之南，天下诸侯朝觐者不之尧之子而之舜，讼狱者不之尧之子而之舜，讴歌者不讴歌尧之子而讴歌舜……夫然后之中国践天子位焉。"这段话说明早在尧舜时期就有了"中国"这个名称，而南河之南不在中国，所以要从那里"之中国"，即到中国去。《孟子·离娄》篇写道："孟子曰：舜生于诸冯，迁于负夏，卒于鸣条，东夷之人也。文王生于岐周，卒于毕郢，西夷之人也。地之相去也千有余里，世之相后也千有余岁，得志行乎中国，若合符节。"这里说舜和文王虽不是中国之人（文王曾自称"西土之人"，见《尚书·牧誓》），志向却都在中国，要在中国实现自己的抱负。这段话再次说明从尧舜到商周之际都有一个"中国"的名称，指的也是同一个地区。这个地区

[①] 冯天瑜：《"中国"词义考》，载《北京日报》2013年3月11日20版《文史专论》。

既与东夷和西夷对举，显然是中央之国的意思。

《尚书·禹贡》有"庶土交正，厎慎财赋。咸则三壤，成赋中邦"的话，《史记》将"中邦"转述为"中国"。孙星衍曰："史迁邦作国者，非避讳字。后遇国字率改为邦，误矣！是《禹贡》邦字当从《史记》作国。"说明《禹贡》原文应该是"成赋中国"。这是一个总结性的语句。前面是讲大禹在九州治水的情况，治水成功后要按照土壤的等级纳赋，纳赋的范围当然是涵盖整个九州。所以孔颖达《尚书正义》解释说"九州即是中邦"，说明这里所说的中国是包括冀、兖、青、徐、扬、荆、豫、梁、雍整个九州在内的。《禹贡》写成的年代难以确指，一般认为是战国时期的作品，也有学者认为应该形成于西周初年①，总之是后人追记大禹的功绩，其事迹则在尧舜时期。此时中国的概念又与九州联系在一起了。

《尚书·梓材》篇有西周初年周公教他的弟弟康叔如何治理殷商故地的记载，他说："皇天既付中国民越厥疆土于先王。"意思是说周灭殷是所谓"皇天受命"，是上天要让周人来统治殷商故地的中国民和他们的土地。这里所说的中国民应该是居住在原来殷人统治区域的民众。既然称呼他们为中国民，他们居住的土地自然就是中国。

早年发现的青铜器何尊乃是西周早期的礼器，其铭文有"唯武王既克大邑商，则廷告于天曰：余其宅兹中国，自兹乂民"。这里关于"中国"一名的记述，年代上与《尚书·梓材》所述前后相继，含义应该相同。意思是说我现在既然把商朝推翻了，就应该在商朝统治的中国建都。后来因为实际建都的地方在洛邑，即今天的洛阳，有的学者就说何尊说的中国就是指洛阳地区，恐怕与本意不合。

先秦文献还有不少是把中国与四方或四夷对举的，意思是中央之国。既是方位的称呼，又是对文明化程度的表示。例如《诗·大雅·民劳》："惠此中国，以绥四方……惠此中国，以为民逑……惠此京师，以绥四国……惠此中国，俾民忧泄……惠此中国，国无有残。"这里把中国同四方对举，又把京师同四国对举，值得注意。

《礼记·王制》曰："中国戎夷五方之民皆有性也，不可推移。"又曰："中国、夷、蛮、戎、狄皆有安居、和味、宜服、利用、备器。五方之民言语不通，嗜欲不同。"这里把中国作为一方同夷、蛮、戎、狄四方之民对举，明显是中央之国的意思。

《左传·僖公二十五年》："苍葛呼曰：'德以柔中国，刑以威四夷。'"把中国同四夷对举，意思与《王制》同。

由上述文献的初步解读，可知先秦关于中国的概念在从尧舜到夏商周三代约两千年的时间内一直沿用，其地理范围就是各代王朝直接统治的区域。所以"中国"一名是早就有的，现代中国无非是早期中国的继续和发展。

---

① 邵望平：《〈禹贡〉"九州"的考古学研究》，（香港）《九州学刊》1987年1期。

二、考古学家的探索

以田野考古为基础的中国考古学肇始于20世纪20年代初,一开始就以探索中国文明的起源为主要目标。而所谓文明起源的核心就是国家起源,探索中国文明起源,实际上就是探索早期中国的历史。中国有文献记载的历史基本上是从周代才开始的,在此以前的商代晚期只有《尚书·盘庚》等少数几篇。要探索早期中国的历史,就要从商代晚期往前追溯才是。著名考古学家夏鼐先生曾经把这个探索的过程表述得非常清楚。他从20世纪30年代河南安阳殷墟的考古发现谈起,因为那里有宫殿基址,有国王的陵墓,有大量甲骨文,还有非常发达的青铜器,根据文献和出土文物,可以断定那里是商代晚期的都城,无疑已经进入文明时代。到20世纪50年代发现了郑州商城,规模宏大,也有发达的青铜器,应该是商代早期的都城。之后在50年代末发现了河南偃师二里头遗址,经过多年的发掘,发现有宫殿和青铜礼器等,其年代比郑州商城更早。有的学者认为那里即是夏代的都城遗址,夏先生根据当时发现的情况,认为暂时还没有确切的证据把它跟夏朝和夏民族联系起来。但认为"至少它的晚期是够得上称为文明,而又有中国文明的一些特征"①。夏先生的这些观点是1983年3月在日本的一次学术报告中披露的。从那以后,中国考古学又有了很大的进展。特别是在"探源工程"启动以来,对于早期中国的研究又更加深入了一层。所谓探源工程就是探索中国文明起源的一个大型项目,集中了全国许多单位的学者共同努力,以期对中国文明的起源和早期中国的实际情况有较深入的了解。其中也包括对二里头遗址和二里头文化的深入研究。多年主持二里头遗址发掘的许宏在前些年发表了《最早的中国》一书②,比较全面地介绍了二里头考古的情况及其对早期中国研究的重要意义。现在二里头遗址已经发现有包含多座宫殿和宗庙的宫城,出土了成套的青铜礼乐器和兵器以及铸造这些青铜器的作坊遗址,有规划整齐的道路系统,有的路面还留有双轮车辙的印痕。这个遗址又正好处在号称天下之中的洛阳盆地,因此许宏认为二里头遗址应该是中国最早的王都所在,可称为"华夏第一王都"。我们注意到由二里头遗址所代表的二里头文化主要分布在河南省中西部和山西南部,也就是历史上所称中央之国的地方。不但如此,其辐射范围还远远超过这个地区。例如在内蒙古敖汉旗的大甸子墓地中,有13座规格较高的墓葬随葬有二里头风格的爵、鬶、盉等酒器③。长江下游的马桥文化中也发现有二里头风格的爵、鬶、觚等酒器。长江中游的湖北和长江上游的四川也常见有二里头风格的觚、盉等酒器。至于二里头风格的玉器如玉璋等更是传布到整个长江

---

① 夏鼐:《中国文明的起源》第三章,文物出版社,1985年。
② 许宏:《最早的中国》,科学出版社,2009年。
③ 中国社会科学院考古研究所:《大甸子》,科学出版社,1996年。

流域及东南沿海的广大地区。与此同时，二里头文化也广泛吸收各地的优秀文化因素以丰富自己。这种情况自然有深厚的历史背景，也为往后中国的发展创造了一定的条件。一般认为二里头文化即是夏文化，至少是夏代中晚期的文化。根据前文所引历史文献，早期中国还应该往前追溯。近年来在河南登封王城岗发现了一座龙山文化晚期的城址，面积约30万平方米，旁边的东周城址里面发现多块陶片上有"阳城"戳记，知道那里古代就是阳城所在。《古本竹书纪年》说"禹居阳城"，《世本》载"禹都阳城"，《孟子·万章》篇记孟子说"禹避舜之子于阳城"。王城岗龙山城的^{14}C年代也与大禹或夏初的年代相近，论者多认为王城岗可能就是禹都阳城。郦道元《水经注》说伯益避夏启大位也在此地，不知何据。史载夏启的儿子太康沉迷于田猎，被东夷的后羿夺去了政权，即所谓"因夏民以代夏政"。直到少康中兴，才又恢复了夏朝的统治。此事在《左传·襄公四年》和同书《哀公元年》等文献中讲得很清楚。近年在河南新密新砦发现的所谓新砦期城址，年代晚于王城岗而早于二里头，遗物中发现有不少山东岳石文化的因素。一般认为岳石文化应该是夏代东夷的文化①。这段扑朔迷离的历史终于找到了一些考古学遗存的踪影。夏代以前应该是传说中的五帝时代，这个时代究竟相当于哪些考古学文化遗存，需要认真地进行分析。有的学者已经做过比较详细的论述②。具体看法虽有不同，但夏文化之前的考古学文化遗存确实出现了可以视为古国都城的遗址则是没有疑问的。例如山西襄汾的陶寺遗址，有土筑的城墙，城内面积将近300万平方米；有宫殿基址和手工业作坊区，有数以千计的墓葬，大小和规格分化十分明显；出土有铜铃、铜环和铜容器残片，还有玉钺和龙纹盘等大型彩绘陶器。陶寺遗址明显是一个都城的规格，论者推测可能是尧都平阳所在。再如浙江余杭的良渚古城，年代比陶寺还早一些，面积虽也是300万平方米，工程量却比陶寺大得多。城内有莫角山宫殿区，城外有反山、瑶山、汇观山等祭坛兼贵族墓地。墓中出土大量玉器和漆器等高档手工业品。反山的墓12就出土玉器647件之多，其中的玉琮王四面雕刻8个完全一样的神人兽面纹，刻工技术的精致实在无与伦比；同墓还有镶嵌大量玉料的彩绘漆盘和漆杯等。不难看出墓主人的身份应当是集神权、军权、财权和政权于一身的国王级人物。良渚古城所依托的良渚文化分布于江苏南部和浙江北部，那里还有许多高等级的遗址和墓地，都与良渚古城有密切的关系。在长江中游的湖北和湖南北部有以天门石家河古城为中心的一系列城址，在四川成都平原有以新津宝墩为中心的一系列城址，在黄河流域以至长城地带同样发现有许多史前时期的城址。先秦的文献常常提到古有万国或万邦，考古发现可以证实那时确实已出现许多大大小小的国家。她们又是怎么走到一起来到呢？

---

① 严文明：《夏代的东方》，载《夏史论丛》，齐鲁书社，1985年。
② 郭大顺：《追寻五帝》，（香港）商务印书馆，2000年；韩建业、杨新改：《五帝时代》，学苑出版社，2006年。

三、早期中国的体制结构

中国国家的起源同世界其他地方一样，也是由氏族—部落通过酋邦逐渐演变而来的。氏族—部落的聚居地在中国古代称为聚或邑。随着社会的发展，聚落即邑开始分化。《史记·五帝本纪》赞美舜为人好，大家喜欢搬迁到他住的地方，以至于人越来越多，聚落等级也越来越高。据说他"一年而所居成聚，二年成邑，三年成都"。这当然是溢美之词，也过分夸张，但也说明当时的聚落已经出现了不同的等级，在一定条件下，普通聚落可以发展为都城。根据考古学研究，新石器时代早期和中期的聚落规模有限，也看不出有明显的分化。一直到新石器时代晚期才开始出现少量中心聚落，以后中心聚落本身也有分化，有明显的等级差别。有的地方甚至出现了土筑的城垣，从而出现了最初的国。后来有城垣的中心聚落越来越多，形成小国林立的局面。先秦的学者往往把夏代以前的形势描述为"天下万国"，应该是近乎实际的。后来各小国相互兼并或联合，才出现较大的国。再进一步就出现了联合许多邑聚和小国的中央王朝。林沄曾经仔细论证中国早期国家的形式[①]，认为最初的国家是由占优势地位的邑发展为都，并联合若干有密切关系的邑而形成的。被联合于都周围的邑可称为鄙，所以他把这种国称为一个"都鄙群"。较大的国则包括若干都鄙群，即国中有国，分级管理。早期中国的夏商周王朝就是在这样的基础上建立和发展起来的。这样的国家体制结构是把统一和多元有机地结合起来，而不是简单的中央集权。具体地说，三代国家的体制结构基本上是有中央王朝、近畿地区、主要统治区即称为中国的地区、周围的方国和诸侯国，以及更外围的部落或部族等。古书上有所谓五服的说法，就是这种情况的反映。例如《尚书·禹贡》谓以京师为中心，由近及远，每隔五百里为一服，名曰甸服、侯服、绥服、要服、荒服。《周书·康诰》也讲到五服，只是名称改成为侯、甸、男、采、卫，也没有说每服多少里。有的学者认为这不过是一种理想化的说法，不足为信。现在看来绝不是向壁虚构，而是有事实根据的，只是不一定有那么整齐罢了。需要强调的是这样一种圈层式结构是非常特殊，也是非常稳定的。结果是夏维持了400多年，商朝约600年，周代更长达800多年。对往后中国的发展也有深远的影响。

四、早期中国与华夏

先秦时期居住在中国的人称夏或华或华夏，犹如今天中国人自称华人或汉人或汉族，海外华人还自称唐人。《说文》"夏，中国之人也"，就是这个意思。夏不止一

[①] 林沄：《关于中国早期国家形式的几个问题》，《吉林大学学报（社会科学版）》1986年6期。

个，所以有诸夏的名称。例如《论语·八佾》引孔子的话说："夷狄之有君，不如诸夏之亡也。"又《左传·闵公元年》："诸夏亲昵，不可弃也。"此外还有大夏、东夏、西夏等称谓。大夏一名见于《左传·昭公元年》："迁实沈于大夏，主参，唐人是因。"西夏的名称见于《逸周书·史记解》："昔有西夏，性仁非兵，城郭不修，武士无位……唐氏伐之，城郭不守，武士不用，西夏以亡。"东夏的名称始见于《尚书·微子之命》："庸建尔于上公，尹兹东夏。"《吕氏春秋·察今》也有"东夏之命"的说法。不管是东夏、西夏还是大夏、诸夏，总之都是与四夷相区别的夏。但这种区别又不是绝对的。孟子虽然说舜是东夷之人，文王是西夷之人，但当他们"得志行乎中国"以后，显然就不再是夷人而成了华夏的领袖人物。《史记·六国年表序》说"禹兴于西羌"，后来成了夏后氏之祖，同样是华夏的领袖人物。《左传·定公十年》有"裔不谋夏，夷不乱华"的说法，王国维认为裔即甲骨文中的衣，也即是殷。这里把华和夏并举。孔颖达正义曰："夏，大也。中国有礼仪之大，故称夏；有服章之美，谓之华。华、夏一也。"可见先秦时期即有华夏的称谓，并且是中国人的自称。华夏族居住的地方很大，所以当时中国的地方也不会很小。只是暂时还不包括长江流域的楚国和越国等地，所以楚、越就不能称夏。《荀子·儒效》说"居楚而楚，居越而越，居夏而夏"，把楚、越和夏分别对待，明显不认为楚、越属夏。但这也不是绝对的。

周人的中国虽然不包括楚、越或蛮夷戎狄四方之民，而周王却又自命为天子，即天下的共主。所谓"溥天之下莫非王土，率土之滨莫非王臣"。他是要"莅中国，抚四夷"，并不把蛮夷戎狄视为外国。孟子还说过"吾闻用夏变夷者，未闻变于夷者也"（《孟子·滕文公上》）。说明夷夏的区别主要在文化程度的高低，是可以通过教育和学习而改变的。

实际上并不是到周代才如此，在之前的商代，从政治结构和民族关系来看也颇相似。郑杰祥在《商代地理概论》一书中，详细论证当时的政治地理有都邑、王畿、田猎区、四土和部族方国几个层次，其中的王畿称商或大邑商，其地位即相当于周人所称的中国。四土也称四方，一如周人所称的四方①。这在甲骨文中就有十分清楚的表述。例如《小屯南地甲骨》1126号："南方、西方、北方、东方、商。"这跟《礼记·王制》把中国、夷、蛮、戎、狄称为"五方之民"简直是同一个意思，只不过把中国称商罢了。又如《甲骨文合集》之36975号："己巳王卜，贞□岁商受年？王□曰吉。东土受年？南土受年？吉。西土受年？吉。北土受年？吉。"这里把四方称为四土，意思完全相同。李伯谦通过对商代青铜器族徽的分析，证明商王朝所统辖或控制的范围十分广阔，北到河北北部，南到河南南部，西到陕西关中，东达山东东部，跟考古学中早商文化的分布范围基本相若，有的甚至深入到商文化分布的范围以外。

---

① 郑杰祥：《商代地理概论》，中州古籍出版社，1994年。

在如此广大的区域内的统辖与控制措施是各不相同的。最能够直接统治的是都城周围的王畿地区，王畿之外多为臣服于商的异姓国族，大体相当于卜辞中所说的四土或四方。对这些异姓国族要保护其不受侵犯，督导其农业生产，选拔各类人才，让其参与某些宗庙祭祀活动并给予一定赏赐等。再外面的异姓部族则时服时叛，跟商朝有一种若即若离的关系[①]。

商代以前的夏代势力虽然比较小，但也已建立起中央王权。夏王朝的直接统治区在豫西和晋南，在其周围还有十多个同姓部族。终夏之世又与东方的夷人发生极为密切的关系，以至在夏代初期的太康便被东夷的有穷国君后羿夺去了政权，即所谓"后羿代夏"。但自少康中兴以后，政权就得以巩固和发展。考古界一直重视对夏文化的探索。一般认为分布于豫西和晋南的二里头文化就是夏代夏人的文化，至少是夏代中后期的文化，而洛阳附近的二里头遗址则应是夏代的主要都城遗址。至于夏文化的辐射和影响所及，则北达燕山以北，南到长江流域，东及豫鲁交界，西可至甘青一带[②]。其所以能够达到如此程度，则是因为夏文化的发展水平最高，实力最强，又有深厚的史前文化背景，那就是史前文化重瓣花朵式的格局[③]。考察中国新石器时代的文化，从早到晚逐渐形成了一个有中心有主体和外围的格局，夏商周的政治版图和文化态势无非是这一格局的继续发展。它是中国历史发展的一大特点，是中国历史之所以能够持续不断发展而从未中断的决定性因素。因此我们讲早期中国，不能仅从字面上看待当时称为中国或中土的有限范围，而要考虑更大范围的整体政治与文化格局，以及这一格局对往后中国发展的长远影响。

五、早期中国形成的背景

我个人因为长期研究中国新石器时代考古，总想从中国历史的开篇及往后的发展来探索中国历史之所以长盛不衰的根本原因，看看能不能对今天担当复兴大任的亿万炎黄子孙有一点启发。我首先注意的是对中国历史发展演变长期起作用的客观条件。最重要的有两条：一是中国所在的自然地理环境，二是生活在这片神州大地上的人民。这话听起来太一般，但只要稍加分析就不难明白这两条确实是最根本的长期起作用的因素。

中国的自然地理环境有什么特点呢？

一是地域广大，自成单元。单是陆地面积就有960万平方公里。四周有许多高大的

[①] 李伯谦：《从殷墟青铜器族徽所代表的族氏的地理分布看商王朝的统辖范围与统辖措施》，载《文明探源与三代考古论集》，文物出版社，2011年，136～171页。

[②] 许宏：《最早的中国》，科学出版社，2009年，18页。

[③] 严文明：《中国史前文化的统一性与多样性》，载《史前考古论集》，科学出版社，1998年。

山脉和辽阔的海洋作为天然的屏障。又因为远离世界上其他古老的文明，因而中国文明只能自己独立发展。外来的某些文化因素起到一定的补充作用，但不可能影响中国文化的基本特质和发展方向。

二是地形复杂，又跨越几个气候带，使得各地的自然环境差别很大。按照综合自然地理区划，第一级可分为东部季风区、西北干旱区和青藏高寒区。前者又可分为东北、华北、华中、华南和西南五个亚区。其中气候条件最适于农业起源的只有华北和华中两个地区，是旱地粟作农业和水田稻作农业起源的温床，并且在近万年以前就形成了两个相互毗连的农业区。加以两区的地盘都比较大，如果在气候变动的情况下某些方面受到影响，还可以相互调剂和补充，使得经济文化的发展能够保持相对稳定的状态。两个农业起源中心相伴共生的情况在世界上是独一无二的。

三是区位结构天然合理。因为经济文化最发达的华北和华中在地理上正好处在全国比较适中的位置，容易产生巨大的凝聚力和向心力。进而形成一个以中原为核心，以华北和华中所在的黄河流域和长江流域为主体的多层结构，即所谓重瓣花朵式的格局，长期影响中国历史文化的发展。夏商周分层次的政治文化版图就是最好的说明。

如果进一步分析中国各地区的自然环境对经济文化和社会发展的影响，可以看到北方的草原游牧区变动性较大，与稍南的农牧接触地带时有冲突，农业区的人民安土重迁，相对比较稳定。但即使两个农业区的情况也是有所不同的。华北旱地农业区多属黄土地带，因为地力递减有时不得不异地搬迁。加上黄河的泛滥和多次改道，以致一些重要的都城都要迁移。例如商人迁都有所谓前八后五的说法，前后迁都十几次。夏都和周都也多有变动。原因固然不只一端，但环境变化可能是主要的。比较而言，最稳定的当是长江流域的水田农业地带。因为水田开发不易，又可以自肥，农人不会轻易搬迁，加以自然资源比较丰富，经济发展水平历来较高，可以容纳较多的人口，所以中国历史上有时发生政治或民族矛盾而导致北人南迁，最后仍然能够在长江流域稳定下来。东晋和南宋的南渡就是最好的例子。北方的一些所谓"化外民族"南迁后被华夏民族所同化也是常有的事例。这些都与中国自然环境的特点有密切的关系。

生活在神州大地上的人民有什么特点呢？

我们知道中国这块土地至少在二百万年以前就有人类居住了。无论从人类化石还是从文化特征来看，都有明显的传承关系，外部影响只占次要的位置。从现代人产生和种族形成的时候起，这里就是蒙古人种的摇篮。从新石器时代成千人骨测定的情况来看，绝大多数属于东亚蒙古人种，只有少量的北亚蒙古人种。人种相同意味着血缘相近，容易产生相近的语言。居住地相近更会加强语言的沟通与融合。我们固然不知道最古的语言是什么状态，但从三千多年以前的甲骨文到后来的金文和古文献来看，无论文字的形态、读音、含义，还是组成文句的语法，都是一脉相承而只有很少的变化。现代中国人的语言基本上属于汉藏语系，按人数计算大约占98%，单是讲汉语的就占94%，古代的情况应该相差不远。

这个语系在语言分类上属于词根语，语词的意义与词性多依在句子中的位置来决定。与带有前置词或前缀、词尾和助词等附加成分，或有所谓名词变格、动词变位的黏着语和屈折语大不相同。因此在制定文字的时候就没有走拼音的路，而是根据语言的特点确定为单字单音、一字一词、形音义相结合的造字法则。讲汉语的人太多，各地的语音差别极大，语言学家将其区分为七大方言。如果采用拼音字就会各说各话，难以沟通。采用汉字就可以很方便地各按方言来读，反正语法和字义是一样的。这个巧妙的发明既是语言本身所决定的，又在实践中大大促进了文化的交流与统一。我们大家都认为自己是炎黄子孙，炎黄不可能有这么多子孙，或者说所有的中国人或华人不可能只有一两位鼻祖。实际上是因为我们有共同的语言和文化传统，这种文化传统逐渐形成为一种根深蒂固的集体历史记忆[1]。汉字的应用极大地加强了这种集体的历史记忆，加强了民族内部的凝聚力，是保持中华文明持续不断发展的重要原因之一。

中国人的亲族观念特强可能是文化得以持续发展的另一个原因。从历史记载来看，夏商周都有祖庙，祭祖是国之大事。《礼记·祭法》中说："有虞氏禘黄帝而郊喾，祖颛顼而宗尧；夏后氏亦禘黄帝而郊鲧，祖颛顼而宗禹；殷人禘喾而郊冥，祖契而宗汤；周人禘喾而郊稷，祖文王而宗武王。"实际上殷人对他们的先公先王都实行周祭。王国维把甲骨文中祭祀的先公先王与《史记·殷本纪》所记相互参验，证明《史记》的记载正确。从先公契到帝乙、帝辛历时一千多年，殷人都记得非常清楚。我想他们不会只记得人名，祖先的功德和相关历史也必定是一代一代传承下来的。到周代就更加注意自身的历史和文化的传承。从这些情况来看，更早的历史，从黄帝以来的古史传说，也绝不会是凭空虚构的。

早期中国究竟是一种什么形态呢？学术界曾经有不同的说法，其中林沄的说法最值得注意[2]。他认为最初的国家是由占优势地位的邑发展为都，并联合若干有密切关系的邑而形成的。后者相对于都可称为鄙，所以他把这种国称为一个"都鄙群"。较大的国则包括若干都鄙群，即国中之国。周天子所统治的王国无非是更高一层或几层的国，下面的诸侯实际有很大的独立性。独立的程度要视其实力及与中央和周邻相处是否融洽等情况而定。诸侯下面被称为卿大夫的家也是有相当独立性的。例如晋国的韩、赵、魏、智氏、范氏、中行氏六家都有相当的实力，各据一方，相互兼并，最后前三者取胜，还把晋公室直接管辖的地方瓜分了，建立了韩、赵、魏三个并行的诸侯国，得到周天子的册封，史称"三家分晋"。各个家族的统治也是如此。实际上，在当时人口还比较稀少的情况下，各国的内部往往有不少空地，有的居住着别的民族，跟所在国不发生关系。各国之间也没有明确的边界。这样的国家形式自然不能跟现代国家相提并论。跟秦汉以后划分郡县以实行中央集权的国家形态也有很大的区别。但

---

[1] 王明珂：《华夏边缘——历史记忆与族群认同》，（台湾）《允晨丛刊》65，2005年。
[2] 林沄：《关于中国早期国家形式的几个问题》，《吉林大学学报（社会科学版）》1986年6期。

毕竟在那时已经有一个大中国的概念了，并且为以后更加统一的中国打下了一定的基础。

六、早期中国文明的成就及其对后世的影响

早期中国文明的成就是多方面的，要恰如其分地进行评估并不容易。我这里只想从几个方面做一简单的介绍。

在物质文化方面，中国的农业，尤其是稻作农业是值得一提的。因为中国早在一万年以前就开始培育水稻了。考古资料说明，作为世界主要粮食作物的亚洲栽培稻的起源地在长江流域，往后才逐渐传播到东北亚和东南亚等地区，跟小麦一样成为世界最主要的粮食作物。中国农业的特点是精耕细作，这在早期中国便已经形成制度，使得在较少的耕地上生产较多的粮食。中国的人口从有记录时算起，一直占世界人口的五分之一上下，而耕地面积则不足十分之一，甚至更少。这不能不归功于农业的特殊成就。

中国是发明丝绸的国家。传说是黄帝的妻子嫘祖发明了养蚕和缫丝，并"劝民养蚕"。考古发现证明在仰韶文化中期确实出现了丝绸织品，尽管是很粗糙的织品。例如在郑州青台遗址的瓮棺葬中就发现有包裹死婴的丝绸痕迹。到商代包裹铜器的丝绸就比较精细了。到战国时期的丝绸织品，曾经集中地发现于湖北江陵马山一号墓中，品种之多和织造的精细，见到的人莫不叹为观止。大概就在这时，中国的丝绸开始输往国外。俄罗斯阿尔泰地区的巴粹雷克墓葬中就发现不少战国时期的丝绸和铜镜。到汉唐时期，中国的丝绸更是大量输往西方，以至在历史上出现了著名的丝绸之路。

中国在两万年以前就发明了陶器，远比世界其他地区要早。中国史前陶器的种类复杂，造型丰富多样，功能齐全，制造技术精湛，在世界上无出其右。陶器的发展更为瓷器的产生奠定了坚实的基础。中国的瓷器也是很早就发明了的，相当于夏代的二里头文化中便已出现了原始瓷器。郑州和安阳等商代的遗址中都不止一次地发现原始瓷器。最近在浙江德清更发现了商代的原始瓷窑址群，说明当时原始瓷的烧制已经具备一定规模。这也为后来中国瓷器的发展和大量出口奠定了初步的基础。

历史上文化的传播往往是相互的，传播过程中也会有新的创造。中国的铜器和铁器出现得比较晚，最早的铜器和铁器可能有部分是从西方输入的，但在技术上却有后来居上之势。商周时期的青铜器品种之多和制作之精美是无与伦比的。中国的铸铁技术在战国时期便达到了很高的水平，比西方早了许多世纪。由此可见早期中国曾经对世界文明有不少贡献，同时也从其他文明中吸取了不少营养。例如小麦大约是在公元前两千多年的龙山时代从西方传入中国的，后来逐渐成为北方地区的主要粮食作物之一。羊和马也是先后从西方传入中国的。诸如此类还有一些。中国离不开世界，世界也不能没有中国，这是几千年的文明史所一再证明了的。

早期中国在制度文明和精神文明方面也都有许多成就,与其他古代文明相比,只是各具特色,难分高下。中国的文字产生不是太早,但是特别符合汉语的特点。在一个人口众多,方言十分复杂的国家,如果采用拼音文字,沟通起来就会十分困难。汉字采用一字一音、形音义相结合的造字法则,不但使全国各地各种方言的人都能够看懂读懂,而且在传承文化方面发挥了极大的作用。以至我们现代的人只要稍加学习指点就能够读懂先秦时期的大量文献,这是多么伟大的创造!没有第二种文字能够具有这样奇妙的功能。

早期中国文明留下的遗产是十分丰富的,至今仍然是现代中国继续发展时不可忽视的基础。这里我只想强调两点,一是早期中国的体制结构,二是中华文明的核心精神。

中国是世界文明古国中面积最大、人口最多、民族和文化最复杂的国家。她按照自身的逻辑发展,几千年期间虽然有不少跌宕起伏,却从来没有中断,核心地区也没有多大变化。我们说的话跟早期中国人说的话基本相同,我们用的文字跟早期中国使用的文字也基本相同。我们没有失落的文明,只有早期或古代文明。这是一个世界奇迹!追根索源,还是因为在早期中国的国家体制上打下了一个良好的基础。例如商朝统治的区域虽然很大,但同时有很多方国,实际上是一个以商王朝为中心,以商族分布区为主体的方国联盟。周朝号称邦畿千里,溥天之下莫非王土,却分封了许多诸侯国,各诸侯国只有朝觐、纳贡和勤王的义务,内部是高度自治的,在当时的条件下比较好地解决了多元与一体的关系问题,使得三代的政权维持了特别长的时间。秦始皇不顾历史传统和各地的差别,施行暴政,强行统一,结果短命而亡。后来各朝代虽然也在一定程度上实行中央集权,但仍然注意保持地方特色和历史传统。行政区划的划分就是一个显著的例子。事实上我们现在的一些省或县大致就是古代的国沿袭演变而来,连名称都继承下来了。例如山东简称鲁、福建简称闽、湖北简称鄂、山西简称晋、四川简称蜀、云南简称滇等,无不沿袭古代的国名。山东的滕县、莒县,天津的蓟县,江苏的徐州等就是古代滕国、莒国、蓟国、徐国的地方,等等。随着经济文化的发展,统一性会逐渐加强,这是一个不可逆转的趋势,但不可以不顾客观条件强行统一。在一个有960万平方公里陆地面积和大片海疆、56个民族(其实还有更多少数民族没有列入正式统计之中)和13亿多人口的大国,即使经济文化进一步发展,恐怕也不能忽视民族特色和地方差别,多元一体的格局在可以预见的未来还将长期存在。如何处理好多元与一体的关系,仍将是摆在我们炎黄子孙面前的一项重要任务。

至于中华文明的核心精神是什么?各人可能有不尽相同的解读。我想《易传》里面的两句话很有代表性:一是乾卦的"天行健,君子以自强不息";二是坤卦的"地势坤,君子以厚德载物"。中华文明之所以持续几千年而不中断,正是因为中华儿女有一种自强不息的精神,克服前进中的一切困难而奋勇向前。同时又有像大地一样宽广的胸怀,能够容纳各种不同的事物,和而不同,让各自发挥其特长和优点,相互借鉴和吸收，和谐相处。我想正是因为有这种精神，中国的各族人民才能和睦相处，共同发展。正是因为有这种精神，在对外交往中总是强调王道而反对霸道，即使在自己强盛的时候也没有一块殖民地。这些精神都是值得永远继承和发扬的。

2011年7月初稿
2013年7月修改

中华人文传统与古国兴衰

葛英会

（北京大学考古文博学院）

一

华夏文明探源工程的研究成果表明，约在距今5500～4300年前，古代东方的两河（黄河、长江）流域已进入到文明初现、早期国家开始形成的历史阶段。国内考古学界多年来通力合作，通过对我国初史阶段聚落形态的全方位考察与比较研究，把这个阶段定义为"古国"或"邦国"林立的时期，并以此一时期与传统史学所谓的五帝时期大致相当。而在这个时期的末叶，即距今4500年前后，一些地区的古国或邦国，已率先进入到中国古史的"王国"阶段，由此开启了中华文明的全新时代。

在有关华夏文明起源问题的研究中，国内学术界多是用"多元一体"来概括这一历史进程的。但是，华夏文明到底是经由怎样的途径由多元而融为一体的，却存在着不同甚至相反的见解。简言之，即由"满天星斗"般古文明到逐渐趋同化异的王国文明之间，究竟是以辐辏的形式由周邻古国向中原地区汇聚融合而成，还是以辐射的形式由中原古国向周邻扩张，伴以交互影响、共同构筑而成，是大家关注、争议的一个焦点问题。

大家知道，学术界的上述分歧，是伴随中原与周邻各地区古国时期的聚落考古研究逐步形成的。相关研究主要集中在古国城邑、坛庙冢规模与功能的研判，出土遗物在器类、材质、数量、制作工艺与社会意义等方面的对比分析。如以红山文化与仰韶文化的比较研究，由于后者缺乏可与前者相匹敌的坛庙冢和成套玉礼器，过去大家多认为在社会文明的发展进程上，后者要落后于前者；而前者约在距今5000年以前，已率先进入到古国阶段。再如古国阶段后期峙立南北的良渚文化与陶寺文化古国，前者地处长江下游，有发达的稻作农业；后者地处黄河中游，有发达的粟作农业。两地古国都构筑有超大型上古都邑与环围布列的聚落群体。都邑内外有序分布着功能不同的大型建筑与随葬有精美器物的贵族墓地。学术界在对两处古国文化做对比研究时，虽然都把陶寺文化看做中原地区首屈一指的古国文明，却因良渚文化数量众多的玉质礼器的涌现，似乎也显得相形见绌，大为逊色。因此，良渚文化就成为大家公认的古国文化的璀璨明珠。

二

但是，随着相关研究的不断深入，两个无论如何都无法绕开的问题摆在了大家面前。这就是：①五千年薪火相传的华夏文明的主要根脉究竟在哪里？②中道陨落的古国明珠红山文化与良渚文化，其在华夏文明进程中是否具有引领意义？这些关系到华夏文明起源与发展路径的问题，是必须认真面对并认真回答的。笔者关注到，近年来在有关文明探源的论谈中，北京大学考古文博学院李伯谦教授已经多次就上述问题进行思辨与解析，运用现代考古学资料与文献学口述史资料的交互印证，刻意透过考古学物质文化的表象去挖掘华夏文明的人文传统与思想内涵。在《黄帝时代：从原始社会向国家社会转型的一个重要时期》一文（见刘五一主编《具茨山与中华文明》）中，在全面对比黄帝时代（指五帝时期，即古国阶段）中原与周邻的考古资料后，李先生对华夏文明的演进历程做出了以下表述："中原地区仰韶文化到龙山文化为代表的这个文化系统，过去在考古学界都认为是比较落后的……后来我们考虑，觉得这可能不是落后的表现，而恰恰是它所走道路不同的表现。"相对红山与良渚文化大量的美不胜收的成套玉礼器，他指出中原走的是考虑到国家永续发展，不把大量社会财富贡献给神灵的"比较简约的，不那么太铺张浪费"的道路，而这样的道路恰恰是先进的，而不是落后的。李先生联系红山与良渚两支古国文明先后陨落的史实，说："中原地区仰韶文化、龙山文化、二里头、夏、商、周一代一代接着延续下来了……我们中国五千年文明史没有间断"，"因此它是中华文明的核心文化，是中华文明的代表性文化，只不过在它的发展过程中，把周围那些曾经辉煌一时的文化因素逐步地吸收进来，融合进来，越来越壮大，后来才会有我们现在的960万平方公里范围之内的华夏文化为核心的中华文化。"笔者完全赞同李先生对"多元一体"华夏文明演进路径的阐释，因为这个阐释真实客观地勾勒出中华文明的成长过程。

李先生认为，中原地区仰韶文化、龙山文化与周邻红山、良渚等地方文化选择不同发展道路，是因思想信仰不同造成的。红山、良渚文化坛庙冢设施铺张靡费，根源在于膨胀的自然神崇拜；中原地区墓冢设施较为简约，是基于比较淡薄的祖先崇拜。我们理解，中原地区在文明演进过程中选择相对简约的道路，可能不仅仅在于其比较淡薄的祖先崇拜，而在于简约本身就是包括享祀祖先在内的各种社会行为应该遵循的基本原则。

回望以往有关华夏文明发展进程的研究，主要是依据考古所获实物资料进行的，而对早期典籍的传说即口述史资料则重视不足。借助前者，我们只能透过物质的表象推论其思想内涵，后者则以文字形式，直接追述了古国阶段的社会状况乃至思想理念。这就要求我们的研究工作，两类资料都不可偏废，都要着力开掘与考察。

三

众所周知，中华民族是一个崇尚节俭、反对奢靡的民族。如大家耳熟能详的警世格言所说："历览天下家与国，成由勤俭败由奢。"这无疑是古今不变的至理名言。这里所说的俭与奢，不是指芝麻绿豆的小事，而是关系家国成败、民族兴亡的大道理，在古代礼制中也是重要的观念性问题。《论语·八佾》记鲁人林放问孔子礼的根本是什么，孔子回答说："大哉问！礼，与其奢，宁俭。"孔子讲，林放问的是关于礼制的大事，礼的本义是无论做什么都要适当得体，与其过于奢华，宁可节俭质朴。

我们讲中国自古就是一个礼仪之邦，是讲华夏文明是以礼制维系的文明体系。这个文明体系提倡俭以养德，德以裕民，反对奢靡昏德，民坠涂炭，这是一个基本的思想原则。尽管历史上因奢靡淫逸而误国者不乏其例，但尚俭崇德的人文精神是深深融入华夏文明的血脉之中的。

《尚书·夏书》有《五子之歌》，记夏启立国不久，子大康盘游无度，逸豫灭德而失其邦国，太康昆弟五人遂作歌述大禹之戒："内作色荒，外作禽荒，甘酒嗜音，峻宇雕墙，有一于此，未或不亡。"大禹告诫后嗣的话，大意是说贪好女色，耽于田游，沉湎美酒与靡靡之音、耗费民财营造华丽宫室的，没有不招至灭亡的。《商书·伊训》述成汤既殁，太甲即位，伊尹以烈祖（成汤）之成德训诫太甲不可沾染三风（巫风、淫风、乱风）、十愆（恒舞于宫、酣歌于室、殉于货、色、恒于游、畋、侮圣言、逆忠直、远耆德、比顽童）等劣俗陋习，谓："惟兹三风十愆，卿士有一于身，家必丧；邦君有一于身，国必亡。"

华夏优秀人文传统的延续，不仅在于德教昌明、民风淳厚，同时也有赖于历代忠诤死谏之士不畏淫威，敢于植有礼，覆昏暴，为民请命。《书》载商中兴之王高宗武丁，因其庙祭靡费，享献祢庙牺牲、粢盛过于丰厚，遂有太子孝己，辅相傅说严词反对，指斥武丁违离先王成宪，训诫他不可"黩于祭祀"（《商书·说命》），"典祀无丰于昵"（《商书·高宗肜日》）。告诫武丁应慎敬民事，典祀要恪守常法，享献牺牲、粢盛、尊彝、俎豆等不得靡费。至殷商末世，纣王黩武，黩祀，酒池肉林作长夜之饮，奢靡淫逸之风大盛。于是，有微子数谏，箕子佯狂，比干以死抗争，百姓怨，诸侯叛，前徒倒戈，天下群起而攻之，最终被倡行德政的周武王所灭。于此可见优秀文化传统在文明进程中的无穷力量。

就已知的古国阶段的考古资料来看，如红山与良渚文化遗存的大型祭坛、神庙，成排布列的石构或土墩式贵族墓葬，牛河梁神庙个体硕大的女神塑像，良渚大墓的数十乃至上百件玉礼器，虽不能断言它是巫风泛滥并造成古国倾覆，但联系颛顼曾在中原推行"绝地天通"即禁绝神权干预王权的宗教改革，似乎也存在着相当的可能性。在同一时期的中原古国，大型的贵族墓葬数量既少，随葬物在材质、数量、制作工艺等方面，都不能与前者相提并论。以灵宝西坡与襄汾陶寺大墓为代表的墓葬资料，或许正体现了比较简约而不铺张的人文精神。

四

中华优秀文化的延续，是以礼制精神为依归的。诚如孔夫子所说，"周监于二代"（《论语·八佾》），"殷因于夏礼"，"周因于殷礼"，"或继周者，虽百代，可知也"（《论语·为政》）。故《礼记·礼器》说："三代之礼，一也，民共由之。"我们相信，战国秦汉集结成书的三礼，此前各代之间虽然会有所损益，但其基本的礼制精神均有其悠远的历史渊源。

大家知道，古代中国的祭祀活动大致分为两类，一是郊祀天地，一是庙祭先祖。据经典文献所述，郊祀的核心理念叫"报本反始"，庙祭的基本精神称"慎终追远"。

《论语·学而》："曾子曰：慎终追远，民德归厚矣。"孔安国所作传文有这样的解说："慎终者，丧尽其哀；追远者，祭尽其敬。君能行此二者，民化其德，皆归于厚矣。"大义是讲父母寿终，丧礼谨慎，尽其哀痛之情，就是"慎终"；亲葬日远，感念追享，尽其敬诚之意，就是"追远"。居上位者能做到这两点，民之德教风化就会归于淳厚。

"报本反始"，语出《礼记·郊特牲》，说："地载万物，天垂象。取材于地，取法于天。是以尊天而亲地……所以报本反始也。"这里讲，天体垂象，取法于天，先民由此知晓四时与耕作季侯。地载万物，取材于地，官民于是取为养生之本。所以以敬诚之心尊天亲地，以报天地恩德。这即是古人所说的"报本"。《礼记·礼运》："夫礼之初，始诸饮食。其燔黍捭豚、污尊抔（pāo）饮、蒉桴而土鼓，犹若以致其敬于鬼神。"故"养生送死，以事鬼神，皆从其朔"。这就是古人所说的"反始"。报本反始的中心思想是教诲人们，祭祀天地鬼神，要尊天敬地，感念其养育之恩，而不是厚葬黩祀，追求奢华。《礼记·礼器》说："礼也者，反本修古，不忘其初者也。"这应该就是古代祭礼的基本理念。

正是基于"慎终追远"与"报本反始"的礼制精神，质朴简约，回归初始就成为古代祭礼提倡的理想作法。在《礼记》一书的相关篇章中，可以找到不少具体记述。

有关郊祀天地场所的选择，《礼运》篇说："因天事天，因地事地"，"为高必因丘陵，为下必因川泽。"《郊特牲》说："扫地（即除地为坛）而祭，于其质也。"讲丘陵、川泽，大地就是郊祀天地的天然而又理想的场所。

古代祭礼用酒，以清水为上品，称为"玄酒"。《礼运》说："玄酒以祭"，《礼器》说："醴酒之用，玄酒之尚。"讲醴酒乃酒之美者，而祭祀陈尊（酒器），以玄酒列于上位，醴酒设在下位。这种以玄酒为尊的做法所传达的就是反本修古之义。

《礼记·礼器》述祭祀用牲，说："牲不及肥大，荐不多美品。""羔豚而祭，百官皆足。大牢而祭，不必有余。"古代祭礼享献用特（或牛、或羊、或豚，一只为特），故郊祀天地，礼称《郊特牲》；享祭先祖，礼称《特牲馈食》。

《礼记·礼器》述祭礼要"合于人时，设于地财，顺于鬼神，合于人心"。《礼义》记祭礼要节制有度："祭不欲数，数则烦，烦则不敬；祭不欲疏，疏则怠，怠则忘。"即做到不数不疏，敬而不忘就符合礼的本义了。

祭祀天地鬼神，追溯人类自身繁衍生息的根本，以敬诚之心感念天地与先祖的养育之恩，是中华人文传统的重要组成部分。《礼记·礼运》说："夫礼，必本于天，殽（义为法）于地，列于鬼神……故圣人以礼示之，故天下国家可得而正也。"古之主民事者，在祭祀问题上，是简约修古以致敬诚之心，还是耗费民财奢靡事神，可视为其行为取向是否文明的分水岭。我们认为，从这种视角去考察五帝时期古国文明的演进历程，其结论似乎更加合理。

以上我们依据《尚书》与《礼记》的相关记述，对古代祭礼的理念与制度进行了一番讨论，资料的选择不能面面俱到，内容理解可能存在失误，但我们相信，以考古资料补充文献资料的不足，反过来以文献资料去除考古资料的局限，可以使我们对古国兴衰以及中华文明发展历程的认识更加深入。

五

中华文明是以农业文化为基础的文明体系，讨论中华古国文明的演进历程，其时的农业文化应是中心议题。多种文献浓墨重彩的大禹治水的故事，无疑是五帝时期末叶关于农业文化的不朽剧目。这个家喻户晓的史上称为大禹治水的故事，它不是大禹个人史诗般英雄人物的独角戏，故事的内容也远远超出了平治水土本身。因此，各种文献对大禹治水的功绩都给予很高的评价。如将其平治水土的功业称作"平天下"（《荀子·成相篇》）、使"诸夏艾安"（《史记·河渠书》）、"定千八百国"（《淮南子·修务训》），可见，其时的治水工程，是关系到"诸夏"乃至一些周邻古国的大事业。可以设想，禹所以能"通九道，陂九泽，度九山"，"以别九州，随山浚川，任土作贡"，成就这项伟大事业，绝非是单凭一己的谋略或一邦一国的力量所能实现的。因而，能否号令以及如何号令诸夏或更多古国官民参与治水、协同治水，才是治水能否成功的关键。当然，要做到号令古国官民协力同心，共图大业，则不是振臂一呼就可以办到的，也不是强征民力能够奏效的。而治事者率先垂范，以德御民，就成为无可替代的法宝。禹能够治水成功，即在于他是这样的治事者。《史记·河渠书》引《夏书》说："禹抑水十三年，过家不入门。"《淮南子·修务训》说："禹沐浴霪雨，栉扶风，决江疏河。"《荀子·成相篇》说："禹立，勤劳天下，日夜不懈。""疏三江五湖，注之海，以利黔首。"大禹能有如此作为，根本还在其自身修为。《虞书·皋陶谟》这样评说禹的品格："慎厥身，修思永。""允迪厥德，谟明弼谐。""克勤于邦，克俭于家。"《虞书·大禹谟》自述其为政的根本在尚德，在为民，说："德惟善政，政在养民。"

十年前，保利博物馆购藏的西周中期遂公盨，铭文追述大禹平治水患并导民以德的史事，证明文献中有关大禹治水的故事，并非仅仅是神话传说。治水故事所传达的人文精神，与中原地区仰韶文化到龙山文化的人文传统是一致的。这种人文传统就是中华文明的根基所在。

2015年6月16日完稿于北大蓝旗营寓所

试论泾水中上游地区的商代文化遗存

张天恩

（陕西省考古研究院）

泾河中上游地区是一个相对独立的地理单元，东阻子午岭，西拒六盘山，南隔梁山与关中西部相邻。自新石器时代开始，该地区与关中平原的考古学文化就存在着许多联系，也保持着大体同步的进程。进入历史时期以后，关中东部自二里头文化三、四期纳入到夏王朝势力范围，但西部地区的文化面貌较为模糊，泾水上游则更不清楚，几乎是一片空白。

进入商代纪年后，关中先后发现了商、先周和刘家文化，开始呈现出了文化较快发展的态势。约从商代晚期偏早阶段开始，泾水中上游地区也陆续出现了一些面貌不同、性质有别的考古学文化。据历史文献的记载，在商代后期该区曾活动过一些方国部族，与有关的考古学文化关系如何，是否与开始崛起的周族发生过联系等，都是值得探讨的重要学术问题。但因考古工作开展不多，特别是上游地区能看到的资料更少，故很少有人进行过研究。笔者因工作之便曾到此区有过多次调查或参访，觉得有关考古和当地所藏的资料尚值得关注，故试做一些简单的介绍和分析，权作引玉之砖，以待攻伐。

一、泾水中游地区的考古学遗存

泾水中游地区的范围，自梁山以北至于长武县境，主要包括陕西淳化、旬邑、彬县、长武，甘肃正宁、宁县、灵台等县。此区曾进行过一些考古项目，基本清楚的考古学文化主要有三类。

第一类 最先发现于陕西旬邑县孙家遗址[1]，是一类以分裆鬲、联裆鬲、甗、折肩罐、折肩瓮、深腹盆、真腹豆、圈足簋等陶器为主的考古学文化（图一），后在陕西彬县断泾、淳化枣树沟脑遗址的考古发掘中[2]，都发现基本相同或类似的遗存。笔者曾

---

[1] 陕西省考古研究院（所）1994年发掘资料，未发表。
[2] 中国社会科学院考古研究所泾渭工作队：《陕西彬县断泾遗址发掘报告》，《考古学报》1999年1期；西北大学文化遗产与考古学研究中心：《陕西淳化县枣树沟脑遗址先周时期遗存》，《考古》2012年3期；西北大学文化遗产学院、陕西省考古研究院、淳化县博物馆：《陕西淳化县枣树沟脑遗址2007年发掘简报》，《文物》2013年2期。

孙家遗址出土陶鬲

枣树沟脑出土陶鬲

枣树沟脑出土陶盆

枣树沟脑出土陶豆

图一　孙家类型陶器

将之称为"孙家型"先周文化[①]。

此类遗存的范围尚不十分明了，据有关考古发掘和文物普查资料，大体可知主要分布在泾河中游东南部的彬县、旬邑和淳化县，早年长武县南端的下孟村遗址（原属彬县）发掘时，也发现过该类遗存的单位和遗物[②]，故与之相邻的甘肃正宁县也可能是其涉及的区域。孙家型遗存的年代，大约相当于殷墟文化一期、二期或略晚，这在已经发掘过的礼泉朱马嘴、彬县断泾、淳化枣树沟脑等遗址的资料中都有证明。特别是朱马嘴遗址，因有大量编年序列较清楚的商文化遗存，使共存的该类遗存得到较清楚的订正[③]。到了殷墟三期偏晚阶段以后，其主体文化则出现迅速消失的现象。

---

① 张天恩：《关中商代文化研究》，文物出版社，2004年，237~245页。
② 陕西考古所泾水队：《陕西邠县下孟村遗址发掘简报》，《考古》1960年1期；徐锡台：《早周文化的特点及其渊源的探索》，《文物》1979年10期。
③ 北京大学考古学系、陕西省考古研究所：《陕西礼泉朱马嘴商代遗址试掘简报》，《考古与文物》2000年5期；《陕西礼泉县朱马嘴商代遗址1995年试掘报告》，待刊。

第二类 学界称为碾子坡文化①，最初发现于陕西长武县碾子坡遗址②，后在陕西麟游县园子坪、蔡家河遗址③，也发掘到类似的遗存。有关发掘资料显示，这是一类以高领袋足鬲、甗、折肩罐、瓮、深腹盆、真腹豆等陶器为代表的文化遗存（图二）。其与前一类的差别主要呈现在炊具方面，其他则多较相似。即鬲、甗类陶器的形制和制作工艺，各自属于不同的体系，说明在餐饮习惯方面，有着并非完全相同的来源。

据现有的资料分析，碾子坡文化可分为三期，约从殷墟早期出现，发展延续的时间大体相当于整个殷墟阶段，到商末基本消失④。现已了解到其早期主要分布在甘肃灵台县、陕西长武县，中晚期发展到陕西麟游县的中西部地区。

第三类 断泾二期遗存，最先发现于彬县断泾遗址上层⑤。有关遗址的地层关系显示，这是一类出现较晚的文化遗存。陶器以没有明显足尖的分档鬲、甗为特色，鬲颈部有一道堆纹较多见，鬲、甗口沿有刺、划纹饰，甗及三足瓮的数量较多等，都与前两类文化形成了较大的差别（图三）。类似风格的遗存，在淳化黑豆嘴、赵家庄，以及发掘过的枣树沟脑遗址，都有数量不等的发现。

据现有发掘资料分析可知，该类遗存在断泾遗址是继孙家型之后出现的新文化遗存，类似的文化层堆积情况在枣树沟脑遗址也被发掘到。枣树沟脑的发掘还显示该地的西周遗存中，已看不清楚此类遗存的特征，故其年代范围被估计为殷墟文化三至四期。在上述商代考古学文化遗存中，分别也有少量青铜礼器、兵器和工具的发现。如碾子坡遗址出土过殷墟二期或略晚的弦纹鼎、兽面纹甗，淳化赵家庄、黑豆嘴遗址出土过相当于殷墟三期的简化饕餮纹鼎、兽面纹壶、爵及兵器等，断泾遗址也出土有殷墟晚期的武器、工具等。这些青铜器的时代特征基本与相关遗址的年代一致，说明应归属于相应的文化遗存。

二、泾水上游地区的考古学遗存

泾水上游地区的范围更大一些，但考古工作的开展却更为薄弱，要了解该区商代

---

① 张天恩：《关中商代文化研究》，文物出版社，2004年，319~334页；刘军社：《先周文化研究》，三秦出版社，2003年。

② 中国社会科学院考古研究所泾渭工作队：《陕西长武碾子坡先周文化遗址发掘纪略》，载《考古学集刊·6》，中国社会科学出版社，1989年。

③ 园子坪资料为北京大学考古文博学院与宝鸡市考古工作队1992年调查所得，现藏宝鸡市考古工作队。北京大学考古文博学院、宝鸡市考古工作队：《陕西麟游县蔡家河商代遗存发掘报告》，《华夏考古》2000年1期。

④ 张天恩：《古密须国文化的初步认识》，载《周秦文化研究论集》，科学出版社，2009年。

⑤ 中国社会科学院考古研究所泾渭工作队：《陕西彬县断泾遗址发掘报告》，《考古学报》1999年1期。

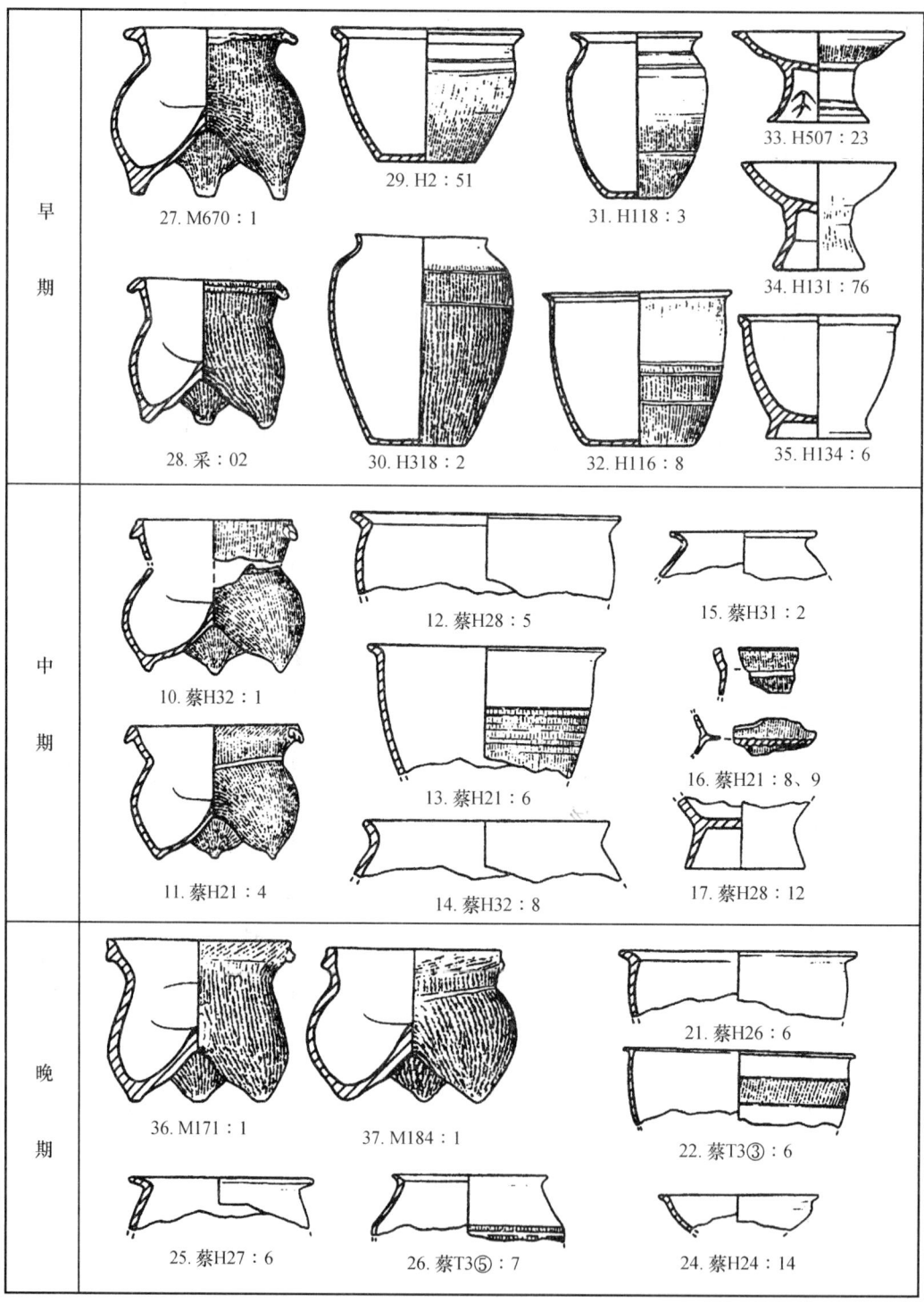

图二　碾子坡文化陶器
（前注蔡者，为麟游蔡家河出，余均长武碾子坡出土）

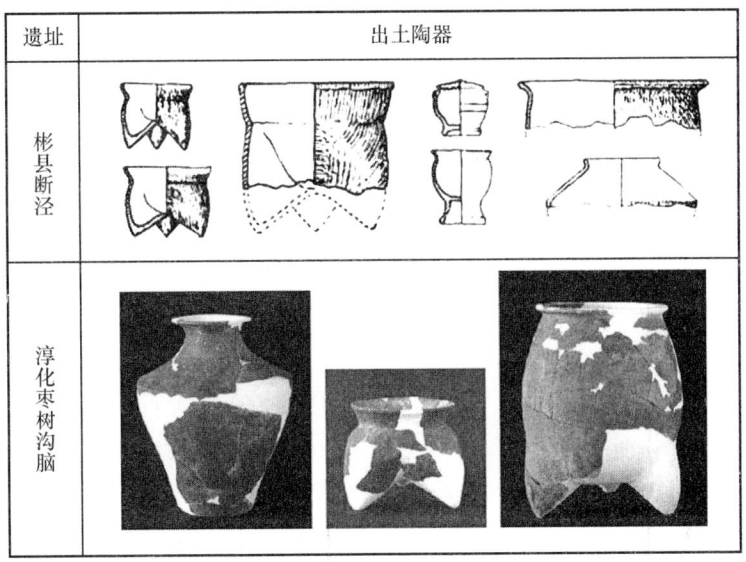

图三 断泾二期类型陶器

文化的面貌难度较大一些。此区经过发掘的遗址或墓地，主要有合水九站和崇信于家湾两处，其他均为零星的发现或采集的遗物。根据这些发现，可初步将之区分为四类。

第一类 寺洼文化遗存，最先发现于平凉安国镇[①]。因与洮河流域原来发现的寺洼文化面貌有一定的差异，而被称为安国式陶器或安国类型。这是一类以罐、鬲为核心，以较粗素面陶器为特色的考古学文化（图四）。虽已过去了许多年，但直到目前我们仍缺乏对寺洼文化遗址在该区分布情况的了解。以往的有关介绍指出，其多有分布在泾河的近源地区或支流源地的特点[②]。

合水九站遗址发掘相对较多，除了80余座墓葬外还对居址有小范围揭露，报告揭示这里的寺洼遗存从商代末期延续至西周晚期[③]，经过了较长时期的发展，使我们对寺

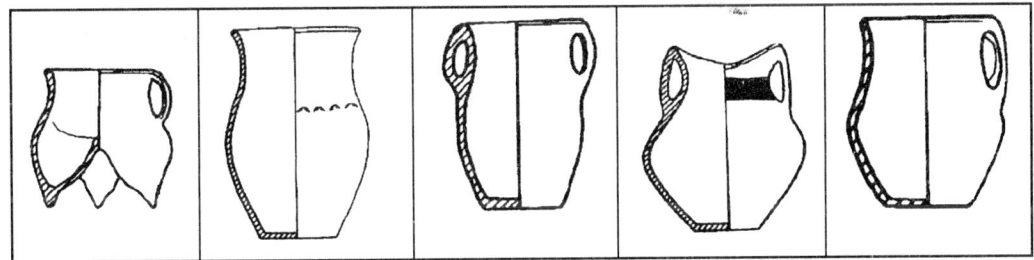

图四 合水九站出土的寺洼文化安国类型陶器

---

① 甘肃省博物馆：《甘肃古文化遗存》，《考古学报》1960年2期。
② 中国社会科学院考古研究所泾渭工作队：《陕西彬县断泾遗址发掘报告》，《考古学报》1999年1期。
③ 王占奎、水涛：《甘肃合水九站遗址发掘报告》，载《考古学研究（三）》，科学出版社，1997年，300～477页。

洼文化安国类型有了一个相对清晰的认识。可知来自陇山以西的寺洼文化，在商周时期已成为陇东地区一支实力较强的青铜文化，因有处于河流源头的特点，估计在平凉至合水间的陇东偏西北地区可能会有一定量的分布。

第二类 以崇信于家湾墓地的早期墓葬为代表①，目前仅见于该处。出土陶器以联裆鬲、折肩罐、圆肩罐为主，也有少量高领带足鬲、青铜礼器及兵器、车马器等。墓地发掘资料显示商代晚期的墓葬不多，主要是西周早中期。于家湾之外，属此类遗存的墓地和遗址目前尚未见明确的报道，分布情况模糊，推测应主要存在于芮河流域的崇信及附近地区。

第三类 以泾川县蒜李遗址出土的青铜袋足鬲②，及窑店西门村出土的夔龙纹铜鼎、折肩陶罐等商代晚期遗存为代表③（图五）。泾川没有进行过相关的考古发掘，但蒜李青铜鬲和县博物馆藏的典型晚商铜鼎和陶罐，足以说明此区定有商代遗址的分布。据平凉市博物馆前馆长刘玉林先生介绍，蒜李为一堆积丰富的商周遗址，青铜鬲出自一座墓葬，表明这里应含有晚商时期的文化遗存。西门村折肩陶罐的形制特征，明显有泾渭地区众多商代晚期遗存同类器的典型风格，说明该地应有商代遗址及墓地的存在。

蒜李出土铭文铜鬲　　铭文铜鬲拓片　　西门村出土铜鼎　　西门村出土陶罐

图五　泾川出土的商代青铜器和陶器

西门村陶罐口沿较发达，窄折肩，体瘦高，属于年代略早者，与北吕ⅠM7∶3、耀县丁家沟等先周墓的同类器近似，约为殷墟三期偏晚，与同遗址出土的粗柱足夔龙纹铜鼎显示的年代接近，肯定比于家湾最早的墓葬要早一些。说明泾川一带定有相当于殷墟三、四期的聚落分布，我们姑且将称之为"蒜李类遗存"。

第四类 刘家文化遗存，以崇信县香山寺M1为代表。1984年发现于赤城乡香山寺村，仅清理了一座墓葬④，出土陶器有高领袋足鬲、单耳罐、双耳罐及圆肩罐等（图

---

① 甘肃省文物考古研究所：《崇信于家湾周墓》，文物出版社，2009年。
② 刘玉林：《甘肃泾川发现早商铜鬲》，《文物》1977年9期。
③ 泾川县博物馆藏品，文物照片为西北大学梁云教授提供。
④ 同①，附录六。

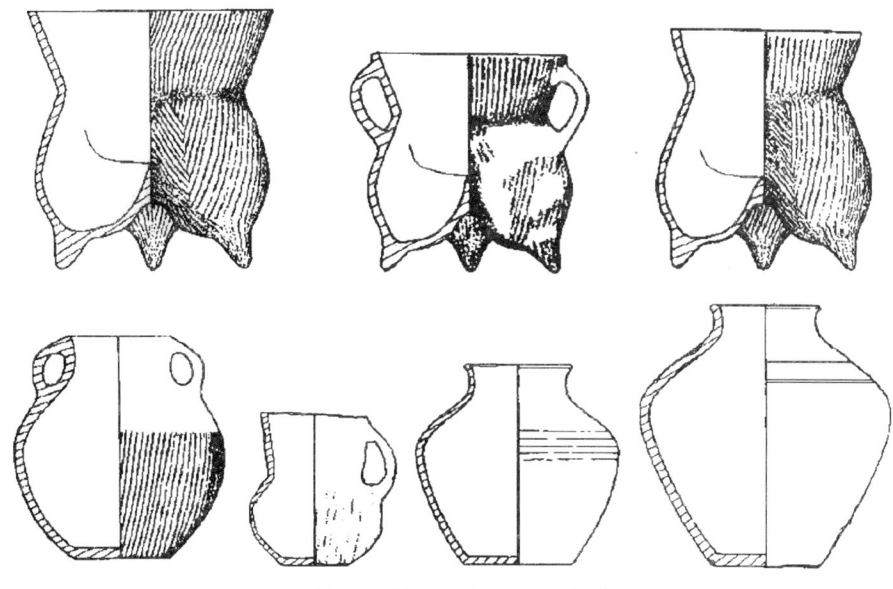

图六 崇信香山寺M1出土陶器

六），但其组合清楚，特征鲜明，与宝鸡市高家村刘家文化墓地东区墓葬的陶器组合、形制等非常相似[①]。以此而论，其年代当与高家村偏早的墓葬年代相当，约为殷墟四期早段。此类遗存泾水上游地区发现甚少，除了香山寺外，平凉翟家沟还曾征集过同类的鬲、罐[②]。但翟家沟的陶器形制明显较早，应为刘家文化早期遗物，年代约为商代中期偏早阶段，两者尚有一定的时代差距。

泾水上游地区的商代文化遗存，年代普遍比中游地区为晚，但翟家沟高领袋足鬲、罐的发现，说明此区也存在商代早中期之际的文化遗存。泾川县发现的晚商铜器相对较多，则暗示泾河上游的干流地区可能属这一地区青铜技术起步较早的区域。

三、诸考古学文化遗存的性质

泾水中游地区的三类遗存发现稍早，也经过了较为充分的研究，文化归属比较明朗，这里只做简单归纳。

以孙家和断泾遗址早期为代表的孙家型遗存，文化特征与郑家坡先周文化早期的面貌最为相似，表明两者的关系密切，大体可认为属于相同的文化体系。但因尚存某些差异，所以笔者曾将之称为先周文化"孙家型"[③]。断泾遗址发掘报告径直认为，

---

① 宝鸡市考古工作队：《陕西宝鸡高家村刘家文化墓地发掘报告》，载《古代文明》第7卷，文物出版社，2008年，287～322页。
② 乔今同：《平凉县发现新石器时代遗址》，《文物参考资料》1956年12期。
③ 张天恩：《关中商代文化研究》，文物出版社，2004年，237～245页。

"断径一期遗存在年代与地望方面皆符合公刘居豳以后某个时期先周文化遗存的条件，因此它应即居豳时期的先周文化"。

碾子坡文化资料发表后，部分学者认为这也是公刘居彬时期的文化遗存[①]。但鉴于孙家型先周文化的分布地域、存续时间、文化面貌等更符合居彬的条件，而碾子坡文化的分布主要以偏西北的灵台为中心，从时间、空间、与孙家型的差异，以及文献资料等方面分析，其最大的可能应属密须国的考古学文化[②]。

断泾二期类型遗存发现后，发掘者即已认识到其"具有浓厚的北方戎狄遗存的风格"。该类遗存中流行的陶鬲无明显加高足尖，突然出现了数量较多的三足瓮、甗，以及带凸齿的环首刀、管形金饰、管銎斧、黑豆嘴出土的弓形金饰等[③]，多有陕晋高原地区李家崖文化的特征，将之视作南下的北方青铜文化的分支，应该是比较可信的。

泾水上游地区几类遗存中，有关寺洼文化的性质学界早有讨论。既有古代氐羌族文化遗留的说法[④]，又有早期氐人遗存、熏育戎狄文化等看法[⑤]，虽还没有统一的认识，但较多学者认同将之与古羌族文化遗存相联系。然而该文化分布范围广大，延续时间长，不同地区文化遗存的具体族属可能还会有所不同。

文献和西周金文多次涉及周王朝与犬戎、玁狁的战事或纠葛。《周本纪》说文王"明年，伐犬戎"，又"申侯怒，与缯、西夷犬戎攻幽王"。《诗经·采薇》说："靡室靡家，玁狁之故。不遑启居，玁狁之故。"多友鼎铭文记载："唯十月，用玁狁方兴，广伐京师。"这些记载中涉及的犬戎、玁狁之属多来自周王朝西北方向。而我们能见到商周时期西北外围的泾渭上游地区考古学文化，最主要的就是寺洼文化（安国类型）遗存。所以，从大范围而言，寺洼文化应为古羌人的考古学遗存，具体到泾河上游的晚商时期，安国类型当与犬戎、玁狁等国族的关系更密切一些。

翟家沟、香山寺类遗存，显然属于不同时期的刘家文化。该文化是关中西部及陕甘相邻地区一支重要的青铜文化，性质也属于古羌族的一支，具体而言为与姬周民族联姻结盟的姜姓羌人，几成学界的共识[⑥]。刘家文化延续了较长时期，约在商代早期出现于陇山两侧的陕甘相邻地区，逐渐向东发展到周原一带，在商代中晚期之际与京当

---

① 胡谦盈：《试谈先周文化及相关问题》，载《中国考古学研究——夏鼐先生考古五十周年纪念论文集》，文物出版社，1986年。

② 张天恩：《关中商代文化研究》，文物出版社，2004年，319~334页。

③ 姚生民：《陕西淳化县出土的商周青铜器》，《考古与文物》1986年5期。

④ 夏鼐：《临洮寺洼山发掘记》，载《考古学论文集》，科学出版社，1961年，11~50页。

⑤ 卢连成、胡智生：《宝鸡强国墓地》，文物出版社，1988年；胡谦盈：《论寺洼文化》，载《文物集刊·2》，文物出版社，1980年。

⑥ 尹盛平、任周方：《先周文化的初步研究》，《文物》1984年7期；张天恩：《关中商代文化研究》，文物出版社，2004年，277~319页；刘军社：《先周文化研究》，三秦出版社，2003年；雷兴山：《先周文化探索》，科学出版社，2012年。

型商文化曾有过不短的相峙，殷墟甲骨文中伐羌的诸多记录正是两者关系的写照。约在殷墟三期，随着周太王迁岐渐与先周文化融合，周初似已基本消失。平凉、崇信陶器的发现，应是不同时期刘家文化向北发展和影响的反映。

崇信于家湾墓地早期遗存的文化特征，可认为是晚期先周文化扩展的结果，当归于先周文化的范畴。值得一提的是，于家湾墓地的性质近又引起更多关注，一些年轻学者倾向该地可能为早期芮国的所在①，或以为是芮国的早期遗存②。通过埋葬习俗、文化面貌、所处的地望等多方面考察，这样的认识还是较可取的。

蒜李类遗存尚乏考古发掘所获的完整资料，为认识其文化面貌带来较大的困难。但据西门村、蒜李两地出土铜、陶器显示的信息，大体可推这类遗存在殷墟三期已有一定的规模。泾川博物馆还藏有殷墟三、四期的母己爵和父丁觚各1件（图七，1、3），前者出土地点为玉都镇下坳村，地处泾河北岸的一个小支流上，距西门村直线距离近40公里。早年平凉博物馆曾征集商代青铜镜一面③，形制与殷墟妇好墓所出的一件相似（图七，2），约为殷墟二期偏晚阶段，与泾川西门等有关发现的年代相当或略早。由此可见，泾川、平凉一带的泾河干流当是此类文化遗存的中心所在，但限于资料目前还难以勾画出其分布的具体范围。

至于蒜李类遗存的文化属性，因缺少考古工作基础尚无相关的说明，但据其年代和分布概况考虑，显然与历史上活动于泾川一带的古阮国比较相符。商代阮国的最早记载见于《诗经·大雅·皇矣》，曰："密人不恭，敢拒大邦，侵阮徂共。王赫斯怒，爰整其旅。"注家多谓：密，商代小国，在甘肃灵台县境内；阮，亦商代小国，

1. 泾川藏父丁觚　　2. 平凉征集铜镜　　3. 下坳出土母己爵

图七　馆藏蒜李类遗存青铜器

---

① 杨磊：《梁带村芮国墓地青铜器文化因素及相关问题分析》，西北大学硕士研究生学位论文，2012年打印稿。

② 梁云：《芮国早期遗存探寻》，载《两周封国论衡——陕西韩城出土芮国文物暨周代封国考古学研究国际学术研讨会论文集》，上海古籍出版社，2014年。

③ 高阿申：《甘肃平凉发现一件商代铜镜》，《文物》1991年5期。

在今甘肃泾川一带；徂，去、前往；共，为阮国地名，有共池。2013年5月笔者至泾川参会参观始知，传说中的共池的故址现仍可指认；王，指周文王姬昌。诗句讲的是居于今灵台境内的密须国不能谨慎处理邻国的关系，抗拒商末在泾渭地区迅猛发展并成为大国的周人，还兴师侵犯相邻的阮国，引起周文王的震怒，故率领大军讨伐密须并灭其国。以灵台为中心的碾子坡文化是密须国的考古学遗存，在商末被先周文化取代，当是这一历史背景的反映。

既然阮为泾川一带的晚商小国，这里又分布着相当于殷墟三、四期的蒜李类晚商时期文化遗存，故可认为这类遗存极有可能就是阮国之人创造和使用的考古学文化。所见陶器虽仅一件折肩罐，但风格酷似先周文化的同类器，则说明其曾过受周人的较大影响，也反映了两者的关系密切，因而文王伐密须实可能是出于呵护友邦的考虑。可惜当地未曾进行过考古发掘，我们尚无缘以窥阮国文化的真容，只好留待将来了。

古阮国的历史，在史书记载颇少但也还有少量线索可以追溯。东汉王符《潜夫论》说阮为偃姓国，南宋罗泌《路史》说皋陶之后有阮氏，是知其渊源当与东夷古族相关。其虽也使用先周式折肩罐类陶器，但实际并非姬姓的周人。现可见的蒜李类遗存铜器之数量有限，但多见日名、族徽，表明其文化曾受到商文化深刻影响，据此推测其或是早年灭夏时，进入关中的商夷联军的一部分，晚商阶段徙居泾川一带。

还需关注的是，蒜李铜鬲虽铸有殷商式亚字框铭文，但其形制独特，与商式铜鬲风格大异其趣，是否暗示了当地已掌握青铜器铸造技术，并有了自己的铸铜作坊？如果将来的考古发掘证明了此点，则表明古阮国和泾川在泾水上游青铜文明发展中，占据着重要的位置。

此外，文献记载泾水上游在商代可能还有彭、卢等古国活动，但位置似更偏于西北方位，不排除她们使用的是安国类型文化，但现在线索阙如也就不便论述了。

四、有关国族的相互关系

上文已明确了泾水中上游考古学文化与相关国族的对应情况，那么诸国族之间的相互关系如何，似也应予以申论。

我们知道姬姓周人是泾渭地区发展壮大的民族，文献记载其先祖不窋自窜于戎狄之间，公刘居彬等历史掌故都与泾水中上游地区相关。不窋的事迹相当于夏商之际，但现在尚没有任何能确信早到这一时期的考古资料，当以慎言为宜。上限可达商代中期的孙家型先周文化，是泾水中上游地区目前所知的最早考古学遗存，从时空范围、文化特征等方面考虑，其与居彬时期的周人文化遗存比较吻合。但与处在商代早期的公刘时代也还存在一定的距离，显然有待将来的考古发现去说明。该文化中有矮直领瓮、假腹豆等商式陶器存在，可知其曾受到商文化的一定影响。

与孙家型早期年代相当的，现知仅有平凉翟家沟陶器为代表的刘家文化早期遗存，而且只此一例，故对其分布情况了无所知。所以，虽可认为其属商代早中期的羌戎遗存，因有较大的空间距离，尚不好说与孙家型先周文化产生过多少直接的联系，更遑论其与不窋、公刘的关系了。略晚一些碾子坡文化为代表的密须国遗存，和孙家型先周文化类似，或多或少都有刘家文化的典型器高领袋足鬲，说明刘家文化对这两种文化都产生过一定的影响，应该没有什么问题。

与密须国文化自殷墟早期延续到商末不同，孙家型约在殷墟三期便从泾水中游地区退出，覆压于其上的，是颇具北方李家崖文化特征的断泾二期类型。对于此类与鬼方相关的文化遗存出现在先周文化活动区域的现象，我们曾倾向其是太王受戎狄所迫，举国迁岐事件的考古学反映[①]，十余年后再检查此认识似仍属不刊之论。

商代密须国为姞姓，实出自黄帝之后，与周人本有较深的渊源。《左传·宣公三年》传说"姬、姞耦，其生必蕃"，故其也可能是泾渭地区的古族之一。碾子坡遗址出土的鼎、瓿等商式铜器和矮直领瓮等商文化因素陶器，表明密须国至迟在殷墟二期已受到商文化的影响。密须文化中也可见孙家型的分裆鬲、联裆鬲等，可知其与先周文化也存在影响和交流。

蒜李类遗存的资料虽少，但所见的主要是商式青铜器，反映了其与商文化的渊源可能非浅，也与其族源出自东方，属东夷集团的皋陶之后的说法较吻合。《通志·氏族略》就记载"阮氏，商之诸侯，国在岐渭之间"，似又透漏了阮国在商代晚期迁徙的一段秘史，说明在较早阶段他们可能是居于岐山、渭河之间的扶、岐一带，泾水上游的泾川地区则是后来的徙居之地。

笔者早年研究关中西部商文化时指出，商文化京当型的分布西界明确在今岐山、扶风交界处的畤沟河一线，已发现的有壹家堡、王家嘴、双庵等多处遗址[②]，约自殷墟一期或略早阶段开始出现在关中西部，持续发展到殷墟二期偏晚阶段则突然消失。对于其去向，我们曾进行过一些简单的推测，认为部分人群可能返回中原或远走他方，其他的归附于周人[③]。至于远走他方者究竟去了哪里，当时并没有进行深入的探究。经对蒜李类遗存进行分析，可以认为京当型中的一部分人，实际应是北徙至泾水上游的泾川一带，成为晚商阮国文化的核心族群。

既然蒜李类遗存为代表的阮国文化可能来自京当型商文化，其所见的商式青铜器也罢，先周文化特色的折肩罐也罢，实际都是其文化的基本特色。在将来的考古发掘中，如再发现更多的京当型以及先周文化因素，亦在情理之中。现有的资料显示，阮

---

① 张天恩：《关中商代文化研究》，文物出版社，2004年，257~261页。
② 北京大学考古系商周组：《陕西扶风县壹家堡遗址1986年度发掘报告》，载《考古学研究（二）》，北京大学出版社，1994年；周原考古队：《2001年周原遗址（王家嘴、贺家地点）发掘简报》，载《古代文明》第2卷，文物出版社，2003年；北京大学考古文博学院2013年发掘资料，待刊。
③ 同①，80页。

国文化遗存在泾川兴起的时间似不晚于殷墟三期，与京当型消亡的年代较吻合应非偶然。

阮在商末遭密须入侵，周人施以曾援手，此后阮很可能因之而归周，泾川附近发现的崇信于家湾墓地似可佐证。于家湾墓地的文化面貌与扶风北吕、凤翔西村等先周晚期墓地酷似，故其确可能属于姬姓的芮国遗存。其出现于崇信时间很晚，最有可能在香山寺刘家文化晚期遗存之后，也无早到蒜李类阮国文化线索，故当是文王伐密须后，周文化对泾水上游地区战略格局掌控的结果。西周建立后阮国是否仍存尚难确定，但当地民众确在使用周文化的线索还是比较清楚的。泾川博物馆收藏的直棱纹铜簋、凤凰村出的涡纹铜鼎，以及柳叶形青铜短剑和盆形陶簋等西周早期文物[①]，说明这里的文化确实没有间断而在继续发展。

九站遗址的发掘表明，安国类型出现在泾水上游的时间已属商末，显然不早于蒜李类阮国遗存。泾川馆藏未见典型安国类型陶器，说明此时寺洼文化的活动未及泾川一带，尚未成为周人崛起的实际障碍。因此，文王时代在泾水流域的战争对象，主要是碾子坡文化为代表的密须国，以及断泾二期类型为代表的北方文化势力，尚未涉及寺洼文化。该文化成为周王朝真正威胁的时间，可能到了西周中期以后。《周本纪》说穆王征犬戎，"得四白狼四白鹿以归，自是荒服者不至"。多友鼎、虢季子白盘等铭文所记西周对玁狁的战争，也都在此之后了。

---

① 均藏泾川博物馆。

汉中盆地出土商代晚期青铜器反映的祭祀模式

曹 玮

（陕西师范大学历史文化学院）

汉中盆地，北部是秦岭耸立，南部巴山连绵，汉江由西向东横穿盆地。盆地内土地肥沃，气候宜人，水草丰美，是人居住的最佳之地。新石器时代早期的李家村文化就诞生在这里。最迟至商代早期，商人的势力沿汉江溯流而上，到达盆地，这里已经成为商人的势力范围。从出土的青铜器来看，从商代早期开始，一直延续到商中期，汉中盆地的文化面貌与中原的大体相当。

自商代晚期的殷墟时期开始，商人的势力范围有所缩小[1]，有些地带又出现了受商文化影响、但又与商人祭祀传统不同的考古学文化，汉中盆地尤其明显。下面，我们将分析汉中盆地商晚期的器物，从而来分析这一时期的祭祀模式。

汉中盆地的青铜器绝大部分出土于汉江及其支流文川河、湑水河、溢水河、汤水河等河流，尤其是湑水河下游和汇入汉江的周围地区，是青铜器出土最为集中的区域。就众多青铜器出土点来说，城固县宝山镇苏村是引人瞩目的地方，先后六次出土青铜器，数量将近汉中盆地出土青铜器总数的三分之二[2]，青铜器的年代从商代早期开始，直到商周之际，是出土青铜器最为集中的地方。仅苏村小冢一地出土青铜器就达436件，时代大多在商代晚期，应是商代晚期最有代表性的青铜群。

商代晚期，在汉中盆地出土的青铜器中，容器有鼎、斝、窄体觚、尊、簋、罍、盘、瓿等几类，数量并不多；主要的器物是面具、兵器类和礼器类。面具有人形面具和兽形面具；兵器有三角援戈、矛、空顶易、尖顶易、钺；仪礼器有镰形器和璋形器[3]。

这几类器物，根据赵丛苍先生的统计[4]：

---

[1] 俞伟超：《长江流域青铜文化发展背景的新思考》，载《长江流域青铜文化研究》，科学出版社，2002年；中国社会科学院考古研究所：《中国考古学·夏商卷》，中国社会科学出版社，2003年，304~325页。

[2] 赵丛苍：《城洋青铜器》表一，科学出版社，2006年。

[3] 曹玮：《汉中出土商代青铜器》，载《汉中出土商代青铜器》第一册，巴蜀书社，2006年。

[4] 同[2]。在表中的名称与本文略有不同，人形面具被称为人面具，兽形面具被称为兽面具，直内三角援戈被称为直内三角戈，尖顶易被称为尖顶泡，空顶易被称为透顶泡，镰形器被称为弯形器。

人形面具	21
兽形面具	27
矛	28
直内三角援戈	85
尖顶昜	193
空顶昜	90
镰形器	79
璋形器	13

这些器物从数量来说，要占晚期器物的绝大部分，可是它们与殷墟出土的器物有明显不同。殷墟出土的器物中，传统的容礼器占主要地位，炊食器、酒器、水器等都是从商代前期开始逐渐增加的，形成了祭祖用器的一套模式。虽然从殷墟二期起器物仍有所增加，殷墟遗址新出现了甗、觯、偶方彝、方彝、斗、缶、盂、罐、角、铙、方形器、箕形器等，但这只是类别上的不断丰富，反映祭祀内容更加繁缛，基本形式上并无改变。兵器、工具、车马器的数量很少，居于次要地位。而汉中盆地同时期的器物，数量上占优的是兵器和仪礼器。以1976年城固苏村小冢出土的铜器为例，出土器物414件，其中罍2件，人形面具21件，兽形面具11件，三角援直内戈83件，有胡戈14件，尖顶昜193件，空顶昜90件。这样数量的器物在中原是找不到的。

三角援戈，有学者或称为戣，或称为瞿[①]，湖北盘龙城、河南安阳殷墟、山东青州苏埠屯都曾出土过，但最为集中的地点还是汉中盆地。时代从殷墟一二期开始，延续到西周时期。

面具，有人形面具和兽形面具两种。在陕西老牛坡和岐山贺家村、河南殷墟西区和西北冈、北京平谷刘家河、四川广汉三星堆等地的墓葬和祭祀坑中都出土过商代的面具，有学者做过很好的研究[②]，或认为是巫师作法的用具，或认为有沟通神人之间的功能。

昜，过去称之为泡，李学勤先生看到燕国墓地52号和53号墓出土的实物后，首先提出这类所谓的"铜泡"应是盾饰，名称应是昜[③]。这一论证得到了学者们的赞同，

[①] 陈志达：《殷墟武器概述》，载《庆祝苏秉琦考古五十五年论文集》，文物出版社，1989年；郭妍利：《商代青铜兵器研究》，社会科学文献出版社，2014年，52~58页。

[②] 柴晓明：《论商周时期的青铜面饰》，《考古》1992年12期；刘士莪、黄尚明：《商周面具初探》，《考古与文物》1993年6期；黄尚明、笪浩波：《关于商代青铜面具的几个问题》，《江汉考古》2007年4期。

[③] 李学勤：《北京、辽宁出土青铜器与周初的燕》，《社会科学战线》1983年2期。

先后有许多学者著文阐述①。古代的盾，根据用途和质地分为多种，《周礼·夏官·司兵》记："司兵掌五兵、五盾，各辨其物与其等，以待军事。"郑玄《注》云："五盾，干橹之属，其名未尽闻也。"贾公彦《疏》引《释名·释兵》举出的橹之大盾、大而平者的"吴魁"、隆者的"滇盾"、狭而长的步盾、狭而短的孑盾、犀皮做的犀盾、木质的木盾等来解释五盾，清代学者孙诒让《周礼正义》认为："五盾盖即《诗》《传》之中干及《释名》所说步盾、车盾之类。"轩辕做盾不可信，但盾在商代已经出现实物了，已有学者做过专门研究，这里不再赘述②。盾昜是盾上的装饰，目前从出土材料来看，商周时期的盾昜形制、每件盾上装饰几个盾昜，似乎并不相同③。有的持盾中心偏上镶嵌一个盾昜，周围再装饰一圈铜饰④；有的是盾的中心由两个半球形盾昜组成一个大的盾饰；有的可知由四个盾昜镶嵌在盾上。1995年陕西凤翔县城关镇豆腐村出土了一件战国时期的凤鸟衔环球形熏⑤，下有四方镂空底座，底座图案为武士一手持戈，一手持盾。盾为龟背形，中脊突起将盾一分为二，一边有两个圆圈表示盾昜，可以见证此时的盾为四个盾昜（图一）。另外，据刘昭瑞先生考证，西周时期

图一　凤翔城关镇豆腐村出土熏镂空底座武士持戈、持盾图案

---

① 成东：《先秦时期的盾》，《考古》1989年1期；刘昭瑞：《说钖》，《考古》1993年1期；何驽、罗明：《两周大武舞道具考略》，《考古与文物》2005年5期；王恩田：《释昜》，载《黄盛璋先生八秩华诞纪念文集》，中国教育文化出版社，2005年；王志友：《城洋青铜器中青铜泡用途试探——兼及人面饰与兽面饰的用途》，载《城洋青铜器》，科学出版社，2006年；曹玮：《商周时期的圆形盾昜》，载《汉中出土商代青铜器》，巴蜀书社，2011年。
② 于省吾：《释盾》，载《古文字研究》第三辑，中华书局，1980年；成东：《先秦时期的盾》，《考古》1989年1期。
③ 曹玮：《商周时期的圆形盾昜》，载《汉中出土商代青铜器》，巴蜀书社，2011年。
④ 卢连成、胡智生：《弻国墓地》，文物出版社，1988年，196页。
⑤ 景宏伟、王周应：《凤翔发现战国凤鸟衔环铜熏炉》，《文博》1996年1期。

也有盾上为五个易的①。

长胡戈，舌尖形长直援，菱形脊上有三道直棱，长胡，直内末端一侧斜出一尖；下阑三穿，上阑一穿。这样的长胡戈不见其他地方出土。

镰形器在其他遗址中不见，应是汉中晚商文化中最具有特点的器物。

璋形器，从形制上明显来源于玉器璋，除这里发现以外，金沙遗址也有发现。

这些器物从数量和形制上，与殷墟的同类器物相比有所不同，尤其是在铸造工艺上有区别。实用兵器制作的质量较高，而镰形器等制作较差；纯铜器物的比例较高，如镰形器，但在殷墟遗址中，纯铜器物极少；区域性特征明显，尤其是诸如镰形器、璋形器以及众多的空顶易和尖顶易等器物上②反映显著。

也正是这些独特的器物，我们说汉中盆地出土的商代晚期青铜器所反映的祭祀模式是有别于殷墟特点的祭祀模式，应是乐舞祭祀。

古代祭祀目的不同，形式也多种多样，如宗庙祭祀、墓葬祭祀、坛墠祭祀、乐舞祭祀，等等。其中乐舞祭祀是祭祀中很重要的形式。

舞蹈是古代祭祀的一种形式。青海省大通县上孙家寨遗址出土的马家窑类型的彩陶盆内沿上就有舞蹈的彩绘③。晚商甲骨文中有"舞"字，陈梦家认为像人两袖舞形，即"無"字④，林沄亦以为作正视的人手持牛尾舞蹈状⑤，这和两周时期文献的记载相合。殷商卜辞中祭祀的乐舞很多。

庚寅卜，辛卯奏舞雨。　　　　　　　　　　　　　　　《合集》5455

庚寅卜，辛卯奏舞雨。庚寅卜，癸巳奏舞雨。庚寅卜，甲午奏舞雨。

《合集》12819

"奏"是一种祭祀，《周礼·春官·大师》："大祭祀，帅瞽登歌，令奏击拊，下管，播乐器，令奏鼓朄。"奏有进献之意，亦有奏乐之意。"奏舞"是奏乐歌舞进行的祭祀，用奏舞的祭祀来祈雨。甲骨文中，奏乐歌舞祭祀的对象有先祖、山川等，如：

乙未卜，行贞，王宾奏自上甲入乙多毓無尤，在十二月。

《合集》22625

壬午卜，不奏山，日南，雨？　　　　　　　　　《合集》10975

壬申卜，奏四土于□。　　　　　　　　　　　　《合集》21091

---

① 刘昭瑞：《说锡》，《考古》1993年1期。
② 梅建军、陈坤龙、曹玮：《汉中出土商代青铜器的初步科学分析》，载《汉中出土商代青铜器》，巴蜀书社，2011年。
③ 青海省文物管理处考古队：《青海大通县上孙家寨出土的舞蹈纹彩陶盆》，《文物》1978年3期。
④ 陈梦家：《殷虚卜辞综述》，中华书局，1988年，599～603页。
⑤ 林沄：《古文字研究简论》，吉林大学出版社，1986年，16页。

| 乙酉卜，丙奏岳比用不雨？ | 《合集》20398 |
| 癸亥卜，勿奏河？ | 《合集》14605 |

这里的"奏先祖""奏山""奏四土""奏岳""奏河"等，都是用乐舞的形式来进行祭祀。

| 辛巳卜，宾贞，呼舞，有从雨？ | 《合集》12831正 |

陈梦家先生归纳出的舞名有舞、禜[雩]、𢻱、奏舞、霾等，可见求雨的乐舞与农事关系甚大①。

以乐舞的形式求雨，在文献中有所记载。《诗·商颂》中的五篇即为乐舞之词。《诗·商颂》的成书年代，自东周以来就有商诗（殷商时期）和宋诗（春秋时期）之争。一部分学者认为《诗·商颂》是商后裔宋国宗庙的祭祀乐歌，是春秋时宋国之臣正考父（孔子之祖）作的，这一点从司马迁《史记·宋世家》的撰述就能看出来，一直到清代学者王国维著《说商颂（上、下）》的论证都持这种观点②。另一部分学者则认为《诗·商颂》是殷商时期宗庙祭祀中歌颂先祖的乐歌，从汉代的古文学派以来，一直有学者不断地进行辩驳，现代学者张松如著《商颂研究》专门阐述这个观点③。

《诗·商颂·那》云："于赫汤孙，穆穆厥声。庸鼓有斁，万舞有奕。"《疏》："赫然盛矣者，乃汤之为人之子孙也。穆穆然而美者，其乐之音声，大钟之镛与所植之鼓有斁然而盛，执其干戈为万舞者有奕然而闲习。言其用乐之得宜也。"可知不仅仅是求雨，祭祀商汤也用手持干戈的万舞乐。到了周代仍用万舞祭祀。《诗·鲁颂·閟宫》被认为是《诗》中最长的一首诗，共一百二十句，描述祭祀从始祖姜嫄、后稷开始，延及太王、文王、武王、周公等先王先祖的丰功伟绩，颂扬鲁僖公拓展疆土、齐家治国的宏才大略。在叙述伯禽时，云："周公皇祖，亦其福女。秋而载尝，夏而楅衡。白牡骍刚，牺尊将将。毛炰胾羹，笾豆大房。万舞洋洋，孝孙有庆。"《疏》云："鼎俎既陈，笾豆已列，于是歌舞其神。执干戚而为万舞者，洋洋然众多。"

两周时期，乐舞的记载更为明确。《礼记》是战国时儒家的著述④，记述了两周时期的风俗礼节。《礼记·乐记》有这样的记述："比音而乐之，及干戚羽旄，谓之乐。"意为用乐器按照音节演奏，手持盾牌、斧钺、雉尾、牦牛尾随乐舞蹈，就叫做"乐"。实际上手持道具、配合音乐表演的舞蹈，即我们说的乐舞。

周代有专门官员来教乐舞。《周礼·地官》："舞师掌教兵舞，帅而舞山川之祭

---

① 陈梦家：《殷虚卜辞综述》，中华书局，1988年，599～603页。
② 王国维：《说商颂（上、下）》，《观堂集林（一）》，中华书局，1984年。
③ 张松如：《商颂研究》，南开大学出版社，1995年。
④ 钱玄：《三礼通论》，南京师范大学出版社，1996年，34～52页。

祀；教帗舞，帅而舞社稷之祭祀；教羽舞，帅而舞四方之祭祀；教皇舞，帅而舞旱暵之事。凡野舞，则皆教之。凡小祭祀，则不兴舞。"兵舞，是手执干戚而舞之；帗舞，是手执五彩绸条而舞之；羽舞，是手执鹭鸟之羽而舞；皇舞，是手执五色鸟羽而为之。乐舞的目的是祭祀山川、社稷、四方，或是旱暵时节而祈雨。

乐舞分六小舞和六大舞，是贵族子弟必修之课。《周礼·春官·乐师》："乐师掌国学之政，以教国子小舞。凡舞，有帗舞，有羽舞，有皇舞，有旄舞，有干舞，有人舞。"此即六小舞。其中，干舞即兵舞，手持干戚而舞；旄舞，即手持牦牛尾而舞；人舞，舞蹈人手不持物，以袖为舞。《礼记·内则》记："（男子）十有三年，学乐，诵诗，舞《勺》。成童，舞《象》，学射御。二十而冠，始学礼，可以衣裘帛，舞《大夏》。"男子从十三岁开始学舞，随着年龄的增长，乐舞的学习由易变难。

与六小舞有所区别的还有六大舞。《周礼·春官·大司乐》记："以乐舞教国子舞《云门》《大卷》《大咸》《大韶》《大夏》《大濩》《大武》。……乃分乐而序之，以祭，以享，以祀。乃奏黄钟，歌大吕，舞《云门》，以祀天神。乃奏大蔟，歌应钟，舞《咸池》，以祭地示。乃奏姑洗，歌南吕，舞《大韶》，以祀四望。乃奏蕤宾，歌函钟，舞《大夏》，以祭山川。乃奏夷则，歌小吕，舞《大濩》，以享先妣。乃奏无射，歌夹钟，舞《大武》，以享先祖。"郑玄《注》以为《云门》《大卷》乃黄帝之乐，《大咸》乃尧乐，《大韶》乃舜乐，《大夏》乃夏禹之乐，《大濩》乃商汤之乐，《大武》为周武王之乐。这一套礼仪乐舞是每个贵族子弟在二十岁入大学必须学习的科目。

先秦时期，乐的地位很高，乐和礼表现形式不同，目的却是一样的。《礼记·乐记》云："乐者为同，礼者为异。同则相亲，异则相敬。乐胜则流，礼胜则离。合情饰貌者，礼乐之事也。礼义立，则贵贱等矣。乐文同，则上下和矣。……乐由中出，礼自外作。乐由中出，故静；礼自外作，故文。大乐必易，大礼必简。乐至则无怨，礼至则不争。揖让而治天下者，礼乐之谓也。暴民不作，诸侯宾服，兵革不试，五刑不用，百姓无患，天子不怒，如此则乐达矣。合父子之亲，明长幼之序，以敬四海之内，天子如此，则礼行矣。"乐与礼形式各异，同样是维护统治的手段。

《左传》襄公二十九年，吴国国王寿梦之子公子季札到访鲁国，鲁国大臣叔孙穆子招待季札，请他观周乐：让乐工为之歌《周南》《召南》《邶》《鄘》《卫》《王》《齐》《豳》《秦》《魏》《唐》《陈》《小雅》《大雅》《颂》，观《象箾》《南籥》（颂文王之舞）、《大武》（颂武王之舞）、《韶濩》（颂汤之舞）、《大夏》（颂禹之舞）、《韶箾》（颂虞舜之舞），让季札大呼美哉，感叹不已。

在众乐舞之中，《大武》被认为是最重要的舞蹈，它是歌颂武王伐商、建国立邦的乐舞，经常在庄严的场合下表演。按照《礼记·祭统》的说法："夫祭有三重焉：献之属莫重于裸，声莫重于升歌，舞莫重于《武宿夜》，此周道也。"《武宿夜》是《大武》首阕之曲，可见《大武》在祭祀当中居于极高的位置。它的舞蹈形式在史书中也有记载。《礼记·乐记》中对《大武》的舞蹈有这样的描述："是故先鼓以警戒，三步以见方，再始以著往，复乱以饬归，奋疾而不拔，极幽而不隐，独乐其志，不厌其道，备举其道，不私其欲。"在孔子与宾牟贾的对话中，对大武又做了进一步的解释："且夫《武》，始而北出，再成而灭商，三成而南，四成而南国是疆，五成而分周公左、召公右，六成复缀以崇。天子夹振之而驷伐，盛威于中国也。"（《礼记·乐记》）这里说的"成"，即奏乐一曲为一成。对于大武乐，王国维、高亨等先生做过详细的考证①。王国维认为《诗·周颂》中的《武宿夜》《武》《酌》《桓》《赉》《般》分别是《大武》的一成（北出）、再成（灭商）、三成、四成（南国是疆）、五成（周公召公分治）、六成（复缀以崇）。而高亨先生稍有不同，以为六成的排序是《我将》《武》《赉》《般》《酌》《桓》。

跳舞人手持的道具即羽籥干戚。《左传》昭公二十年，齐景公与臣子晏婴的一段对话，谈到和政时，晏子说："先王之济五味、和五声也，以平其心，成其政也。声亦如味，一气，二体，三类，四物，五声，六律，七音，八风，九歌，以相成也。"二体即文、武二舞。杜预《注》："舞者有文、武。"《疏》曰："文舞，执羽籥；武舞，执干戚。舞者，有文武之二体。"实际上，一直到东周，祭祀时也是如此，《礼记·祭统》记："及入舞，君执干戚就舞位，君为东上，冕而摁干，率其群臣，以乐皇尸。是故天子之祭也，与天下乐之；诸侯祭也，与竟内乐之。冕而摁干，率其群臣，以乐皇尸，此与竟内乐之之义也。"舞蹈手持的兵器与实战兵器是一样的，平常集中保管，设专人分管。《周礼·夏官·司马》："司兵掌五兵、五盾，各辨其物与其等，以待军事。……祭祀，授舞者兵。……司戈盾掌戈盾之物而颁之。祭祀，授旅贲殳、故士戈盾，授舞者兵亦如之。"可知实战兵器与祭司兵器实际是同一种兵器，在战争前或是祭祀舞蹈前，才颁发。

乐舞祭祀一直到战国仍有体现。1963年，湖北荆门漳河车桥一战国墓葬出土了一件直内戈，铜戈的援后部前后两侧有头插雉尾、手持龙和兽的舞人纹饰，直内上铸铭文"大武關（闢）兵"四字②。正是这件直内戈的族属引起了俞伟超和马承源二位先生的学术讨论③。俞伟超先生称之为戚，以为是"系宗庙祭祀时歌舞所用"，图像反映了武王伐纣为内容的巴渝舞。马先生认为第三字当隶定为"闢"，是"栱"的假借字；"大武闢兵"是举行大武舞时用以表现战象的利器，器应是楚物。虽然二位学者对器物的族属有分歧，但对此件兵器是战国时期表演大武舞的道具都不否认。这件兵

---

① 王国维：《周大武乐章考》，《观堂集林（一）》，中华书局，1984年；高亨：《周代"大武"乐的考释》，《山东大学学报（哲学社会科学版）》1955年2期。
② 王毓彤：《荆门出土的一件铜戈》，《文物》1963年1期。
③ 俞伟超：《"大武關兵"铜戚与巴人的"大武"舞》，《考古》1963年3期；俞伟超：《"大武"舞戚续记》，《考古》1964年1期；马承源：《关于"大武戚"的铭文及图像》，《考古》1963年10期；《再论"大武舞戚"的图像》，《考古》1965年8期。

器可以说是大武舞这一祭祀形式一直到战国时期还在宫廷里举行的实证①。

综上所述,汉中盆地的出土器物,展现出了与传统的商文化有所不同的祭祀模式。从出土商代晚期的三角援戈、长胡戈、人形面具、兽形面具、尖顶昜、空顶昜以及镰形器和璋形器等器物,反映出当时当地以祭祀舞蹈为内容的祭祀模式,而非传统的以各种器皿组合的祭祀模式。乐舞是先秦时期的礼仪中极为重要的组成部分,与礼相辅相成。这些乐舞祭祀,或是祭祀日月山川,或是年成大旱求雨,或是歌颂先祖的创业伟绩。从目前来看,这种祭祀模式在汉中盆地出土商代晚期青铜器中有所体现和保留,而且,这种祭祀模式延续到西周时期,对西周的祭祀乐舞影响很大。

---

① 李零先生称之为"兵避太岁"戈,并做了考证,见氏著《中国方术考》,东方出版社,2000年,75~84页。另笔者在芝加哥大学顾立雅中国古史研究中心演讲时,得到夏含夷、韩巍等先生的指教,特此感谢。

海岱地区商周时期的青铜器用制度

——以中原地区为参照

毕经纬

(陕西师范大学中国青铜文化研究中心)

古代文献对周代的用鼎制度有较多的描述，以往的考古发现也证明了周代用鼎制度的存在。此外，考古资料显示周代还存在与用鼎制度配合使用的用簋制度，一般统称为鼎簋制度。然而周代以前的青铜器用制度，因为文献的缺失，已无可稽考，只能依据考古资料来解决这一问题。

笔者认为，作为一种器用制度，该器物或器物组合应具备三个条件：一是器用核心，组合稳定；二是数量有度，等级分明；三是约束力强，普遍出现。通览三代的青铜器用情况，符合这些条件的主要有三种：爵觚制度、鼎簋制度和编钟制度。

关于中原王畿地区的青铜器用制度，部分学者或多或少曾有涉及，而王畿之外的青铜器用制度关注者尚少，其运行情况多不甚清楚。兹以中原地区为参照，对海岱地区商周时期的青铜器用制度探讨如下。

一、爵觚制度

(一)王畿地区爵觚制度的形成与瓦解

二里头文化三、四期较为完整的铜容器墓大约13座，其中仅随葬爵的10座，随葬爵、斝的1座，随葬盉的1座，随葬鼎、斝的1座，器物基本上一类一件。显然，这一时期青铜器用的核心是爵，以器用制度言之，可以姑且称为用爵制度。

二里冈下层较为完整的铜容器墓约6座：爵、斝组合4座，爵、盉组合为1座，单一的爵组合1座，多为一类一件。6座墓葬皆有爵，有斝的4座，爵、斝同出的4座。这一时期爵仍然是青铜器用的核心，但斝的地位明显上升。

二里冈上层较为完整的铜容器墓约20座：爵、斝组合，爵、觚组合，爵、觚、斝组合及鼎、爵、觚、斝组合各2座；鼎、斝组合，鼎、爵组合，鼎、爵、斝、罍、盘组合，鼎、鬲、爵、觚、斝、尊组合各1座；仅有爵的4座，仅有斝的2座，仅有鼎和仅有鬲的各1座。组合较为混乱。有爵的墓葬15座，有斝的墓葬11座，有觚的墓葬7座，有鼎的墓葬7座。爵、斝同出的8座，爵、觚同出的6座。可见，本期爵仍然是青铜器用的核心，斝的地位仍然较高，觚、鼎的地位较前期明显上升。

殷墟一期完整的铜容器墓约6座：其中5座有爵，5座有觚，5座有鼎，4座有斝，3座有罍。5座有爵、觚，4座有鼎、爵、觚、斝，3座有鼎、爵、觚、斝、罍。此期，爵、觚、鼎在组合中的地位相当，是最为重要的青铜容器，斝次之。因小型铜器墓仅有2座（一座仅随葬爵、觚，一座仅随葬鼎），尚看不出更为核心的组合。但此期爵觚组合已渐趋成型。

殷墟二期完整的铜容器墓约39座：有爵和觚的各37座，有鼎的16座，有簋和甗的各8座，有斝和卣的各7座。爵、觚同出的34座，仅随葬爵、觚的18座，皆为小型墓，且绝大多数小型铜器墓仅随葬爵、觚，时间集中在二期后段。爵觚组合的核心地位在殷墟二期后段得以确立。甗、簋、卣的地位也有所上升。

殷墟三期完整的铜容器墓约31座：有爵的30座，有觚的27座，有鼎的20座，有簋的11座，有卣的8座，有斝的6座。觚、爵同出的27座，也就是说有觚的墓葬都有爵同出。仅随葬觚、爵的6座。本期觚、爵同出的现象仍然十分普遍，仅随葬觚、爵的墓葬虽然比前期少，也是因为本期发现的小型铜器墓的数量较少之缘故。

殷墟四期完整的铜容器墓44座：有爵的38座，有觚的37座，有鼎的22座，有簋的18座，有卣的16座，有尊的14座（皆有卣同出），有觯的11座，有斝的9座。爵、觚同出的36座，有觚的基本都有爵同出（仅91后冈M38有觚无爵）。仅随葬爵、觚的12座，在20座小型墓中也占据了多数。可见，爵觚组合仍十分稳定。但值得注意的是小型铜器墓中，无爵又无觚的墓葬有5座，比前期有所增加，同时，觯的地位有所上升。

西周早期完整的铜容器墓如下。周原一带9座：有鼎的8座，有簋的7座，有爵的4座，有觯的4座。长安张家坡、沣河铁路桥西及马王村一带7座：有爵的6座，有觚的5座，有觯的3座，有鼎的6座，有簋的5座，爵、觚同出的5座。洛阳一带6座：皆有鼎、觯，有爵的5座，有觚的3座，有甗的3座，有尊的3座，爵、觚同出的3座，爵、觯同出的5座。

可以看出，西周早期鼎的地位明显上升，绝大多数铜容器墓都有鼎，簋的地位也大致如此。爵、觚的地位明显下降，除长安一带墓葬中的爵觚组合还较为稳定外，周原、洛阳一带墓葬中的爵觚组合受到了很大冲击，尤其是觚，19座墓葬中仅有8座有觚。而本期觯的地位得以快速提高，已然超过了觚，而与爵相当，一并构成爵觯组合，且有取代爵觚组合之势。此期，商人的爵觚组合开始瓦解。

在爵觚组合盛行的时期，爵、觚的数量一般相等或相近。一般来讲，墓葬主人的等级越高，爵、觚的数量越多，如花园庄M54随葬9爵9觚，小屯M18随葬5爵5觚，大司空东南M663随葬2爵2觚，小屯M17随葬1爵1觚。这些墓葬的年代基本相同，但由于墓葬的等级不同，爵、觚的数量也因之而异。关于这一点，朱凤瀚先生也曾有论述[①]。

总的来看，商代晚期爵、觚相配使用的现象十分普遍，以往多称之为爵觚组合或觚爵组合。现在看来，爵觚相配使用符合器用制度的三个基本特征，可以上升到器用制度的层面，称之为爵觚制度。只是爵觚制度的推行年代久远，不似鼎簋制度尚有文献的模糊记载，致使缺少直接的文字证据证明其存在。二里头文化时期的用爵现象也基本符合器用制度的三个特征，似乎可以称之为用爵制度，但由于资料较少，尚需更多的考古发现来进一步证实。至迟在商代就已用"爵位"的高低来代表时人的地位等级，其本义可能就是源于商代后期盛行的爵觚制度或更早的用爵制度。爵位的推行也是当时存在爵觚制度或用爵制度的重要佐证。

体现商人重酒的爵觚制度可以说肇始于二里头文化时期的用爵制度，形成于殷墟一期，成熟于殷墟二期，殷墟四期之后由于王朝的更迭而衰落，西周早期后段已基本瓦解。

西周前期是新旧青铜器用制度交替的过渡时期，至西周后期，继之而起的是等级更为分明、形式更为完善且体现周人祭祀理念的鼎簋制度，加上稍晚形成的编钟制度，统称为礼乐制度。

（二）海岱地区的爵觚制度

海岱地区商代中期至西周早期基本完整的铜容器墓有61座，根据这些墓葬随葬的铜器情况，现将其爵觚制度的运行情况分析如下。

商代中期完整的铜容器墓7座：有爵的7座，有斝的6座，有觚的4座，爵、觚同出的4座，爵、斝同出的6座，皆无鼎。这与中原地区同时期的器物组合基本一致，仅鼎的使用较少。

殷墟一、二期完整的铜容器墓2座：一为觚、斝、盉组合，一为鼎、爵、觚组合。由于资料较少，组合情况尚不明晰。

殷墟三期完整的铜容器墓11座：皆有爵，10座有觚，9座有鼎，4座有觯，爵、觚同出的10座。至迟在本期，海岱地区的爵觚制度已基本形成。与中原地区相比，似乎略晚。同时，本期鼎的地位略高，而且无簋。

殷墟四期完整的铜容器墓16座：15座有爵（另一座无爵有角，似有替代关系），15座有觚，5座有觯，有鼎和簋的各2座。爵、觚同出的15座，仅随葬爵、觚的8座。此期，海岱地区的爵觚制度方始成熟，晚于王畿地区。鼎、簋在青铜礼器中的普及程度或地位远低于王畿地区。

西周早期完整的铜容器墓25座：17座有觯，16座有爵，15座有鼎，12座有觚，11座有簋。爵、觚同出的12座，爵、觯同出的14座，鼎、簋同出的11座。10座小型铜器

---

① 朱凤瀚：《中国青铜器综论》，上海古籍出版社，2009年，1020页。

墓中，随葬爵、觚的1座，仅占10%；爵、觚同出的也不到一半。而且觯的数量已超过爵、觚，爵觯组合已超过爵觚组合，鼎、簋的地位也已逼近爵、觚。本期，海岱地区的爵觚制度开始瓦解，其瓦解时间似乎略晚于西周王畿关中地区，而与中原地区相当。

（三）小结

海岱地区的爵觚制度形成时间略晚，瓦解时间也较晚，这主要是因为海岱地区不在商周王朝的腹地，由于边缘化效应[①]的存在，商人爵觚制度形成一段时间之后才传播到海岱地区，而当西周王畿地区开始推行新的器用制度时，海岱地区作为殷人及夷人的故地，摒弃原有的爵觚制度和推行新的器用制度也都会有一个过程，所以海岱地区原有的爵觚制度会经历一个自然的惯性期，其存在时间自然会稍长，瓦解时间也相应延迟，海岱地区中部及以东地带更是如此。但其在殷墟四期普遍推行了爵觚制度当无问题。

二、鼎簋制度

（一）"鼎簋制度"概念的形成

《荀子·王制》曰："衣服有制，宫室有度，人徒有数，丧祭械用，皆有等宜。"鼎簋制度作为"明贵贱，辨等列"（《左传》隐公五年）宗法等级制度的重要组成部分，具有一定的强制性。《周礼·天官·膳夫》载周王之礼曰："王日一举，鼎十有二，物皆有俎。"郑玄注："'鼎十有二'，牢鼎九，陪鼎三。"然郑玄注《周礼·秋官·掌客》载诸侯之礼亦曰："鼎十有二者，饪一牢，正鼎九与陪鼎三。"何休注《公羊传》桓公二年云："礼祭，天子九鼎，诸侯七，卿大夫五，元士三也。"《孟子·梁惠王下》载："君所谓踰者，前以士，后以大夫，前以三鼎，而后以五鼎与？"赵岐注曰："乐正子曰：士祭三鼎，大夫祭五鼎故也。"郑玄、何休、赵岐皆为东汉末年经学大家，关于周代用鼎规格的解释三者有所出入。何休、赵岐观点相近，认为诸侯享用七鼎，而郑玄则认为诸侯与天子同用九鼎。时至今日，关于周代诸侯的用鼎制度问题仍争论纷纷。

郭宝钧先生根据辉县琉璃阁出土的形状纹饰相似、尺寸大小依次递减的铜鼎，联系到文献中"列鼎而食"（《说苑·建本》）而率先提出"列鼎"概念[②]，开启了关于用鼎制度的探索。之后，俞伟超、高明两位先生率先进行了关于用鼎制度的系统探

[①] 唐际根、荆志淳：《考古学文化发展的延滞现象和"边缘化效应"》，载《三代考古（一）》，科学出版社，2004年，12~15页。

[②] 郭宝钧：《山彪镇与琉璃阁》，科学出版社，1959年。

讨①，并引起了考古学家与历史学家们的广泛重视，具有里程碑式的意义。随后，有不少学者参与了讨论②。主要观点有三：邱德修等先生认为殷商中期已有完整的用鼎制度；俞伟超、高明、宋建、王世民等先生认为西周前期已有完整的用鼎制度；曹玮、朱凤瀚、印群等先生则认为严格的用鼎制度形成于两周之际。目前以第三种意见较为流行。

在郭宝钧先生提出列鼎概念之后，林沄先生提出"所谓列鼎关键在于形制相若，至于是否大小相次倒不必绝对化"，并将与列鼎相配的形制、纹饰、大小相同的簋称为列簋③。在此基础上，曹玮先生进一步提出"列器"之概念，并将这一理论推广到整个青铜器用制度，如列爵、列觚、列鬲等④。列鼎理论至此基本成熟。在两周考古资料中，在簋被敦、豆取代之前，鼎、簋一般同出，与文献记载相合。目前学界多认为宝鸡茹家庄M1甲室墓出土的5鼎4簋是目前发现的列鼎列簋组合的最早实例⑤，其成熟并形成制度时期是在西周后期⑥。

列鼎列簋制度就是鼎簋制度，是指由数量上相携增减、大小相同或相次的鼎与簋组成的较为稳定的礼器组合制度。目前关于这方面的研究已取得较多成果，但鼎簋制度的具体演变过程仍不是十分清楚，鼎簋制度的区域研究更为薄弱，有必要做进一步的探索。笔者在前人研究的基础上，在对中原地区的鼎簋制度重新梳理的基础上，对海岱地区两周时期的鼎簋制度做一探讨。

---

① 俞伟超、高明：《周代用鼎制度研究（上、中、下）》，《北京大学学报》1978年1～2期、1979年1期。

② 邱德修：《商周礼制中鼎之研究》，《华学月刊》1982年7期；宋建：《关于西周时期的用鼎问题》，《考古与文物》1983年1期；林沄：《周代用鼎制度商榷》，《史学集刊》1990年3期；朱凤瀚：《关于两周时期用鼎制度的几个问题》，载《古代中国青铜器》，南开大学出版社，1995年，1023～1026页；曹玮：《试论茹家庄西周墓地的器用制度——兼论西周后期器用制度的源流》，载《中国考古学跨世纪的回顾与前瞻——1999年西陵国际学术研讨会文集》，科学出版社，2000年，274～280页；印群：《论周代列鼎制度的嬗变——质疑"春秋礼制崩坏说"》，《辽宁大学学报（哲学社会科学版）》1999年4期；吴十洲：《两周墓葬青铜容器随葬组合定量分析》，《考古》2001年8期；梁云：《周代用鼎制度的东西差别》，《考古与文物》2005年3期；张闻捷：《周代用鼎制度疏证》，《考古学报》2012年2期。

③ 林沄：《周代用鼎制度商榷》，《史学集刊》1990年3期。

④ 曹玮：《从青铜器的演化试论西周前后期之交的礼制变化》，载《周原遗址与西周铜器研究》，科学出版社，2004年，165～175页。

⑤ 曹玮：《试论茹家庄西周墓地的器用制度——兼论西周后期器用制度的源流》，载《中国考古学跨世纪的回顾与前瞻——1999年西陵国际学术研讨会文集》，科学出版社，2000年，274～280页；印群：《论周代列鼎制度的嬗变——质疑"春秋礼制崩坏说"》，《辽宁大学学报（哲学社会科学版）》1999年4期。

⑥ 曹玮：《关于晋侯墓随葬器用制度的思考》，载《远望集》，陕西人民美术出版社，1998年，294～301页。

（二）中原地区的鼎簋制度

为避免不必要的争论，笔者仅选择未被盗掘的诸侯及卿、大夫墓葬进行分析。

1. 西周至春秋时期

（1）北赵晋侯墓地[①]。本墓地3座未被盗掘的晋侯墓随葬鼎簋的数量分别为M91：7鼎5簋；M64：5鼎4簋；M93：5鼎4簋。与之对应的未被盗掘的3座夫人墓分别为M92：2鼎2盨（替代簋）；M62：3鼎4簋；M102：3鼎4簋。曹玮先生根据M9、M13、M92一墓之中所出鼎、簋的形制各不相同这一现象，认为"所谓的列鼎列簋制度并没有完全形成，还处于一个过渡阶段。……至M93、M102则完全成为'形制花纹相同、大小相同或相似'的列鼎列簋了"[②]。此说甚是，众家也多持是说。M93、M102的时代为两周之际，列鼎列簋制度至此已经形成，以往形制、大小较为混乱的鼎簋器用现象至此基本结束。

（2）平顶山应国墓地。本墓地未被盗掘的M1、M95、M84、M8各出土5鼎6（或4）簋，简报认为是应国国君墓[③]，时代为西周晚期。其中M1的5件鼎形制相同、大小相次，6件簋的形制、纹饰、大小相同，属标准的鼎簋之制。应侯的用鼎规格为5鼎，配以4簋或6簋。

（3）三门峡虢国墓地。本墓地共发掘5鼎以上墓葬8座[④]，其中M2009[⑤]出土9鼎8

[①] 北京大学考古系、山西省文物考古研究所：《1992年春天马—曲村遗址墓葬发掘报告》，《文物》1993年3期；北京大学考古系，山西省文物考古研究所：《天马—曲村遗址北赵晋侯墓地第二次发掘》，《文物》1994年1期；北京大学考古系：《天马—曲村遗址北赵晋侯墓地第三次发掘》，《文物》1994年8期；北京大学考古系、山西省文物考古研究所：《天马—曲村遗址北赵晋侯墓地第四次发掘》，《文物》1994年8期；北京大学考古系、山西省文物考古研究所：《天马—曲村遗址北赵晋侯墓地第五次发掘》，《文物》1995年7期；北京大学考古系、山西省文物考古研究所：《天马—曲村遗址北赵晋侯墓地第六次发掘》，《文物》2001年8期。

[②] 曹玮：《关于晋侯墓随葬器用制度的思考》，载《远望集》，陕西人民美术出版社，1998年，294~301页。

[③] 河南省文物研究所、平顶山市文管会：《平顶山市北滍村两周墓地一号墓发掘简报》，《华夏考古》1988年1期；河南省文物研究所、平顶山市文管会：《平顶山应国墓地九十五号墓的发掘》，《华夏考古》1992年3期；河南省文物研究所、平顶山市文管会：《平顶山应国墓地八十四号墓发掘简报》，《文物》1998年9期；河南省文物研究所、平顶山市文物管理局：《河南平顶山应国墓地八号墓发掘简报》，《华夏考古》2007年1期。

[④] 中国社会科学院考古研究所：《上村岭虢国墓地》，科学出版社，1959年；河南省文物考古研究所、三门峡市文物工作队：《三门峡上村岭虢国墓地M2001发掘简报》，《华夏考古》1992年3期；河南省文物考古研究所、三门峡市文物工作队：《上村岭虢国墓地M2006的清理》，《文物》1995年1期；河南省文物考古研究所等：《三门峡虢国墓地M2010的清理》，《文物》2000年12期。

[⑤] 侯俊杰、王建明：《三门峡虢国墓地2009号墓获重大考古成果》，《光明日报》1999年11月2日。

簋，M2001、M2011各出土7鼎6簋，M1706、M1810、M2010、M2012各出土5鼎4簋。报告认为M2001（虢季墓）、M2009（虢仲墓）是虢国国君墓；M1052、M2011是虢国太子墓；其余为国君夫人及卿大夫墓。《左传》僖公五年："冬十二月丙子朔，晋灭虢。"鲁僖公五年为公元前655年，是以，郭宝钧、李学勤、朱凤瀚等先生认为上村岭虢国墓地的年代为平王东迁至春秋中期早段的120年间[①]。此时的虢国墓地用鼎规格：诸侯及太子为7鼎，夫人和卿大夫为5鼎，享用规格高于晋侯和应侯墓。至于M2009虢仲墓为9鼎，可能是虢公为周王室三公之一，是以比侯爵高一等级。

（4）辉县琉璃阁卫国墓地[②]。M60为国君墓，随葬4套列鼎：列鼎9列簋6（鼎、簋各2套），列鼎5（2套）。M80、M55为公子墓，级别为卿大夫，各随葬列鼎2套：一套为列鼎7列簋4，一套为列鼎5。时代皆为春秋中晚期之际。

此外，春秋中晚期之际的新郑李家楼郑国国君墓也随葬列鼎2套：一套为列鼎9列簋8，一套为列鼎7。

2. 战国时期

（1）战国早期。山彪镇M1（诸侯）：鼎18（4套，列鼎5）、豆11；陕县后川M2040（卿）：鼎17（鬲形鼎7、鼎5、无盖鼎5）、盖豆8、无盖豆2；太原金胜村M251（卿）：鼎27（大鼎1、有盖列鼎7、有盖列鼎6、无盖列鼎5、联裆列鼎5、小鼎3）、豆14（方座豆4、有盖豆4、盖豆4、高柄豆2）；后川M2115（大夫）：鼎5、豆2；后川M2041（大夫）：鼎5、豆6。

（2）战国中晚期。长治分水岭M14：列鼎7；治分水岭M12：鼎5、敦2；长治分水岭M25：鼎5、敦2、豆2；洛阳西工段M131：鼎5、豆4。

由以上诸侯国高级贵族墓葬可知，诸侯墓葬中的鼎簋制度是一个动态的概念，随着时代的演进而不断变化。大体演变趋势为：西周后期至两周之际为5鼎4（或6）簋；春秋早期为7鼎6簋；春秋中期为9鼎8簋；春秋中晚期至战国早中期一般有多套列鼎，单套列鼎少者3件多者9件；战国晚期又似乎恢复为一套列鼎，具体情况资料较少尚不十分清楚。是以，鼎簋制度可分为五个阶段：西周后期是形成期；春秋早期至中期是成熟期；春秋中晚期至战国早期是套鼎期，也是鼎簋制度的高峰期；战国中晚期是衰落期；秦汉是瓦解期。

可见，何休、赵岐、郑玄对春秋时期用鼎制度的注解可以说都是正确的，但又都不完全正确。何休、赵岐看到的可能是春秋中期以前用鼎制度的规定，而郑玄看到的则可能是春秋中期以后的实际用鼎情况。表面看来诸侯用鼎规格的提升似乎是一种僭

---

① 郭宝钧：《商周铜器群综合研究》，文物出版社，1981年，70页；李学勤：《东周与秦代文明》，文物出版社，1984年，65页；朱凤瀚：《古代中国青铜器》，南开大学出版社，1995年，866~873页。

② 郭宝钧：《山彪镇与琉璃阁》，科学出版社，1959年。

越，但从本质上讲用鼎规格逐步、有序、普遍的提升则是当时器用制度发展的必然结果，把用鼎规格逐步、有序的演化和发展简单地归之为僭越似乎有形而上学之嫌。

从山西长治分水岭墓地[①]、长子县墓地[②]、侯马上马墓地[③]、河南陕县后川墓地[④]及洛阳市西工区等墓地[⑤]可以清楚地看到，在春秋中晚期，敦、豆开始了替代簋的进程，至战国早期已基本完成，此前中原地区普遍流行的鼎簋组合走到了尽头，但用鼎制度仍然普遍存在，而且西周以来的重食传统仍然盛行，敦、豆作为食器替代了簋，应可看做是鼎簋制度的延续，这种情况一直持续到汉代才结束。

（三）海岱地区的鼎簋制度

目前发表的海岱地区西周晚期3鼎以上、鼎簋同出的完整墓葬有2座：莒县西大庄M1（3鼎4簋）、沂源姑子坪M2（5鼎2簋）。其中莒县西大庄M1出土的3件鼎形制相同、大小相次，4件簋形制、大小相同，唯簋的数量稍多。沂源姑子坪M2出土的5鼎形制基本相同、大小基本相次，2簋形制相同，簋的数量则较少，不合标准的鼎簋制度之规范。就现有资料来看，海岱地区的鼎簋制度在两周之际尚未完全成熟，与中原地区相比略晚。下面为海岱地区东周时期的鼎簋制度情况。

1. 春秋时期

（1）国君。

表一　海岱地区未被盗扰的春秋时期国君墓

墓葬	鼎簋数量	国别	姓	时代	资料来源
长清仙人台M6	鼎8簋8	邿	妘	春秋早期	《考古》1998（9）
小邾国墓地M2	鼎4瑚4	小邾	曹	春秋早期	《小邾国遗珍》
薛国故城M1	鼎7簋6	薛	妊	春秋中期前段	《考古学报》1991（4）
薛国故城M4	鼎7簋6	薛	妊	春秋中期后段	《考古学报》1991（4）
薛国故城M2	鼎7簋6	薛	妊	春秋中期后段	《考古学报》1991（4）
刘家店子M1	鼎11铺7	莒	己	春秋中期后段	《文物》1984（9）

---

① 山西省文物管理委员会：《山西长治市分水岭古墓的清理》，《考古学报》1957年1期；山西省文物管理委员会等：《山西长治分水岭战国墓第二次发掘》，《考古》1964年3期；山西省文物工作委员会晋东南工作组等：《长治分水岭269、270号东周墓》，《考古学报》1974年2期。

② 山西省考古研究所：《山西长子县东周墓》，《考古学报》1984年4期。

③ 山西省考古研究所：《上马墓地》，文物出版社，1994年。

④ 黄河水库考古工作队：《1957年河南陕县发掘简报》，《考古通讯》1958年11期。

⑤ 中国科学院考古研究所：《洛阳中州路（西工段）》，科学出版社，1959年；中国社会科学院考古研究所洛阳唐城队：《1983年洛阳西工区墓葬发掘简报》，《考古》1985年6期；中国社会科学院考古研究所洛阳唐城队：《河南洛阳市中州路北东周墓葬的清理》，《考古》2002年1期；王炬：《洛阳市西工区几座春秋墓的清理》，《考古与文物》2003年2期。

从表一国君墓葬来看，鼎簋制度在海岱地区没有全面推行，推行的规范性也与中原地区相差很多。如长清仙人台M6虽然推行了鼎簋制度，但列鼎的数量为8件且大小基本相同；小邾国墓地没有簋出土，而是以瑚代簋，列鼎的数量为4件且大小相同。春秋中期后段的沂水刘家店子M1也推行了鼎簋制度，但列鼎的数量偏多且大小相同，簋的数量为奇数且形制实为豆形铺。仅有春秋中期的薛国故城推行了标准的鼎簋制度。观其用鼎规格，春秋早期的仙人台M6似乎略有逾越，小邾国用鼎规格则明显偏低，沂水刘家店子M1莒国墓葬明显偏高，仅春秋中期的薛国故城墓用鼎规格与当时的鼎簋制度相合。

（2）卿、大夫、元士墓。

表二 海岱地区未被盗扰的春秋时期卿、大夫、元士墓

墓葬	鼎、簋数量	国别	姓	时代	资料来源
鲁国故城M48	鼎3簋2	鲁	姬	春秋早期	《曲阜鲁国故城》
临淄齐国故城M1	鼎3簋2	齐	姜	春秋早期	《考古》1988（1）
临朐泉头M乙	鼎3瑚2	纪或齐	姜	春秋早期	《文物》1983（12）
海阳嘴子前M4	鼎6敦1	齐	妘	春秋晚期	《海阳嘴子前》
临沂凤凰岭大墓	鼎6敦3	鄅	妘	春秋中晚期	《临沂凤凰岭大墓》

从表二看，春秋早期的卿、大夫、元士墓中仅曲阜鲁国故城姬姓周人墓和齐国故城M1推行了鼎簋制度，而且齐故城M1三件鼎的形制各异，并不是严格的列鼎制度。其余墓葬仅有鼎而无簋。春秋中晚期，敦逐渐取代了簋，鼎簋组合基本不见，其演进与中原基本同步；列鼎大小相同且部分呈偶数，与中原大小相次、呈奇数的列鼎有异。再看用鼎规格。鲁国故城M48①出土的铜器多为鲁司徒仲齐自作之器，墓主当为鲁司徒仲齐。《周礼·地官·司徒》："大司徒，卿一人。小司徒，中大夫二人。"出土鲁国铜器中有铭"大司徒"官职，如春秋中期的鲁大司徒厚氏元铺（《集成》4689~2691）、鲁大左司徒元鼎（《集成》2592~2593），但未见小司徒铜器。据《西周金文官制研究》②，金文中的司徒与《周礼·地官·司徒》所载等级相若，鲁司徒仲齐用鼎规格为3鼎2簋，其身份可能是小司徒。1969年曲阜北关一春秋早期残墓出土6簋、2铺，1981年曲阜林前村发掘了30座春秋乙组周人墓，其中有2座5鼎墓，惜资料尚未发表，具体情况不明③。据此，其时鲁侯的用鼎规格可能为7鼎6簋。海阳嘴子

---

① 关于曲阜鲁国故城墓葬的年代，不少学者撰文对报告进行了纠正，如王恩田、崔乐泉、朱凤瀚、刘彬徽、杜迺松、许宏、王青等。其中以崔乐泉、朱凤瀚、王青的阐述最为系统，本文采纳这三位先生的分期意见，即甲组M30、M46、M48、M49为春秋早期，M52为战国早期，M58为战国中期；乙组M201、M202、M203、M305为春秋中期，M115为战国早期。

② 张亚初、刘雨：《西周金文官制研究》，中华书局，2004年，117页。

③ 山东省文物考古研究所：《山东20世纪的考古发现和研究》，科学出版社，2005年，428页。

前M4的墓主人多认为是《史记·田敬仲完世家》所载"田乞使人之鲁，迎阳生"之田乞，为卿大夫，如是，墓主人用鼎规格为6鼎，与同时期的中原相比并不高。

（3）元士以下墓葬。

表三　海岱地区未被盗扰的春秋时期3鼎以下墓葬

墓葬	鼎、簋及其他器物的数量		国别	姓	时代	资料源
鲁国故城M30	鼎1	盨1	鲁	姬	春秋早期	《曲阜鲁国故城》
鲁国故城M46	鼎1	簋1	鲁	姬		《曲阜鲁国故城》
鲁国故城M49	鼎1	簋2	鲁	姬		《曲阜鲁国故城》
临朐泉头M甲	鼎2	鬲5	纪或齐	姜		《文物》1983（12）
栖霞吕家埠M1	鼎1		莱	姜		《考古》1988（9）
栖霞吕家埠M2	鼎1		莱	姜		《考古》1988（9）
鲁国故城M201	鼎1	盆1舟1	鲁	？	春秋中期	《曲阜鲁国故城》
鲁国故城M202		敦1舟1	鲁	？		《曲阜鲁国故城》
鲁国故城M203		舟1	鲁	？		《曲阜鲁国故城》
鲁国故城M305		舟1	鲁	？		《曲阜鲁国故城》
淄博磁村M01	鼎1	敦1	齐	姜	春秋晚期	《考古》1991（6）
淄博磁村M02	鼎1	敦1	齐	姜		《考古》1991（6）
淄博磁村M1	鼎1	敦1	齐	姜		《考古》1991（6）
邹平大省M1	鼎1		齐	姜		《考古》1986（7）
邹平大省M3	鼎1	盖豆1	齐	姜		《考古》1986（7）
新泰郭家泉M9		舟1	鲁或杞	？		《考古学报》1989（4）
薛国故城M6	鼎1	盖豆2	薛	妊		《考古学报》1991（4）
薛国故城M7		舟1	薛	妊		《考古学报》1991（4）
薛国故城M9	鼎1	盖豆2	薛	妊		《考古学报》1991（4）
栖霞杏家庄M3		敦1	齐	？		《考古》1992（1）

从表三可以看出，春秋早期3鼎以下墓中都有鼎，半数墓葬有簋，在一定范围内推行了鼎簋制度。值得注意的是推行鼎簋制度的墓葬皆为鲁国故城乙组周人墓，其他墓葬仅有鼎而无簋，也没有簋的派生器——盨，没有推行或基本没有推行鼎簋制度。春秋中期的完整墓葬较少，皆为鲁国故城甲组墓，其中仅有1座墓有鼎，多数墓葬仅有1件铜舟，而没有鼎，基本没有推行鼎簋制度，而流行随葬铜舟。春秋晚期墓葬相对较多，多数有鼎随葬。海岱南部有2座墓葬与鲁国甲组墓葬一样仅随葬了1件铜舟，而没有鼎随葬。值得注意的是海岱东部的栖霞杏家庄M3也没有鼎随葬，而以敦替代了鼎，这是以前所没有的现象，说明鼎的地位下降现象已不局限于海岱南部，鼎簋制度已有瓦解迹象。

2. 战国时期

从表四来看，战国早期的4座1鼎级别墓中有2座没有鼎，其余2座为鼎豆组合。鼎豆（敦）组合作为鼎簋制度的延续仍然存在，但已有明显的瓦解现象，其中包括鲁国故城乙组周人墓。鼎簋制度瓦解现象比中原地区出现得早且严重。战国中期的7座墓葬中，4鼎以上级别的墓葬4座，皆为鼎豆组合，是鼎簋制度的延续。4鼎以下级别的墓葬3座，其中2座没有随葬鼎。这种情况说明较低级别墓葬中的鼎簋制度瓦解现象已十分严重。战国晚期完整墓葬较少，从以上3座墓葬可以看出，3座墓葬中有2座没有鼎随葬，其中包括出土32件铜容器的淄博商王村一号大墓。这说明海岱地区的鼎簋制度瓦解现象已波及高级贵族，鼎簋制度基本崩溃。

表四 海岱地区未被盗掘的战国铜容器墓葬

墓葬	鼎、簋及其他器物的数量		国别	姓	时代	资料源
济南左家洼M1	鼎1	盖豆3敦2	齐	?	战国早期	《考古》1995（3）
庄里西90STZM8	鼎1	盖豆2	滕	姬		《文物》2002（6）
鲁国故城M115		舟1	鲁	姬		《曲阜鲁国故城》
鲁国故城M52		盉1盘1罐1	鲁	姬		《曲阜鲁国故城》
临淄姚王村墓	鼎8	豆6	齐	姜	战国中期	《考古与文物》1985（6）
长清岗辛墓	鼎4	盖豆4	齐	?		《考古》1980（4）
诸城臧家庄墓	鼎4	豆4	齐	己		《文物》1987（12）
鲁国故城M58	鼎1		鲁	姬		《曲阜鲁国故城》
郯城二中M2	鼎1		?	?		《考古》1996（3）
长岛王沟M10		盖豆1	齐	?		《考古学报》1993（1）
威海M3		敦1	齐	?		《考古》1995（1）
淄博商王村M1		盒9釜4钵3	齐	?	战国晚期	《临淄商王墓地》
平度东岳石M14		盖豆2敦2	齐	?		《考古》1962（10）
济南千佛山墓	鼎2	豆1	齐	?		《考古》1991（9）

鼎在青铜礼容器中的消失是鼎簋制度瓦解的标志。《中国青铜器综论》及《黄河中下游地区的东周墓葬制度》二书，对战国时期完整的铜容器墓做了较为全面的收集，笔者据此进行了统计分析，结果如下：①周及三晋地区的38座铜容器墓中，仅战国中晚期的长治分水岭M35没有鼎随葬，而以鬲替代了鼎；②燕国10座铜容器墓中皆有鼎随葬；③秦国16座墓葬中，仅战国晚期的八旗屯西沟道M7没有鼎随葬；④中山国14座墓葬皆有鼎随葬；⑤楚国53座墓葬中，仅一座战国末年的无锡前洲墓没有鼎随葬。可以看出，以上列国的鼎簋制度至少在战国晚期还没有瓦解，而海岱地区至迟在

春秋、战国之际就已出现瓦解现象，至战国晚期基本崩溃。海岱地区鼎簋制度的瓦解现象出现得较早，瓦解的速度也较快。

（四）小结

鼎簋制度是一个动态的概念，随着时代的演进而不断变化。其中春秋中期至战国中期变化较大，高级墓葬中一般有数套列鼎，是鼎簋制度的套鼎时期，也是鼎簋制度的高峰期。战国中晚期随葬列鼎的现象仍然较为普遍，因此这一时期并不是鼎簋制度的瓦解期，其瓦解期应在秦汉。

海岱地区鼎簋制度的特点主要有二：①春秋早中期除海岱南部的曲阜鲁国故城乙组墓、薛国故城墓和仙人台邿国墓外，大部分地区基本没有严格推行这一时期盛行于中原的鼎簋制度；②海岱地区的鼎簋制度在战国早期就已趋于瓦解，至战国晚期已基本瓦解，而中原地区的鼎簋制度在战国中晚期仍然较为牢固，直至秦汉时期才渐趋瓦解。

形成这些特点的原因，笔者认为主要有三：一是海岱地区本是殷夷故地，其文化习俗根深蒂固，加上距中原较远，境内又多南北走向的山川丘壑，周文化东进所遇阻碍较大，鼎簋制度推行不彻底，其基础也较为薄弱，瓦解起来自然迅速；二是周王室东迁以来，其向心力日益减弱，区域文化特征开始凸显，原本相对统一的器用制度很快被地域性器用制度所取代；三是中原地区鼎簋制度推行的力度大，基础坚实，而且经过长期的推行，很大程度上已经沉淀为一种观念和习俗，而观念和习俗作为一种意识形态，其惯性一般较大，改变较慢，因此，中原地区鼎簋制度的瓦解现象出现较晚，其瓦解过程也较海岱地区漫长。

鉴于此，在对两周铜器墓墓主身份进行判断时，既要考虑墓葬的时代，还要考虑其所在地域，对于中原之外没有严格推行鼎簋制度的地区，更是如此，不宜直接套用文献所记载的用鼎标准。

三、编钟制度

（一）编钟制度的形成及中原地区编钟制度的运行情况

《论语·季氏》："天下有道，则礼乐征伐自天子出。"《礼记·乐记》曰："功成作乐，治定制礼。"《史记·儒林列传》云"幽厉微而礼乐废。"礼与乐自古就互为肘腋，如同车之两轮，鸟之双翼。《周礼·春官·小胥》："正乐悬之位，王宫悬，诸侯轩悬，卿大夫判悬，士特悬，辨其声。"作为身份、地位象征的青铜乐器也与礼器一样有着严格的等级制度。编钟作为东周时期乐器的核心，集中体现了这一功能，是研究乐器的等级功能及其礼制意义的重要依据。关于编钟的礼制意义，曹玮等先生《西周编钟的礼制意义》一文有详细探讨①。

目前一般认为考古发现的最早的编钟资料有随州叶家山M111出土的4件编钟②及宝鸡竹园沟M7出土的3件一套的编钟③等，年代大致在昭王时期。之后，穆王时期的宝鸡茹家庄M1、长安普渡村长由墓都有出土，皆为3件一套④。年代相当或稍晚的编钟资料主要还有：1960年陕西扶风齐家村出土了8件柞钟、8件中义钟，1973年陕西长安马王村出土了10件南钟，1975年陕西扶风庄白村出土了21件编钟，1985年陕西眉县杨家村出土10件甬钟和3件镈，1988年河南平顶山北滍村两周应国墓M95出土一组7件编钟等。曹玮先生通过对以上单位出土编钟的细致分析，认为："共懿之后，编钟的发展产生了一个较大的飞跃。……6件成组的编钟制度在西周后期也已形成。"⑤目前，编钟制度在西周中期已经形成已成为学界之共识。相关的研究还见于李纯一⑥、罗泰（Lothar Von Falkenhausen）⑦、王世民⑧、方建军⑨、蒋定穗⑩、高西省⑪、关晓武⑫等学者的相关论著。

（1）西周晚期至春秋早期发现的编钟资料主要有：

北赵晋侯墓地M91：编钟7、编磬近20（国君，西周晚期）

北赵晋侯墓地M64：编钟8、编磬10余（国君，西周晚期）

晋侯墓地M6：编钟8+8、编磬10余（国君，西周晚期）

晋侯墓地M93：编钟8+8、编磬10（国君，两周之际）

---

① 曹玮、魏京武：《西周编钟的礼制意义》，《南方文物》1994年2期。

② 方勤：《叶家山M111号墓编钟初步研究》，《黄钟》2014年1期。

③ 卢连成、胡智生：《宝鸡強国墓地》，文物出版社，1988年，97页。

④ 曹玮：《从青铜器的演化试论西周前后期之交的礼制变化》，载《周原遗址与西周铜器研究》，科学出版社，2003年，101页。

⑤ 同④，101~102页。

⑥ 李纯一：《关于陕西地区的音乐考古》，《中国音乐学》1986年2期；李纯一：《山东地区音乐考古及研究课题》，《中国音乐学》1987年1期。

⑦ Lothar Von Falkenhausen. *Suspended Music: Chime Bells in the Culture of Bronze Age China*. Berkeley and Los Angeles: California,University of California Press, 1993: 319~320.

⑧ 王世民、蒋定穗：《最近十多年来编钟的发现与研究》，《黄钟》1999年3期。

⑨ 方建军：《两周铜镈综论》，《东南文化》1994年1期；方建军：《陕西出土西周和春秋时期甬钟的初步考察》，《交响》1989年3期；方建军：《陕西音乐文物综述》，《中国音乐学》1997年2期；方建军：《商周礼乐制度中的乐器主及演奏者》，《音乐研究》2006年2期；方建军：《商周时期的礼乐器组合与礼乐制度的物态化》，《音乐艺术》2007年1期。

⑩ 蒋定穗：《中国古代编钟论纲》，《中国音乐》1995年1期。

⑪ 高西省：《商周时代南北甬钟之关系及南北文化交流之检讨》，《东南文化》1991年6期；高西省：《西周早期甬钟比较研究》，《文博》1995年1期。

⑫ 关晓武：《青铜编钟起源的探讨》，《文物保护与考古科学》2001年2期。

虢国墓地M2001：甬钟8、编磬10（国君，两周之际）

虢国墓地M2009：甬钟8、纽钟8、编磬10+10（国君，两周之际）

此时的编钟制度已经较为成熟，一般7或8件一套，国君墓葬一般随葬一套，有的是甬钟，有的是纽钟。此期的卿大夫以下墓葬尚未发现有编钟随葬，但从周原较多贵族铜器窖藏出有编钟来看，卿大夫在平时宴飨、祭祀时已有使用编钟的资格，其墓葬中尚未发现编钟可能另有原因。

（2）春秋中晚期的编钟资料主要有：

琉璃阁M甲：镈4、甬钟8、复纽钟9、单纽钟9、编磬11（国君，春秋中期）

琉璃阁M60：镈4、甬钟8、复纽钟9、单纽钟9、编磬11（国君，春秋中晚期）

琉璃阁M80：铙1、编钟3（7鼎墓，春秋中期）

太原金胜村M251：钟19（一套14件，一套5件）、编磬13（卿大夫，春秋晚期）

万荣庙前村墓：纽钟9、编磬10（5鼎墓，春秋晚期）

长治分水岭M269：甬钟9、纽钟9、编钟10（5鼎墓，春秋晚期）

长治分水岭M270：甬钟8、纽钟9、编磬11（5鼎墓，春秋晚期）

侯马上马M1004：镈9、编磬10（3鼎墓，春秋晚期）

侯马上马M5218：镈13、编磬10（3鼎墓，春秋晚期）

春秋中晚期的国君墓随葬乐器的情况发生了较大变化，铜乐器一般由镈、甬钟、复纽钟、单纽钟等四套组成，再配以编磬。镈4件一套，甬钟8件一套，复纽钟9件一套，单纽钟9件一套，编磬11件一套。而7鼎卿墓的乐器规格不一，地域差异也较大，如琉璃阁M80随葬铙1编钟3，太原金胜村M251（赵卿墓）随葬钟19件（一套14件，一套5件），再加编磬13件，规格高很多，但比国君墓仍有差距，没有复纽钟和镈等。5鼎大夫墓的地域性差异也较大，但同一墓地随葬乐器相同；长治分水岭墓地比万荣庙前村墓多出8~9件甬钟；5鼎墓多有磬，但也没有镈；春秋晚期的5鼎墓随葬乐器规格已普遍超过了春秋早期的国君墓。同一墓地的3鼎墓随葬乐器基本相同，仅在具体数量上有一些差异，可能由年代上的早晚所致。3鼎墓的乐器一般由镈和磬组成，没有钟，因镈在琉璃阁国君墓中都有发现，是以，镈能否作为3鼎墓与5鼎墓的区别尚需进一步讨论。值得注意的是，3鼎墓出现了成套的乐器（由镈和磬组成，没有钟），乐器的使用范围向下有所扩展，但等级间的差距仍十分明显。编磬的配套出现正反映了《周礼·春官·磬师》关于"磬师掌教击磬，击编钟，教缦乐、燕乐之钟磬。凡祭祀奏缦乐，钟师掌金奏"之记载。

（3）战国早期的编钟资料主要有：

山彪镇M1：编钟14（2组）、编磬10（国君）

陕县后川M2040：编钟20、编镈9、编磬10（7鼎墓）

陕县后川M2041：编钟9、编磬10（5鼎墓）

战国早期的国君墓从山彪镇M1来看，乐器随葬规格不高，仅随葬编钟14件（2

组）、磬10件，比中晚期国君墓少很多，与同期的陕县后川卿墓相比也颇有不如，可能不完整。7鼎卿墓随葬编钟20件、编镈9件、磬10件，超过了春秋中晚期的卿墓，与中晚期国君墓相当。5鼎大夫墓与7鼎卿墓随葬乐器规格相差很多，没有编镈，编钟的数量也相对较少。卿墓乐器规格的大幅度提升而逼近国君墓，似乎与春秋晚期以后列国出现的"公室卑于大夫之家"现象有关，而中级贵族的乐器规格尚未明显提升。

（4）战国中晚期的编钟资料主要有：

中山王陵M1：纽钟14、编磬13（国君，战国中期偏晚）

长治分水岭M14：甬钟2、纽钟8、编磬22（7鼎墓，战国中期）

长治分水岭M25：编镈4、编磬10（5鼎墓，战国中期）

洛阳西工段M131：编钟16（2组）、编磬6（5鼎墓，战国中期）

从中山王墓来看，战国中晚期国君墓的乐器随葬规格也不高，仅有纽钟14件、磬13件，与同时期卿大夫墓相当。但卿墓随葬乐器的规格也不高，与之相反的是大夫墓的乐器随葬规格却较高，尚多于同期的7鼎墓。造成这一现象的原因，地域性差异应是其中之一，各国间政治、经济实力的不均衡也造成了随葬乐器规格的不同，但同一墓地的等级之别仍十分明显。从长治分水岭春秋晚期与战国中期墓葬来看不管是卿墓还是大夫墓，战国中期的乐器随葬规格多不如春秋晚期，这个现象值得注意。除国力衰退因素外，也可能与重视程度的不同有关，如战国中期各国间的竞争日趋白热化，各国统治者在政治、经济、意识形态等领域与春秋中晚期相比应有较大的变化，从而引起随葬器物制度上的变化。

总的来说，中原地区在西周中期和春秋中期乐器随葬制度发生了两次较大变化，国君墓随葬乐器的种类和数量比前期明显增多，除编钟、编磬外，还有编镈，编钟有的还分编纽钟和编甬钟2套。卿墓中也开始出现乐器。在春秋晚期，3鼎墓也开始随葬编钟，这在春秋早期是不可想象的。编钟随葬制度使用范围的向下扩展与用鼎制度的普遍提升是同步的。一方面是因为大夫阶层兴起，地位不断提高；另一方面，原有礼乐等级制度的约束力逐渐减弱，"公室卑于大夫之家"现象普遍，卿大夫地位的提升，进而引起整个社会乐器随葬规格的提升。自春秋中期以后乐器随葬规格就呈现出强烈的地域性特征，各地的乐器随葬种类、数量区别较大。出现这一现象的原因主要有二：一是前文笔者提到过的春秋中期以后随着东周王室约束力的逐渐衰微，各地的地域性文化特征开始凸显，造成各国随葬乐器种类、数量的不同；二是笔者前面提到过的各国间政治、经济实力的不均衡造成了随葬乐器种类、数量的不同。至于战国中期的乐器随葬规格多不如春秋晚期这一现象之原因，笔者在前面已经做过分析，此不赘言。

（二）海岱地区编钟制度的运行情况

目前，海岱地区出土镈、钟共363件，其中甬钟132件、纽钟150件、镈钟61件。由于考古资料所限,目前海岱地区西周时期的青铜钟一般仅发现1件或2件,尚未发现明确的编钟资料。但至迟在春秋早期海岱地区已出现了成熟的编钟制度。

(1) 春秋早期的编钟发现1例:

长清仙人台M6:甬钟11、纽钟9、编磬10(国君)

春秋早期的国君墓仅仙人台M6出土了乐器,从器类和数量来看,不低于中原同期的国君墓,这与该墓的8鼎8簋规格相一致。枣庄东江小邾国墓地国君墓没有出土乐器,与之相应的是该墓地国君墓也没有推行鼎簋制度,列鼎的数量也仅有4件,不知是因为小邾国没有推行乐器随葬制度,还是由于没有推行的资格,这有待于进一步考察。海岱地区春秋早期的5鼎以上墓葬发现不多,卿级墓葬是否有乐器随葬还不好断言,但根据鲁国故城M48鲁司徒仲齐墓、齐故城M1大夫等墓都没有乐器随葬来看,至少大夫级别是没有随葬乐器资格的。

(2) 春秋中期的编钟资料主要有:

莒县天井汪墓:编镈3、编钟6(5鼎墓)

蓬莱柳格庄M6:编钟9(大墓,被盗)

临沂花园公社墓:编钟9(3鼎墓)

沂水刘家店子M1:编镈6、编钟20(甬钟19)、纽钟9、錞于2、钲1、编磬若干(国君)

沂水纪王崮M1:编镈4、编钟18(甬钟、纽钟各9)、錞于2、钲1、编磬10(国君,春秋中晚期之际)

长清仙人台M5:编钟9、磬14(3鼎墓,女性)

春秋中期的国君墓仅沂水刘家店子M1及纪王崮M1出土了乐器,薛国故城未发现乐器。沂水刘家店子M1及纪王崮M1随葬乐器十分丰富,无论种类还是数量均超过了中原同期的国君墓,值得提及的是此二墓各出土2件铜錞于和1件铜钲。《国语·晋语五》云:"战以錞于,丁宁,儆其民也。"《国语·吴语》载:"鼓丁宁、錞于、振铎。"《诗经·小雅·采芑》载:"方叔率止,钲人伐鼓。""钲以静之,鼓以动之。"可知,錞于、铎皆属杀伐之乐器。从莒县天井汪墓、蓬莱柳格庄M6出土的乐器来看,在春秋早中期之际海岱地区的卿大夫墓就已经随葬了乐器,但其种类一般仅一种,数量不超过9件。从临沂俄庄区花园公社墓及长清仙人台M5来看,春秋中晚期的3鼎墓就已具有随葬青铜乐器的资格。与中原同时期同规格墓葬相比,乐器的种类和数量相若,但不同的是本地出土石磬极少,而中原则多有石磬。海岱地区卿级以下开始随葬乐器的时间早于中原地区。

(3) 春秋晚期的编钟资料主要有:

海阳嘴子前M4:甬钟7、纽钟2(6鼎墓)

海阳嘴子前M1:镈2、甬钟5(1鼎墓)

临沂凤凰岭墓:纽钟9、编镈9、铎1(6鼎墓)

莒南大店M2：纽钟9、磬≥12（卿，被盗）

莒南大店M1：镈1、纽钟9（卿，被盗）

海岱地区没有发现春秋晚期明确为国君的大墓。临沂凤凰岭墓出有10鼎，但其中3鼎在殉人身旁，而墓主人的器物库内的列鼎仅有6件，是以，此墓的规格应是6鼎，而且此墓距鄅国国都的直线距离超过了30公里，似乎不是国君墓。但此墓乐器有20件，多于海阳嘴子前M4，少于沂水刘家店子M1，殉人达14人，其规格不低于卿级，其乐器随葬规格与中原相当。值得注意的是海阳嘴子前M1是一鼎墓，却随葬了2件镈钟、5件甬钟，说明乐器使用阶层的进一步扩大，乐器不再为高级贵族所专有，作为等级身份标志的乐器随葬制度出现松弛甚至瓦解迹象，反映了自春秋晚期始，小贵族作为新兴的政治力量的地位明显提高。当然也可能是此时此地重视礼乐器甚于礼容器。本期墓葬中随葬石磬的现象仍然较少，临沂凤凰岭墓出土1件铎。海岱地区东南一带春秋中晚期墓葬出土了较多的战时乐器，而其他地区出土较少，可能是处于齐鲁大国间挣扎求存的海岱东南小国重视军战的反映。

（4）战国时期的编钟资料主要有：

淄河店大墓：编镈8（2组）、编甬钟16（2组）、编纽钟10、编磬24（3组）（7鼎墓，战国早中期之际）

章丘女郎山M1：编镈5、纽钟7、编磬8（5鼎墓，战国中期）

阳信西北村陪葬坑：编镈5、纽钟9、磬13（2鼎墓，战国中期）

诸城臧家庄墓：编镈7、编钟9（4鼎墓，战国中期）

淄博商王村M2：编钟14（2鼎墓，战国中期）

郯城二中M1：编钟8（1鼎墓，战国中期）

战国早中期完整的贵族墓葬不多，从以上墓葬（陪葬坑）出土的乐器来看，与中原同时期墓葬相比区别不大，但随葬石磬的现象仍不如中原普遍。这一时期齐国基本占据了除南部以外的海岱大部分地区，出土乐器的墓葬主要在齐国境内。郯城二中M1仅有1件铜容器鼎，却有编钟随葬，说明乐器使用者的阶层在前一期扩展的基础上又进一步扩大，标志着等级身份的乐器随葬制度的约束力渐趋于无，以至于出现了乐器泛滥现象；也反映了自春秋晚期开始，小贵族作为新兴的政治力量，其地位得到明显提高。这一时期的乐器随葬规格与春秋晚期相比变化不大，而与中原区别较大，中原这一时期的乐器仍主要出于5鼎以上等级墓葬。

（三）小结

总的来看，海岱地区周代墓葬中的编钟制度与中原地区大致相同，其演变趋势也与之相近，也是在春秋中期前后发生了较大变化。这一时期，卿、大夫墓中开始出现编钟。春秋晚期，较低等级的一鼎墓也有随葬成组编钟的现象。编钟使用阶层的向下扩展与用鼎规格的普遍提升是同步的。一方面是因为大夫阶层作为新兴势力，地位不断提高；另一方面，原有的礼乐等级制度的约束力逐渐减弱，进而引起整个社会乐器随葬规格的提升。在春秋中期以后乐器随葬规格呈现出一定的地域特征，各地乐器的随葬种类、数量区别较大。出现这一现象的原因笔者在前面已做过分析，兹不赘言。值得注意的是，春秋时期普遍出现于中原高级墓葬之中的青铜乐器在海岱南部的鲁国故城墓地、薛国墓地、小邾国墓地皆没有发现，其原因值得探究。此外，海岱地区东南一带出土较多的与战争有关的乐器，应与当时当地所面临的较为恶劣的国际环境和对军事征伐的重视有关。此外，江淮下游一带也较为流行征战之用的乐器，海岱东南一带与之毗邻，其间或有影响关系。

四、结　　语

通览三代墓葬中的青铜器用情况，符合器用制度特征的主要有三种：爵觚制度、鼎簋制度和编钟制度。总的来看，海岱墓葬中的青铜器用制度与中原王畿地区有较高趋同性，但同时也有一些自身的特点。

海岱地区爵觚制度的形成与瓦解时间皆晚于王畿地区。其鼎簋制度呈现出两大特点：一是春秋早中期除海岱南部的曲阜鲁国故城乙组墓、薛国故城墓和仙人台邿国墓外，其他大部分地区基本没有严格推行盛行于中原地区的鼎簋制度；二是鼎簋制度在战国早期就出现瓦解迹象，至战国晚期已基本瓦解，皆早于中原地区。春秋时期普遍出现于中原高等级墓葬之中的青铜编钟，在海岱南部的鲁国、薛国、小邾国等诸侯国墓地没有发现，这些诸侯国似乎没有推行编钟制度，这是海岱地区编钟制度的突出特点。

海岱地区青铜器用制度形成这些特点的原因，笔者认为主要有二：一是海岱地区本是殷夷故地，其文化习俗根深蒂固，具有很强的文化惯性，加上地理上不在商周王朝的腹地，会产生一定程度的边缘化效应，商周器用制度的东传会出现一定程度的延滞或者推行得不彻底；二是周室东迁以后，其向心力日益减弱，区域文化开始凸显，原本相对统一的器用制度很快被地域性的器用制度所取代。

"多子族"复合族徽举例

王恩田

（山东博物馆）

金文中有一些动物、植物的象形字和一些诡异难识的奇字。郭沫若把鸟兽虫鱼的象形字称为"图腾，或其孑遗"，"非鸟兽虫鱼之形者"称为图腾[①]。其实图腾也可以作为族徽，因此，可以把动物、植物和难以辨识的奇字统称为族徽。族徽中还可以包括一些可以认识的文字。郭氏曾把薛侯鼎铭文末尾的"史"字称为"史官所署之下款"，未免自淆其例。我曾撰文指出，1975年，陕西岐山出土的亚薛史鼎，与"薛"组成复合族徽的"史"字也是族徽[②]。滕州薛国故城东500米的前掌大墓地南Ⅰ区88座商周墓中出土"史"字族徽铜器62件[③]，证明拙说可信。金文中还包括一些数字卦，或单独存在，或缀于铭文末尾。张政烺先生也称之为族徽[④]，是完全正确的。由于族徽中包括一些可识的文字，因此有些学者不同意称为"族徽"而改称"氏名"或"族氏名"。其实"徽"是标志，可以使用图画、图案，也可以使用文字。如中华人民共和国的国徽是用天安门、麦穗、齿轮等组成的图案，而中国人民解放军的军徽则使用"八一"二字。国徽是国家的标志，不能把中国的国徽径称为中华人民共和国的国名，也不能把八一军徽径称为中国人民解放军的军名。族徽是族的标志，当然也不能把商周族徽称为"氏名""族氏名"。日本东京根津美术馆收藏的形制相同的三件方盉，铭文分别为"左""中""右"三字（图一）。学者认定"左""中""右"三字是用来表明三件铜盉的摆放位置，以此来否定族徽说。其实，只有"中"字是铸铭，"中"是族徽，应称"中盉"。而"左""右"二字是后刻的。"左"字压在铸铭的倒置的"蜻"字族徽之上，应称"蜻盉"。"右"字则压在花纹之上。由于是后刻，"左""右"二字既不能视为摆放位置，也不能视为族徽[⑤]。

---

① 郭沫若：《殷周青铜器研究·殷彝中图形文字之一解》，载《郭沫若全集·考古编》第四卷《殷周青铜器铭文研究》，科学出版社，2002年。

② 王恩田：《陕西岐山新出薛器考释》，载《古文字论集（一）》（《考古与文物丛刊》第二号），1983年。

③ 中国社会科学院考古研究所：《滕州前掌大墓地》，文物出版社，2005年。

④ 张政烺：《试释周初青铜器铭文中的易卦》，《考古学报》1980年4期。

⑤ 王恩田：《根津三盉与中、蜻族徽》，复旦大学出土文献与古文字研究中心网站，2015年5月18日。

图一　根津三盉铭文

金文中还常常有多个族徽组合在一起，可称为复合族徽。复合族徽是氏族分化的产物。随着人口的不断增殖，原来的氏族不断分裂出新的氏族。新氏族在署明其族徽的同时，还注明其始出之族的族徽或同源诸族的族徽，以标明其渊源关系，于是就形成了复合族徽。构成复合族徽的必要条件是其中的每个字都应是可以独立存在的单体族徽，或者是甲骨文中的族名。

甲骨文中习见"子某"辞例，旧多释"子"为王子，释"某"为私名。由于商周铜器中也常见"子某"铭文，而且其中的一部分，如子渔、子𦉢、子不、子橐、子妥、子妻、子八、子媚等是见于甲骨文记载的。因此，金文中所见的"子某"也被解为私名。但是，我们注意到"子某"类铭文具有如下特点：一，"子某"可独立存在，不构成句型；二，"子某"可附加日名，如"子八父丁"爵（《三代》16.7.4）、"子刀父壬"爵（《录遗》472）、"子羊父丁"鼎（《三代》2.38.4）、"子申父乙"鼎（《文物资料丛刊·3》45页）、"子步父乙"尊（《研究》觚形尊26）、"子𦎫父乙"卣（《研究》卣39）等；三，"子某"可署在铭文末尾，如"子廪"署在魁尊（《三代》11.26.8）和兽卣（《白鹤》13）的铭末，"子𩵋（蜻）"署在父戊尊（《三代》11.32.7）的铭末，等等。这与族徽的用法是相同的。而且"子"本身也是族徽。第　，"子"是可以独立存在的单体族徽，如子卣（《三代》12.35.7）、子爵（殷墟西区M56出土）、子戈（图一一）；第二，"子"可附加日名，如"子父丁"簋（《三代》6.13.4）、"子祖壬"卣（《美》A605）；第三，"子"可以缀于铭末。如寡子卣（《故宫》24期）。我们还注意到"子某"的"某"，往往也是族徽。如"子妥"的"妥"（簋《三代》6.4.9）、"子羊"的"羊"（觯《三代》14.46.8）、"子禾"的"禾"（爵《三代》16.9.2）、"子何"的"何"（觯《三代》14.52.3），等等。因此，把"子某"解为私名未必妥当。把"子"说成是"准族徽"也不恰当。尤其重要的是商周金文中还存在着"子"与其他的两个或三个族徽共署于同一件铜器上的事实，只能解为复合族徽，而不可能再作其他的解释。复合族徽中的"子"，应是殷人始出之族，来源于殷商族始祖简狄吞玄鸟卵而生契的感生传说。卵与子是同物而异名。《尔雅·释乐》："大埙。"注："烧土为之，大如鹅子⋯⋯小者如鸡子。"鹅子即鹅卵，鸡子即鸡卵，今天北方方言仍称鸡卵为鸡子，蚕卵为蚕子。因此，《论衡·奇怪篇》说："契母吞燕卵而生契，故殷姓曰子。"这也是《殷本纪》所谓殷始祖契"封于商，赐姓子氏"说法的由来。甲骨文中有所谓"多子族"（《甲骨文合集》34133），是众多的子族的集合称谓。子族族徽与其他族徽组成的复合族徽，可称为"多子族复合族徽"。以下结合具体实例对此加以分析。

一、子斧刀系组

（1）子斧刀系 簋 （图二，1）。

（2）子斧刀系父癸 鼎 《十二家》雪2（图二，2）

（3）子斧刀系 觚 《集成》7255（图二，3）

（4）子斧刀系父己 爵 《集成》9055（图二，4）

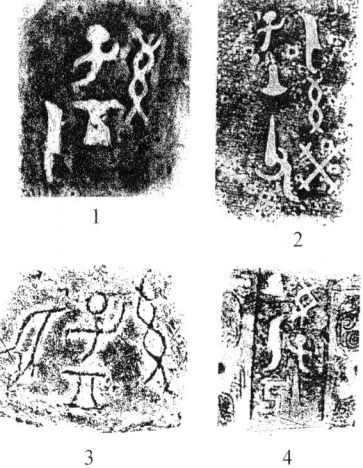

图二 "子斧刀系"铭文拓本

斧字簋铭作 ，鼎铭作 。旧释"苇"、释"丁"，或释为"古登象形""且之倒文""示之异构""戍之异构"等，均非是。此字应是斧之象形。斧与戍在形制上的主要区别是：戍为宽刃扁平横内，有穿；斧为窄刃，直銎内，无穿。金文戍字作 （《三代》6.41）、 （《三代》6.20），或装柲作 （《三代》14.29）、 （《三代》13.47），与此有别。

系字作 ，象形。《说文》："系，细丝也。像束丝之形。……读若视。 ，古文系。"

"子"可以是单体族徽已如上述。斧、刀、系也可以是单体族徽。"斧"字的单体族徽有爵（《三代》15.14.3），"刀"字的单体族徽有爵（《美》R232）、斧己鬲（西安市博物馆藏器）。"系"的单体族徽有父癸爵（《三代》16.22.9）、父壬爵（《三代》16.21.1）等。

"子"还分别与斧、刀、系组成复合族徽。

（5）子斧 卣 《三代》12.42.8～9

（6）子斧 爵 《三代》15.31.3，又安阳郭家庄出土（《考古》1986年8期）

（7）子斧 戈 安阳博物馆藏（《中原文物》1985年2期）

"斧"还可与蚩、敄、令、眉、单、天、旅、木、册等族相系联。"敄"又可与勹、天、象等族徽相系联。"天"可与羍、目相系联。"羍"还可与车、鸡相系联。

（8）子刀父辛　鼎　《集成》1981
（9）子刀父辛　鼎　《集成》1982
（10）子系　爵　《三代》15.30.4～5

二、子斧单天组

（11）子斧单天　方彝　拓本　（图三，2）
（12）子斧单天　斗　拓本　（图三，1）
（13）子斧单　箕　拓本　（图三，3）
（14）子斧单　爵　《录遗》463

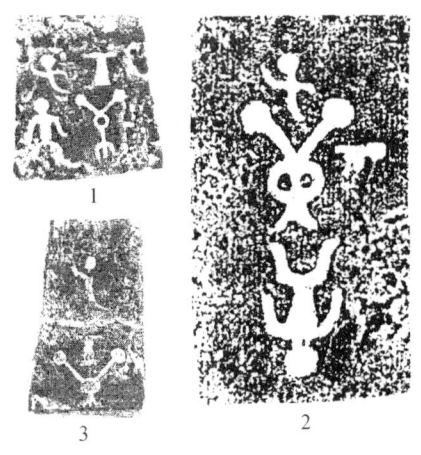

图三　"子斧单天"铭文拓本

"单"字竖画下有镈，与北戈单盉（《续考古图》4.8）中的"单"字写法相同。而武官村大墓北单戈器群铭文中"单"字写法是无镈的。据此知两者通用。"单"为族名。除单体族徽外，又有北单、西单、南单族徽，盖系由"单"族所分化，按照分居不同的方位而得名。北单、西单、南单等虽然都是两个字，但都属于单体族徽，不应把北单、西单、南单看做复合族徽，也没有必要由此而对"复合族徽"的"概念"加以修正。

例（11）的"天"字倒置，意思是强调"天"是族徽，以便与天地之天相区别，不能释为"芇"。"天"的单体族徽有鼎（《冠斝》上，4）、尊（《美》R93）等十余器。"天"还可与山、棘、舟、丙、鬲、隹、🙏、🙏、册等族徽相系联。

三、子𝌀弓䇞组

（15）子𝌀弓䇞　壶　《三代》12.5.2　（图四，1）

𝌀，族名。单体族徽有鼎（《三代》3.8.6）。"𝌀"还可与亚、丙、豕册、封、🙏等族相系联。"𝌀"还见于渣白逆器群，有多种称名方式。如"𝌀渣"（爵《三代》15.37.4）、"𝌀逆"（鼎《录遗》67）、"𝌀渣白逆"（尊《三代》11.31.1）。有时则称"渣嗣土（徒）逆"，而把"𝌀"署于铭文末尾（簋《录遗》157）。据此可以清楚地探明其称名关系及族的繁衍分化关系。"𝌀""渣"为族名。"嗣徒"，官名。"白"为爵称，或是"长幼次第之称"。"逆"为私名。对"渣"而言，"𝌀"为其始出之族。而对"𝌀"而言，"子"又为"𝌀"族的始出之族。因此，不仅"子""𝌀"

可以组成复合族徽，"眔"与"渣"也可组成复合族徽。"逨"虽是私名，但其子孙也可以把它作为族名，因此，"眔"与"逨"也可以组成复合族徽，图示其族的繁衍关系如下：

子→眔→渣→逨

弓，族名。宾组卜辞曰"乙巳卜，古，贞，弓𢦏于诤"（《乙》2266）。子组卜辞曰"弓归"（《林》2.26.4）。弓族单体族徽有卣（《三代》12.53.1~2）、鼎（《三代》2.30.5）、觯（《三代》14.47.11）。"弓"还可以与及、卫等族相系联，还可间接与鸡、车、羍、冉等族相系联。

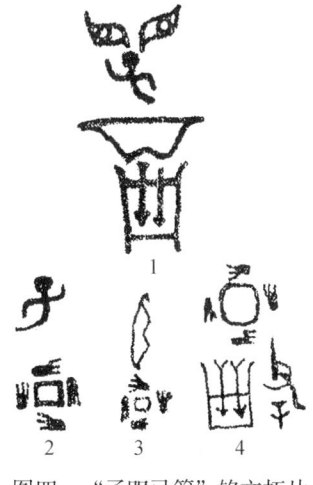

图四 "子眔弓箙"铭文拓片

箙，族名。甲骨文曾卜问"箙受年"（《乙》7009）。箙族的单体族徽有鼎（《邺》下，1.15）等十余器。"箙"还可以与卫、朿、䇂、幸、冂、荣、戉等族相系联。还可以通过卫、幸、戉等族与更多的其他族相系联。这些从箙族中派生或再生出来的诸族，甲骨文中称为"多箙"族（《乙》4212）。宾组卜辞"𢦏多箙"（《乙》4208），卜问从多箙族中征集族众的吉凶。

值得提出的是"卫"这个族，既可与"弓"族系联（图四，3），又可与"箙"系联（图四，4），还可与"子"系联（图四，2）。虽然还没有发现直接与"眔"相系联的证据，但是铭"眔"字族徽的渣司徒逨簋，其器主渣司徒逨恰好就是卫康侯的部下。西周所封卫国，袭用了殷代"卫"的族名。可见"卫"是属于多子族的。图五示其系联关系如下：

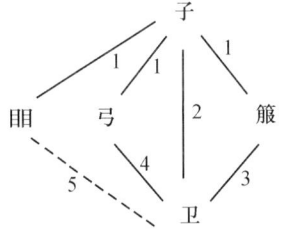

1. 壶　《三代》12.5.2
2. 爵　《岩窟》1.31
3. 尊　《日精华》2.135
4. 瓠　安阳苗圃北地出土《考古》1986.2
5. 簋　《录遗》157

图五　子弓卫箙系联图

还可以进一步指出，甲骨文中无"殷"字，也不见"殷"字族徽。王国维在给罗振玉的信中说"盖卫即殷之音变"[①]。其实，大量材料证实，正确的说法应是"卫是殷人国号的本字，而殷则是借字"[②]。

---

① 长春市政协文史和学习委员会编：《罗振玉王国维往来书信》，东方出版社，2000年，289页。
② 王恩田：《释奭、狱——卜辞殷人国号考》，《中原文物》2009年6期。

四、子刀犬山组

（16）子刀犬山　觯　《三代》14.55.2　（图六）

"刀"字字形为长柄有镡。与上述（1）（2）两器中短柄无镡的"刀"字有别。但据两件子刀父辛鼎（《集成》1881、1882）的铭文对勘，知两种字体的"刀"字可以通用。

犬，国族名。其首领在甲骨文中称为"犬侯"（《续》5.2.2）。其单体族徽有鼎（《三代》2.21.1）、卣（《三代》12.41.5～6）等器。犬族可与亚、牢、卤、⿰、鼎、干（单）、中（㕣）、京、亯、鱼、黾、𤔔等族相系联。还可以通过"鼎"与㦰、戎相系联，通过"鱼"与雀相系联，通过"亯"与卯、𩵋等相系联。这些与犬族直接或间接相系联的诸族，即甲骨文中所谓"多犬"族。

图六　"子刀犬山"铭文拓片

山，族名。单体族徽有父乙簋（《三代》6.11.4）等十余器。"山"还可与天、卬等族相系联。

五、子蝠何不组

（17）子蝠何不　觚　《华夏考古》1994年2期　（图七，1）

（18）子蝠何不　觚　《集成》7174　（图七，2）

（19）子蝠何　觚　《三代》14.27.9　（图七，3）

蝠，像蝙蝠形，故释蝠。与"子"组成复合族徽，见于方彝（《三代》11.5.1～2）等八器。

何，族名，卜辞有"何以羌"（《乙》6883），"何不其以羌"（《乙》2659）。单体族徽有壶（《三代》12.10.1～2）、觯（《三代》14.52.3）。还与"子"组成复合族徽，有爵（《三代》15.31.4）。图八示其系联关系：

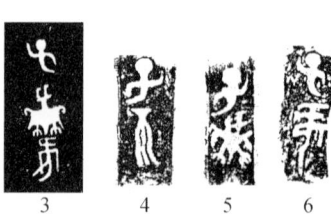

图七　"子蝠何不"铭文拓片

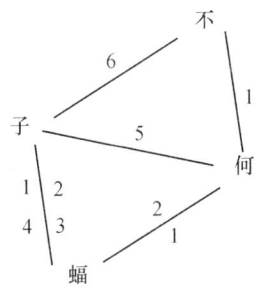

1. 子蝠何不 《华夏考古》1994年2期（图七，1）
2. 子蝠何不 《集成》7145（图七，2）
3. 子蝠何 《三代》14.27.9（图七，3）
4. 子蝠 《三代》15.29.4（图七，4）
5. 子何 《三代》15.31.4（图七，5）
6. 子不 《三代》15.31.2（图七，6）

图八 子蝠何不系联图

六、子商羌亚组

（20）子商羌亚 甗 《集成》866 （图九）

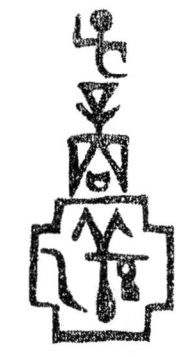

商，即殷商之商。初为地名，殷人始祖契"封于商，赐姓子氏"（《殷本纪》）。殷人虽多次迁徙，但都城名称"商"仍随之而移动。直到盘庚迁殷后，仍称其都城为"大邑商"（《甲》2416）。其后多子族中的一支，"以国为氏"，即商族。商为族名，卜辞或称"商方"（《粹》144），或称"方商"（《粹》230）。传世有商角盖"商作父丁吾障"（《三代》11.21.1），系商族或其宗子为父丁作器。又有商妇甗"商妇作彝，举"（《三代》5.6.2）。举为族名。长清小屯集中出土举器，是举族或其分支最重要的居地之一。此器系举族或

图九 "子商羌亚"铭文

其宗子为由商族所娶之妇作器。羌，族名。卜辞称"羌方"，羌族及其分化的诸侯称为"多羌"。宾组卜辞中有大量"获羌""追羌""辜羌""（又）侑羌"字样，并有大量以羌族战俘用作人祭的记载（《综类》14～19页），知武丁时羌曾与殷王朝为敌。又据武丁骨臼刻辞，知羌还是贡骨的氏族。武丁时还命令羌族从事田猎，知武丁时羌也曾臣服于殷。

羌族的单体族徽有觯（《汇编》1769）、瓠（《美》R503）、簋（《录遗》113）、卣（《录遗》239）。羌与征[①]，羌与箙[②]，羌与亚癸、向等其他族[③]组成复合族徽。

[①] 戴尊德：《山西灵石县旌介村商代墓和青铜器》，载《文物资料丛刊·3》，文物出版社，1980年；山西省考古研究所等：《山西灵石旌介村商墓》，《文物》1986年11期。

[②] 中国社会科学院考古研究所安阳工作队：《1969～1977年殷墟西区墓葬发掘报告》，《考古学报》1979年1期。

[③] 柯昌济编《金文分域续编》云："子孿爵出于安阳。"按：爵为瓠之误，见《十二家吉金图录》居·30。

据本铭知羌是源于"子族"的。这似乎与武丁卜辞中羌与殷人兵戎相见的记载相矛盾。其实,古代同室操戈的例子屡见不鲜。例如上举商和商方在帝辛时也曾被作为征伐对象,"王征敎、非、商"(合集36537)。又如周平王东迁,"晋郑焉依"(《左传·隐公六年》),曾几何时,周郑交恶,郑人"射王中肩"(《左传·桓公五年》)都是好例。

亚羌也是复合族徽,见于亚乙羌爵(《三代》15.26.5)。乙是日名。

七、子亚羊彳组

(21)子亚羊彳父辛 尊 《三代》11.19.2 (图一〇)

图一〇 "子亚羊彳"铭文

羊,族名,羊族的单体族徽曾署于盂卣(《三代》13.38.1)和甚諆鼎(《三代》3.20.1)。还可与⿳组成复合族徽(簋《美》R56)。此字象一首双身蛇形,曾作为花纹见于《美》A72方鼎的口沿下,又见A207簋足和A646方彝口沿下。也可作为族名,其单体族徽有爵(《美》A55)。李济认为这种一首双身蛇的花纹即《山海经》中的"肥遗"[①]。其实,"肥遗"文献称为"蝎"。《管子·水地》:"涸川之精者生于蝎。蝎者,一头而两身。其形若蛇,其长八尺。"

彳,族名,卜辞有"犬彳族"(《人》281),知彳是属于多犬族的。彳族单体族徽有斤(《邺》下,2.13)。彳还可以与鼎、中等族相系联。

亚也是族徽。亚的单体族徽见于亚鼎(《三代》2.7.9)。亚字族徽或署于铭末(《博古》10.25),或书于铭文的开头(《博古》18.25)。

八、子斧木册组

(22)子斧木册 觚 《美》R525
(23)子斧木父癸 爵 《复斋》30

木,族名。其单体族徽有且辛爵(洛阳塔西出土,《文物资料丛刊·3》45页)等八器。"木"还可与贮、丙、戉等族相系联。贮、丙、戉都是大族,还可与更多的族相系联。例如"贮",在一件鼎上曾与飨、亚、鈇、⿱、霥、智、⿱、⿱八个族徽共存(《邺》下,1.12),是目前所知含族名最多的一组复合族徽。贮族还可以直接或间

[①] 李济:《殷墟出土青铜礼器之总检讨》,载《殷墟青铜器研究》,上海人民出版社,2008年,542页。

接与其他族相系联。这些直接和间接与贮族相系联的诸族，即甲骨文中所说的"多宁（贮）"族。丙族的传世铜器很多，粗计有近70件。1985年山西灵石旌介发现的两座商墓共出土铭有"丙"字族徽的铜器达36件之多，证明这里应是丙族的重要居地[①]。戉族可与箙、车、中、刀等族相系联。

册，也是族名。"册"字单体族徽有卣（《啸堂》上33.4）、爵（《美》R99.100）等。附加日名的有父乙卣（《三代》12.48.3~4）、父己角（《三代》16.44.7）等可证。把"册"解为官名则难通。甲骨文中有"册入"的记事刻辞（《综类》423页），知册族还是向殷王室贡龟甲的氏族。

贝，族名。单体族徽有且乙爵（《续殷》下，22）、父己爵（《三代》16.16.2）。贝族可与守族系联（壶，河北藁城前西关出土，《文物资料丛刊·1》）。而"守"又可与子、戈、亚、吴、𩁹等族相系联。

女，复合族徽中常见"女"字。如"女康丁▨"（簋《三代》6.22.4）、"女▨帚"（方彝《三代》11.16.2~3）、"鱼女"（觚《续殷》下41）、"𩰤女"（觚《录遗》334）、"女壴聿女"（方罍，洛阳庞家沟M6出土，《文物》1964年9期）[②]。据亚丑盉，盖铭"亚丑女"，而器铭"女"（《三代》14.2.2），"女"字也有可能是族名。

九、子斧眉组

（24）子斧眉父乙　簋　《三代》6.27.3
（25）子斧眉　　　鬲　滕县种寨出土　《文物》1972年5期
（26）子斧眉　　　爵　安阳苗圃北地M54出土　《考古》1986年2期

眉字鬲铭作▨，簋铭作▨，在眉上加点或圈强调眉毛在此，是一个指事字[③]。

十、子册刀京组

（27）子册刀刀京　爵　《冠斝》中37

"子册"二字在柱，鋬内铭"▨父乙"。刀字写法与上述短柄刀和长柄有镈刀不同，刀援顶端突起，刀柄下弯。刀援有时有纵横线相交的花纹作▨、▨、▨，由于这种书体的"刀"，也往往与"子"组成复合族徽，除本铭外，还有子刀父壬爵（《录

---

① 戴尊德：《山西灵石县旌介村商代墓和青铜器》，载《文物资料丛刊·3》，文物出版社，1980年；山西省考古研究所等：《山西灵石旌介村商墓》，《文物》1986年11期。
② 洛阳市文物工作队：《洛阳北窑西周墓》，文物出版社，1999年，88页图八（A）。
③ 齐文涛（王恩田）：《概述近年来山东出土的商周青铜器》，《文物》1972年5期。

遗》472)、子刀刀父庚卣(《美》R109)等，因此，这种书体的"刀"，和上述短柄、长柄有镡等两种"刀"有可能属同族。应该指出，复合族徽中从两刀与从一刀是相同的。在复合族徽中，为了追求美观、对称，可以把其中的某一个族徽写成两个。如"弓卫"复合族徽（爵《三代》16.27.7），可以把"卫"字改写成夹在两个"弓"字之间（觚《考古》1986年2期120页）。又如"幸箙"复合族徽（爵《录遗》424），可以改写成两"幸"夹一"箙"（觚《研究》143），也可以写成两"箙"夹一"幸"（簋《录遗》124），可证。

京，族名，单体族徽见于安阳侯家庄西北冈殷墓出土的尊、觚、爵诸器（《殷墟发掘》图版叁贰）。"京"还可以与保族系联，见于鼎（上海博物馆藏）、爵（《河南》一，284）。

此外还有子斧万（《集成》8763）、子斧涉（《续殷》6.7）等多种多子族族徽，限于篇幅，不再逐一进行分析。

通过对以上10组27件商周铜器铭文的分析，可以得到如下几点认识：

（1）上举含"子"字在内的三字或四字铭文，无法分清主语、谓语，不构成句型。其中的每个字大都可作为单体族徽存在。而且，"子"以外的其他两个或三个族又可单独与"子"相系联，如子斧刀系组。又可分别构成"子斧""子刀""子系"等系联。又如子蝠何组，可分别构成"子蝠""子何"复合族徽等。或者含"子"字在内的三字、四字铭文可分别与另外的族名相系联。如子眢弓箙组与卫相系联，分别构成"子卫""弓卫""箙卫"复合族徽等。因此，上举10组27件铜器铭文只能解为复合族徽，不可能再作其他的解释。

（2）"子某"类铭文有大量附加日名的现象，还可以署在铭文末尾，与一般族徽的用法完全相同，只能是复合族徽族名，不可能是私名。其中的"子"也不能理解为王子或尊称。

（3）"子某"之所以不能解为私名，还因为甲骨文中存在"异代同名"现象。例如：

	武丁	祖庚、祖甲	武乙、文丁
子㱿	《合集》2.3137~3144、2.3149~3150		《合集》10.32776
子渔	《合集》2.2973~3005		《合集》10.32780~32781
子龏	《合集》2.3087~3088	《合集》8.23536	
子𠬝	《合集》2.3033~3035	《合集》8.23529	《合集》10.32770、10.32772~32774《屯南》134.243.1115
子效	《合集》2.3090~3093		《合集》10.32782

而且甲骨文中的族名还有与之相应的铜器，如"子亭"有鼎（《三代》2.11.6）、爵（《三代》15.35.3），"子渔"有斝、尊（安阳小屯村北M18出土，《考古学报》1981年4期），"子龏"有甗、戈（《三代》19.1.2），"子妻"有簋（《三代》6.9.1~2），"子效"有效爵（《陕》三，78）。在甲骨文中存在"异代同名"的情况下，把相应铜器的器主解为私名是不妥当的。卜辞中的"子某"即使用作人名，或用作卜问其吉凶病死之类，也只能认为是指该族首领，即"族尹"，相当于周代的"宗子"。

（4）某些"子某"类铭文铜器延续时间可以从殷代至西周早期。如父戊尊铭末的"子𧎾"的"𧎾"，金文或作𧎾（《三代》14.51.4）、𧎾（《小校》5.90）、𧎾（《三代》2.13.11）、𧎾（《录遗》41）。甲骨文作𧎾（《藏》94.2）、𧎾（《后》下，36.3）。唐兰先生释𧎾，谓象蜥蜴形。丁山谓象蜻蛉形。丁说可信。按：此系蜻字初文。《说文》："蛉，蜻蛉也。从虫，令声。一名桑根。"《战国策·楚策四》："王独不见夫蜻蛉乎！六足四翼，飞翔乎天地之间。"上揭金文𧎾，正像六足四翼之形。金文𧎾、𧎾及甲骨文则省其六足，仅存四翼。甲骨文"蜻"系族名。分别见于武丁（《续》4.28.4），祖庚、祖甲（《合集》8.24116），武乙、文丁（《合集》10.32700）时期卜辞。铭末署"子𧎾"的父戊尊提到"王在新邑"，"新邑"即洛邑。唐兰先生订此器为周公时期。此器图像见于《善斋》131，为细高体觚形尊。其形制与浯白遰尊（《尊古》1.35）相近，订为周公时期是可信的。"子蜻"的"蜻"，从武丁一直延续到西周周公时期，不可能是私名。又如子𪊼卣（《西清》15.3），瓯形，盖为蘑菇纽。"子𪊼"尊（《西清》9.23），细高体，腹微鼓，与殷墟西区M93出土的大尊相近，都是属于殷代晚期的。而子𪊼觯（《通考》图583），体略高，与康侯觯（《研究》觯71）相近，属西周早期。"子𪊼"署于铭末的𪊼尊（《双吉》，24），也是觚形尊，体略低矮，比子蜻父戊尊的时代略晚，可见"子𪊼"延续时间也很长。解为私名也不妥当。

（5）单体族徽的"子"，为族名，即甲骨文中的"子族"（《甲》273），其首领也称为"子"。殷代长铭铜器中所见"子光赏小子啟贝"（尊《三代》11.31.5），"子赏小子省贝"（卣《三代》13.38.2），"子令小子𧎾先以人于莫，子光赏𧎾贝"（卣《三代》13.42.2）等，其中的"子"即子族的大宗宗子，"小子"则是小宗的宗子。他们有一套与王室有别的自成系统的卜辞，即所谓"子族卜辞"[①]，或多子族卜辞。花园庄东地卜辞就是其典型形式。花东类型卜辞与王室卜辞并列，多子族并非王的子孙组成的氏族，恰恰相反，王是在称王以后从多子族分化出来的氏族部落。多子族是大宗，而王族应是小宗（另文讨论）。

[①] 林沄：《从武丁时代的几种"子卜辞"试论商代的家族形态》，载《古文字研究》第一辑，中华书局，1979年。

（6）含"子"的二字、三字、四字复合族徽的诸族，以及与"子"直接或间接系联的其他诸族，即甲骨文中的"多子族"（《合集》3.6812～6815，《屯南》1132、4026）。"多"为集合称谓，意为众多。《尔雅·释诂》："多，众也。"《诗·殷武》："天命多辟。"笺："多，众也。""子"为殷人始出之族，后来演化成为姓。多子族，即众多的子姓氏族。犹如《春秋》经传中的诸姬、诸姜、诸任。"诸"也有众意。《广雅·释诂三》："诸，众也。""诸姬"即众多的姬姓氏族。"诸姜"即众多的姜姓氏族。多子族，是子姓的氏族群体，大体相当于部落。同理，直接或间接与箙、宁（貯）、犬、亚等族相系联的诸族即甲骨文中的多箙族、多宁族、多犬族、多亚族，等等。上述研究表明，多箙、多宁、多犬、多亚等都是由"子族""多子族"繁衍分化出来的新的氏族群体，即新的部落。

（7）"多子族"复合族徽铜器有出土地点可查的大多是安阳出土。如本文所引用的子斧刀系簋、子斧单斗、子斧单箕、子斧单方彝（图三，1～3）以及两件子戈（图一一）都是未经著录的明义士旧藏（今存山东博物馆）。明义士自1914年开始在安阳长老会做牧师期间，除大量收购甲骨外，同时还大量收购铜器。以上诸器都应是安阳出土的。另外，安阳郭家庄出土有子斧爵，安阳苗圃北地M54出土子斧眉爵，殷墟西区M856出土子爵，安阳小屯村北M18出土子渔斝和尊。安阳还出土过子𠭯觚。安阳博物馆所藏的子斧戈也应是安阳出土的。

图一一　子戈
1、2.直内戈　3.巩内戈

至于直接或间接与多子族复合族徽相系联的其他族徽，出土于安阳的就更多了。因此，可以认为"子族"和"多子族"的大本营就在安阳。

本文是1989年中国古文字研究会第八次年会（上海、太仓）提交论文。略有增补、修改

关于"召公建燕"

唐晓峰

（北京大学历史地理研究中心）

《小臣𧊒鼎铭》文曰："召公建燕，休于小臣𧊒贝五朋，用作宝尊彝。"[①]这是召公与燕地关系的重要材料，说明召公到过燕这个地方，并有所作为。这个燕地应该就是"北燕"，即燕国所封的地方。这在召公本人的历史以及燕国的历史中都是很重要的事情。

由于铭文简略，没有交代这次召公建燕的时间，便引发了学者们的各种推断。大致有三种意见：①在武王时期[②]；②召公参与平三监之乱，在追讨武庚禄父开辟北土之时；③三监之乱平息后，大体在分封北燕之时。

关于第①种意见，因武王时的形势不具备周人北上的条件，赞同者少。持第②种意见者较多，如王宇信、陈恩林等[③]，其论主要是确认召公在参与平叛时到过北方，于是将《小臣𧊒鼎铭》所记的"召公建燕"与召公北征联系起来。这一看法的问题在于，在"战争年代"，召公恐不大可能顾及"建燕"这种和平开发的事情。即使可能有战时分封的情况[④]，但分封要有一套程序，包括人与器物的配置、举行仪式等。所以，即使提出了想法，甚至颁布了诏令，也不大可能即刻完成程序而进入最后的建设

[①] 于省吾：《商周金文录遗》第85号，科学出版社，1957年。关于第三个字，有不同释读，如建、垦等，但无论是哪个字，都含有建设开发的意思。本文采纳裘锡圭的意见，即多数学者接受的意见，释读为"建"。参见于省吾：《从甲骨文看商代的农田垦殖》，《考古》1972年4期；裘锡圭：《释建》，载《古文字研究》第十七辑，1989年。陈梦家怀疑此字为"往"（陈梦家在往字后面打了一个问号，表示不确定）。唐兰将此字释为"馈"，似不含有召公到了燕地的意思。陈、唐二位的释读，鲜为学界所取。见陈梦家：《西周铜器断代（二）》，载《考古学报》第十册，科学出版社，1955年，69～142页；唐兰：《西周青铜器铭文分代史征》，中华书局，1986年。

[②] 张永山：《召公建燕的年代》，载《北京建城3040年暨燕文明国际学术讨论会会议专辑》，北京燕山出版社，1997年，93～96页。

[③] 王宇信：《史记"封召公奭于燕"的武王为宏观"武王（时期）"说》，载《北京建城3040年暨燕文明国际学术讨论会会议专辑》，北京燕山出版社，1997年，80～92页；陈恩林：《论鲁、齐、燕的始封及燕与邶国关系》，载《北京建城3040年暨燕文明国际学术讨论会会议专辑》，北京燕山出版社，1997年，104～111页。

[④] 陈恩林认为，康侯就是在征伐商邑的过程中被封于卫的。见陈恩林《论鲁、齐、燕的始封及燕与邶国关系》一文。不过此事有待确认。

经营的阶段。本文赞同第③种意见，即裘锡圭等人的看法。

裘锡圭根据《小臣𫷷鼎铭》判断："由此可知，周代初年封北燕时，虽然实际上由召公的元子当燕侯，但是在初封之际，召公确曾亲自莅燕，安排建国大事。"①从裘锡圭的话中可以看出，召公这次莅燕，大约是在其元子就封之时。召公到燕地来，是帮助儿子料理一些"体国经野"的建国大事。

陈梦家虽然没有明确说出封燕的时间，但他也认为："此器之小臣乃燕侯（召公元子）之小臣……召公至燕而以五朋赏于其子燕侯之小臣，此人乃作器以记其光宠。"②在陈梦家的读释中，虽然事情的大背景不明，但关于具体情节，则类似裘锡圭的看法。

唐兰将召公建燕的建字释为"馈"，没有了建的意义，所以把此事放在了封燕之后的某个时候。"此铭说召公馈燕，则是已封燕国之后，召公对燕国有所馈赠因而有休于小臣𫷷，此器可能已在成王后期。"③在推测燕国分封的时间时，唐兰说："可能是伐录之后，接着就北进，一直歼灭燕亳。当时召公之子应在军中，所以随着被封在燕国了。"④唐兰把封燕与《小臣𫷷鼎铭》所记召公之事分开，不错，但所讲燕国是在战争中"随着"被封出来的，似轻率了一些。关于"馈"的释读，赞同者也少。

从琉璃河出土克器可知，召公元子名克，实际就封时间应该在成王时期，进一步说，比东征平叛的时间稍晚。那么召公莅燕，安排建国大事，也应在这个时候。

曹定云从另一角度论证召公到过燕地，他没有引用《小臣𫷷鼎铭》的材料，而是依据琉璃河遗址发现的西周卜甲上"成周"二字做判断，认为这片带有"成周"二字的卜甲与召公本人有关。他也认为"召公未就任燕侯，并不等于他没有到过燕都，这是两个不同的问题。从当时的情况看，召公不可能不到燕都"⑤。按照曹定云的观点，召公到燕地当然要在成周建立之后。依照《尚书大传》的纪年："周公居摄，一年救乱，二年克殷，三年践奄，四年建侯于卫，五年营成周，六年制礼作乐，七年致政成王。"⑥那么召公到燕地时，已经是在克殷践奄之后两年多了。"召公不可能不到燕

---

① 裘锡圭：《释"建"》，载《裘锡圭学术文集（金文及其他古文字卷）》，复旦大学出版社，2012年，39~42页，引文见第42页；本文原载《古文字研究》第十七辑，中华书局，1989年。
② 陈梦家：《西周铜器断代（二）》，载《考古学报》第十册，科学出版社，1955年，95页。
③ 唐兰：《西周青铜器铭文分代史征》，中华书局，1986年，96页。
④ 同③，95页。
⑤ 曹定云：《北京琉璃河出土的西周卜甲与召公卜"成周"——召公曾来燕都考》，载《琉璃河遗址与燕文化研究论文集》，科学出版社，2015年，217~221页，引文见220页；此文原载《考古》2008年6期。
⑥ 吕思勉将《尚书大传》所记年事与《作雒解》《名堂解》相对照，认为后者"所言无不与《书传》合者，故知《书说》皆原本古史，非凭臆为说也"（《吕思勉读史札记》（上），上海古籍出版社，2005年，139页）。

都",为什么?曹定云也认为,召公要来主持燕国的建设。这一点又与"召公建燕"之说相合。

基于上述认识,本文对召公建燕一事再做一些讨论。

先看一下召公个人政治能力的特点。召公任职,经历了文王、武王、成王、康王四朝,是个有经验的政治家。《诗谱·周南召南谱》记"文王受命,作邑于丰,乃分岐邦周、召之地,为周公旦、召公奭之采地,施先公之教于己所职之国",说明召公善于"施先公之教",做事尊礼法,在"建燕"的事情上,必然也是如此。

《史记·周本纪》:文王时,"太颠、闳夭、散宜生、鬻子、辛甲大夫之徒皆往归之"。《集解》引刘向《别录》:"辛甲,故殷之臣,事纣。盖七十五谏而不听,去至周,召公与语,贤之。告文王,文王亲自迎之,以为公卿,封长子。"召公早有统战才能。

《诗地理考·召南》苏氏曰:"文王治周,所以为其国者属之周公;所以交于诸侯者属之召公。"《诗·大雅·召旻》:"昔先王受命,有如召公,日辟国百里。"说明召公熟悉诸侯疆土形势,善于治外。《诗地理考·甘棠南国》曹氏曰:"武王伐纣有庸、蜀、羌、髳、微、卢、彭、濮八国之人为助,其服周之化久矣。召伯能以先王所以教者,宣明于其国,是以见美也。"又《诗地理考·周南召南》载朱氏曰:"文王使周公为政于国中,而召公宣布于诸侯。于是德化大成于内,而南方诸侯之国,江、沱、汝、汉之间,莫不从化。"以上这些记载说明召公善于外事。陈平称召公为"外交功臣"[①]。召公在后来的讨伐禄父的征战中,对北方形势必有深刻思考。

《艺文类聚》卷九引《帝王世纪》:"周公为司徒……召公为司空。"司空,金文作司工。《后汉书·百官志》:"司空,公一人。本注曰:掌水土事。凡营城起邑、浚沟洫、修坟防之事,则议其利,建其功。"虽然这里讲的是东汉的官职,但这是传统,应类似西周司空的职掌。从营建洛阳的事情来看,召公在城市建设上是富有经验的。

在召公政治生涯中,参与东征平叛,进而北伐,是一次非常重要的军事政治经历,其对于稳定周室,安定天下,具有十分重要的意义。本文虽然质疑召公在平叛时到过燕地,但不否认召公因此对北方,包括燕地,获得了充分的认识。这对于周朝经略北方,包括封燕,具有决定性的影响,可看做是封燕、建燕的序幕。

《尚书序》:"武王崩,三监及淮夷叛。"《尚书大传》:"奄君薄姑谓禄父曰:'武王既死矣,成王幼,周公见疑矣,此世之将乱者,请举事。'然后禄父及三监反。"《逸周书·作雒解》:"二年,又作师旅,临卫政殷,殷大震溃,降辟三叔,王子禄父北奔。"这些是经常引证的关于周初平叛的材料。我们这里关注的是王子禄父北奔以后的事。

---

① 陈平:《燕史纪事编年汇按》,北京大学出版社,1995年,100页。

在平叛战事中，禄父最后的对手是召公，这在梁山七器中的《大保簋铭》得到证明，"王伐录子䎽，叡厥反。王降征令于太保，太保克苟（敬）亡遣。王永太保，易休余土，用兹彝对令"①。大保就是召公，大保是成王时召公新得的头衔②。这篇铭文证明了召公确实受成王之命去讨伐武庚。武庚往北跑，召公会一路追过去。《史记·管蔡世家》说："周公旦承成王命伐诛武庚，杀管叔，而放蔡叔。"《周本纪》说："周公奉成王命，伐诛武庚、管叔，放蔡叔。"其实，具体执行诛杀武庚禄父的是召公。

召公应该是在追讨的路上将武庚诛杀的。那么，召公追武庚到什么地方？唐兰认为："录与鹿古字常通用，录子当在今河北平乡县一带，汉代为钜鹿县……今平乡在殷墟之北，约一百余公里，王子禄父北奔，当即至此。"③这么说，武庚没有跑多远就被诛杀了。唐兰推断的具体地点尚有待进一步证实，不过武庚北奔的距离不至于太远，是很可能的。从《周本纪》《管蔡世家》对平叛描述的口气看，管、蔡、武庚的问题差不多是同时解决的。至少武庚的解决不会拖得太久。

召公北进，目标是追讨武庚。武庚被诛杀后，召公还会继续北上吗？有可能，但走得不会太远。认为召公北上到遥远的燕地的推断，是把战争的地理范围想得太大了，至少目前还没有有力的证据支持这个判断。

不过，虽然召公讨伐武庚未必身到燕地，但视野到达燕地，应该是合乎情理的。周初的北方并不平静，禄父选择北奔，说明北方存在可以依赖的势力④。以召公多年对于天下诸侯疆域形势的了解，他必然清醒地意识到这一点。在北方的燕地建立姬姓诸侯国，很可能就是召公本人的具体建议，其与齐国、鲁国的建立同等重要。而正因为这次没有到燕地，召公在其元子就封时，亲自到燕地来一趟才变得十分必要。这就是"召公建燕"。

在周室政治家中，召公是最熟悉燕地的，甚至到燕地建国也是召公自己的意愿。《路史·后纪》："召康公愿封燕。"陈平认为："此处言'召康公愿封燕'，可作两解。一曰召康公名愿，此与史载其名奭者违拗，不可从；二曰召康公自愿封到僻在幽北的燕地，为周室作屏藩，此解似可考虑。"⑤

---

① 罗振玉：《三代吉金文存》卷八，中华书局，1983年，40页。
② 召公在成王时始称"太保"。《尚书·君奭》序："召公为保，周公为师，相成王为左右。"
③ 唐兰：《西周青铜器铭文分代史征》，中华书局，1986年，81页。
④ 王宇信在《史记"封召公奭于燕"的武王为宏观"武王（时期）"说》一文中，关于周初北方形势有详细论述，这里不再赘述。说燕国实际建立在平叛之后，一个重要理由就是，如果在平叛之前，燕国就已然经营好了，已经成为召公的一个重要基地，那在平叛过程中，武庚被召公追迫，还敢往这个方向"奔"吗？
⑤ 陈平：《燕史纪事编年汇按》，北京大学出版社，1995年，109页。

召公建燕，做了哪些事情。先来看《小臣𧊒鼎铭》中的"建"字。《尚书·康王之诰》："建侯树屏。"《左传》僖公二十四年："昔周公弔二叔之不咸，故封建亲戚，以蕃屏周。"《周礼·天官》："惟王建国，辨正方位，体国经野。"裘锡圭说："小臣𧊒鼎'召公建燕'之'建'，用法跟上引诸建字相类。"①那么，召公到燕地，是要正式实施燕国的开国事宜，按照当时的规范，就是"体国经野"。在燕国的体国经野中，创建城邑，是其首务。曲英杰、曹定云撰有论文，对召公在燕建立城邑一事的可能性进行过讨论②。

曲英杰认为，召公是成周洛邑的规划建设者，那么，在其后燕国的体国经野中，召公也会参与城市的创建，具体说，在琉璃河董家林村所发现的燕都，也是召公营造的。曲英杰指出一些燕都与洛邑类似的地方。首先是城址环境的选择，"从地理环境来看，董家林城址西部及南部有大石河自北而南、折而向东流过，正与洛邑城西涧水汇入城南洛水之势相类。其南有夹括河东流与大石河汇合，亦与伊水相合于洛水相似"③。除了水文环境，城市的定位也很类似。"就其遗址平面图观察，明显可以看出其北城墙呈东北—西南走向，东、西城墙呈西北—东南走向，整座城的面向略偏于东南，亦与洛阳王城城址相类。若非召公参与，似不会有如此从选址定位到营建规制诸方面的种种巧合。"④曲英杰指出的情况值得注意。

从燕城遗址平面图观察，其城墙轮廓很规整方正，不似曲阜鲁城城墙那样走向有些随意。此外，城内宫殿基址位置也大体居中，这又与鲁城宫殿不正的情况有别。这些或许反映了召公在建城上的风格。按照曹定云的判断，平定武庚叛乱之后，"召公曾到过今河北的邢台，为邢国受封建城选址而占卜。……燕国不仅是召公自己的封邑，而且他的长子在此就任。邢国建国选址他都曾前往，何况是燕国。基于以上两个原因，召公周初到燕都完全是情理之中的事"⑤。

召公建燕，体国经野，所涉及的范围当不止城邑一项。在更大范围看一下燕国的地理形势，或可以感到召公对于北方总形势的理解。而封燕的地缘政治设计，正是基

---

① 裘锡圭：《释"建"》，载《裘锡圭学术文集（金文及其他古文字卷）》，复旦大学出版社，2012年，42页。

② 曲英杰：《燕城蠡测》，载《北京建城3040年暨燕文明国际学术讨论会会议专辑》，北京燕山出版社，1997年，189～196页；曹定云：《北京琉璃河出土的西周卜甲与召公卜"成周"——召公曾来燕都考》，载《琉璃河遗址与燕文化研究论文集》，科学出版社，2015年，217～221页；原载《考古》2008年6期。

③ 曲英杰：《燕城蠡测》，载《北京建城3040年暨燕文明国际学术讨论会会议专辑》，北京燕山出版社，1997年，192页。

④ 同③，193页。

⑤ 曹定云：《北京琉璃河出土的西周卜甲与召公卜"成周"——召公曾来燕都考》，载《琉璃河遗址与燕文化研究论文集》，科学出版社，2015年，220页。

于这种理解。燕国地得南北交通之要,区位特征是占据了拒马河流域,包含后来所称的督亢地区,拥有良好的经济地理基础。燕都城则踞守在拒马河流域北部最大的支流大石河的北岸,有效地显示出防范北方的态势。燕国北方近邻是不久前褒封的蓟国[①]。蓟国原是一股土著势力,其作用只是一种缓冲,因为在蓟国地域之外,是山戎与孤竹的地域,那里存在对周人的潜在威胁。燕国的建立,在北方复杂的政治地理环境中,既坐收膏腴,又居冲扼要,起到了震慑北方、以藩屏周的作用。

燕国的建立,无论在微观地理环境上还是在宏观地缘政治上,均具有时代的合理性。这一选择,功归于召公。

2016年1月31日于五道口嘉园

---

① 关于燕国与蓟国在地理位置上的关系,参见唐晓峰:《蓟、燕分封与北京地区早期城市地理问题》,《中国历史地理论丛》1999年1期。

懋尊、懋卣考释

吴镇烽

(陕西省考古研究院)

懋尊、懋卣是近年出现的重要的有铭青铜器。承蒙收藏者赠送照片和拓本，使我得以对这两件青铜器进行研究。

懋尊通高22、口径21、腹深17.5厘米；懋卣通高30、口径12.9×10、腹深15.8厘米。器主名懋，首次见于青铜器。器物造型优美，四面扉棱，装饰华丽，通体满花，铭文内容有"穆王在郑，蔑懋历，赐绳带"，对于西周青铜器断代和西周史的研究有重要价值。

一、形制与年代

懋尊属于大口筒状三段式，喇叭口，长颈鼓腹，高圈足，通体有四道扉棱。颈部以扉棱为中心装饰八组蕉叶纹和四组两两相对的垂尾小鸟纹，腹部饰两两相对的两列长尾鸟纹，中部饰直棱纹，圈足饰两组卷尾长鸟纹，除直棱纹外，均以细密的云雷纹填地（图一）。

懋卣是扁圆体罐形卣，横截面呈椭圆形，子口微敛，鼓腹圈足，外罩式盖，顶部有花苞形纽，盖沿下折，扁条形提梁设在纵向口沿中部，两端有阔叶状扁角圆雕兽头，通体也有四道扉棱。盖面饰三道花纹，内圈为尖喙垂尾小鸟纹，中圈为直棱纹，外圈是一小鸟一长尾鸟为一组，共四组。盖沿和器口下也是四组小鸟与长尾鸟的组合，圈足饰长尾鸟纹，鸟冠均呈鳞状牛角形后垂，其后有多齿形装饰；上腹饰直棱纹，下腹饰两组凤鸟纹，鸟冠与小鸟相同，其后亦有多齿形装饰，鸟尾上卷，其上又有一飘冠垂尾小鸟，除直棱纹外，提梁饰"S"形夔龙纹，均以细密的云雷纹填地（见后文图五）。

懋尊和懋卣同坑出土，铭文相同，造型设计的时代风格、纹饰的布局等装饰手法相同，应是同时同人铸造，其年代可从以下四点来确定。

（1）懋尊属于张长寿、陈公柔、王世民的《西周青铜器主要类型分期图谱》[①]

---

① 张长寿、陈公柔、王世民：《西周青铜器分期断代研究》，文物出版社，1999年。

图一 懋尊

图二 亚其疑尊

（以下简称《分期图谱》）中的Ⅰ型1式，喇叭口，长颈鼓腹，高圈足，通体有四道扉棱。这种形制的尊最早出现在商代晚期，流行于西周武成康时期，昭王时期已较少见。如清光绪辛丑年陕西宝鸡斗鸡台出土的鼎尊、传世的亚龏父辛尊、卫籫父辛尊，1971年陕西泾阳县高家堡出土的㲃尊，1975年北京房山琉璃河出土的单子父戊尊、作宝尊彝尊，奥地利朱利思·艾伯哈特收藏的亚其疑尊（图二），1976年陕西扶风庄白1号西周铜器窖藏出土的商尊、作册折尊，1980年陕西宝鸡市竹园沟7号西周墓出土的伯各尊以及保利艺术博物馆收藏的司尊（图三），等等。

鼎尊和㲃尊属于商代晚期或者商末周初之物，其他大部分均是西周成康时期器，只有作册折尊学者公认是昭王时器，司尊大约也在昭王时期。

可确定为穆王时期标准器的丰尊（图四），以及臤尊、效尊、次尊、免尊、闻尊等，都是《分期图谱》的Ⅱ型3式，喇叭口，下腹向外倾垂，圈足低矮而外撇较甚，与懋尊的形制完全不同。

图三 司尊

图四 丰尊

（2）懋卣属于《分期图谱》的Ⅱ型1式b，扁圆体罐形卣，横截面呈椭圆形，敛口鼓腹，盖沿下折形成束腰形，花苞形纽，提梁两端有圆雕兽头，通体有四道扉棱。这类卣也产生于商代晚期，主要流行于商代晚期到西周早期前段，西周早期后段很少见。目前见于著录的以商代晚期最多，如1990年河南安阳郭家庄商代墓出土的亚址卣（图六），1978年河北灵寿县西木佛村出土的亚伐卣，1965年河南辉县褚邱村出土的祖辛卣，1970年湖南宁乡县黄材出土的戈卣，1974年广西武鸣县马头公社出土的虎卣，1976年陕西岐山县贺家村墓葬出土的㝬卣，清光绪辛丑年与鼎尊同坑出土的两件鼎卣，1971年陕西泾阳县高家堡出土的㚄卣，2012年陕西宝鸡市石嘴头西周墓出土的两件户卣和单父丁卣，美国乌士特美术博物馆的舌卣，美国华盛顿弗里尔美术博物馆的鸢卣，日本东京根津美术馆的隻卣，上海博物馆的戊葡卣，原藏于罗振玉的奚卣等；西周早期前段的有1976年与商尊同坑出土的商卣，1980年与伯各尊同墓出土的两件伯各卣，以及上海博物馆的冉𦍌父丁卣，美籍华人范季融首阳斋的牛卣，时代大都在西周早期前段，最晚的也不会晚于康王时期。

懋卣的形制与上述诸器的造型基本相同，提梁设置在口沿纵向两侧，与亚址卣（图六）、亚伐卣、祖辛卣、㝬卣、隻卣、奚卣、戊葡卣、鼎卣、舌卣、户卣、戈卣、虎卣、鸢卣、单父丁卣、冉𦍌父丁卣相同，小鸟纹、长尾鸟纹、大鸟纹与直棱纹相间的装饰风格，也与亚址卣、祖辛卣、戈卣、虎卣、鼎卣、户卣、单父丁卣、舌卣、冉𦍌父丁卣相同。不同点只是懋卣提梁两端的兽头是阔叶状竖角，而戈卣、虎卣、鸢卣、单父丁卣、冉𦍌父丁卣的兽头是弯角。亚址卣、亚伐卣、祖辛卣、㝬卣、隻卣、奚卣、戊葡卣、商卣是长颈鹿角龙头，鼎卣、舌卣、户卣是多齿状角龙头，同时懋卣的圈足也较低，折沿平缓，扉棱稍矮，不如亚址卣、户卣那样有峻拔高挺的气势，这可能是时代稍晚的表现吧！

图五　懋卣　　　　　　　　　图六　亚址卣

昭穆世流行的是Ⅱ型2式，如竞卣甲，器形变矮，盖上的花苞形纽变成了圈形捉手，圈足沿外撇较甚，四面无扉棱。可以确定为穆王时期标准器的彔䍙卣，以及竞卣乙、繁卣（图七）、𩰫卣，体形由椭圆变成椭方，盖面两侧出现竖立的犄角，属于《分期图谱》的Ⅱ型3式。另一件穆王时期的标准器丰卣（图八），以及庚嬴卣、效卣，属于Ⅱ型4式a，总体与Ⅱ型3式相同，但盖沿又变成了圆折。

图七　繁卣　　　　　　　　　　图八　丰卣

就目前所见到的西周青铜器，穆王之后的尊、卣见于著录的仅有两件𤸫生尊，一般认为是厉王时期，形制仿陶器，自名为䤾（盧），是否属尊类尚存争议；还有一件虢叔尊，仅存铭文，器形不明，时代亦为西周晚期。《故宫青铜器》著录的虢季子组卣[①]，从造型、纹饰和铭文来看，颇疑为赝品。因而一般认为酒器中的尊、卣也就消失在穆王时期。当然，也不排除此后有其孑遗。

（3）懋卣的纹饰种类、装饰部位与商代晚期的亚址卣、祖辛卣、戈卣、宄卣、鼎卣、户卣、单父丁卣、舌卣、冉𦨶父丁卣完全形同，都是直棱纹、小鸟纹、长尾鸟纹和大凤鸟。区别在于上述诸器无论大凤鸟、长尾鸟或小鸟的嘴都是勾喙，懋尊、懋卣的鸟都是尖喙。在鸟冠上也有所区别，未见绶带形鸟冠，而出现了前细后粗的微向下弯曲的鳞状牛角形鸟冠，在长尾鸟纹和大鸟纹中已不见与鸟首相接的多齿形冠，而是在鳞状牛角形冠之后再有一个多齿形装饰。这是懋尊、懋卣鸟纹晚于上述器物鸟纹的具体表现。

懋尊、懋卣的小鸟纹属于陈公柔、张长寿《鸟纹图谱》[②]中的Ⅰ型7式173，鸟首向前，尖喙微弯，尾羽三股，上股向后，中股下垂，下股向内卷曲，但鸟冠不是绶带形，而呈鳞状牛角形。Ⅰ型7式173小鸟纹流行于西周成康时期，如矢令尊、荣子尊等。

---

① 故宫博物院：《故宫青铜器》202，紫禁城出版社，1999年。
② 张长寿、陈公柔、王世民：《西周青铜器分期断代研究》，文物出版社，1999年。

懋尊的长尾鸟纹属于《鸟纹图谱》中的Ⅲ型3式332，鸟首向前，尖喙微弯，尾羽两股，上股细短而向后，下股长而向上卷曲，鸟冠后垂。这种长尾鸟纹流行于西周昭穆时期，如2010年发现的京师畯尊腹部，1981年西安市长安区花园村的詧簋方座、1976年扶风庄白1号窖藏的父辛爵腹部、伯戏饮壶甲颈部、上海博物馆的矢王鼎盖四边、晋南出土的佣叔壶盖沿和颈部、北京故宫博物院的曟簋颈部、首都博物馆的戈尊颈部等。另外，懋尊、懋卣的鸟纹与直棱纹相间的装饰风格也与父辛爵一致。

京师畯尊铭文记"王涉汉伐楚"，詧簋铭文记"鸿叔从王员征楚荆"，是昭王时期的标准器，佣叔壶的年代是穆王廿八年。彔戏卣、父辛爵、伯戏饮壶也被认为是穆王时器，矢王鼎盖、曟簋、戈尊的时代也都在昭穆时期。所以，懋尊、懋卣鸟纹的年代应该与之相同或相近。

懋卣的大凤鸟纹在《鸟纹图谱》中还未见到，构图类似于Ⅲ型3式332长尾鸟纹，只是体型宽大，尾羽增至四股，上三股宽短而向后，下股长而向上卷曲。其时代应与Ⅲ型3式332长尾鸟纹相同。

（4）懋尊、懋卣的铭文行款有列有行，字体规整，首尾出锋，"王""对"等字还有早期常见的肥笔，"宝"字的"宀"作锐顶耸肩形，两侧笔而下直折，"鹗"字所从的西字上部两竖笔出头；"贝"字下两笔向内弯曲等，这些都是西周昭穆时期铭文的特征。这种字体见于1971年陕西扶风县齐镇西周墓出土的一对不指方鼎，1981年西安市长安区花园村西周墓出土的一对詧簋，1975年陕西扶风县庄白村西周墓出土的戏方鼎、戏簋，1975年陕西岐山县董家村窖藏出土的裘卫簋，1976年陕西扶风县庄白村1号西周铜器窖藏出土的丰尊，1954年西安市长安区普渡村西周墓葬出土的长由盉，以及传世的鲜簋、遹簋等器。不指方鼎、詧簋是昭王时期的典型器物，戏方鼎、戏簋、裘卫簋、鲜簋、遹簋、丰尊、长由盉则是穆王时期的标准器。所以，懋尊、懋卣的字体时代也是在西周昭穆时期，最晚也可能晚到恭王初年。

综上所述，出土和传世的青铜器中，与懋尊、懋卣器形特征相同的，其时代都在商代晚期到西周早期成康世，个别的可到昭王时期，目前还没有见到晚于西周昭王时期的。但是，懋尊、懋卣所装饰的鸟纹却较多地表现了昭穆时期的特征，特别是铭文字体较多地表现了西周中期前段的特点，是这三种因素中表现的时代特点为最晚者。故依据这些因素中最晚字体来确定懋尊、懋卣的年代应在西周中期前段。结合铭文所记事件发生在穆王之世，而铭文的"穆王"系谥号，故断定懋尊、懋卣的铸造年代当在恭王初年。

二、铭文考释

懋尊内底铸铭文6行，每行6字，共36字；懋卣盖、器对铭，各5行，盖铭前四行每行7字，第五行8字。器铭前三行和最后一行各7字，第四行8字，内容相同（图九、图

图九　尊铭

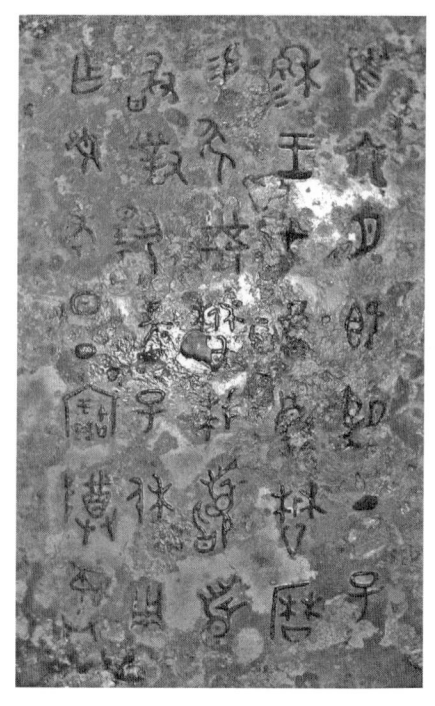

图一〇　卣盖铭

一〇）。现按尊铭行款写出释文，并予以诠释。

> 隹（唯）六月既朢（望）丁
> 子（巳），穆王才（在）奠（郑），蔑
> 懋曆（历），易（赐）犬（绳）带。懋
> 捧（拜）頿（稽）首，叡（敢）对騛（扬）
> 天子休，用乍（作）文
> 考日丁宝隩（尊）彝。

"隹（唯）六月既朢（望）丁子（巳）"，"望"甲骨文作"𦣹"，像人站立纵目远望，金文多从月作"朢"，为其繁文。"望"为后起形声字。"子"通"巳"。金文记载地支"巳"多作"子"。此"六月既望丁巳"当为穆王元年（详后）。

"穆王才（在）奠（郑）"。"穆王"即周穆王，据文献记载穆王名满，昭王之子，在位55年，致力于向四方发展，两度征伐犬戎，并把部分戎人迁到太原（今甘肃镇原一带），东攻徐戎，在涂山（今安徽怀远东南）会合诸侯，巩固了周王朝在东南的统治，并命吕侯作《吕刑》，使中国有了成文的刑典。墙盘称颂其为"祇覯穆王，型帅宇谋"，说明穆王是一位充满智慧，而又能统御四方、威震宇内的君王。

"郑"，即郑邑，西周时建有宫室和庙宇，周王常在此宴飨和颁赐臣卿。《古本竹书纪年》云："穆王元年筑祇宫于南郑（按：当为西郑之误）。自周受命至穆王百年。穆王以下都于西郑。穆王所居有郑宫、春宫。"金文中记载"王在郑"的还有六月大簋："唯六月初吉丁巳，王在郑，蔑大历，赐犅辟幂。"免尊、免卣："唯六月初吉，王在郑，丁亥，王格大室。邢叔右免。王蔑免历，令史懋赐免缁市、冋黄，作司工。"三年癲壶："唯三月九月丁巳，王在郑飨醴，呼虢叔召癲，赐羔俎。"

另外，最近发现的两件旂伯簋，铭文有："佳（唯）正月初吉辛未，王客（格）奠（郑）宫，王易（赐）旂白（伯）贝十朋⋯⋯"①旂伯簋字体古朴，"宫""宝""客"字的"宀"头作锐顶耸肩形，两侧略有弧度，"其"字头上仍作平笔，"王""吉"等字仍有肥笔，特别是"王"字下横画像钺刃形。器形是盂形簋，与伯戔簋相同，所饰的长尾鸟纹与Ⅲ型5式351大致相同，但还没有分尾，可以断定为穆王时期作品。六月大簋、免尊的时代一般也定在西周中期前段。这三器的"王在郑"所说的"王"应该就是穆王。旂伯簋的"王格郑宫"与《古本竹书纪年》的"穆王所居郑宫"完全相合。三年癲壶时代较晚，一般认为是夷王时期。这些金文为"穆王以下都于西郑"提供了可靠的证据。

过去人们一般认为西郑即汉代的郑县，也就是今陕西华县。经过20世纪七八十年代的考古发现及研究，人们已经认识到郑县说不确，认为在今关中西部的宝鸡凤翔一带。《史记·秦本纪》记载"德公元年居雍城大郑宫"的大郑宫有可能就是穆王时期的郑宫。有人将"德公元年居雍城大郑宫"标点为"德公元年居雍城，大郑宫"。理解"大"字为扩大之义。"大郑宫"就是把郑宫扩而大之，可备一说。可能性更大的是西周时期的郑宫已经坍圮，秦德公在旧址或附近另行修建宫殿，因规模更大，故名大郑宫。

郑是一个大地名，减、下减是郑地的一个小地名。长由盉记载穆王在下减应飨醴；元年师旋簋记载某王元年四月既生霸甲寅，在减应的庙内册命师旋；蔡簋记载某王元年既望丁亥，在减应庙内册命蔡掌管王家内外事务。

陕西凤翔县北有棫山，《山海经·西山经》称为榆次之山，其下有减水（即雍水）。减应是建造在减水旁的周王驻跸的行宫。秦昭王在这里也曾建有棫阳宫。秦都雍城遗址在今陕西凤翔县城南，今县城南墙之下就叠压着雍城的北墙。1963年城南东社村出土"棫"字瓦当②，1982在又出土"棫阳"瓦当③。所以，尹盛平推断西周时期的郑在今宝鸡、凤翔一带，下减在今凤翔县南雍城遗址一带④。尚志儒则认为西郑在今凤翔县东田家庄镇的西劝读村⑤，不管怎么说，西周时期的郑在今凤翔县境内则是可

---

① 吴镇烽：《商周青铜器铭文暨图像集成续编》（待出版）。
② 徐锡台、孙德润：《凤翔县发现"年宫"与"棫"字瓦当》，《文物》1963年5期。
③ 陕西省雍城考古队：《1982年凤翔雍城秦汉遗址调查报告》《考古与文物》1984年2期。
④ 尹盛平：《邢国改封的原因及其与郑邢、丰邢的关系》，载《三代文明研究（一）》，科学出版社，1999年，129页。
⑤ 尚志儒：《郑、棫林之故地及其源流探讨》，载《古文字研究》第十三辑，中华书局，1986年，438页。

信的。

"犬带"，带字原篆作"㐁"，曾见于裘盘、裘鼎，为人名，前人均误释为"冓"或"黹"，1981年吴匡先生释为"带"是对的。㐁是一个象形字，像带形，中间作双"X"形像布帛的织纹，上下一横三竖像流苏。同时指出山东寿张县梁山下出土的太保方鼎，作器者之名从彳从㐁之字为遘字①。子犯编钟的"㡀"字，裘锡圭先生亦释为"带"②。此字是将"㐁"字分为左右对称的两部分，中间增加义符"巾"，变成一个形声字，从巾㐁声。战国晚期秦上郡守閒戈带字作"帯"，将中间双"X"形的下平划两头向下弯折，下部的流苏改为巾形，与今之带字已十分接近。睡虎地秦简带字作"带"，完成了它的演变。战国玺印带字作"䌒"③，是将㶊简化为半边，下部的流苏改为巾形，右边从糸，即縚。縚为累增形旁的后起带字。信阳楚简带字作"䌒"，中间所含的"X"形，已有所变化。

懋尊、懋卣铭文中的"赐绳㐁"，为"带"字的考释提供了又一有力证据。在这里穆王只赏赐了这个物件，别无他物。如果将"㐁"释为"黹"，此句就无法讲通。"黹"像刺绣花纹之形，原意是刺绣图案。李孝定《甲骨文集释》说："契文、金文黹字，正像所刺图案之形。"如颂鼎的"易女玄衣黹屯"是说"赐给你绣有花纹衣边的赤黑色上衣"。黹的引申义为缝纫、刺绣，后称女工为针黹。《尔雅·释言》："黹，紩也。"郭璞注："今人呼缝紩衣为黹。"金文中没有发现单独赐黹（刺绣花纹）之例。它必须附着在衣物上，所以赏赐衣物，才能有黹（花纹），皮之不存毛将焉附。在古代市和佩都系于带，"带"是礼服中重要的物件，可以单独赏赐。此铭文中的"㐁"释为"带"文从字顺。

《说文·巾部》："带，绅也。"段玉裁注："古有大带，有革带；革带以系佩韨，而后加之大带，则革带统于大带，故许于绅于鞶，皆曰大带。"朱德熙、裘锡圭说古代带有三类：一是革带，以皮革制成，用以系鞸佩；二是大带，以素、练、锦、缟等物剪裁而成，用以束衣；三是绳带，以色丝编织成的束带④。

"带"字之前的字原篆作"犮"，是带的修饰语。该字的构形与史兽鼎、多友鼎、卌三年逨鼎己的"献"字，以及罯卣的"器"字所从的"犬"字接近，只是犬尾较短，且未上卷，表示后腿的笔画与哀成叔鼎"器"字所从的犬字下部一样⑤，向下延伸，而未向前延伸，但仍当释为"犬"字，读为绳。《汉书·匈奴传》："周西伯昌

---

① 吴匡：《说带》，（台湾）《大陆杂志》1981年4期，4~6页；转引自蔡哲茂：《说古文字中的带字》，载《蔡哲茂甲骨学论集》473~478页。
② 裘锡圭：《也谈子犯编钟》，（台湾）《故宫文物月刊》1995年5期；又载《裘锡圭学术文集》第3卷，复旦大学出版社，2012年。
③ 故宫博物院：《古玺汇编》1834，文物出版社，1981年。
④ 朱德熙、裘锡圭：《信阳楚简考释（五篇）》，载《朱德熙古文字论集》，中华书局，1995年。
⑤ 容庚：《金文编》，中华书局，1985年，683、129页。

伐畎夷。"颜注："畎夷又名昆夷。昆字或作混，又作绲，二字并工本反。昆、绲、畎声相近耳。"《史记·匈奴列传》："有緜诸、绲戎、翟䝠之戎。"正义："绲当作混。颜师古云：混夷也。"《国语·周语上》作犬戎，《孟子·梁惠王下》和《诗·小雅·采薇》均作昆夷，而《大雅·緜》又作混夷。所以，犬带，就是绲带，用色丝编织的束带。绲带也是大带的一种。

铭文的大意是说：在某年的六月既望丁巳这天，穆王在郑，勉励懋，并赐给绲带。懋行跪拜大礼，称扬穆王的赐命，于是铸造了祭祀父亲日丁的礼器。

三、懋尊、懋卣发现的意义

懋尊、懋卣的问世，其意义十分重要。

（1）懋尊、懋卣铭文记穆王在郑，赏赐给懋绲带，事情是发生在穆王在世之时，这就确定了它的时代不能早于穆王。按照"穆王"系谥号说，铸器肯定在穆王过世之后，那就是恭王时期，根据器形和纹饰表现出来的早期特征，所以他们只能在恭王初年，不能再晚。

上文已经分析了懋尊、懋卣的形制、纹饰和铭文字体，知道懋尊属于大口筒状三段式通体有四道扉棱的Ⅰ型1式尊，懋卣属于Ⅱ型1式b，它们上绍商代晚期的亚䇂父辛尊、卫䇂父辛尊和亚址卣、户卣，与西周早期的亚其疑尊、商尊、商卣、冉𠭯父丁卣一脉相承，其造型特征变化并不大，所装饰的鸟纹也大同小异。如果没有"穆王在郑"之语，我们会很自然地将它们断定为西周早期之物，现有铭文作证，可知这种形制的尊、卣的时代可以晚到穆王时期，以至于到了恭王初年。这就为我们认识《分期图谱》的Ⅰ型1式尊和Ⅱ型1式b卣的形制，以及《鸟纹图谱》中的Ⅰ型7式173小鸟纹、Ⅲ型3式332长尾鸟纹，下限可延续到共王时期提供了有力的证据。这两件新的恭王时期尊、卣的标准器，对于今后的青铜器断代中穆恭时期青铜器特征有了新的认识。

（2）懋尊、懋卣铭文的"穆王在郑"，以及新近发现的两件旟簋铭文的"王格郑宫"，进一步印证了《古本竹书纪年》"穆王以下都于西郑"和"穆王所居郑宫、春宫"记载的真实性。

（3）懋尊、懋卣出现的"带"字原始构形"𢁑"，为带字的确释，提供了有力的证据，为研究西周赏赐制度有重要的意义。铭文中的"绲带"是色丝编织成的束带，是大带的一种。另外，害簋记载周王赐给害的"黄朱带"，是华美纹饰的朱红色大带，都说明了上古礼服中带类是很讲究的，是赏赐臣下的重要物品。

2014年6月15日完稿

由《虢季子白盘》谈西周王号生称

涂白奎

（河南大学历史文化学院）

一

近年来，学界在讨论某些有王号称谓的西周青铜器年代时，持"生称说"的学者莫不以相关诸器为即时之作；赞同"死谥说"的学者又莫不在字里行间寻找为晚时追述之作的线索。而相关铭文又确实缺乏支持任何一方的直接证据，因此，虽耗费时日，也无法达成共识。这个问题虽然在一些坚持"死谥说"的学者看来已经不是问题了，但是，似乎还存在讨论的空间，也还有讨论的必要。笔者前此曾撰文，主张西周王号无恶谥、西周王号为生称[1]。在此，拟以大家熟悉的虢季子白盘及一组虢器为案例，对西周王号为生称做进一步的讨论。

所谓一组虢器是指：

  虢宣公子白鼎 《集成》5.2637

  虢季子组卣 《集成》10.5376

  虢季氏子组簋 《集成》7.3973

  虢季氏子组壶 《集成》15.9655

  虢季氏子组鬲 《集成》3.662

  虢季氏子𤔲鬲 《集成》3.683

  虢文公子𤔲鼎 《集成》5.2634

  虢文公子𤔲鬲 《三代》3.49.2

为讨论的方便，先录盘铭全文：

  隹十又二年正月初吉丁亥，虢季子白作宝盘。丕显子白，壮武于戎工。博伐玁狁于洛之阳。折首五百，执讯五十，是以先行。桓桓子白，献馘于

---

[1] 涂白奎：《西周王号无恶谥说》，《中国史研究》2005年4期；涂白奎：《内史亳觚与西周王号生称》，《考古与文物》2013年3期。

王。王孔嘉子白"义"。王各周庙宣榭、爰飨。王曰:"伯父,孔显有光。"王赐乘马,是用佐王;赐用弓,彤矢其央;赐用钺,用征蛮方。子子孙孙,万年无疆。

盘铭中的"子白",又见于虢宣公子白鼎,铭云"虢宣公子白作尊鼎"。

郭沫若先生在讨论三门峡出土的虢季氏子𤟆鬲时认为该鬲"与虢文公鼎为同人之器",并重提虢季子白盘。他说:"子白是人名。准此,则子组、子𤟆亦是人名。余前释虢文公鼎时,以为乃虢文公之子名𤟆,今知其误。文公是生号,非死谥。古无谥法,此又得一例证……今知虢季氏子𤟆即虢文公,则虢文公鼎及虢季氏子𤟆鬲,均周宣王时器。"①此后,陈平先生在《古文字研究》第二十四辑《颐和园藏商周青铜器及铭文选析》文中讨论虢宣公子白鼎时也指出:"作器者虢宣公子白,就是著名的虢季子白盘的作器者虢季子白。虢季子白盘为其未即公位时所作,虢宣公子白鼎则为其已即公位时所作,略晚,应处西周晚期的后段。即位时生称宣公,可见至西周晚期死谥之制尚未确立,此其又一证也。"陈先生以为虢宣公子白即虢季子白的判断应该是没有什么问题的,不过他认为虢季子白盘为其未即公位时所作,则未必是。盘铭称"王曰:'伯父,孔显有光。'王赐乘马,是用佐王;赐用弓,彤矢其央;赐用钺,用征蛮方。"显然已是尊诸侯的口吻。

郭、陈二说皆以"子白""子𤟆"为器主之名或字,果如此,则宣公、文公为生称可无疑。

不过,学界也有不同意见。唐兰先生说:"虢季子白既然称为子白,就只是公子而不是公。颐和园旧藏有虢宣公子白鼎,可以证明子白是虢宣公的儿子,和子𤟆是虢文公的儿子一样,当然不是虢公了。子白和子组,可能是兄弟。"②唐兰先生坚持认为所谓"子白""子𤟆"之"子",是儿子的意思,"虢宣公子白"即虢宣公的儿子名"白","虢文公子𤟆"也自然是虢文公的儿子名"𤟆"了。

此外,李学勤先生也承唐说并进一步发挥,认为:虢季子白又称"虢宣公子白,足见他是虢宣公之子,有学者推断他即是虢文公,是有道理的。……上村岭1631号墓出土虢季氏子𤟆鬲,器主在另一流传的鬲铭中称'虢文公子𤟆',是文公之子"③。

此二说虽大异,但是在虢宣公子白即虢季子白、虢文公子𤟆即虢季子𤟆这一点上,却是没有分歧的。只是,若依唐、李二位先生说,虢季子白是虢宣公之子,为虢文公;虢季氏子𤟆是文公之子,就会出现无法调和的矛盾。即"白"自称"虢

---

① 郭沫若:《三门峡出土铜器二三事》,载《郭沫若全集·考古编(6卷)》,科学出版社,2002年,229页。

② 唐兰:《虢季子白盘的制作时代和历史价值》,载《唐兰先生金文论集》,紫禁城出版社,1995年,415页。

③ 李学勤:《三门峡虢墓新发现与虢国史》,《中国文物报》1991年2月3日。

季子"、他的儿子"𤕌"自称为"虢季氏子",而所谓"虢季子"也就是"虢季氏子",这有子组卣"虢季子组作宝彝"、子组簋"虢季氏子组作簋"二铭为证。即,"虢季"也好,"虢季氏"也好,都是氏称。如此,父子二人都自称是"虢季氏子",则其行辈就无法厘清,这显然与周人称名或称字规律不合。而如果以"子白""子𤕌"为字,这种冲突就不存在了。

"虢季"在以上材料中作为氏称应该是没有问题的,但是也有材料说明"虢季"有时是某人之"字",在器铭中用于指称具体的人。如近年发掘的三门峡虢国墓地M2001出土带有"虢季"作器铭文的青铜器数十件,该墓主人被认为就是"虢季",这也应该是没有问题的。如此,我们就需要进一步讨论"虢季子白""虢季子𤕌""虢季子组"这些称名。如果"子白""子𤕌""子组"之"子"是"之子"的意思的话,他们是不是都是这个"虢季"之子呢? 恐怕不能作肯定的结论。因为,即便是学界对"虢季"墓的年代有西周晚期、春秋早期的不同意见,但是子白盘出土于陕西宝鸡虢川司,此西虢旧地;子组壶出土于陕西凤翔,从情理而言,二器的年代不应该晚于东迁今河南三门峡之后的虢国墓地所出器物。如此,"虢季子白"和"虢季子组"的年辈似乎应该高于"虢季子𤕌"。另外,"子白""子组""子𤕌"前所缀的"虢季"是指称某人,还是子孙以王父字、父字为氏,我们都无法结论。因为从理论上讲,在多妻多子的大家族中,虢氏的每一代子孙中都不排除有"虢季"的出现。如年代在西周中期的师丞钟(《集成》1.141)铭云"师丞肇作朕烈祖虢季、宄公、幽叔,朕皇考德叔大林钟",铭之"虢季"为师丞之高祖辈,其生活的年代自然在西周早期。所谓"虢季子白""虢季子组""虢季子𤕌"之"虢季"皆承此"虢季"或M2001的"虢季",那是难以想象的。再者,在虢国墓地的被盗器物中还有国子硕父鬲,铭云"虢仲之嗣国子硕父作季嬴羞鬲",则由西虢迁至三门峡的虢族子孙既有以"虢季"为氏也有以"虢仲"为氏的。因此,我们如果试图指实"虢季子白"的"虢季"是具体的某人也是不现实的。如此,我们求解的钥匙在哪儿呢? 前此,我们看到学界对"子白""子组""子𤕌"的分歧主要集中在对"子"的解读不同,而此分歧如果得以归同,则西周王号到底是"生称"还是"死谥"也就清楚了,因此我们应由此入手做更为深入的讨论。

二

生称说和死谥说的分歧在于如何理解"子白"之"子"。持"死谥说"者以为当读作"虢季子—白""虢宣公子—白",即器主名"白",为"虢季"之子、为"虢宣公"之子;而"生称说"方则认为以读作"虢季—子白""虢宣公—子白"为是,即"虢季"为氏称、"虢宣公"为爵称、"子白"为器主字。"子"为字之前缀尊美用字,为字的构成要件而非表"子孙"之"子"。要释此疑,我们先回过头来看子白盘铭。

盘铭110字，"子白"出现四次。"虢季子白作宝盘"；"丕显子白，壮武于戎工"；"桓桓子白，献馘于王"；"王孔嘉子白'义'"。除第一处称"虢季子白"，表明所出之外，其余三处明确地称"子白"，显见"子白"为器主之字。

"子白"之"子"有没有可能是"之子"的意思呢？我们可从盘铭的语言环境来做考察。前此，我们因盘铭有"王曰伯父，孔显有光。王赐乘马，是用佐王；赐用弓，彤矢其央；赐用钺，用征蛮方"，而以为周王尊诸侯口吻，知子白此时已为虢侯。至于所出，则"虢季"其氏。我们应注意在西周金文中，如果作器者受先祖庇荫、为追缅功烈，一般都要提及施荫者为何许人，并在述及与先人的血缘关系时，在自名前加"乃子""乃孙"字样，并且在器铭中明确其为先人某作器。如：

祖日庚，乃孙作宝簋，用世享孝。	乃孙卣　《集成》7.3991
乃子作父辛宝尊彝。	乃子甗　《集成》3.924
乃子作父庚宝尊彝。	乃子卣　《集成》10.5306
乃孙作祖己宗宝。	乃孙鼎　《集成》4.2431
帅隹……自作後王母娞商厥文母鲁公孙用鼎。乃頎子帅隹王母。	帅隹鼎　《集成》5.2774
乃牆子作厥文考尊彝。	乃牆子鼎　《集成》5.2532
戜率虎臣御淮戎。戜曰呜呼！朕文考甲公、文母日庚，弋休则尚，安永宕乃子戜心、安永袭厥身……用作文母日庚宝尊鼎彝。	戜方鼎　《集成》5.2824
吾考克渊克，乃鹛沈子其顾怀多公能福……作兹簋，用载飨己公，用格多公。	也簋　《集成》8.4330

上列数器中的"乃子"间又或缀"頎""鹛"等美饰辞。所以，像读"虢季子""虢季氏子"为"虢季（之）子""虢季氏（之）子"这样的修辞方法或说语境应该是不存在的。

"子"为尊美用字，东周时期的贵族及士子们常用其为表字前缀，这是大家所熟知的。清王引之《春秋名字解诂》对此有集录。检《春秋名字解诂》，还会发现一个有趣的现象，书中记郑国贵族名、字三十九例，以"子某""子某某"为字者三十五例：郑游吉字子大叔、郑浑□字子宽、郑公子吕字子封、郑公孙侨字子产、郑公子去疾字子良、郑□达字子姚、郑公子喜字子□、郑国参字子思、郑驷带字子上、郑公子语字子人、郑公子归生字子家、郑国字子徒、郑公子发字子国、郑驷乞字子瑕、郑公子班字子如、郑公子舍之字子展、郑驷喘字子然、郑游贩字子明、郑公孙辄字子耳、郑公孙黑肱字子张、郑然丹字子车、郑丰卷字子张、郑公子偃字子游、郑石制字子服、郑公子騑字子印、郑公子平字子丰、郑印癸字子柳、郑公子宋字子公、郑灵公夷字子蛮一字子貉、郑公孙阏字子都、郑公孙虿字子蟜、郑罕虎字子皮、郑公子騑字子驷、郑□婴齐字子蟜、郑子般驷宏子思。其他只有四例：郑公子鱼臣字僕叔、郑石癸字甲父、郑良霄字伯有、郑祭足字仲。只是，此风应始于西周，甚至可以追溯至殷商时期。如甲骨文常见"子渔""子美""子画"等，这类的"子"表明该人为某族之长。裘锡圭先生曾论及商代及西周的宗族组织，他说："周代称族长为宗子或子，称子尤为常见……卿大夫基本上都是族长，所以一般尊称他们为子。"并引《尚书·洛诰》"予旦以多子越御事笃前人成烈"为据。文中还引林沄先生的结论，即：孩子之词"转化为对男性显贵人物的尊称"[①]。西周时期的贵族以字"子某"为尊美，见于《史记·晋世家》记唐叔虞"姓姬氏，字子于"。又，《诗·陈风·东门之枌》有"子仲之子，婆娑其下"句，传云"子仲，陈大夫氏"，此陈大夫以父字"子仲"为氏。该诗成于陈幽公期，当周厉时，则"子仲"大致为周夷、厉时人无疑。不过，由于西周文献不足，我们无法引述更多具体的人物材料以为讨论之资，而通过对青铜器铭的检索则又有几例似乎可供参考。

　　邦君厉眔付裘卫田，厉叔子夙、厉有司申季……

　　　　　　　　　　　　　　　　　　　　五祀卫鼎　《集成》5.2832

此西周中期器。"邦君厉"，厉邑之长；"厉叔子夙"，邦君厉之弟、厉族小宗，"子夙"其字。

　　虎臣子组作鬲　　　　　　　　　　　　子组鬲　《集成》3.661

"虎臣"旧误读为"虢季"或"虢臣"，且以为春秋器，实为西周晚期器。"虎臣"一词，数见于西周金文及《诗》《书》等。《师克盨》（集成9.4468）记周王命师克"兼司左右虎臣"，《师寰簋》（集成8.4313）记周王命师寰率"左右虎臣征淮夷"；《大雅·常武》云："（宣）王奋厥武，如震如怒。进厥虎臣，阚如虓虎。"这种从事攻坚克难的武装集团，应该是周王的近卫军。因此，"虎臣"显然不是一具体人名或字，当然不便作为氏称，那么这个"子组"就应该是这位虎臣的字，而不能读作"虎臣子—组"。

　　子叔作叔姜尊壶永用。　　　　　　　　子叔壶　《集成》15.9604
　　此周晚器，器主为子叔。
　　子逼作宝鼎子子孙孙永宝用。　　　　　子逼鼎　《集成》4.2416
　　此周晚器，器主为子逼。
　　乐大司徒子禹之子引作旅瓶。　　　　　引瓶　《集成》16.7981

[①] 裘锡圭：《关于商代的宗族组织与贵族和平民两个阶级的初步研究》，载《文史》第十七辑，中华书局，1983年。

此周晚器，器主引称其父字"子禹"。

鉴于以上材料，可推知：在西周早中期，贵族以"子某"为字尚少见，至晚期有渐增趋势，至春秋时期已蔚成风气。则年代在西周晚期的子白、子组、子牧为虢国贵族之字的可能性确实是很大的。

三

作为用于定语和中心词间，表示领属或修饰关系，相当于现代汉语"的"字的助词"之"字，在商代甲骨文中未见使用，但是在西周金文及可判定其年代为西周、春秋时期的诗作中其使用已较普遍。据笔者粗略检索，《诗经》300余首诗歌中，有110首左右使用"之"字，占三分之一强，并且存在于各类诗体、各个不同地域。下面，我们选择部分成诗年代与子白盘年代相近的诗句以为例示。

《周颂·维天之命》："维天之命，於穆不已；於乎不显，文王之德之纯。"鲁说：告太平于文王之所歌也。笺云："告太平"者，居摄五年之末也。笺以为此诗年代为周公居摄时，或过早。不过，诗成于西周时期应无问题。

《陈风·东门之枌》："东门之枌，宛丘之栩。子仲之子，婆娑其下。"毛序云：幽公荒淫。幽公当周厉之时，亦在周晚。

《小雅·采薇》："靡室靡家，玁狁之故；彼尔维何，维常之华；彼路斯何，君子之车。"鲁说曰：懿王之时，王室遂衰，诗人作刺；齐说亦曰周懿王时，王室遂衰，戎狄交侵；而毛序以为文王之时，西有昆夷之患，北有玁狁之难。以天子之命，命将率遣戍役以守卫中国，故歌采薇以遣之。三说似皆言之过早，时当在周晚。

《大雅·崧高》："维申及甫，维周之翰；王命召伯，定申伯之宅；申伯之功，召伯是营；不显申伯，王之元舅；申伯之德，柔惠且直。"毛序：尹吉甫美宣王也。

《大雅·韩奕》："韩侯取妻，汾王之甥，蹶父之子。"毛序：尹吉甫美宣王也。

《大雅·江汉》："江汉之浒，王命召虎。"毛序：尹吉甫美宣王也。

《大雅·常武》："截彼淮浦，王师之所；徐方既同，天子之功。"毛序：召穆公美宣王也。鲁说曰："懿王之时，王室遂衰，诗人作刺。"曰此诗成于懿王时或过早，要之，亦当宣幽期。

《小雅·节南山》："尹氏大师，维周之氏，秉国之均。"毛序：家父刺幽王也。

《小雅·十月之交》："十月之交，朔月辛卯；哀今之人，胡憯莫惩；下民之孽，匪降自天。"毛序：大夫刺幽王也。

《小雅·大东》："东人之子，职劳不来；西人之子，粲粲衣服；舟人之子，熊罴是裘；私人之子，百僚是试。"注家或以为厉王，或以为幽王。

《商颂·玄鸟》:"商之先后,受命不殆。"

又,《殷武》篇:"罙入其阻,衰荆之旅;有截其所,汤孙之绪;天命多辟,设都于禹之积;商邑翼翼,四方之极。"

《商颂》诸篇,或云作于孔子先祖正考父。若然,其成诗年代亦在西周末春秋初,修辞法应属西周时期。

《大雅·大明》:"在洽之阳,在渭之涘;大邦有子,俔天之妹;殷商之旅,其会如林。"该篇的年代,马瑞辰据《逸周书·世俘解》孔晁注,以为在武王期,恐非其实,不过其为西周之作应亦无问题。

《大雅·思齐》:"思齐大姜,文王之母;思媚周姜,京室之妇。"此诗年代注疏家未明言,要之,亦不会在西周之后。

《卫风·硕人》:"硕人其颀,衣锦褧衣。齐侯之子、卫侯之妻、东宫之妹、邢侯之姨、谭公维私。"据鲁说,此卫侯为庄公。《左传·隐公三年》载此事,时在春秋早期。

《鲁颂·閟宫》:"后稷之孙,实维大王,居岐之阳,实始翦商;至于文武,缵大王之绪;致天之届,于牧之野;敦商之旅,克咸厥功;周公之孙,庄公之子;莫不率从,鲁侯之功;居常与许,复周公之宇;徂徕之松,新甫之柏,是断是度,是寻是尺。"毛序:颂僖公能复周公之宇也。此年代属春秋。

在此,我们不避繁复对上引诗句归纳为两个方面进行梳理,以清晰其眉目。

在这些诗作中,言亲称关系者,其前多缀"之"字以表领属,如:

《陈风·东门之枌》:"子仲之子。"

《大雅·崧高》:"不显申伯,王之元舅。"

《大雅·韩奕》:"韩侯取妻,汾王之甥,蹶父之子。"

《大雅·大明》:"大邦有子,俔天之妹。"

《大雅·思齐》:"思齐大姜,文王之母;思媚周姜,京室之妇。"

《卫风·硕人》:"硕人其颀,衣锦褧衣。齐侯之子、卫侯之妻、东宫之妹、邢侯之姨、谭公维私。"

《鲁颂·閟宫》:"后稷之孙,实维太王;周公之孙,庄公之子。"

又或无关乎亲称,也缀以"之"字单纯表示领属修饰关系,如:

《陈风·东门之枌》:"东门之枌,宛丘之栩。"

《小雅·采薇》:"靡室靡家,玁狁之故;不遑启居,玁狁之故;彼尔维何,维常之华;彼路斯何,君子之车。"

《大雅·崧高》:"维申及甫,维周之翰;王命召伯,定申伯之宅;申伯之功,召伯是营;不显申伯,王之元舅;申伯之德,柔惠且直。"

《大雅·江汉》:"江汉之浒,王命召虎。"

《大雅·常武》:"截彼淮浦,王师之所;徐方既同,天子之功。"

《小雅·节南山》："尹氏大师，维周之氐，秉国之均。"

《小雅·十月之交》："十月之交，朔月辛卯；哀今之人，胡憯莫惩；下民之劳，匪降自天。"

《商颂·玄鸟》："商之先后，受命不殆。"

《商颂·殷武》："罙入其阻，衰荆之旅；有截其所，汤孙之绪；天命多辟，设都于禹之积；商邑翼翼，四方之极。"

《大雅·大明》："在洽之阳，在渭之涘；殷商之旅，其会如林。"

《鲁颂·閟宫》："居岐之阳，实始翦商；至于文武，缵大王之绪；致天之届，于牧之野；敦商之旅，克咸厥功；莫不率从，鲁侯之功；居常与许，复周公之宇；徂徕之松，新甫之柏。"

这些关乎或无关乎亲称的领格助词"之"，在诗中虽也有作为衬字以整齐句子的作用，但它的普遍使用还是引起了我们的注意。

在传世典籍之外，表示领属修饰关系的青铜器铭中也普遍使用"之"字。李学勤先生曾撰文论及某些春秋时期为显示其族氏的显赫而具有亲称的青铜器铭，"器主常在自己的名字前面冠以先世的名号，最多见的是某人之孙、某人之子这种现象，绝大多数见于南方列国的铭文，不妨说是当时南方铭文的一个特点"[①]。

在这类铭文中引起我们注意的当然是"子""孙"前缀的助词"之"字。粗略统计，含这类句子的青铜器有数十件，以下我们略举几例：

攻吴中终□之外孙坪之子臧孙择厥吉金自作和钟。

臧孙钟　《集成》1.95

戉王句践之子。　　　　　　　　　　　句践之子剑　《集成》18.11594

徐王之子庚儿自作飤䰜。　　　　　　　庚儿鼎　《集成》5.2715

䣌中之子伯剌用其良金自作其元戈。　　伯剌戈　《集成》17.11400

鲁子中之子归父为其膳敦。　　　　　　归父敦　《集成》9.4640

余毕公之孙邵伯之子。　　　　　　　　邵啟钟　《集成》1.226

吴季子之子逞之元用剑。　　　　　　　逞剑　《集成》18.11640

齐辟鲍叔之孙遵仲之子齍作子仲姜宝镈。　齍镈　《集成》1.271

滕师公之孙春叔之子者儿为其甾戈。

者儿戈　《古文字研究（第二十三辑）》

除以上地域外，中原腹地出土器铭或原中原氏族之裔所作器铭也在修饰亲称关系时使用"之"字：

[①] 李学勤：《春秋南方青铜器铭文的一个特点》，载《缀古集》，上海古籍出版社，1998年，116页。

　　　　余郑臧公之孙余刺之疼子盧作铸将彝。　　　疼子盧鼎　《考古》1991年9期

此"郑臧公"即郑庄公，春秋器。

　　　　嘉曰余郑邦之产。　　　　　　　　　　　　哀成叔鼎　《集成》5.2782

产，《说文》："生也。"郑邦之产，郑邦之子孙也。

更能说明问题的是，与子白盘、虢宣公子白鼎、子组鬲、子𠭯鬲时代相前后的虢器硕父鬲，其铭作"虢仲之嗣国子硕父作季嬴羞鬲"。"硕父"身份是"国子"，即诸侯弟子。又在说明自己与虢仲的关系时加领属关系助词"之"而写作"虢仲之嗣"。有学者认为此虢"硕父"即周幽王时卿士虢石父，应无问题①。由此推测，该器制作当在宣王期。

下例器主字"子某"前不缀"之"字，其"子某"之"子"或可能被误认为是表示亲称关系：

　　　　齐侯子行作其宝匜。　　　　　　　　　　齐侯子行匜　《集成》16.10233

此春秋早期器。"齐侯子行"，是读作"齐侯—子行"还是读作"齐侯子—行"，当然需要讨论。鉴于西周早期人物晋始祖唐叔虞字"子于"、战国时期燕君有字"子哙"者，春秋时期贵族字又多以"子某"为时尚，则该齐侯以"子行"为字是很正常的。

又有二例如果没有史籍参照或器铭记录的特殊性，恐怕也会被误解：

　　　　令尹子庚殹民之所亟。　　　　　　　　　王子午鼎　《集成》5.2811

"令尹子庚殹民之所亟"，则因"子庚"数见于《左传》而未造成误解，否则也可能会被持"死谥说"者读为"令尹子—庚"或"令尹子—庚殹"呢！

子璋钟，著录有7件，其中6件同铭（《集成》1.113～1.118）。但是由于保存状态不同，有拓本模糊不清者，"子璋"二字下的重文符号未能拓出，因此释文或作：

　　　　群孙斨子璋择其吉金自作和钟。

清晰拓本则作："群孙斨子璋子璋择其吉金自作和钟。"若依前释，"群孙斨子璋"当然就存在读为"群孙斨子—璋"、即"群孙斨的儿子璋"的可能。但是若据清晰拓本，这种读法的可能性就不存在了。

凡此，可知从西周早期至周晚、春秋时期，各地语言文字中以"之"字表示亲称领属关系或其他领属关系已是普遍现象，因此要读"虢季子白"为"虢季（之）子白"；"虢宣公子白"为"虢宣公（之）子白"；"虢季子组"为"虢季（之）子组"；"虢季氏子组"为"虢季氏（之）子组"；"虢季氏子𠭯"为"虢季氏（之）

---

① 王龙正、赵成玉：《季嬴鬲与虢硕父及虢国墓地年代》，《中国文物报》1998年11月4日。

子攻"；"虢文公子攻"为"虢文公（之）子攻"，就未免牵强。

检索所及，亦有青铜器铭在用于定语和中心词间，表示领属或修饰关系时省略助词"之"字。如以下以大事纪年时，具体事件与"年"字间不用"之"字：

唯公太史见服于宗周年。	作册（虎鬼）卣	《集成》10.5432	周早
唯共太保来伐反夷年。	旅鼎	《集成》5.2728	
唯明保殷成。	作册申尊	《集成》11.5991	
唯王来各于成周年。	厚（走卓）鼎	《集成》5.2730	

此数器时代皆在西周早期。年代既早，而且省去助词"之"字也不会造成误解。但是，此期及晚更多的器铭可省"之"字却不省：

唯王令南宫伐反虎方之年。	中方鼎	《集成》5.2751	
臤从师雍父戍于古师之年。	臤尊	《集成》11.6008	周中
王令东宫追以六师之年。	□贮簋	《集成》7.4047	周中

此三器亦为大事纪年器，省"之"字亦不致误解，器铭不省。

内公作铸从钟之句。	内公钟钩	《集成》1.32	周晚
哀成叔之盤。	哀成叔豆	《集成》9.4663	
哀成叔之钟。	哀成叔钟	《集成》9.4650	
先祖南公亚祖公中必父之家。	南宫忽钟	《集成》1.18	
肆禹亦弗敢憃，惕共朕辟之命。	禹鼎	《集成》5.2833	周晚
多友西追，甲申之晨博于郄卜。	多友鼎	《集成》5.2835	周晚
王用弗忘圣人之后。	师望鼎	《集成》5.2812	周中
牧共作父丁之食簋。	牧共簋	《集成》6.3651	周早
夺孚人四百鄙于荣公之所。	敔簋	《集成》8.4323	周晚

以上数例如省"之"字亦不至于误解，而器铭不省。

当然，也有一些青铜器在定语和中心词间，表示领属或修饰关系的亲称时省略助词"之"字：

类文王母。	蔡侯申盘	《集成》16.10171
黄子作黄夫人孟乙行器。	黄子罍	《集成》16.9966
宋公栾作其妹勾敔夫人季子媵簋。	宋公栾簋	《集成》9.4589
樊夫人龙嬴自作行匜。	樊夫人匜	《集成》16.10209
卫夫人作其行鬲。	卫夫人鬲	《集成》3.595

此数器省"之"字不会致误，如增"之"字反成累赘。但是，仍有当省而不省者：

| 王子剌公之宗妇。 | 宗妇盘 | 《集成》16.10152 | 周晚 |

圣桓之夫人曾姬无卹。	曾姬无卹壶	《集成》15.9710
季子之子之永用剑。		《文博》1996年4期

又有数器铭例较特别, 表领属关系的亲称时亦省"之":

陈公子子叔原父作旅甗。	叔原父甗	《集成》3.947
陈姬小公子子为叔妫飤盥。	子为叔妫盥	《集成》9.4379
陈子子作奔孟妫□母媵匜。	陈子子匜	《集成》16.10279

此三器皆陈国器, "子子"间的领属关系助词"之"省, 但不影响我们理解其义为"陈公子之子叔原父""陈姬小公子之子""陈子之子"。郭沫若先生《两周金文辞大系图录考释·陈公子甗》云: "此乃陈公子之子字叔原父者所作器。不称公孙而称'公子子', 盖公孙氏已通行, 故避之也。"(《大系二》392页) 不过, 陈器也或用"之"字。陈伯元匜即云"陈伯殴之子伯元作西孟妫婤母媵匜"(《大系二》393页)。

又有二器, 表"儿子"之"子"前不缀"之"字, 而作"伯子""叔子"字样, 因而也不会致误:

宫氏伯子元栖。	元栖戈	《集成17.11118》 春早
邢氏叔子作仲姬客母媵盘。	叔子盘	《集成16.10131》 春早

由此可见不同地域在语言的修辞方面虽有着细微差异, 但是这种差异有着共同的前提, 即"之"字的省与不省不会造成对领属关系的误解, 尤其是不会造成对尊美字之"子"和亲称字之"子"的混淆。

四

从虢国墓地发掘出土和被盗缴获及征集的虢器, 其年代大致可以判定在周晚, 所见男性器主皆用字而不用名, 这也与时代风尚相契。现在我们罗列所见器主表字, 做一些初步的分析。

虢仲; 虢季

虢硕父; (国子) 硕父; 虢宫父; 虢□士城父

虢季氏子𫊸

先秦时期, 贵族使用表字大抵有四类: ①氏+排行; ②(氏+)与名相关字+父; ③排行+与名相关字+父; ④(氏+)子+与名相关字。其中, 第三、四类最为常见, 春秋时期则以第四类为主流。我们看 "虢季氏子𫊸", 析之, "虢季氏"为氏名、"子"为男子美称、"𫊸"为与名相关字。因此, "子𫊸"为器主表字可无疑。又,上列虢国墓地所出器物中男性器主字七种，其中虢仲、虢季、虢硕父、（国子）硕父、虢宫父、虢□士城父六种为字绝无可疑，而"虢季氏子敚"如果不是字称，解作"虢季氏的儿子敚"，显然不合情理。由此可知"虢季子白""虢季子组""虢季氏子组""虢季氏子敚"皆为器主表字，而非表其为"虢季"之子。

通过以上讨论，可知虢季子白当读作"虢季—子白"，虢宣公子白当读作"虢宣公—子白"，虢季氏子敚当读作"虢季氏—子敚"，虢文公子敚当读作"虢文公—子敚"。所谓"子白""子敚"皆表字，如此则知"虢宣公""虢文公"皆生前美称。既如此，则周王之武、成、康、厉、宣、幽之类为生称亦可知也。

古文字所见宾客及相关问题

黄益飞

（中国社会科学院考古研究所）

《周礼·春官·大宗伯》："以宾礼亲邦国。"宾礼之中受礼者则称宾、客。商周古文字材料所见宾、客内涵丰富，于商周礼制的研究具有重要意义。兹就相关问题略做考述。

一、释"宾"

《说文·贝部》："宾（賓），所敬也。从贝，宷声。𡧍，古文。"《说文》所收"宾"字正篆与殷卜辞及其他古文字材料所见不合。梳理相关材料，对"宾"字本义的解读或有赞益。

甲骨文中"宾"字异构较多，有"𡧍""𡧍""𡧍""𡧍""𡧍""𡧍""𡧍""𡧍""𡧍""𡧍""𡧍""𡧍""𡧍""𡧍"（"𡧍"）。商代金文作"𡧍""𡧍"，两周金文宾则作"𡧍""𡧍""𡧍""𡧍"。诸宾字之中，甲骨文之"𡧍"与西周时期宾作"𡧍"（虘钟《集成》[①]88）构型全同，孙诒让《释贞》云：

> 有云"完贝"者……"完"即"完"字，然此"完贝"，疑当读为"宾贞"，盖宾敬之义，《说文·贝部》："宾，所敬也，从贝，宷声。古文作賓，从完。"此疑即"完"之省，金文宾字如史颂敦、冕卣、叔宾父簋、郑井叔钟并从贝从宀，虘钟则直省作𡧍，此与彼相同。虽本为完字，而宾义较近也[②]。

孙氏以"𡧍"本为完字而与宾义较近，王筠《说文句读》更以古文賓从完声。罗振玉、马叙伦则以"𡧍"为"𡧍"为讹[③]。然而宾字所从之"𠂆""𠃋"与元字作"𠂆""𠂆""𠂆"笔势不同，当非一字。林义光以为"𡧍"字所从之"𠂆"即"丏"字：

> 《说文》云："丏（丏），不见也，象雍（愚按：当为壅）蔽之形。"按古作𠂆，象人头上有物蔽之形。丏双声旁转为万，故隶或以万为萬字，篆书作

[①] 中国社会科学院考古研究所：《殷周金文集成（修订增补本）》，中华书局，2007年，下同。
[②] 孙诒让：《契文举例》（卷上），齐鲁社社，1993年。
[③] 马叙伦：《说文解字六书疏证》卷十二，科学出版社，1956年。

"丙"者，从卩，即人之形变，乁象有物在其上及前擁蔽之也①。

案：林说是。故而，甲骨文、金文之"㝛""穴"当即"宵"字，《五音集韵》即以"宵"为古文宾字。"㝛"为形声字，从宀，丏声，宀即宗庙，宾、祭之礼多行于宗庙也。

会意的宾字，由于造字的着重点不同，形体也各异，大致说来可分为以下几种。其一，从卩（男宾、男尸）②会意，"㝛（宀、宾）""宀""宀"，乃宾（尸）在庙中之义，甲骨文作"㝛"者，即庙中祼宾、尸之义；从女、从卩会意者，如"宀"，以会男宾（尸）、女宾（尸）在庙之义。其二，从止，从卩（女），从人会意，如"宀""宀"，从止者，傧导也，《说文·人部》："傧者，导也。"其三，从人，从止会意，如"宀"，以见赞引宾（尸）之义，《管子·小问》："桓公令傧者延而上。"贺知章《注》："傧，谓赞引宾客者也。"其四，从卩（女），从口会意，如"宀""宀"，从口以见传辞之义，《礼记·曲礼下》："其摈于天子也。"郑玄《注》："摈者，辞也。"《礼记·礼器》："故礼有摈诏。"郑玄《注》："摈诏，告导宾主者也。"其五，上述诸中义符叠加会意，有从人、从卩、从止者，如"宀"；有从女、从卩、从口、从止会意者，如"宀""宀"。

另有在会意字上添加声符"丏"者，如"宀""宀""宀"。亦有在形声字上添加义符者，如"宀"。

前文已述西周金文中宾字多作"宀"，从贝，"宀"（宵）声；亦有作"宀"（宵）者，这种形体是对商代文字的继承。春秋金文中，除了延续西周金文中的"宀""宀"之外，又出现了"丏"上添加饰笔的"宀""宀"两种形体。战国文字中，宾字形体更加多样化，除了西周、春秋时期流行的"宀""宀""宀""宀"等形体外，又新见从宀元声之"宀"。《说文》所录宾字古文"宀"，或即东周古文字"宀"的讹体。由于东周时期存在从宀元声之宾，因此也不排除从贝完声的"宀"为宾异构。东周文字又见宾字别体"宀"或即"寅"字。

前文已述，宾字在商代甲骨文及金文中均不从贝，而且殷卜辞中贞人"宾"字恒作"宀"，不从止（报宾之"宾"亦不从止，作"宀"），与祭祀相关之"宾"则多作"宀"，偶有假作"宀"者③。商代古文字所见之"宀"与虘钟嘉宾字作"宀"同，而且西周金文中嘉宾之宾及报宾之宾皆作"宀"，从而西周金文之"宀"即商代古文字材料之"宀"，由此亦明贞人宾除服务于王室占卜活动外，其职司与《周礼·秋官·大行人》《典客》相关。甲骨文中从止之"宀"多用于祭祀。

---

① 林义光：《文源》卷五，中西书局，2012年。
② 冯时：《敖汉旗兴隆沟红山文化陶塑人像的初步研究》，载《孙作云百年诞辰纪念文集》，河南大学出版社，2014年。
③ 吴其昌：《殷虚书契解诂》，武汉大学出版社，2008年。

至西周初年金文中宾字始从贝作"[字]"，最早见于成王前后的保尊（《集成》5415）、保卣（《集成》6003）。与祭祀相关之"宾"字，在西周初年的金文中亦从贝，如：

王命般貺朱于歗考甫，甫用宾父己。来。　　　　般觥　《集成》9299

宾字从贝，与商末周初赏赐、报宾多用贝有关。这可以从商周彝铭中获得很多证据。晚商赏赐金文其例颇多。

丙午，王赏戍嗣贝廿朋，在䥫宰，用作父癸宝䵼。唯王䆕䕭大室，在九月。犬鱼。

戍嗣鼎　《集成》2708

庚申，王在阑，王各，宰梄从，赐贝五朋，用作父丁尊彝。在六月，唯王廿祀，翌又五。

宰梄角　《集成》9105

其他如戍[甬]方鼎（《集成》2694）、寝鱼鼎（《集成》9101）、亚鱼鼎（《新收》140）、䢆簋（《集成》4144）、小臣邑斝（《集成》9249）、宰甫卣（《集成》5395）、小子逢卣（《集成》5417）等。西周早期的金文中亦不乏其例。

丁亥，钒赏有正婴罂贝在穆朋二百。婴辰钒赏，用作母己尊䵼。冀侯亚矣。

婴方鼎　《集成》2702

唯成王大桼在宗周，赏献侯䵼贝，用作丁侯尊彝。天黾。

献侯䵼　《集成》2626

匽侯旨初见事于宗周，王赏旨贝廿朋，用作姒宝尊彝。

匽侯旨鼎　《集成》2628

宾字字形的变化有着鲜明的时代特征，这可能是一种自上而下的官方行为。

二、甲骨文"宾"字及相关问题

甲骨文有一类"王宾"卜辞（宾，多作"[字]"，亦有作"[字]"者）。"王[字]"多见于祭祀卜辞，其例如下：

癸未卜，殻贞，翌甲申王宾上甲日，王占曰：吉。宾？允宾。

《合集》[①]1248正

戊申卜，尹贞，王宾大戊祭、叙，亡尤？　　　《合集》22283

甲寅卜，尹贞，王宾大乙彡夕，亡祸？　　　　《合集》22721

---

① 郭沫若主编、胡厚宣总编辑，中国社会科学院历史研究所编：《甲骨文合集》，中华书局，1999年。

乙亥卜，王宾大乙祭，亡祸？	《合集》22630
[丁]巳卜，行贞，王宾大丁枫祼，亡祸？	《合集》22761
癸酉卜，王贞，翌甲戌王其宾大甲氚，亡壱。	《合集》22779
己丑卜，尹贞，王宾祖丁奭妣己翌，亡尤？	《合集》23330
甲子卜，宁贞，王宾上甲魯，亡尤？	《合集》27042正
壬寅卜，王宾妣壬岁、祐？	《合集》27387

郭沫若释"王宾"云：

"宾"字常与王字连文，罗振玉释为宾，并以"王宾"为名词。……此说自王国维以来，凡言卜辞者，均奉为定论。案实大有未谛。……（宾）从止当为傧导之宾，《说文》："傧，导也。从人宾声，擯，傧或从手。"止乃趾之初文，从止示前导也。……是故"王宾"者，王傧也，《礼记》："礼者，所以傧鬼神。"即卜辞所用宾字之义①。

郭老之说极具启发。有学者又对"王宾"类卜辞提出新说，认为"王宾"者乃王傧导神尸，进而认为《合集》1402"咸宾于帝""大甲宾于帝"乃咸（大甲）之神尸傧导帝尸之谓②。其说颇为新颖，然细忖之下亦有值得商榷之处。

《仪礼》之中《少牢馈食礼》和《有司彻》均涉及祭祀之尸，我们从这里谈起。《少牢馈食礼》是诸侯之卿大夫在庙中祭祀祖祢之礼，是正祭。神尸代表祖祢前来享祭，地位尊贵。因此，在祭祀之前的两日要宿戒尸，翌日再筮尸。祭祀当日，主人不迎尸，而是"祝出，迎尸于庙门之外。主人降，立于阼阶东，西面。祝先入门右，尸入门左"。郑玄《注》："主人不出迎尸，伸尊也。《特牲馈食礼》曰：'尸入，主人及宾皆辟位，出亦如之。'祝入门右者，辟尸盥也。既则后尸。"贾公彦《疏》："《礼记》云：'君迎牲而不迎尸，别嫌也。尸在庙门外则疑于臣，在庙中则全于君。'"贾公彦所引出自《礼记·祭统》，其文云："君迎牲而不迎尸，别嫌也。尸在庙门外则疑于臣，在庙中则全于君；君在庙门外则疑于君，入庙门则全于臣、全于子。是故不出者，明君臣之义也。"郑玄《注》："不迎尸者，欲全其尊也。……鬼神之尊在庙中，人君之尊出庙门则伸。"朱彬《训纂》："疑与儗同。儗，比也。"孙希旦《集解》："君出迎尸，则君屈于臣，故不出者，所以全君之尊，而君臣之义所以明也。"所论是君不迎尸之义。不迎尸者，是表明君地位尊贵。因为尸是臣子装扮的，充当尸的臣子除了在庙中祭祀之时充当君之祖先接受享祭之外，在庙门外尸还是臣子，因此君不能出门去迎接臣子。

《有司彻》是正祭之后傧尸之礼，有迎尸之事。天子诸侯正祭的第二天举行绎

---

① 郭沫若：《卜辞通纂》，科学出版社，1983年，244页。
② 晁福林：《卜辞所见商代祭尸礼浅探》，《考古学报》2016年3期。

祭，义取寻绎前祭之事，其事行于庙门外，因此又名祊祭，以别于庙门内所行之正祭。大夫之礼杀于天子诸侯，正祭之后，于当日傧尸于堂，《有司彻》所记即此傧尸之礼。傧尸礼较正祭降杀较甚，主要原因即在于正祭之时，尸相当于君主来享祭，而傧之礼是以宾客之礼待尸，故而尸卑而主人尊，因此傧尸之礼有主人迎尸之事。

傧尸之礼，须于众宾之中择以贤者充当尸之侑，将傧尸"侑出，俟于庙门之外。……尸于侑北面于庙门之外，西上。主人出迎尸，宗人摈。主人拜，尸答拜"。郑玄《注》："宾客尸而迎之，主人益尊。"贾公彦《疏》："上篇（《少牢馈食礼》）正祭时主人不迎尸，以申尸之尊，至此'宾客尸而迎之'，以尸同宾客，是'主人益尊'故也。"

将卜辞中"王宾"解作王亲自傧尸，失之笼统。王在何种场合傧导神尸，在卜辞中并没有明确的反映，若如《少牢馈食礼》之正祭，那么王不迎尸，神尸进入庙门之后，王也需要辟位，因此王无由傧导神尸。如果王亲自傧尸，也即王需亲自迎尸可知，王若迎尸也与礼不合。再者，若王亲自傧尸，那么何人可以充当主人与尸行礼，也是个值得考虑的问题。因此，以"王宾"为王傧导神尸与礼义相悖。

另外，以"大甲宾于帝"为大甲之尸傧导帝尸，这就是说帝有神尸。周代立尸的情形，《诗·大雅·凫鹥》有载，诗云：

> 凫鹥在泾，公尸来燕来宁。尔酒既清，尔肴既馨。公尸燕饮，福禄来成。
> 凫鹥在沙，公尸来燕来宜。尔酒既多，尔肴既嘉。公尸燕饮，福禄来为。
> 凫鹥在渚，公尸来燕来处。尔酒既湑，尔肴伊脯。公尸燕饮，福禄来下。
> 凫鹥在潨，公尸来燕来宗，既燕于宗，福禄攸降。公尸燕饮，福禄来崇。
> 凫鹥在亹，公尸来止熏熏。旨酒欣欣，燔炙芬芬。公尸燕饮，无有后艰。

毛《传》以为五章皆宗庙宾尸之事，郑《笺》则以首章为绎而宾尸，其余四章分别为立尸祭四方百物、祭天地、祭社稷山川、祭七祀。孔颖达《正义》申毛。马瑞辰《毛诗传笺通释》云：

> 朱子《集传》以五章皆为宗庙绎而宾尸之诗，是也。……宣八年《公羊》何休《注》："天子诸侯曰绎，大夫曰宾尸，士曰宴尸。"名与礼虽各异，要其与燕尸则同。诗五章皆云"公尸燕饮"，正宴尸之事。……古者祭天地社稷虽皆有尸，如《尚书大传》曰："舜入唐郊，丹朱为尸。"《国语》："晋祀夏郊，董伯为尸。"盖皆配者之尸，然不闻有宾尸之礼，绎而宾尸惟于宗庙见之。

案：马说甚谛。祭祀天地社稷皆有尸，但皆为配祭者之尸。因此，商代上帝是否有尸颇值得讨论。如果上帝有尸，那就意味着时人可以直接享祭帝。这与甲骨文的记载似乎是矛盾的，卜辞显示商人求雨、求年，要通过先祖，而不直接向上帝祈祷①，而且上帝也不享受生物或奴隶的牺牲②。换句话说，就是上帝不接受人的享祭。这应该暗示着上帝没有尸。那么"大甲宾于帝"就不能认为是大甲的神尸来傧导上帝的神尸，宾训为配更合卜辞本义③。

三、古文字中的"客"

古文献及古文字材料中宾与客每每连言。罗振玉曾以甲骨文之"🏛""🏛"为客字④，由前文分析知，罗氏所举"🏛""🏛"皆当为宾字。西周金文中客字作"🏛""🏛"。《说文·宀部》："客，寄也。从宀各声。"🏛，当为客之本字，林义光《文源》卷七："古作🏛中仪父鼎，从人在屋下，各声。"⑤西周金文中"客"，多假作格，其例如下：

唯王九月丁亥，王客（格）于般宫，井伯入右利，立中廷，北向，王呼作命内史册命利。　　　　　　　　　　利鼎　《集成》2804

客在春秋金文中多与宾连言，其例如下：

唯曾伯陭乃用吉金镈鉴，用自作醴壶，用飨宾客，为德无瑕，用孝用享，用锡眉寿，子子孙孙。　　　　　　曾伯陭壶　《集成》9712

徐王糧用其良金，铸其饙鼎……用飨宾客，子子孙孙，世世是若。徐王糧鼎《集成》2675唯正月初吉辛亥，邿仲之孙笞大史申，作其造鼎十，用征以迮，以御宾客，子孙是若。　　　　　　　笞大史申鼎　《集成》2732

战国彝铭中，亦不乏其例。

唯王正月初吉丁亥，姑冯昏同之子择厥吉金，自作商句镈，以乐宾客，及我父兄，子子孙孙永保用之。　　　　姑冯昏同之子句镈　《集成》424

唯正月仲春吉日丁亥，越王者旨於阳择厥吉金，自作龢联镈，以乐可康，嘉尔宾客，旬旬以鼓之，凤暮不貣，顺余子孙，万世无疆，用之勿相。

越王者旨於阳钟　《集成》144战国

唯王正月初吉乙巳，□朱句之□孙□丧。王□复师罤择吉金，自作龢

---

① 陈梦家：《殷虚卜辞综述》第十七章第四节，中华书局，1988年；胡厚宣：《殷卜辞中的上帝和王帝（下）》，《历史研究》1959年10期。
② 陈梦家：《殷虚卜辞综述》第十七章第四节，中华书局，1988年。
③ 胡厚宣：《殷卜辞中的上帝和王帝（下）》，《历史研究》1959年10期。
④ 罗振玉：《增订殷虚书契考释·文字》，载《殷墟书契考释三种》，中华书局，2006年。
⑤ 林义光：《文源》卷五，中西书局，2012年。

钟，以乐宾客，志劳尃诸侯。往已。余之客畬畬孔协，万世之后，无疾自下，允位，同汝之利。台孙皆永宝。　　　　　　　　之利钟　《集成》171

□□初吉庚午，吴王□□□□□子配儿曰：余孰臧于戎功且武，余毕
犇畏忌，余不敢誃，余择厥吉金……自作钩鑃，以宴宾客，以乐我诸父，子
孙用之。　　　　　　　　　　　　　　　　　　　配儿钩鑃　《集成》427

《诗经》中客亦多与宾连举，如《诗·小雅·吉日》："以御宾客，且以酌醴。"周彝铭及《诗经》中宾客连言，乃客人的总称。

宾与客，对文则异，散文则通。《周礼·秋官·大行人》："大行人掌大宾之礼及大客之仪，以亲诸侯。"贾公彦《疏》："此大宾大客尊卑异，故言及以殊之。此宾客相对则别，散文则通。是以《大司徒》云：'大宾客，则令野修道委积。'宾亦名客。《小司徒》：'小宾客，则令野修道委积。'则客亦名宾。是宾客通也。"段玉裁《说文解字注》云："故自此托彼曰客，引申之曰宾客。宾，所敬也。客，寄也。故《周礼·大行人》大宾、大客别其辞。诸侯谓之大宾。其孤卿谓之大客。《司仪》曰：诸公、诸侯、诸伯、诸子、诸男相为宾，诸公之臣，侯、伯、子、男之臣相为客是也。统言则不别耳。《论语》：'寝不尸，居不客。'谓生不可似死，主不可似客也。"古文字所见之客与《周礼·秋官·大行人》之"客"并不完全相同，但是宾客散文意义相同则无可疑。

战国简牍中亦有宾、客互作之例，如清华简《耆夜》记周武王行饮至之礼云：

武王八年征伐耆，大戡之。还，乃饮至于文大室。毕公高为客，召公保
奭为夹，周公叔旦为主，辛公姬甲为位，作策逸为东堂之客，郘尚甫命为司
正，监饮酒[①]。

客即为宾，东堂之客即众宾。战国金文及玺印中每见"某客"，如"铸客""郢粟客"等，其义即外来之百工[②]。

学者或认为本国人士称"客"不称"宾"，与西汉以下文献用词习惯接近，并据之以论清华简《耆夜》乃伪作[③]。前文已论，东周文献中宾客多连言，且宾、客散文则通，对文则异，故《耆夜》称宾为客，并无不妥。

---

① 李学勤主编：《清华大学藏战国竹简（壹）》，中西书局，2010年。
② 石志廉：《战国古玺考释十种》，《中国历史文物》1980年2期。
③ 丁进：《清华简〈耆夜〉篇礼制问题述惑》，《学术月刊》2011年6期。

西周册命铭文赏赐品中的市

闫 志

（中国国家博物馆）

广义的西周册命包括诸侯分封、王室官员册命和卿大夫家臣册命三种。西周金文及文献中有关分封的材料，大多集中在西周早期，而后两种册命则集中于中晚期。三者的册命仪式、所授职事以及赏赐品亦各有不同。以往研究者指出，西周册命兴起于成康，但早期的册命尚未形成完备制度，至恭懿才发展出形式完备的册命制度[1]。这一观点是对三种册命形式笼统而言。本文就王朝册命中的命服制度试做一管窥。

舆服是册命赏赐的主要赏赐品。《周礼·春官·宗伯》有九仪之命：一命受职，再命受服，三命受位，四命受器，五命赐则，六命赐官，七命赐国，八命作牧，九命作伯。孔颖达疏《礼记·曲礼》引纬书《礼记·含文嘉》："九赐：一曰车马，二曰衣服，三曰乐则，四曰朱户，五曰纳陛，六曰虎贲，七曰斧钺，八曰弓矢，九曰秬鬯。"在文献所显示的周礼系统中，命服和车马是册命赏赐中最基本的赏赐。在金文资料中，命服赏赐仅出现在王室官员册命仪式里。

黄盛璋先生较早地根据西周铭文对册命进行分类，提出册命有重命和增命的不同形式，指出重命和增命在赏赐品物方面与"前命"相比有等级上的变化。并根据"增命"铭文指出："赤色的围裙必贵于𢧑（当即'溜'[2]，黑色）色的围裙，朱色的带子必贵于素色的带子。"[3]陈汉平把册命分为：始命、袭命、重命、增命、改命、追命六类。他通过分析重命和增命两种情况，指出市色的高低顺序是：叔—赤—𢧑，𢧑市高于赤㢦市；黄（衡）色的等级是：金—朱—素；车幎的里色顺序是：幽—赤—熏[4]。

册命制度中的重命和增命相对于初命而言的确有着赏赐品上的差别，但这种差别在有些情况下是物品等级的差别，而在某些情况下仅只是赐品数量的不同。而且单从增命角度观察命服及车马的等级，黄、陈二人对于"叔市"（即素市）的等级就有截然相反的结论。

---

[1] 黄盛璋：《西周铜器中册命制度及其关键问题新考》，载《考古学研究——纪年陕西省考古研究所成立三十周年》，三秦出版社，1993年。

[2] 原文如此。疑"溜"为"淄"字之误写。

[3] 同①，411页。

[4] 陈汉平：《西周册命制度研究》，学林出版社，1986年，29、277～304页。

台湾学者何树环指出，韍市在各个时期都有，出现的形式不固定，因此并非命服，同样，锡命铭文中的部分赏赐物品也并非是锡命物品①。关于这一点，我们认为如果将相关的赏赐铭文进行深入的分期，便会对韍市赏赐呈现出来的规律性有新的认识。

本文试图从两个方面研究西周册命铭文中的"市"的赏赐。其一是寻找出"市"的等级标准，即究竟是以册命的形式为参照，还是以授予职官等级为参照；其二是对相关铭文进行分期，以寻找到赏赐品等级划分是否存在着时代差别。

一、"市"色等级差别的标准

我们认为，不同受命者的职官以及与之相应的赏赐品才能显示出等级的差异。关于这一点，我们能够从新发现的卫簋和此前发现的私人收藏的伯狱诸器得到印证。卫簋甲、乙二器是香港私人收藏的青铜器，近来由张光裕、朱凤瀚先生撰文发表②。伯狱诸器见于著录者七件，其中狱鼎一、伯狱簋甲乙、狱盘一、狱盉一、狱簋甲，系2005年9月由上海崇源艺术品拍卖公司和诚源文化艺术公司从海外购回③。另一件狱簋乙则在台湾收藏家手中④。两组器物形制相似，都是西周中期样式。卫器与狱器铭文格式相仿。

卫簋（甲乙）：唯八月既生霸庚寅，王各于康大室。卫曰：朕光尹中（仲）侃父右，告卫于王。王赐卫佩、戋（缁）市、𣪠亢、金车、金膺，曰：用事。……卫用肇作朕文考甲公宝尊彝。……

狱盘：唯四月初吉丁亥，王各于师再父宫。狱曰：朕光尹周师右，告狱于王。王赐狱佩、戋（缁）市、丝亢、金车、金膺，曰：凤夕用事。……用作朕文祖戊公般（盘）、盉。……（盉铭与盘铭相同）

狱簋（甲）：唯十又一月既望丁亥，王各于康大室。狱曰：朕光尹周师右，告狱于王。王或赐狱佩、戋（缁）市、𣪠亢。曰：用事。……用作朕文考甲公宝尊簋，……

先来看狱器铭文。李学勤认为诸器制作顺序为：狱鼎、伯狱簋（甲乙）—狱盘及盉—狱簋⑤。本文认为，狱鼎和伯狱簋（甲乙）应当在狱盘、盉与狱簋之间。从册命角度而言，如果盘盉组合与簋两组跨年，即十一月既望在四月初吉前一年，那么应当在

---

① 何树环：《西周锡命铭文新研》，（台北）文津出版社有限公司，1996年。
② 朱凤瀚：《卫簋与伯狱诸器》，《南开学报（哲学社会科学版）》2008年6期。
③ 同②。
④ 吴镇烽：《狱器铭文考释》，《考古与文物》2006年6期。
⑤ 李学勤：《伯狱青铜器与西周典祀》，载《古文字与古代史》第一辑，（台北）历史语言研究所，2007年；后收入氏著《文物中的古文明》，商务印书馆，2008年。

前面加王年以示区别。另外，按照作器对象，也应该是先"文祖"后"文考"。鼎与伯狱簋铭文写作"肇作文考甲公"，表明第一次为甲公作器，当排在簋铭之前。上述推论不错的前提下，可以得出这样的结论：十一月狱簋铭文的册命是四月狱盘（盉）铭文中册命的重命。重命赏赐品与初命赏赐品相比，少了金车、金两品，用朱亢代替了丝亢。

然而，盘、盉铭文中的册命也并非初命。揆诸其他册命铭文，师官重命多增赐车马器。如谏簋铭文云："余隹或（又）嗣命汝。锡汝攸（鋚）勒。"师瘨簋盖云："今余唯䛐（申）先王令（命）⋯⋯易（锡）女（汝）金勒。"攸勒、金勒皆为重命赏赐品。狱盘册命赏赐有金车、金䧊，很可能属于重命赏赐。

再看两组器物的比较。学者们比较一致认为，从两组器物的铭文来看，皆称"朕文考甲公"，说明卫与狱是兄弟行。狱自称"伯狱"，当为兄长。而卫簋与狱盘的命服完全一致，所不同的仅是右者。按照西周的宗法制度，伯狱作为家族宗子，其地位是要高于作为支子的卫的，尤其是在继承父爵后其地位明显要与众支子有区别。但从受命的命服来看，二者完全相同，只能说明册命赏赐中的命服等级是依据所受职官而定的。狱器册命铭文显示，狱受命时的右者是其"光尹"周师，狱是周师之僚佐。张亚初、刘雨两位先生指出，"师"有军事、行政及教育等职掌。"师"字加前缀，表明是某地之师官。因此，周师即周地之师官。周师可能地位较高，金文屡有记载周王

卫簋甲

卫簋乙

狱簋甲

狱盘铭文拓片

伯狱簋铭文拓片

图一　新出卫簋及狱器

册命时在"周师宫"或"周师某宫"者,如师㝨簋、师艅簋盖、谏簋、宰兽簋的"周师录宫",大师虘簋的"周师量宫",师瘨簋盖的"周师司马宫"等。而且在周师之宫受命者均为师官或其副贰。𤉡初命受封地点在"师禽父宫",作周师卿贰,其职事亦当为师官。因此我们把职官作为依据来观察命服等级的划分,应当能够得出较为符合当时情况的结论。

黄盛璋、陈汉平先生的观点其实也包含了上述思想。即册命中的增命其实就是对原有职事范围的扩展,也就意味着以职官等级为依据,可以判断市色的等级。

完备的册命赏赐制度从西周中期开始,直至西周晚期为止共经历一百五十多年,其间赏赐品的使用状况也发生着变化。抛开对赏赐品的分期研究,单言赏赐品的等级,可能会发生时间上的误置,因而比较出的结果则不符合当时的情况。由于册命铭文资料并不完整,因此我们仅对舆服赏赐进行有选择的讨论。

二、西周中期的赤⬚市和朱市

陈汉平释⬚市为"韐",认为⬚为合字初文,⬚市即《说文》的"韐",是士的市[①]。我们认为,《说文》对"韐"的解释是"士无市有韐"并不正确,因为铭文中⬚字后有市字相连,应当属于市的一种。册命铭文中赐⬚市者如下(表一):

表一 册命铭文中赐⬚市举例

序号	器名	时代	职官	命服即其他赏赐品
1	曶鼎	西周中期	司卜事	赤⬚市
2	免簋	西周中期	胥周师司䣛(林)	赤⬚市
3	𣪘簋盖	西周中期	作司土,官司耤田	哉(纤)衣、赤⬚市、銮旂、楚走马
4	卲𣄰簋	西周中期	嗣乃祖考事,作司土	哉(纤)衣、赤⬚市
5	楚簋	西周中期	司荅鄢馆,内师舟	赤⬚市、銮旂
6	望簋	西周中期	死司毕王家	赤⬚市、銮
7	扬簋	西周中期	作司工,官司量田佃,眔司位,眔司芻,眔司寇,眔司工事	赤⬚市、銮旂
8	南季鼎	西周中期	左右俗父司寇	赤⬚市、玄衣、黹纯、銮旂
9	采𨟭簋	西周中期	作司土	哉(织)衣、赤⬚市、縈銮旂
10	利鼎	西周中期		赤⬚市、銮旂
11	豆闭簋	西周中期	嗣(司)䨻俞(俞)邦君嗣(司)马、弓、矢	哉(织)衣、⬚市(韐)、縈(銮)旂

---

① 陈汉平:《西周册命制度研究》,学林出版社,1986年,231页。

其中曶鼎、免簋、𢆶簋均属于恭懿时期器，前人讨论较多。唐兰定卻𢆶簋为孝王器①。楚簋于1978年在陕西武功县北里村出土，关于此簋年代，学术界多以为共、懿时器②。彭裕商定在厉王③。楚簋的仲佣父与望簋的宰佣可能为一人。望簋的史官为史敖，与谏簋等器均在夷王。从楚簋形制看，遍体饰瓦楞纹，盖缘与圈足饰窃曲纹。腹部有两兽耳，兽角呈螺蛳状，与大师虘簋相似，应当为西周中期器。但其纹饰与同窖藏所出之默叔簋相似，后者属于晚期器应当没有问题。故楚簋年代当在西周中期偏晚。利鼎器形与厉王器大鼎、师同鼎、南宫柳鼎、多友鼎等相似，但利鼎的右者和宣命史官与豆闭簋相同，都是井伯和内史，而且利鼎铭文与厉王器相比较早④。豆闭簋的师戏见于厉王器虎簋盖，其右者井伯也同于师虎簋。因此利鼎和豆闭簋当在夷厉之际。南季鼎（又称庚季鼎）右者为伯俗父，夷王时的师𫖮鼎有师俗、永盂的师俗父可能与之是同一人。而永盂铭中的师同应当就是师同鼎的作器者。李学勤认为师同鼎为夷王时器，但在永盂中师同地位较低，故将永盂定在懿王时⑤。我们认为师同在两器中职官都是师，而在永盂中师同作为交付田地的官员，地位仅在监督田土交付过程的井伯、荣伯、尹氏、师俗父等之下，地位应当较高。因此永盂与师同鼎时代应当接近。从而可以认为南季鼎也大致在夷王时。采𨾦簋为新近发现的私人藏品，吴镇烽先生认为当为西周中期器⑥（图二）。

上揭诸器显示，凡受赐赤𢆶市、𢆶市者，时代均为西周中期，这两种市时代性较强。上述西周中期诸铭，赤𢆶市占绝大多数，𢆶市仅见一例（豆闭簋），因此推测后者可能是前者的省写或漏写。受命司土一职者必有赤𢆶市与𢆶衣之赏赐组合，如𢆶簋

图二　采𨾦簋及其盖铭

---

① 唐兰：《西周青铜器铭文分代史征》，中华书局，1986年，490页。
② 马承源：《商周青铜器铭文选》第三册，文物出版社，1990年，162页。
③ 彭裕商：《西周青铜器年代综合研究》，巴蜀书社，2002年，427页。
④ 同③，378页。
⑤ 李学勤：《师同鼎试探》，载《新出青铜研究》，文物出版社，1990年，119页。
⑥ 吴镇烽：《商周青铜器铭文暨图像集成》，上海古籍出版社，2012年，05154、05155为采𨾦簋甲和乙两器。

"作司土，官司籍田"，卻铎簋"作司土"。单独赐载衣者，如免簋"作司土、司奠还林廩牧"，因其有司土的名号，因此载衣一品不可或缺。豆闭簋没有说明职事，但从受赐命服为"载衣、⦿市"来看，其职事亦应为司土。其他在司土之下的林牧等职官则有赤⦿市而无载衣。如免簋"疋周师司林"，扬簋"作司工，官司量田、甸，眾司位，眾司刍，眾司寇，眾司工史（事）"。司土一职有王官与诸侯官之分，册命铭文中的司土多为王官，沫司土疑簋的沫司土是康侯所属的司土官员。王官中的司土职掌也不尽相同，如上引载簋的载虽官名为司土，但实际只负责管理籍田。扬簋器主虽然职官为司工，但其"官司量田、甸"表明也兼有司土的某些职权，而且范围仅限于"量田、甸"等田地事务。楚簋器主"司荟鄙馆，内师、舟"，张亚初、刘雨认为其中的"司某鄙"即《周礼·地官》司徒职下的鄙师一职，是管理王子弟公卿大夫采地之官①。司鄙职官的职掌与金文中司土性质相同，仅在于管理地域范围的不同。采隻簋器主受命亦为"司土"。

盠方彝亦有司土的职掌，但其职司是"司六师、王行三有司"，司土只是包含在"三有司"（司土、司马、司工）之下的一类职事而已。我们认为，盠的职官级别高于上述诸司土、司林。盠与受赐赤市，因而就司土一类职官来看"赤市"必高于"赤⦿市"。曶鼎的曶职官为"司卜"而非司土类，也赐赤⦿市，其职事是否因与相地、卜宅相关而与司林、司土等职官有"官联"关系，待考。

三、西周中期的赤⦿市与载市

表二 册命铭文中⦿市与载市举例

器名	时代	职官	命服及其他赏赐品	备注
七年趞曹鼎	西周中期		载市、冋黄（衡）、鑾（銮）	恭、懿
师𣪘父鼎	西周中期	用司乃父官、友	载市、冋黄（衡）、㯱屯（纯）、戈琱㦸、旂	师官，司马井伯右
曶簋	西周中期	用事，司奠（郑）䮂马	载市冋黄（衡）、鑾、旂	
廿七年裘卫簋	西周中期		载（缁）市、朱黄（衡）、鑾（銮）	
辅师嫠簋	西周中期	更乃祖考司辅	袭命：载市、素衡、鑾（銮）旂 增命：玄衣、㯱屯、赤市、朱衡、戈彤沙（缕）琱㦸、旂五日	
询簋	西周中期	官司邑人，先虎臣后庸：西门夷……	玄衣㯱屯、载市、冋衡、戈琱㦸、厚柲、彤沙（缕）、鑾（銮）旂、攸（鋚）勒	

---

① 张亚初、刘雨：《西周金文官制研究》，中华书局，2004年，53页。

续表

器名	时代	职官	命服及其他赏赐品	备注
虎簋盖	西周中期	更厥祖考，疋师戏司走马驭人眔五邑走马驭人	载市、幽衡、玄衣、㡣屯（纯）、䜌（銮）旂五日	
趞觯	西周中期	更厥祖考服	戠衣、载市、冋黄（衡）、旂	
免尊、卣	西周中期	作司工	载（缁）市（韨）、冋黄（衡）	

从表二可以看出，西周中期之载市皆与黄（衡）相配合，以冋黄为多。此外，从受命职事上看，赐载市者多为武职。询簋与虎簋盖两器最为明确。师㝬父鼎铭文虽未明言所授何职，但册命时的右者为司马井伯，器主自名为师官。这些都说明，师㝬父为武职。智簋铭文述其职事为司郑地之马，《周礼·夏官》有"圉师"一职，"掌教圉人养马"。其职事与智所授之职或相当。辅师嫠簋铭文仅云"更乃祖考司辅"，同人所作的师嫠簋铭文则更加详细："既命汝更乃祖考司，今余申就乃命，命汝司乃祖旧官小辅、鼓钟。"由此得知，师嫠之职似与乐官相近。《周礼·春官》有"钟师"，其主要职事为"掌金奏"，但也"掌磬"。虽然隶属春官系统，但其职事中有"凡射，王奏《驺虞》、诸侯奏《貍首》……"《仪礼·大射仪》郑注云："司马，政官，主射礼。"可见，司马与乐官之间存在关联。

从裘卫诸器铭文可知，裘卫职属相当于《周礼》中之"裘氏"，隶属冬官系统。而免卣、尊铭文显示，免受命"司工"，其职事与扬簋相同，也是冬官系统。作免簋的免时授司土，与扬同受赐赤⊙市。从这几篇器铭来看，至少在西周中期，载市与赤⊙市是平行的两套命服，分别对应性质不同的职官系统，两者之间似不存在等级之分，且各自有相对固定的衣、衡组合。

幽市仅一见，为中期伯晨鼎的册命赏赐。可能因为伯晨受命出就封国，属于侯伯册命，他的弓矢之赐不见于其他王臣册命。因此幽市很可能是伯晨册命时特有的命服。侯伯之赐应同于王室公卿，高于一般王臣，因此西周中期出现的这一例幽市，当是最高等级的市色。

四、西周晚期载市与朱市

我们再看西周晚期的司土以及林、牧等职官。智壶盖铭说智受命为"冢司土于成周八师"，成周是东都，王畿所在，成周八师是王朝直接掌握的军队，成周八师的冢司土，应当是管理有关军队供给土地的职官。冢司土名称应与"冢宰"词例相同，为大司土，其下当有次一级司土职。智的赏赐品为"秬鬯一卣，玄衮衣，赤市，幽衡，赤舄，鋚勒，銮旂"。南宫柳鼎记南宫柳受命"司六师牧、阳（场）、大奋（友），司义夷场、佃史"，"司六师牧、场"指司掌关中王畿内的军队相关的牧人、场人，与舀作为冢司土职掌成周八师土地管理地位相仿，亦属于"地官"系统①。其赏赐品为"赤市、幽衡、鋚勒"，在命服的赏赐上是相同的。宣王器逨盘铭文载逨受命"疋荣兑，𩁹司四方吴（虞）林用宫御"，所司为虞林，相当于免器中的免作"司林"，即《周礼》司徒下属的"山虞""林衡"等职，其所受命服与南宫柳完全相同，即均为"赤市、幽衡、鋚勒"。李学勤先生释"𩁹司"为"总司"，结合上述舀壶的"冢司土"和南宫柳鼎的"司某"+"司某"等，可见这些职官比单一的司土、司林的职官等级要高。而柞钟的"司五邑甸人事"应该也属于司土职事，但不称司土，属于单司某一地或某一处的土地管理职事，其命服为"𢧑、朱衡"（按：𢧑可能为𢧑市的省称，亦可能是铸铭时漏"市"字）。由此可见此时的司土司林官职中赤市比𢧑市等级要高。宣王时的伊簋，器主受命作"官司康宫王臣妾、百工"。其职事与厉王器宰兽簋相近，后者受命"𩁹司康宫王家臣妾、附傭"②。前者命服为赤市，幽衡，后者命服为赤市、幽亢。这种司工类的"总司"官也用赤市，其例可比上述司土类职官。

从上述西周晚期的司土、司工、林、虞等职官受命的铭文来看，其命服大多为"赤市、幽衡（亢）"，似乎在实际册命中取代了西周中期同级别、同职事官员"𢧑衣，赤⊘市"的命服组合。

觐簋职官为"冢司马"，后来还成为册命中地位很高的右者"司马井伯"，其命服为"赤市、幽衡"。从觐簋、虎簋盖到𢧑簋，以武职官员为参照，三器的器主身份地位应当依次而降，因而命服中市的顺序也应当是赤市—𢧑市。

我们再看一组武职官员的命服赏赐。师酉簋的职司是"邑人、虎臣：西门夷、䊸夷、秦夷、京夷、弁狐夷"，所司职事应当是掌管王室的禁卫部队。询簋职司与之相近，但职掌范围和所司部队数量有所增加。前人对两器的排序争议很大，最初以师酉祖先为"文考乙伯、宫姬"、询祖先为"文祖乙伯、同姬"，认为师酉为父、询为子。但夏含夷认为询簋形制早于师酉簋，因而提出询为父而师酉为子的观点③。刘启益则根据师询簋铭"重就乃命"，以及师酉簋铭的"司乃祖考"，指出师酉是帅询之孙④。但近年中国保利艺术博物馆征集到一件师酉鼎⑤，从形制上看属于西周中期恭懿时期，器主应当与师酉簋为同一人（图三）。因此师酉与师询之间的辈分虽然不能确定为一代还是两代，但师酉应当是师询的长辈。

---

① 马承源：《商周青铜器铭文选》第三册，文物出版社，1988年，290页。
② 从李学勤释文，见李学勤：《宰兽簋跋》，载《重写学术史》，河北教育出版社，2002年，61页。
③ 〔美〕夏含夷：《父不父，子不子：试论西周中期询簋和师酉簋的断代》，载《古史异观》，上海古籍出版社，2005年。
④ 转引自黄盛璋：《西周铜器中册命制度及其关键问题新考》，载《考古学研究——纪年陕西省考古研究所成立三十周年》，三秦出版社，1993年。
⑤ 朱凤瀚：《师酉鼎与师酉簋》，《中国历史文物》2004年1期。

图三　师西鼎及铭文

故询簋的"重就乃命"应当承袭师西的职事而来，并且职责范围有大幅度增加。因此可以认为询的受命等级高于师西。我们从赏赐品来看，询除了赏赐命服"载市、絅衡"之外，还有"玄衣、黹纯"，另外还有"戈琱戟、厚柲、彤沙、鑾旂、鋚勒"等兵器、旗帜和马具；而师西仅赐命服"赤市、朱衡、中絅"，车马器只有攸勒。从这两例铭文来看，似乎说明载市等级高于赤市。然而，询簋中作为祭服的玄衣、黹纯[①]在西周晚期册命铭文中常和赤市、朱衡组合，如颂器、吕簋、王臣簋、此鼎甲、善夫山鼎等。这当中除了颂地位稍高外，王臣和吕看不出职事，此和善夫山皆为掌膳之职，可能此时命服的市、衡及玄衣、黹纯为相对固定之赐品，未必有职位高下之分。或许是晚期册命赏赐有所紊乱的表现。询簋此处的玄衣、黹纯与载市组合，可能属于特例，不能说明载市必然高于赤市。

师毁簋和辅师毁簋作器者为同一人，均在西周晚期。前者铭文中周王回顾毁在王官求学时学业优异，如今可以赓续其祖先的职官，"今余唯申就乃命，命汝司乃祖旧官，小辅鼓钟"。后者除"更乃祖考，司辅"的再命之辞外，还有增命之辞"今余曾（增）乃令（命）"，增命赏赐命服则有幺（玄）衣、黹屯（纯）、赤市（载）、朱黄（衡）。从两篇铭文来看，师毁虽然都是赓续祖考职官，但是师毁簋的职事是'小辅、鼓钟'，而且此时的师毁似乎是离开'先王小学'不久；而辅师毁簋上的职事则是'司辅'。两个职官名称相异，且赏赐命服不同，推测小辅低于司辅，两者可能是师毁祖考相继经历过的不同阶级的职官。如果上述推论不错，那么司辅的命服当高于小辅命服，也就是说载（缁）市高于叔市。这也可以从辅师毁簋铭文增命赐服中的赤舄看出端倪。赤舄之赐等级较高，见于师虎鼎、揚叔、揚伯簋、十三年瘐壶、元年师兑簋、师克盨、瑨盨，除了师虎鼎外几乎都是西周晚期器，而且师兑为师龢父的副貮，执掌"左右走马"。师龢父可能就是曾经代行王权的共伯和，作为共伯和手下

[①] 《大戴礼记·诸侯迁庙》："徙之日，君玄服，从者皆玄服。"王聘珍《解诂》曰："玄服，谓玄冕服也。《玉藻》：'诸侯玄端以祭。'郑注：'祭先君也。'"

而且执掌两走马的武官，师兑的武职相当高。师克则世代执掌王室近卫，铭文说他祖先"有勋于周邦，捍御王身"，所受职事是掌管"虎臣"，属于要害武职。两者均受赐赤市。包括塱盨其赏赐品都有详细的车马饰品，这也是等级较高的体现。因此从辅师嫠两器可以比较出，叔市高于载市，金衡高于素衡。相比较于师兑的"乃祖巾（市）"、五衡，以及师克的赤市、五衡，我们又可得出赤市高于叔市的结论。但前举走马休盘的命服也有赤市，而其他"司走马"的职官则有用载市者。因此赤市与载市等级的高低产生了矛盾。我们认为，走马休是铭文中唯一以走马为官名的人物而受到册命，尽管地位低于某些师官，但可能由于某些特殊原因，周王以殊礼赏赐走马休高出其职官等级范围的命服。因此并不影响我们对于西周晚期命服中市色等级顺序——即赤市—叔市—载市——的判断。

宣王时的毛公鼎和番生簋有"朱市、葱衡"的命服赏赐，从职事上看，二人先后执掌卿事寮、太史寮，毛公还掌管"三有司"以及王室禁卫军队，官爵极高。因此"朱市、葱衡"应当是西周晚期等级最高的命服。这一套命服不见于西周中期，说明命服等级的高低有时代性。

我们总结册命铭文命服中关于市色的等级如下：

西周中期市色等级由高到低：幽市—赤市—载市

　　　　　　　　　　　|
　　　　　　　　　　赤⊘市

西周晚期市色等级由高到低：朱市—赤市—（叔市）—载市

金文饮至礼研究

王少林

（陕西师范大学历史文化学院）

饮至为传世文献习见词汇，但对金文饮至礼的重视当首推谭戒甫先生。1963年，谭先生首将《塑方鼎》（《集成》2739）铭中的"饮秦饮"释为"饮至"①，以此奠定了饮至礼研究的金文史料边界，这一说法得到了李学勤②、高智群③、刘雨④、商艳涛⑤等多位学者的信从。随着新出材料的增多，李学勤、王宇信⑥、陈致⑦等学者将周原甲骨H11∶132的"王饮秦"、《清华简·耆夜》"饮至"纳入到先秦饮至礼研究的经验材料之中。在对新出材料的阐释中，陈致先生首倡《鄂侯驭方鼎》（《集成》2810）铭"王宴咸饮"为饮至礼，从而打破了谭先生界定的饮至礼金文史料的范围。对于陈致的新说，商艳涛、李刚提出质疑，仍然坚守谭先生的旧说，将《塑方鼎》铭"饮秦饮"视为目前可见的唯一金文饮至礼材料⑧。笔者对这一问题的关注，源自于对《清华简·耆夜》饮至礼性质的讨论。自李玄伯先生以来，学者们无不将饮至礼视为凯旋庆功性质的饮酒典礼，笔者结合经传旧注、宗教人类学、民族学材料主张饮至礼的性质并非凯旋庆功，而应以旧注所谓的"告庙"祭祀为其核心内容，从而使饮至礼的真实含义得以发明⑨。本文正是在这一认识的基础上，重新审查《塑方鼎》铭"饮秦饮"为饮至这一成说，认为谭戒甫以来的学者们大大低估了饮至礼的金文史料范围，而这都源自于对饮至礼性质的误判与对其历时性变迁认识的缺乏。

---

① 谭戒甫：《西周〈塑鼎铭〉研究》，《考古》1963年12期。
② 李学勤：《小盂鼎与西周制度》，《历史研究》1987年5期。
③ 高智群：《献俘礼研究（上）》，载《文史》第三十五辑，中华书局，1992年。
④ 刘雨：《西周金文中的"周礼"》，载《金文论集》，紫禁城出版社，2008年，125页。
⑤ 商艳涛：《西周军事铭文研究》，华南理工大学出版社，2013年，177～180页。
⑥ 李学勤、王宇信：《周原卜辞选释》，载《古文字研究》第四辑，中华书局，1980年，253～254页；李学勤：《清华简〈耆夜〉》，《光明日报》2009年8月4日第12版。
⑦ 陈致：《清华简所见古饮至礼及〈郘夜〉中古佚诗试解》，载《诗书礼乐中的传统：陈致自选集》，上海人民出版社，2012年，177～201页。
⑧ 商艳涛：《西周军事铭文研究》，华南理工大学出版社，2013年，177～180页；李刚：《西周金文中的饮至礼》，载《吉林大学古籍研究所建所三十周年纪念论文集》，上海古籍出版社，2015年。
⑨ 王少林：《清华简〈耆夜〉所见饮至礼新探》，《郑州大学学报（哲学社会科学版）》2015年6期。

一、饮至礼凯旋庆功说辨

欲厘清饮至礼的金文史料范围，首先要对饮至礼的性质做一说明。

饮至礼，李玄伯[①]首倡凯旋庆功说，之后李学勤、王宇信、陈致等皆主之，但这一说法与传世文献所记载的饮至范围及经师对饮至的传注疏证都有矛盾。

比较《春秋经》与《左传》，"饮至"又称"至"。《春秋经》桓公二年："冬，公至自唐。"《左传》记载为："冬，公至自唐，告于庙也。凡公行，告于宗庙，反行，饮至，舍爵，策勋焉，礼也。"另《春秋经》桓公十六年："秋七月，公至自伐郑。"《左传》作："秋七月，公至自伐郑，以饮至之礼也。"可见二者通用。《左传》较《春秋经》为晚，"饮至"当先称"至"，后衍为"饮至"。

综合《春秋》经传，"至"礼也绝非仅仅在军礼中有所体现，在田猎、朝聘、丧归、迎妇、省土等诸事行归后，都要举行至礼，顾栋高《春秋大事表》卷十五《春秋吉礼表》"公至"条有表详列之[②]。故《左传》总结说："凡公行，告于宗庙，反行，饮至。"孔颖达《疏》云："凡公行者，或朝、或会、或盟、或伐，皆是也。"孔氏所言，已得"行"之真义，即包括一切的出行行为，商艳涛提出"饮至礼仪不限于征伐类活动"[③]，可谓真知灼见。

"至"礼的广泛存在是由它的内容决定的。从《左传》传文及后世注疏家对《春秋经》"至"礼的解释来看，认识基本一致，都认为是"告于庙也"。如：

（1）《左传》桓公二年："冬，公至自唐，告于庙也。"

（2）《春秋经》僖公四年："公至自伐楚"，杜预注："告于庙。"

（3）《左传》襄公十三年："公至自晋，孟献子书劳于庙"，孔颖达《正义》曰："凡反行饮至，有功则舍爵、策勋，无劳告事而已。"

（4）《春秋经》定公十二年："公至自围成"，杜预注："兴动大众，故出入皆告庙。"

以上所列四条材料仅为举例，但已包含军事、出行两类至礼，经传疏证都将"至"或"饮至"释为"告庙"，表明"告庙"在不同类型的至礼中具有共通性。告庙即在庙中告祭先祖，上古先民每事必告先祖，若不告先祖而行事，则被认为是违礼。《左传》隐公八年，郑公子忽迎娶妇妫，"先配而后祖"，因而遭到礼家的批评，杜预注曰："礼，逆妇必先告祖庙而后行。"

---

① 〔法〕古郎士著，李玄伯译：《希腊罗马古代社会研究》，中国政法大学出版社，2005年，137页；李宗侗：《中国古代社会新研历史的剖面》，中华书局，2010年，17页。

② 顾栋高：《春秋大事表》，中华书局，1993年，1456～1469页。

③ 商艳涛：《西周军事铭文研究》，华南理工大学出版社，2013年，178页。

此外，战国之后的礼书对此也有解释，如《礼记·曾子问》记载孔子云："诸侯适天子，必告于祖，奠于祢。……反亦如之。"所谓"反亦如之"即在诸侯"反"回本邦后"必告于祖，奠于祢"，这里的"反"与《左传》之"归而饮至"之"归"同义。而由于献祭多用酒，后来即称之为饮至了。

笔者曾据大量的民族学材料与宗教人类学的一般理论，认为饮至礼的发生与先民的"万物有灵"论有关，他们相信人间一切行事的成功，无不是祖先神灵等超自然存在护佑的结果，故在行事返归后，必举行献祭仪式，以告祭祖先之灵，宣示神鬼护佑之功，饮至礼就是这种原始思维的体现，其具有宗教神秘主义的特征[①]。

旧说饮至凯旋庆功的依据在于《左传》桓公二年的记载："反行，饮至，舍爵，策勋焉。"其中"舍爵、策勋"当然具有凯旋、庆功的意义，但这种世俗主义的行为是在饮至告庙之后举行的，并非饮至礼的核心内容。

二、《䇂方鼎》铭"饮秦饮"非饮至

在厘清了饮至礼的性质之后，我们再来分析金文中的饮至礼。

在之前的研究中，普遍存在着看到"饮"即联想到饮至的情况。陈致先生将《鄂侯驭方鼎》铭"王宴咸饮"理解为饮至礼，即为显例。谭戒甫先生将《䇂方鼎》中"饮秦饮"理解为饮至当然也有类似的原因，但更为复杂。为表述方便，我们先将铭文抄录如下：

> 惟周公于征伐东夷、丰伯、薄姑，咸戬。公归，䰜于周庙。戊辰，饮秦饮，公赏䇂贝百朋，用作尊簋鼎。

该铭文描述的是周公东征还师的史实，为西周早期成王时少有的几篇伐东夷的军事类铭文，历来为金文家所重视，吴昌硕[②]、陈梦家[③]、唐兰[④]等先生对其皆有研究。其中，"饮秦饮"三字的释读争议颇大，谭戒甫先生将其理解为"饮至"，其理由大约有三：

其一，铭文为军事铭文，与《左传》等文献描述饮至礼的发生情景相似，很容易让人将二者相联系。如《左传》隐公五年臧僖伯曰："三年而治兵，入而振旅，归而饮至，以数军实。"僖公二十八年记载，晋城濮之战后，晋国"秋，七月丙申，振旅，恺以入于晋，献俘，授馘，饮至，大赏，征会，讨贰"。襄公三年，楚子重伐

---

① 王少林：《清华简〈耆夜〉所见饮至礼新探》，《郑州大学学报（哲学社会科学版）》2015年6期。
② 吴昌硕：《金文历朔疏证》，北京图书馆出版社，2004年。
③ 陈梦家：《西周铜器断代》，中华书局，2004年，17～19页。
④ 唐兰：《西周青铜器铭文分代史征》，中华书局，1986年，44页。

吴，"归，既饮至三日"。马王堆三号汉墓帛书《春秋事语》第二章《燕大夫章》记载："燕大夫子□率师以御晋人，胜之，归而饮至，而乐。……处十一月，晋人□燕南，大败〔燕人〕。"①由于春秋以后可见饮至礼的发生背景大多与军事战争有关，而《塱方鼎》铭的背景为周公征伐东夷还师，将其同类处理就成了自然之事。

其二，铭文"饮秦饮"与"饮至"语词相近，意义相关。如前文所见，饮至礼多被认为是凯旋庆功下的群饮，《塱方鼎》在周公东征返归后，又有"饮秦饮"的字样，与饮至礼相关自不待言。

其三，铭文"饮秦"之"秦"与"饮至"之"至"在声韵学上相通。这是谭戒甫先生力主"饮秦饮"为饮至最核心的理据。其逻辑如下：①以《说文》"臻，从至秦声"为据，证明"秦"与"臻"存在谐声关系，铭文"秦"即"臻"；②"臻，真部字，至，屑部字，二字平入通转"，推导出"秦""臻""至"三字存在谐声关系；③得出"臻"字既训为至、也读作至的结论②。陈致先生因不明该说源自谭戒甫，重新从声韵学的角度论证了该说。陈致先生认为，"秦臻属真部，至则属脂部，二者应是阳入对转"③，与谭先生稍有差异，但结论一致。

谭说的三条理据，以第三条最为重要，但第一、二条却是第三条论证的前提。按照笔者对饮至礼的理解，饮至礼的核心内容是告庙，而不是群饮。考察铭文的文本背景，"饮秦饮"实为群饮，而非饮至。铭文中的"祭于周庙"反而是饮至礼的体现。祭，从示从双从隹，当属祭名无疑，因其从隹，当是用"隹"（某种禽鸟）来祭祀的仪式，这符合饮至为告庙的结论。反过头来，我们再来审查谭说的第三条理据，发现可商榷的地方良多。

首先，"秦"字在《塱方鼎》铭文中作秦形，下作"二禾"，《说文》以为即"秦"之籀文，这种用法在金文中可得到相当多的印证，如《秦公簋》（《集成》4315）、《史秦鬲》（《集成》468）、《许子妆簠》（《集成》4616）铭中"秦"字下皆从"二禾"，故塱方鼎铭中的"秦"作"秦"是没有问题的。将"秦"释作"臻"字乃马叙伦先生在《说文解字六书疏证》一书中首创，故谭戒甫先生将"秦"释作"臻"也是说有所出，但马先生也认为"秦"即"秦"字④，并不需要通假曲作"臻"言之，故陈梦家、唐兰先生在释"秦"字皆作"秦"。

其次，谭戒甫、陈致先生以音韵学为据，认为至、秦二字相通，有待商榷。《说文》"臻，至也，从至秦声"固可证明臻与秦谐声，这也可以得到音韵学的证据，

---

① 马王堆汉墓帛书整理小组：《马王堆汉墓出土帛书〈春秋事语〉释文》，《文物》1977年1期。
② 谭戒甫：《西周〈塱鼎铭〉研究》，《考古》1963年12期。
③ 陈致：《清华简所见古饮至礼及〈耆夜〉中古佚诗试解》，载《诗书礼乐中的传统：陈致自选集》，上海人民出版社，2012年，177～201页。
④ 马叙伦：《说文解字六书疏证》卷十三，载《古文字诂林》卷六，上海教育出版社，2004年，658～659页。

臻，庄纽真部字，秦，从纽真部字。然至则是章纽脂部字，脂部与真部，阳入通转，但章纽和从纽则不见有通例，如果以"臻"字为中介，则距离太远，谭、陈二先生以音韵学为据，还不能充分证明至、秦二字可通。

最后，"饮秦饮"若释作"饮至"则存在文辞语法不通的问题。假设谭、陈二先生的说法可以成立，那么也只能证明"饮秦饮"的前两个字"饮秦"为"饮至"，那么第三个字"饮"字则无法通读。故笔者以为"秦饮"二字当从陈梦家先生的说法，作"酒名"。其中"秦"字，《说文》"秦，禾名"，把"秦饮"释作用"秦"这种谷类酿成的酒浆①，也可以从唐兰先生说，把"秦"作地名讲，将"秦饮"是作"秦地的清酒"②，两说皆可。

综合以上，笔者认为《㠱方鼎》铭中的"饮秦饮"非饮至。另，周原甲骨H11：132"王饮秦"中"饮秦"被理解为"饮至"，其理据为《㠱方鼎》铭"饮秦饮"饮至说。若以上我们的论证成立，周原甲骨H11：132所见"王饮秦"三字由于缺乏上下文背景，其真实含义可能需要再做考虑。

三、金文所见饮至礼铭文综论

《㠱方鼎》铭是在军事胜利后，返归举行至礼献祭仪式，后又举行群饮庆祝的典型铭文。虽然该铭体现了饮至礼的告庙内容，但却并未直接出现"饮至"的字样。根据《春秋经》与《左传》的对比，在春秋之前"饮至"只书为"至"，"饮至"二字连称是春秋以后的事情。笔者搜检西周金文，认为铭文中直接出现"至"字，并可确认为饮至礼的至少有以下五器：

正月，王在成周，王迋于楚麓，令小臣夌先省楚居，王至于迋居，无譴，小臣夌赐贝，赐马两，夌拜稽首，对扬王休，用作季□宝尊簋。

摹本，小臣夌鼎　《集成》2775

惟王伐逨鱼，诞伐淖黑，至燎于成周，赐郭伯㱃贝十朋，敢对扬王休，用作朕文考宝尊簋，其万年子子孙孙其永宝用。

郭伯㱃簋　《集成》4169

惟王九年九月甲寅，王命益公征眉敖，益公至告，二月，眉敖至见，献帛，己未，王命仲致归䍙伯貁裘，王若曰：䍙伯，朕丕显祖文武，膺受大命，乃祖克弼先王，异自它邦，有当于大明，我亦弗深享邦，赐汝貁裘，䍙伯拜手稽首，天子休，弗忘小裔邦，归夆敢对扬天子丕显鲁休，用作朕皇考武䍙幾王尊簋，用好宗庙，享夙夕，好朋友与百诸婚媾，用祈纯禄，鲁寿子

---

① 陈梦家：《西周铜器断代》，中华书局，2004年，17~19页。
② 唐兰：《西周青铜器铭文分代史征》，中华书局，1986年，44页。

孙，归兔其万年，日用享于宗室。

羌伯簋　《集成》4331

王大耤农于諆田，觞，王射，有司眔师氏、小子合射，王归自其田，王
驭溓仲仆，令眾奋先马，令曰：令眾奋，乃克至，余其舍汝十家，王至于溓
公宫，阤，令拜稽首，曰：小子乃学，令对扬王休。

令鼎　《集成》2803

惟王初如□，乃自商师，复还至周，此夕，飨醴于大室，穆公佑卬王，
兮宰□赐穆公贝廿朋，穆公对王休，用作宝皇簋。

穆公簋盖　《集成》4191

《小臣夌鼎》铭见于宋薛尚功《历代钟鼎彝器款识》卷九，原作季妇鼎[①]。案：妇，摹本从女从鼎，当即□字，薛氏误。铭文弎字，摹本作彶，薛尚功以为徙字，唐兰[②]以为弒字，通步。案：从摹本看，当为弎字，从弋从辵。弋，《诗·郑风·女曰鸡鸣》："弋凫与雁"，郑笺：弋，缴射也。《周礼·夏官·司弓矢》："矰矢茀矢，用诸弋射。"可见，弋即射杀的意思。铭文中"弎于楚麓"，当即周王到楚山之麓射猎。综合以上，全铭记载的是，周王在楚麓弎后，令小臣夌省视楚应，王在弎应举行至礼，然后赐物的事情。古代田猎与军事同出一源，常常于农隙狩猎，以作训练师旅之用。传世文献中在田猎后举行饮至礼常见，如《左传》昭公二十年载："齐侯至自田。"《国语·晋语二》记载："（晋献）公田……公至，召申生献。"《焦氏易林》云："吉日举钓，田弋猎禽。反行饮至，以告喜功。"所以，此处"王至于弎应"当即周王在楚麓弎射后，即在营地举行了饮至典礼。

《郭伯取簋》铭所述之事更为清晰，是周王在伐"逨鱼""淖黑"之后，在成周举行至礼，而燎祭则是具体的祭祀仪式。在军事征伐返归后举行至礼，在传世文献中最为常见，以《春秋经》《左传》为例，"公至自伐×"的记录就多达十数处；《书·武成》记载周武王在伐商归来后，"至于丰"，丰地为文王所都，也就是在丰地举行至礼；《逸周书·世俘解》记载，在武王克商之后，太公望、吕他等都有举行至礼，"告以馘俘"的事情，文中的"至"即至礼，而"告"即告庙。这些都是典型的在战争胜利还师后举行至礼的例证。

《羌伯簋》铭则说的是，益公在征伐眉敖之后，归来举行"饮至"礼，"至"后"告"字，即"告庙"。《春秋经》庄公六年记载："公至自伐卫"，杜注"告于庙"也。《羌伯簋》铭至礼与《郭伯取簋》铭所载至礼同例，即在战争胜利后举行至礼。

《令鼎》铭文中的"至于公宫"当也是至礼，是在王籍田、"还归自其田"后，在溓公之宫举行的献祭仪式。该铭文进一步说明，至礼的发生范围是广泛的，并非只

---

① 薛尚功：《历代钟鼎彝器款识法帖》，中华书局，1986年，91页。
② 唐兰：《西周青铜器铭文分代史征》，中华书局，1986年，230页。

发生在军礼中。

《穆公簋盖》铭则是周王在"商师"归来,在周地举行至礼,属于行归至礼的情景,与《春秋》经所载"公至自齐""夫人姜氏至自齐""单伯至自齐""穆叔至自会""(叔孙)昭子至自晋""意如(季平子)至自晋""婼(叔孙昭子)至自晋"等同例。

综合以上五篇铭文的分析,金文存在至礼的直接证据。在金文中,饮至写作"至",在各种行事返归后,都要举行至礼。从铭文中分析,在西周时代,至礼已经主要发生在田猎与军事之后,已与《春秋经》《左传》相仿,军事至礼已经是饮至礼的主要内容。

从《小臣夌鼎》《郭伯取簋》《羗伯簋》三篇铭文来看,在金文中,至礼可只言举行了至礼,不记录具体的祭名,如《小臣夌鼎》;也可以表明是至礼的具体内容,如《羗伯簋》所谓"至告";最为详细的当属《郭伯取簋》铭,在记录至礼的同时,表明了祭名是燎祭。这种复杂的情况表明,至礼只是体现了事成返归举行祭祀的背景,而采用哪种祭祀仪式,则需要当时的具体情况来确定。这正是前文认为《塱方鼎》铭中"祡于周庙"属于至礼范畴的原因,类似的情况在金文中还有多处,前文提到的《鄂侯驭方鼎》铭就属于此类。其铭如下:

> 王南征,伐角、僑(遹),唯还自征,才坏,噩(鄂)侯驭方内(纳)壶于王,乃裸之,驭方侑王,王休偃,乃射,驭方佮王射,驭方休阑,王宴,咸畬(饮),王亲锡驭方玉五瑴(瑴),马三(四)匹,矢五束,驭方拜手稽首,敢对扬天子不(丕)显休赉,用乍(作)尊鼎,其迈(万)年永宝用。
>
> 鄂侯驭方鼎 《集成》2810

案:《鄂侯驭方鼎》铭,陈致先生曾认为其中"王宴、咸饮"为饮至礼,李刚先生已论辩甚详,以为是宴享礼,其说甚是①。但仍需要补充的是,该铭文中"王南征、伐角、遹"是典型的军事铭文,在"还自征"后是必然要举行至礼的。笔者以为铭文中的"驭方纳壶""裸之"就是至礼。其中"壶"即青铜酒器,以酒举行裸礼,《孔子家语·冠颂》王肃注云:"裸,灌鬯也。灌鬯以享神,享献将行也。"以裸祭行至礼当为后世"以饮至之"而合称"饮至"的渊薮。

另外,从《小盂鼎》铭、《虢季子白盘》铭中也可以看到类似的情况。

> 隹八月既望,辰才甲申,昧丧,三左三右多君入服酉,明,王各周庙,□□□邦宾,延邦宾尊其旅服,东乡,盂以多旗佩,鬼方子□□入三门,告

---

① 李刚:《西周金文中的饮至礼》,载《吉林大学古籍研究所建所三十周年纪念论文集》,上海古籍出版社,2014年。

曰：王令盂以□□伐鬼方，□□□馘□，执嘼三人，只馘三千八百又二馘，孚人万三千八十一人，孚马□□匹，孚车卅两，孚牛三百五十五牛，羊卅八羊，盂或告曰：□□□□，乎蔑我征，执嘼一人，只馘二百卅七馘，孚人□□人，孚马百三匹，孚车百□两，王若曰：□，盂拜稽首，以嘼进，即大廷，王令荣讯嘼，荣即嘼遴毕故，□白□□鬼獯，鬼獯虘以新□从，咸，折嘼于□，王乎费白令盂以人馘入门，献西旅，□□入燎周庙，盂以□□入三门，即立中廷，北乡，盂告费白，即立，费白□□□□于明白、继白、□白，告咸，盂与者侯眔侯、田、男□□从盂征，既咸，宾即立，赞宾，王乎赞盂，以□□□进宾，□□大采，三周入酉，王各庙，祝延□□□邦宾，不祼，□□用牲𡧛周王、斌王、成王，□□卜有臧，王祼，祼述，赞邦宾，王乎□□□令盂以曲入，凡曲以品，零若翌日乙酉，□三事□□入服酉，王各庙，赞王邦宾，诞王令赏盂，□□□□□，弓一、矢百、画皋一、贝胄一、金冊一、戈二、矢八，用作□白宝尊彝，隹王廿（或作：卅）又五祀。

小盂鼎　《集成》2839

案：《小盂鼎》铭中虽然没有出现至字，但也可以归入至礼类铭文中。其中所谓"献西旅""□□入燎周庙"当即至礼，与《郭伯𣪘簋》铭同例，内容是盂在伐鬼方归来后，周王与盂在周庙举行的献祭报功仪式。

惟十又二年正月初吉丁亥，虢季子白作宝盘。丕显子白，粤武于戎工，经纬四方。搏伐猃狁，于洛之阳。折首五百，执讯五十，是以先行。桓桓子白，献馘于王，孔嘉子白义。王格周庙，宣榭爰飨。王曰："白父孔静有光。"王赐乘马是用左，王赐用弓，彤矢其央；赐用钺，用政蛮方。子子孙孙，万年无疆。

虢季子白盘　《集成》10173

案：《虢季子白盘》铭与《小盂鼎》相仿，事在虢季子白征伐猃狁之后，其中"献馘于王""王格周庙"当属至礼的范畴。

综合以上分析，金文中是存在大量饮至礼铭文的，或直接以"至"的字样体现，或需要分析后发现。这就可以纠正过去以为《㦰方鼎》铭文为西周金文饮至礼铭文的误解，而让金文饮至礼的铭文得到正确的认识。

四、金文饮至礼与庆功礼之别

最后需要说明的是金文饮至礼与庆功礼的关系。

前贤误解《㦰方鼎》铭中"饮秦饮"、《鄂侯驭方鼎》铭中"王宴咸饮"为饮至礼，原因在于对饮至献饮与至后宴饮之间性质的理解有偏差。前文我们已经指出，饮至礼的核心内容在于告庙，是事成返归后对祖先神灵献享、祭祀的仪式，性质是宗教神秘主义的，起源于先民们对超自然存在的崇拜，认为祖先神灵主宰着人间的一切，而在事成之后必须进行祭祀，以感谢祖先神灵之功的观念。笔者也曾参照人类学资料，发现在多个民族中，都存在着类似饮至的祭祀仪式，同时在祭祀之后，也有世俗性质的"胜利宴会"[①]，这是庆功礼的来源。这种庆功性质的宴会，在金文中也有所体现，我们举例如下：

（1）《塱方鼎》铭"饮秦饮"。前述多位学者曾认为《塱方鼎》铭中的"饮秦饮"为饮至礼，我们已辩其非。该铭是记载周公东征胜利还师的铭文，其中"禦于周庙"是军事饮至仪式，在"禦于周庙"之后，举行"饮秦饮"的群宴庆功仪式，马承源先生认为"饮秦饮"乃是"周公告庙后，举行饮宴"最得铭文本义[②]，同时周公赏给塱"贝百朋"作为赏赐。

（2）《鄂侯驭方鼎》铭"王宴咸饮"。陈致先生曾认为"咸饮"为饮至礼，李刚已详细辨别，但未对该铭中所体现的饮至礼做出阐发。铭文发生在周王南征角、遹后，周王举行祼礼，这是典型的军事饮至礼。之后，周王才又"宴，咸饮"，这是典型的庆功宴会，同时伴随着赏赐，王赏给驭方"玉五瑴、马四匹、矢五束"。

（3）《穆公簋盖》铭"飨醴"。该铭中"复还至周"发生在"乃自商师"之后，由于铭文第五字不识，该铭文义略显不明，推测当为省土返归或者军事返归后举行的至礼，在告祭祖先后，在大室举行"飨醴"，这里的飨醴当为庆功宴会。朱渊清先生曾经指出，飨醴与歆祭性质一致，是"祭祀后的欢宴"[③]，与我们所说的"胜利宴会"是一致的，正因为这种胜利宴会带有"经济利益分享"的功能，在飨醴之后，也常有赐物的行为，《穆公簋盖》铭中王就赐"穆公贝廿朋"作为赏赐。

（4）《虢季子白盘》铭"爰飨"。铭文中虢季子白征伐狁，得胜归来，王格周庙举行饮至告祭仪式，之后举行了"飨"宴，接着赏赐虢季子白"乘马""弓""彤矢""钺"等物。

基于以上的分析，我们发现在西周金文中，饮至礼之后常常伴随着胜利宴会和赏赐。但我们也可以看到，在金文的记述中，饮至礼、胜利宴会、赏赐也不是同时被记录的。有的胜利宴会会被直接省略，直接赏赐，如《小臣夌鼎》铭中，在举行至礼后直接赏赐小臣夌"贝""马两"，《郭伯取簋》铭是至礼后赏"贝十朋"，《羌伯簋》铭中的"归羌伯鼬裘"也属此例。

[①] 王少林：《清华简〈耆夜〉所见饮至礼新探》，《郑州大学学报（哲学社会科学版）》2015年6期。

[②] 马承源：《商周青铜器铭文选（三）》，文物出版社，1988年，17页。

[③] 朱渊清：《飨醴与歆祭》，载《两周封国论衡——陕西韩城出土芮国文物暨周代封国考古学研究国际学术研讨会论文集》，上海古籍出版社，2014年。

五、余　　论

　　饮至礼的范围很广，体现在先民社会生活的方方面面，从《春秋》经传中我们可以看到这种场景。但从西周金文中，我们就已经发现，饮至礼已经主要被作为军礼来使用。在军事胜利还师后，首先举行告祭祖先的仪式，接着举行饮宴、赏赐，这与《左传》桓公二年所记载"凡公行，告于宗庙，反行，饮至，舍爵，策勋焉"已无多大差别，可见《春秋》经传至礼渊源有自。但详细比较二者，发现到战国时期，人们对饮至礼的理解已经有别于西周，其重心已经向胜利宴会、大赏性质的"舍爵、策勋"倾斜，原本以告庙为中心的饮至礼也渐渐面目不明了。晚至汉代，《孔丛子》谈论饮至云："既至，舍于国外三日斋，以特牛亲格于祖祢然后入。设奠以反主，若主命则卒奠敛主埋之于庙两阶间，反社主如初迎之礼。舍奠于帝学。以讯馘告，大享于群吏。用备乐飨，有功于祖庙。舍爵策勋焉，谓之饮至。"此时，饮至已独言军事，与他事无关，并且将原为至礼核心内容的祭祀之"格于祖祢""以讯馘告"与属胜利宴会性质的"大享""乐飨"和属赏赐性质的"舍爵策勋"糅合在一起，同称为饮至了。至唐代孔颖达为《左传》作疏，已经误解为"饮至者，嘉其行至，故因在庙中饮酒为乐也"。饮至的告庙性质已渐为人所不识，空留下"饮酒为乐"的感性认识，今人误解胜利宴会为饮至礼的核心内容也在所难免了。

青铜饮壶、鍴、觯及相关问题

——从伯戏饮壶说起

孙 华

（北京大学考古文博学院）

陕西扶风县庄白白家村西周中期墓中出土了一对造型别致的铜"觯"[①]，其铭文表明作器者为"伯戏"，其中一器自名为"饮壶"[②]（图一）。这对双耳饮器的造型与当时一般的粗矮体铜"觯"形态相同，所不同的是其腹部两侧各伸出一根如象鼻的捉手。造型相同的铜器，两侧是否添加扶持的鋬耳，并不影响其实际的功用，其名称也应该相同，故一些学者仍然将伯戏饮壶归为"觯"类，称之为"伯戏觯"。伯戏"觯"的出土给青铜器的研究带来两个问题：

一是所谓"觯"的命名问题。众所周知，青铜器的饮酒器类的命名都是沿袭宋人旧称，是一种约定俗成的命名，并非当时本来的名称。伯戏"觯"其中一件有具体的

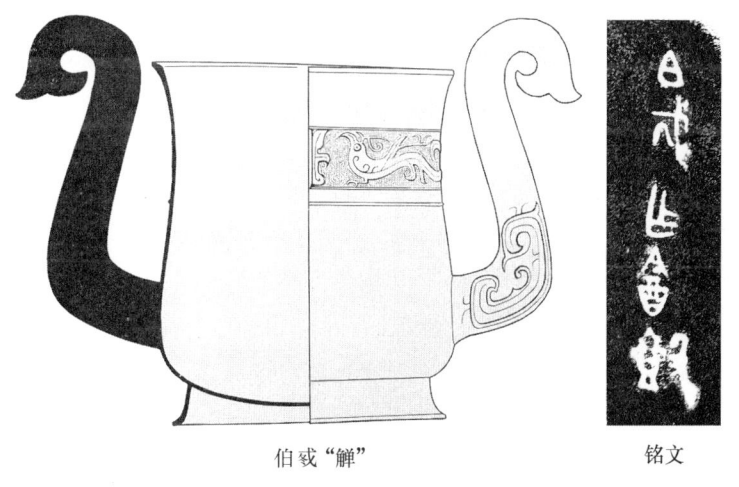

伯戏"觯"　　　　　　　铭文

图一　伯戏"觯"及其铭文

[①] 铜饮酒器中的"觯"是宋人命名，与"觚""爵"等饮酒类铜器一样，这只是约定俗成的一种称呼，不等于商周时期的人们果真这样称呼这类铜器。对于这类名实不一定相符的铜器，在论证其当时名称前，本文采取加双引号的做法，以区别于名实相符的铜器。

[②] 扶风县文化馆罗西章，陕西省文管会吴镇烽、雒忠如：《陕西扶风出土西周伯戏诸器》，《文物》1976年6期，51~60页。

自名"饮壶",我们是否可以将这类习惯上称之为"觯"的饮酒铜器改称为"饮壶"呢?

二是这类小型饮酒器组合的寓意问题。伯戏"觯"两件成对,看似相近,但二者在大小、造型、装饰和铭文上存在明显的差异。本来,成双成对的器物,其大小、造型和装饰应该相同,才显得庄重美观,西周铜礼器组合中的一对铜壶就是这样。那么,伯戏"觯"这种分别成双成对饮器的用意又是什么呢?

此外,伯戏"觯"属于粗矮体椭方形类"觯",铜"觯"的另一大类是细长体圆形类,如果前者可名为"饮壶",后者是否可以用前者的名称还是另有他名呢?

下面,笔者就对这些问题进行讨论。

一

伯戏"觯"1975年春出自陕西扶风县庄白白家村的一座西周土坑墓中。墓室已被村民取土损坏,只余残壁一段和部分墓底,墓室形态和大小已经无法知道。墓内共出土青铜礼器14件,器类有鼎、"觯"各3(椭方鼎2、圆鼎1,双耳粗矮体"觯"2、细长体"觯"1),簋、"爵"各2,甗、壶、盉、盘各1,另有兵器和工具若干。铜礼器除了壶、"爵"、盉、盘和细长体"觯"外,其余的作器者都为伯戏[①]。一件普通的细长体圆形铜"觯"与两件特别的粗矮体椭方形铜"觯"同出,这本身就值得关注,何况后者还有一器自名为"饮壶"。按照名从主人的铜器命名原则,通常将其称作"伯戏饮壶";但从其整体造型类似觯,只是比一般的觯多出了一对鋬耳,故也可以将其归入特殊的"觯"类[②]。这对双耳"觯"的造型基本相同,器体都是侈口、束颈、垂腹、矮圈足,与当时一般的粗体"觯"形态相同;所不同的是该"觯"腹部两侧各伸出一根下粗上细、顶端分叉、弯曲如象鼻的捉手。器上纹饰比较简单,只在颈部有一条左右相对的凤鸟纹带。铭文铸于器的内底,一行5字,一作"伯戏作旅彝",一作"伯戏作饮壶"。

自铭为饮壶的铜"觯",在伯戏"觯"出土前就有发现,这就是藏于上海博物馆的伯"觯"和冀仲"觯"。伯"觯"的铭文著录于多种金文书籍,可知该器为盖、身对铭,铭文皆为"伯作姬酓壶"[③](图二)。酓为歙之省,"酓,古文饮"(《玉篇》),酓壶即饮壶。遗憾的是伯"觯"的图像一直未见发表,只是陈佩芬先生在

---

① 扶风县文化馆罗西章、陕西省文管会吴镇烽、雒忠如:《陕西扶风出土西周伯戏诸器》,《文物》1976年6期,51~60页。

② 同样的青铜器,有的在器体一侧或两侧增添鋬耳,并不一定影响其功能和用途。如陕西眉县出土的铜方尊和方彝,其两侧都有象鼻形的鋬耳,这些铜器并不因为多了对鋬耳而被归入其他器类。

③ 罗振玉编:《三代吉金文存》(中册)卷十二,中华书局,1983年,1210页左下。

她论眔仲"觯"的文章中，对伯"觯"（陈先生称之为壶）的形态有如此描述："上海博物馆藏的伯壶高14厘米，有盖，侈口，形如小杯。"①推其形态，大概与带盖的粗矮体"觯"差不多。眔仲"觯"，原盖、身分藏于北京大学和上海博物馆，后经邹衡、高明、严文明先生促成璧合于上海博物馆②。眔仲"觯"的造型很像是无提梁的小型"卣"，通高14.8、口长8.4、宽6.8厘米，体态呈较矮的椭方体。圈顶捉手，

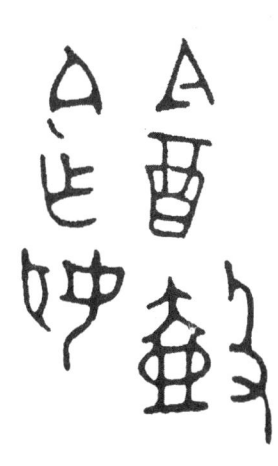

盖铭　　　　　　　器铭

图二　上海博物馆藏伯饮壶铭文

穹隆盖面，盖壁直而微侈，罩于器身子口上。器身斜直的上段较短，外鼓的下段稍长且下垂。圈足直而外倾，足底外凸。器表满布纹饰，盖面、盖壁和器腹的四个正面中线都饰以高扉棱，盖面和器腹以相对的卷云状无头蟠龙纹作主纹，盖壁和器颈饰两两相对的折身虫蛇纹，器颈以前后的兽首为中心对饰喙部长而下卷的歧尾鸟纹，所有主题纹样都以云雷纹衬底。在盖内壁和器内壁，铸有基本相同的铭文（隶定用宽式）："眔仲作佣生饮壶，匄三寿懿德万年。"（图三）此器的年代为西周中期恭王前后，与伯戜"觯"年代相近。器自名为"饮壶"，陈佩芬先生通过眔仲"觯"与上海博物馆藏伯"觯"及周原出土伯戜"觯"的比较，已经指出："铭文称饮壶的比较少，形式可分为侈口和直口两类。……眔仲壶是直口有盖壶，形似卣而小。因此，凡卣形无提梁的小型容酒器应是饮壶。"陈佩芬的意见是值得重视的。伯戜"觯"连同伯"觯"和眔仲"觯"，一方面证实了粗矮体椭方形或椭圆形铜"觯"，无论其是否有鋬耳，都可以称之为"饮壶"；另一方面证实了粗矮体椭方形或椭圆形铜"觯"，无论其器口是直还是侈，有器盖还是无器盖，器盖是插于器口内还是套于器口外，也都可称之为"饮壶"。

---

① 陈佩芬：《眔仲壶》，《文物》1984年6期，21～23页。

② 据陈佩芬先生说："1956年7月，上海博物馆征集到一件眔仲壶，经鉴定，此壶器体是西周原物，未见著录。""前几年，我们为编辑《商周青铜器铭文选》，曾去各省市收集青铜器铭文拓片，在北京大学历史系考古标本室，意外地发现了眔仲壶盖。我们把这一发现先后告诉了邹衡、高明同志，并征询盖与器是否有璧合的可能，他们都表示愿意帮助促成此事。后又承严文明同志及历史系领导同志的慷慨支持，将眔仲壶盖调拨上海博物馆，而谢绝了我馆提供的交换文物。我们深为这种高尚的风格所感动。这样，南北分离达半个多世纪之久的眔仲壶与盖，终于璧合了。这件事情将在文物界传为佳话。"陈佩芬：《眔仲壶》，《文物》1984年6期。

盖铭

器铭

異仲饮壶

图三　異仲"觯"形器及其铭文

在伯戉"觯"出土以后，又有两例可能自铭为"饮壶"或"饮罐"的小型饮酒铜器问世，这就是丰镐遗址出土的邢叔饮壶和不知出土地的伯饮罐。

邢叔饮壶1985年出自陕西长安县马王镇张家坡M165中，器物造型好似带双錾的圆直筒，口径9.8、通高14.5厘米。未见盖，短子口，长直腹，下接外折的矮圈足，两侧腹壁上各接一对绚索状的錾耳。器表纹饰简单，仅器腹上下各饰窃曲纹一周，其间另有旋纹一道。铭文铸于内底："井叔作畬□。"①（图四，左）该器铭文的饮字后的器物自名不清晰，原报告未作隶写，另有学者隶写作"壶"。该器是否自名为壶，这本来还存在疑问，如果该器自名的文字释读无误，也并不奇怪。伯戉"觯"和異仲"觯"的形态似无提梁的小"卣"，而在提梁"卣"中，就有一类是粗直筒状的，如竹园沟夔龙纹提梁筒形壶（BZM13∶2）等②。去掉这类提梁"卣"的提梁，缩小其体量，就可以成为类似邢叔饮壶器体的模样。笔者曾经撰文论述过，所谓铜"卣"实际

---

① 中国社会科学院考古研究所：《张家坡西周墓地》，中国大百科全书出版社，1999年，155～161页，图115∶5，图120，图版111∶2。

② 宝鸡市博物馆卢连成、胡智生：《宝鸡強国墓地》，文物出版社，1988年，62～65页，图四九～图五一。

邢叔饮壶　　　　　　　　　　　伯饮罐

图四　邢叔饮壶与伯饮罐

上应该更名为提梁壶，卣应该是被误称为"觥"的一类铜酒器①。因此，这类无提梁的小直腹"卣"被称之为饮壶，也在情理之中。

伯饮罐见于2006年澳门崇源国际秋季拍卖会上，铜器呈西周中期早段的风格，与伯戜"觯"年代相近。器通高19厘米，造型与粗矮体"觯"相似，小圈顶捉手，无盖壁的弧顶盖，盖下子口纳入器口。器身为短侈口，斜壁外鼓且下垂，器底接外撇的矮圈足。盖沿和器颈各饰一道云雷地纹的垂冠回首鸟纹。铭文铸于盖的内顶和器的内底，盖器对铭，均为"伯作畬罐"②（图四，右）。此器自名为鑵（罐），但造型却与伯戜"觯"类似，只是没有鋬耳。鑵或罐字作为容器名称，在古代文献中出现较晚，《说文》没有收录这两字，以后的字书或韵书都将这两字作为汲水容器③。目前为止，这种矮粗体"觯"自名为"饮壶"者已发现数例，而自名为饮鑵（罐）的仅伯饮罐一例，这类铜器是否能够称为饮罐，还需存疑。

综合上面有自名的五件饮酒铜器，自名为"饮壶"的计有伯戜"觯"、伯"觯"、冕仲"觯"三例，另有邢叔饮器可能自名"饮壶"，自名为"饮罐"的只有

---

① 孙华：《商周铜卣新论——兼论提梁铜壶及铜匜的有关问题》，载《洛阳博物馆建馆四十周年纪念文集（1958~1998）》，科学出版社，1999年，22~34页。

② 吴镇烽：《商周青铜器铭文暨图像集成》第19册，上海古籍出版社，2012年，482页。

③ 《广韵·换韵》："鑵，汲水器也。"《集韵·换韵》："罐，汲水器也。或从金。"

伯饮罐一例。这些自名"饮壶"铜器的共同特点是器体矮小，侈口或直口，下带矮圈足，并且在确切自名为"饮壶"的三件铜器中，均作椭圆形（或椭方形）垂腹之形，这正是铜"觯"两种主要类型之一。因此，可以判断，铜"觯"中的粗矮体椭方形或椭圆形一类，应该可以称之为"饮壶"。粗矮体椭圆或椭方形的饮壶有直口套盖和侈口插盖两小类，前一小类如果放大并加装提梁，就是所谓"卣"。由于先前被称作"卣"的铜提梁壶，其自名为"壶"者都是圆形侈口插盖类，故有学者认为圆形侈口插盖类提梁壶应称壶，而椭圆或椭方形直口套盖类提梁壶应该名卣①。现在从椭圆或椭方形的直口套盖和侈口插盖小饮酒器都名"饮壶"来看，体量更大的这两类带提梁的铜壶也都应当称之为"壶"。关于这个问题，笔者将另文专门讨论，这里不再赘言。

习惯被命名为"觯"的饮酒铜器，从其横截面来分，有圆形、椭圆形（椭方形）两种；从其纵立面来说，有细长体、粗矮体之分。有"饮壶"自名的都是粗矮体的椭圆形或椭方形，那么，细长体的圆形铜"觯"究竟是什么名称？"饮壶"是对小壶的功能命名，就如同"镬鼎""升鼎""醴壶"等一样，只可证明这些小壶是饮用酒浆的壶类，这类铜壶是否还有更具体的专名？这些都是需要进一步讨论的问题。

我们首先讨论细长体圆形铜"觯"的问题。

细长体的圆形铜"觯"，传世品中有自名为"鍴"或"岩"者，这就是早就引起学者们关注的徐王义楚鍴、义楚岩和徐王疕又岩②。这些铜"觯"据说是清代光绪十四年出土于江西高安县清泉市，一般认为不存在真伪问题，只有林巳奈夫先生认为徐王义楚等铜"觯"，器物和器铭都是伪作③。徐王义楚等"觯"应该是真实可信的，一来其出土情况比较清楚。刘心源在这些铜器出土后不久就曾观摩三器，他记载这些铜器"初出时苔斑颇厚，有村土用锥剔字，稍稍受伤。心源观三鍴，铜质湛碧，莹泽入骨"④。二来江西高安、靖安一带自清代到当代不断发现徐国铜器，其中就有徐王义楚之器⑤，徐王义楚等铜"觯"在这一带出土，应该是合理的。这些铜觯造型相同，都是细长体的圆形器，器口外侈，颈部内曲，腹部下垂，圈足低矮，铭文铸于光素的器表，其中徐王疕又和义楚"觯"自名为"岩"，徐王义楚"觯"自名为"鍴"（图五）。王国维先生根据这些自名鍴或岩的铜器，认为鍴和岩即"𣂏"，𣂏与觯的古音相近，所以文献中的觯应当指这类器物⑥。自王国维先生考证以后，研究者通常从王

---

① 张昌平：《论济南大辛庄遗址M139新出青铜器》，《江汉考古》2011年1期；裴书研：《青铜提梁壶与卣之界定》，《考古与文物》2013年6期，44～47转68页。
② 董楚平：《吴越徐舒金文集释》，浙江古籍出版社，1992年，271～276页。
③ 〔日〕林巳奈夫：《殷周时代青铜器之研究》第一编，（东京）吉川弘文馆，1984年，80、129页。
④ （清）刘心源：《奇觚室吉金文述》卷一七，广陵书籍刻印社影印本，1991年，35页。
⑤ 博烨、白坚：《江西靖安出土春秋徐国铜器》，《文物》1980年8期。
⑥ 王国维：《释觯、觛、卮、𨎥、𣂏》，载《观堂集林》卷六，中华书局，1984年。

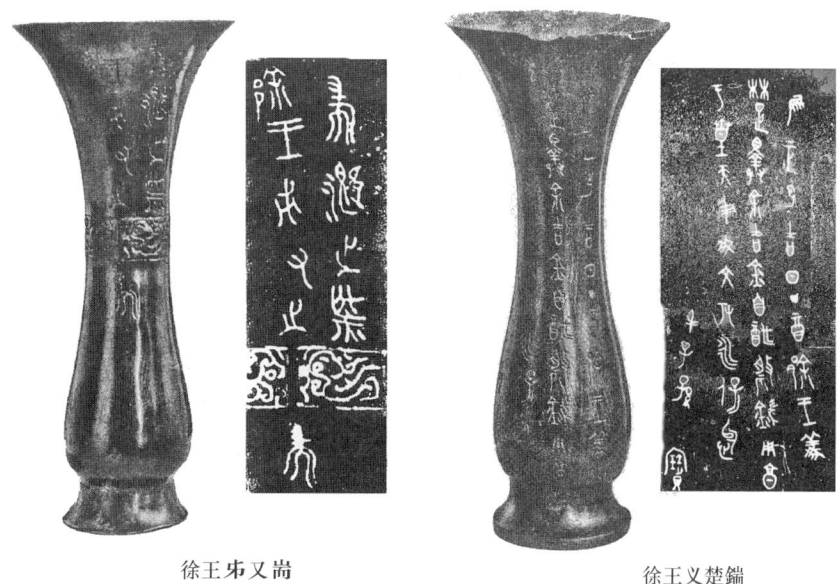

图五　徐王**弔**又耑及徐王义楚鍴

说。不过，马承源先生曾经指出："古从耑和从專之字，音读可通。《说文》：'腨，小厄也，从厄耑声，读若捶击之捶。'《集韵》云：'腨，或从專。'……以上诸颛字亦皆读与專同。專有團、圜之义，《周礼·地官·大司徒》：'其民專而长'，郑玄注：'專，團也。'《集韵》：'團，《周礼》作專。'是以耑、專音同可以假，而且从耑的字也含有團圆的意思。《玉篇》云：'圜，圆也。'《说文》：'簹，以判竹圜以盛谷也。'朱骏声《说文通训定声》云：'字亦作圖，《仓颉篇》"簹，圆仓也。"'青铜酒器觯形状圆而小，自名为鍴，传世有徐王义楚鍴，是鍴字也有圜义。"①马承源先生从铜"觯"自名"鍴""耑"的意义上论述二者的联系，显然比王国维先生在认定这类器物名"觯"的基础上从音读上寻找二者之间的关联，其合理性更强一些。如果这种圆形细长体的"觯"因形近圆筒而名为"鍴"的话，椭圆或椭方形的粗矮体"觯"，就不大可能再以"鍴"为名。当然，无论是圆形细长体还是椭圆（方）形粗矮体的"觯"，造型都类似于小壶，圆形的"觯"与壶的本来造型更加接近，它们应该都可以使用"饮壶"这一小共名，尽管细圆体的铜鍴上还没有发现自名为"饮壶"的例子。

下面我们要讨论的第二个问题，也就是粗矮体椭圆或椭方形"觯"的专名。

在西周粗矮体椭圆或椭方形铜"觯"中，丰镐遗址出土的**蟲**飢进"觯"很值得注意。该器1981年在陕西长安普门镇花园村M17中出土，墓室带腰坑，知墓主很可能是

---

① 马承源：《说鍴》，载《古文字研究》第十二辑，中华书局，1985年。

殷遗民。随葬铜器共16件,其中"爵"和"觯"各2件,另有"瓠"1件①。在2件铜"觯"中,一件是细高体的圆形,如前所述,可以名之为鍴;另一件为矮胖体的椭方形,原简报称后者为"方壶",研究者或称之为"方觯",或称之为"饮壶"②。这件椭方"觯"通高18厘米,上罩带半环纽形捉手的弧顶盖,盖有浅子口插入器口。盖器对铭,均为"䚄玑进作父辛🔣束(族氏铭文)",铭文外有亚字形框(图六)。父辛后一字应为器物自名,李学勤先生怀疑此字"从'羊'声,读为'觞'。《说文》'觞'字下云:'实曰觞,虚曰觯。'觯实以酒就叫做觞",因而认为,以往著录称作壶或觯的铜器称之为"觯"是妥当的③。黄盛璋先生将此字分析为"从系从鬯,系自是形旁,鬯则表鬯中盛羊肉所以祭祀,当为会意。音读未详,如读羊声或鬯声,古音皆在阳部","此器为圆壶之变种,故立专名,以与圆壶区别",并以汉代为方壶专造"钫"字作例证④。李学勤先生之说,有先以"肯定宋人所名觯之器本名确为觯"为前提之嫌⑤,其论证也存在疑问。正如清人段玉裁所说:"觞者,实酒于爵也。《韩诗

䚄玑进觯

盖铭

器铭

图六　䚄玑进觯及其铭文

---

①　陕西省文物管理委员会:《西周镐京附近部分墓葬发掘简报》,《文物》1986年1期,1~31页。

②　前者如朱凤瀚先生,见氏著《古代中国青铜器》,南开大学出版社,1995年,121页;后者如吴镇烽先生,见氏著《商周青铜器铭文暨图像集成》第19册,上海古籍出版社,2012年,487页。

③　李学勤:《论长安花园村两墓青铜器》,《文物》1986年1期,32~36页。

④　黄盛璋:《长安镐京地区西周墓新出铜器群初探》,《文物》1986年1期,37~43页。

⑤　朱凤瀚:《中国青铜器综论》(上册),上海古籍出版社,2009年,251页注3。

说》：'爵、觚、觯、角、散五者，总名曰爵，其实曰觛。'"可知倒酒于饮酒器都可称之为觛，不仅对觯而言，不得因此器自名可读为觛，就认为此器就名觯。到目前为止，粗矮体椭方形"饮壶"仅此 𦥑 𰉉 进"觯"一例有自名，值得关注。该"觯"的自名"𰉉"字，右偏旁肯定不是"系"，而应是"欠"的一种写法，前述虞仲饮壶铭文中"懿德"的懿字，其右偏旁就与 𦥑 𰉉 进"觯"的"𰉉"字右偏旁相同。"𰉉"字的左半下部为"凵"字，这没有问题，上部虽然近似"羊"字，但羊字竖笔下端有一个正三角形符号（不是有的羊字竖笔下端的倒三角形），这比较近似"羔"字[①]，故有的学者将"𰉉"字隶定作"歔"。不过，典型的"羔"字竖笔下端横笔较长且两头略向上挑，与此字所从还是有些差异。笔者怀疑这个类似羊字的偏旁是上羊下土，从羊从土的𦍒字，义为公羊，也就是所谓"羝"。《说文·羊部》："羝，牡羊也，从羊氐声。""𰉉"字应分析为从欠从凵羝声。羝字以氐为声，觯字的一种古老写法"觝"字，也是从角氐声。《说文·角部》："觯，乡饮酒觯，从角单声。"段玉裁注："按郑驳议云，今礼角旁单。然则是今文礼作觯也，单声而支义切。由古文本作觝，从氐声，后递变其形，从辰从单为声，而古音终不改也。"[②]由此可知，粗矮体椭方形"饮壶"，其专名应该就是觯（觝），尽管在西周时期这个文字还没有完全固定。

综上所述，中口垂腹、下带圈足的青铜饮酒器，其共名为"饮壶"，其中细长体圆形器可能名为"锦"，粗矮体椭圆或椭方形器则很可能名为"觯"。

二

两件伯戎觯的造型基本相同，器体都是侈口、束颈、垂腹、矮圈足，除了腹部两侧多出一对象鼻状捉手外，与当时一般的粗矮体椭方形"觯"基本相同。不过，该觯虽然两件成对，却也存在一些小的差异（图七）。

差异之一是体现在大小体量上。稍大的一件口径16.6、器高16.9厘米（以下称作"大伯戎觯"）；稍小的一件口径14.5、器高12.5、通高14.5厘米（以下称作"小伯戎觯"）[③]。二觯的高度相差达到了2厘米左右，对于觯这种小型饮酒容器来说，差别还是比较明显的。

差异之二体现在器物造型上。大伯戎觯口部外侈程度大，颈部收束明显，腹部下垂并外鼓厉害，两侧的象鼻形鋬低于器口，鋬下都有小垂珥；小伯戎觯的口部外侈程

[①] 高明、涂白奎：《古文字类编（增订本）》（下册），上海古籍出版社，2008年，884页"羔"字。

[②] （汉）许慎撰，（清）段玉裁注：《说文解字注》，上海古籍出版社，1981年，187页。

[③] 伯戎觯的尺寸大小，依据曹玮：《周原出土青铜器》第7册，巴蜀书社，2005年，1382~1388页。

图七　大小伯或觯比较

度小，颈部内曲不明显，腹部外鼓也不显著，两侧的象鼻形鋬高于器口，双鋬下却没有小垂珥。

差异之三是颈部纹带的纹样。大伯或觯中心花样为浮雕状的兽首，两侧的长尾鸟纹的尾羽主体已经脱离鸟身，卷曲如窃曲纹；小伯或觯中心花样却以一道纵向凸棱为中线，两侧伸出三个短横道，整体如同"王"字纹，中心花样两侧长尾鸟纹的尾羽未脱落，尾羽形态近似夔龙纹的后部。

差异之四是铭文所述的作器对象。大伯或觯的铭文是"伯或作旅彝"，小伯或觯的铭文为"伯或作饮壶"。前者将所作的对象称作"旅彝"，"旅"字，学者们有不同的解释，不外乎行旅、军旅、祭祀等意思[①]；"彝"本是动物造型的礼器，引申作礼器的总名。后者将所作的对象具体称作"饮壶"，其含义大概是饮用酒浆之壶。前者强调的是该器大的功能用途，即行旅或军旅或祭祀用器，后者则只是表示该器小的实际用途，即饮用酒浆的器物。

上面罗列的两件伯或觯的细部差异，是在整体感觉相近的视觉印象的基础上，采用增添、改动局部形态和纹饰等手法，使得这对铜觯能够彼此有别。显而易见，主持制作这对铜觯的人是要给这对铜觯赋予某种容易察觉的识别标志，这种识别标志要在不影响这两件铜觯是一对的前提下，能够一眼就察觉出来。

[①] 参看黄盛璋：《释旅彝》，《中华文史论丛》1979年2辑，105～120页。

伯戏觯的作器者，根据铭文都是"伯戏"，在同墓共存的总共14件铜礼器中，作器者为伯戏的有8件，显然伯戏就是该墓墓主。伯戏为自己制作一对饮酒器，却刻意要将其加以区分，其可能性有多种：一种可能性是为了区分饮酒者主宾所用的饮酒器，即使主人在会见多位宾客的情况下，也可以主人使用一件杯子而宾客轮流使用另一件杯子；一种可能性是为了区分伯戏夫妇所用之饮酒器，所以该铜觯两件成对而不是更多，商周墓葬中出土的铜觯都只有一两件，而不像铜"觚""爵"那样的小型饮酒器一套可以多至10件，可作其证。那么，在商周时期是否存在这种分别酒杯的情况呢？

制作一套饮酒器供主客使用，可以是制作相同样式的多件一套，主人使用其中一件，其余宾客也每人一件（当然也可以制作不同样式的饮酒器多件，主客按不同身份使用不同形态或大小的饮酒器，如礼书中所说那样）；也可以制作相同样式的两件一套，主人使用其中一件，宾客轮流使用另外一件。如果是后一种情况，就涉及共用酒杯的清洁问题。周人饮食礼仪中有洗饮酒器之仪，广泛运用在多种多人参与的仪式活动中。如"乡饮酒"礼中的一个环节①，就是主人用一只酒杯斟酒，按照由尊至卑的次序，轮流向宾客（古有宾、介、众宾之分）敬酒。为了向宾客表示酒杯清洁，每当重斟一杯酒敬下一位宾客前，都要用清水洗手并清洗酒杯；宾客向主人回敬时，也要用清水洗手和清洗酒杯②。《诗·大雅·行苇》"肆筵设席，授几有缉御。或献或酢，洗爵奠斝"的诗句，就是这类行为的简约化描述。其他如婚姻、祭祀、射箭等礼仪，也都有这种清洗酒杯的行为。作为聚会饮食使用的器具，本来都是洗干净的，为何还要在仪式过程中再添加洗酒杯这一环节呢？一个合理的解释是，在古代饮酒的场合，有多人共用同一酒杯的情况，需要清洗某人使用过的酒杯后再斟酒传给下一位饮酒者。这种洗酒杯的行为后来被程式化和礼仪化，即便不是多人共用同一酒杯，也有了洗酒杯这个象征性仪式。

制作两件成对的饮酒器给夫妇专用，这更是古代常见的现象。早在周代以前，男女结婚举行婚礼，就要用一对相同或相近的特殊杯子并用特殊的方式喝酒。这种杯子当初据说是葫芦对剖而成的瓢状杯，以后又用其他材质制作并演化出了若干花样。

---

① 《仪礼·乡饮酒礼》："主人坐，取爵于篚，降，洗。宾降。主人坐，奠爵于阶前。辞。宾对。主人坐取爵，兴，适洗，南面坐，奠爵于篚下，盥洗。宾进，东北面辞洗。主人坐，奠爵于篚，兴，对。宾复位，当西序东面。主人坐取爵。沃洗者西北面。卒洗，主人壹揖、壹让，升。宾拜洗。主人坐，奠爵，遂拜，降盥。宾降。主人辞，宾对，复位，当西序。卒盥，揖让升。宾西阶上疑立。主人坐取爵，实之，宾之席前西北面献宾。宾西阶上拜，主人少退。宾进受爵以复位。主人阼阶上拜送爵，宾少退。""主人升复席。司正洗觯，升自西阶，阼阶上北面受命于主人。主人曰：'请安于宾。'司正告于宾，宾礼辞许。司正告于主人，主人阼阶上再拜，宾西阶上答拜，司正立于楹间以相拜。皆揖复席，司正实觯，降自西阶。阶间北面坐奠觯退，共少立。坐取觯不祭，遂饮卒觯。兴，坐奠觯，遂拜执觯。兴，盥洗，北面坐奠觯于其所，退立于觯南。"

② 《礼记·少仪》："凡洗必盥。"

《礼记·昏义》："昏礼者。将合二姓之好。……妇至，婿揖妇以入。共牢而食，合卺而酳。所以合体，同尊卑，以亲之也。"这种合卺的酒杯，通常是相同或相似的两个杯子，有时还将这两个杯子做成杯体相连或杯腹相通的连体杯造型，也有用其他方式将两个杯子连在一起。如宋代汴京一带的合卺风俗，就是用彩色丝线将两个杯子的圈足连在一起，夫妇换杯交饮。宋人王得臣《麈史》下《风俗》："古者婚礼合卺，今也以双杯彩丝连足，夫妇传饮，谓之交杯。"这种习俗源远流长，有人已经注意到新石器时代的一些连体杯，认为它们就是合卺仪式的用器①。这种合卺用双杯发展到周代，已经在相当广的区域被采用，并且多与鸟的形象结合在一起。两周时期成双成对的饮酒器皿，其中就多增饰具象的动物头部，甚至整体都有动物寓意的饮酒器。这种杯子铜器和漆器均有，动物也多作鸟形，造型主要有以下几种类型：

第一种是长柄圈足杯，好似长柄勺。这类器物，古称作"瓒"，日本学者林巳奈夫将这类器物单独作为一类，名之为瓒②。周原云塘窖藏出土的一对两件伯公父铜瓒，口径9.1、全长19.1厘米。形如勺，圆口微敛，肩腹圆折，底有矮圈足。下腹接宽长柄，柄呈圭形，中折为两段，后段平而前段曲。颈饰变形蝉纹及云纹，腹饰瓦沟纹，足饰重环纹。柄上后段上面饰连体双头夔龙纹，前段上面铸铭文。铭文两勺连读，共6行28字："伯公父作金瓒。用献用酌，用享用孝，于朕皇考。用祈眉寿，子孙用宝用耆。"③该器铭文两器连读，可知当初就是两件成对；器铭自名为"瓒"（或释作"爵"），并记述了该类器物的具体功能和用途，非常重要（图八）。如果在伯公父瓒一类饮酒器的杯体前部加上鸟的头部，就成为我们讨论的鸟形杯。该类杯以杯体形态为标准，可以划分为两小类：

第一小类：杯体如高足杯，杯体前壁做出包括鸟头或鸟足在内的鸟的前半身，杯体后壁伸出前部弯曲而后部平直的长柄。这种兽首的铜瓒早在西周时期就已出现，周原扶风县五郡西村窖藏出土的西周晚期铜瓒（J1:11）④，就是在类似伯公父瓒的杯体前加一个与长柄相对的兽首环耳构成。到了战国时期，就已经出现在杯体前加饰鸟首的铜瓒，故宫博物院旧藏的鸟首长柄铜瓒即为其例⑤（图九）。宋代聂崇义《新定三

---

① 张力丽：《由合卺杯看中国传统双连杯的演变》，《装饰》2011年11期，90~91页。

② 〔日〕林巳奈夫：《殷周时代青铜器之研究》第一编，（东京）吉川弘文馆，1984年，125~127页。

③ 陕西周原考古队：《陕西扶风县云塘、庄白二号西周铜器窖藏》，《文物》1978年11期，6页，图一三，图版叁：1；曹玮主编：《周原出土青铜器》第3册，巴蜀书社，2005年，486~495页。

④ 宝鸡市考古研究所、扶风县博物馆：《陕西扶风五郡西村西周青铜器窖藏发掘简报》，《文物》2007年8期。

⑤ 故宫博物院：《故宫青铜器》，紫禁城出版社，1999年，284页。该书编撰者将该器称作"鸟饰勺"。

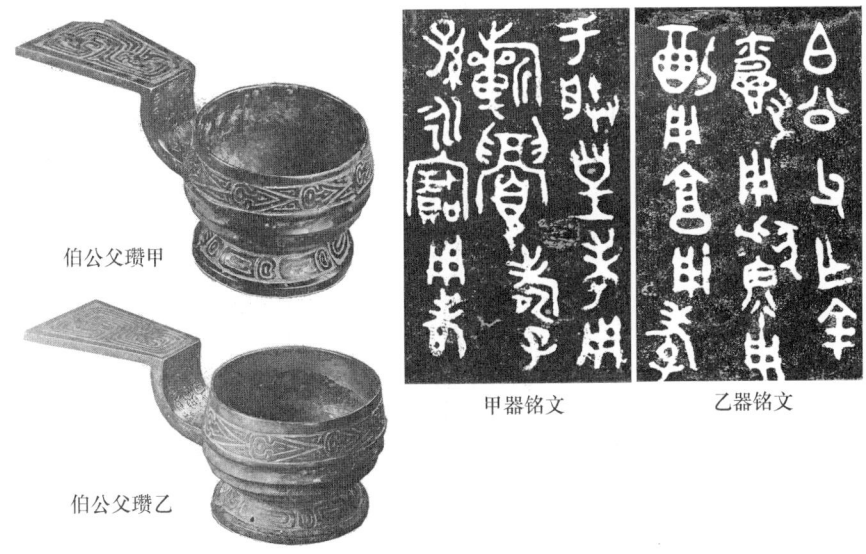

图八 伯公父铜瓒及其铭文

礼图》想象复制的古器"大璋瓒""中璋瓒""边璋瓒""圭瓒""璋瓒"[①],均属此类,只不过杯体为平底(但圭瓒和璋瓒还有相当于圈足的"瓒盘"),并将杯体前的鸟首做成龙首罢了。

第二小类:杯体如小圆筒,前有鸟喙形装饰,后接宽长柄,如湖北荆门包山二号楚墓出土一对两件漆长柄小杯[②](图一〇)。这类带柄鸟喙漆杯,通常将其称作"勺",李家浩先生对比同墓出土遣册上记作"二雕瓒",将其命名为"瓒",可

图九 故宫博物院藏青铜鸟形瓒

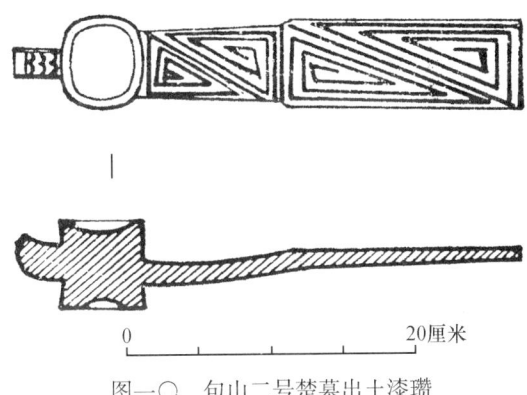

图一〇 包山二号楚墓出土漆瓒

---

① (宋)聂崇义纂辑,丁鼎点校:《新定三礼图》卷十二、卷十四,清华大学出版社,2006年,359~362、453~456页。

② 湖北省荆沙铁路考古队:《包山楚墓》(上),文物出版社,1991年,147~149页,图九一:4,图版四五:1。

从①。这类长柄鸟喙瓒，实际上可以视为第一类长柄鸟首瓒的简化。

第二种是无柄高足"杯"。其体态如匜，俯视呈桃形，正视如豆，前有含珠的鸟首，下有细矮柄的圈足。这类杯有铜制的，也有漆木的，前者如包山二号楚墓出土的一对带流铜"杯"（编号2∶89）②，后者如包山二号楚墓出土的一对带流漆"杯"（编号2∶25、31）③。包山带流漆高足"杯"尤其令人关注，这对漆"杯"表面用红、黄、金三色绘制龙凤纹，其中2∶25"带流杯"器腹绘四龙相蟠的夔龙纹；2∶31"带流杯"器腹绘展翅欲飞的凤鸟纹（图一一）。李家浩先生已经指出，这两件漆"带流杯"就

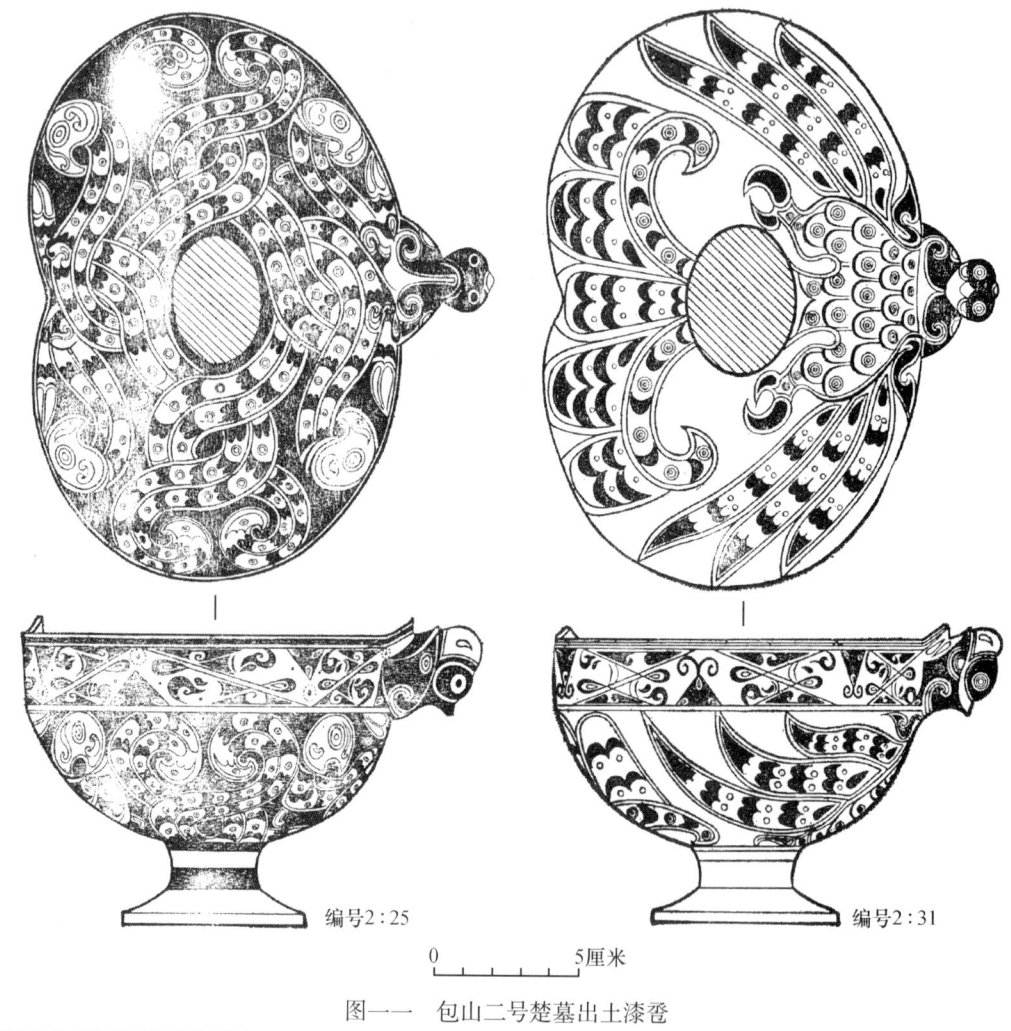

图一一　包山二号楚墓出土漆卺

---

① 李家浩：《包山二六六号简所记木器研究》，载《国学研究》第二卷，北京大学出版社，1994年，525～554页。李家浩先生此文在《国学研究》发表前，编辑部邀请高明先生审稿，我有事到高先生家去，高先生正在看李先生稿。高先生告诉我，李先生此文写得很好，发表后你也好好看看。今撰写纪念高明先生诞辰之文再查阅李家浩先生文，回想起高明先生当初教诲，谨识以为纪念。

② 湖北省荆沙铁路考古队：《包山楚墓》（上），文物出版社，1991年，189页，图一二二：1，图版四五：1，彩版一一：3。

③ 同②，141～144页，图八七，图版四三：2，彩版六：5。

是该墓遣册简文（1）中的"二䇓"，也就是朱德熙先生在考释望山楚墓简文时读为"㪸"的"近"字①。合㪸即喝交杯酒用的杯子，器物形状类似对剖的葫芦，古人认为远古的杯子就是这种形状，以表示不忘本源之意②。

上述两种三类鸟形杯，凡是考古出土的，都是成双成对。包山二号楚墓出土的两件高足漆㪸，二器造型相同，形体也相差不多（标本2∶25最大口径19.5、通高10.5厘米；标本2∶31最大口径19.3、通高10厘米），但二者的彩漆纹饰却一为龙一为凤，并且龙纹者也稍微大于凤纹者。李家浩先生认为："这两件所谓的'带流杯'分别以龙、凤为图案，正符合古人以龙、凤喻男、女之意，无疑是古书中所说的'合㪸'。"③在包山二号楚墓中，还出土有一件凤鸟造型的双联漆杯（2∶189），漆杯通高不过14厘米，造型和纹饰却相当复杂。杯子整体作凤鸟背负两个直口直壁圆筒形杯子的造型，因鸟的双腿居前，为了放稳杯子，还在两个杯子外后侧各做了一只小鸟为足，使整个双联杯呈现"前三点"的四足器模样。两个竹胎的杯子相连，杯壁下部还穿有一孔，内插一根竹管相通。器表用红、黄、金三色绘制凤鸟的羽毛和细部，两个杯体外壁和杯底分别绘制两条相互盘绕的夔龙纹④。该器相当于遣册中的何物，目前还难推定，但该器可以视为两件复杂造型的鸟首长柄杯即瓒的合体，是真正在器物造型上就体现出的"合㪸"（图一二）。

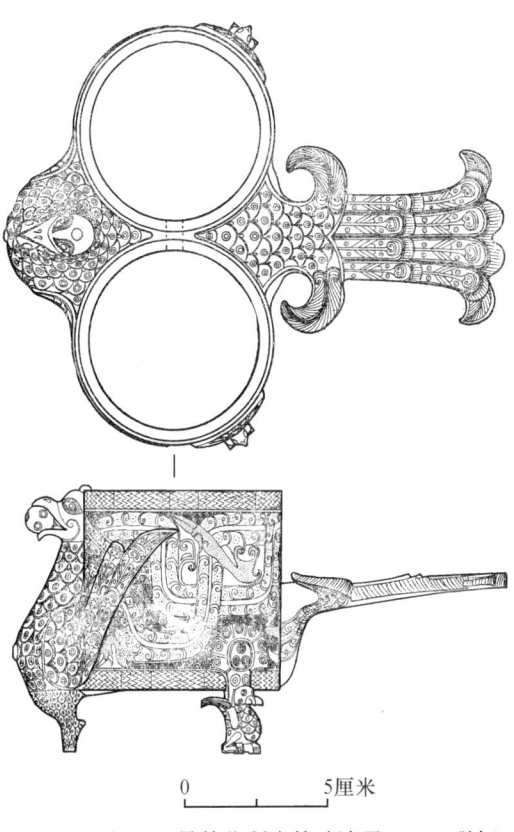

图一二　包山二号楚墓所出特殊漆㪸——双联杯

合㪸用双杯做成鸟形，或装饰鸟的形象，或用鸟来承载，这是一种古老的习俗。在包括商人在内的许多东方古代族群的神话传说中，都有他们最早的女性祖先吞了鸟

---

① 李家浩：《包山二六六号简所记木器研究》，载《国学研究》第二卷，北京大学出版社，1994年，525~554页。

② 《礼记·郊特牲》："（夫妇）共牢而食，同尊卑也。……器用陶匏，尚礼然也。三王作牢，用陶匏。"

③ 同①。

④ 湖北省荆沙铁路考古队：《包山楚墓》（上），文物出版社，1991年，137~141页，图八五，图版四二，彩版六：2、3。

形上帝送来的鸟蛋,才生下了他们最早男性祖先的故事,诸如"天命玄鸟,降而生商"之类①。在周人的族源传说中,女性始祖与鸟的关系不像商人等古族那样明显,但周人最早女祖先姜嫄踩踏天帝足迹而受孕(即周人史诗《诗·大雅·生民》中的"履帝武敏歆"),姜嫄所生周人最早的男祖先被丢弃到寒冰上时,有"鸟翼覆之",还是透露出周人心目中天帝形象的些许信息。联系到周人受命传说中,有玄鸟衔圭下降至岐社的神话传说②,周人所尊崇的天帝形象也应该是鸟,而不大像有学者所说的熊或"天鼋"③。合卺用酒具做成鸟形,正是取义于玄鸟生人,希望鸟能够充当新婚夫妇与天神的中介,并能早日生下贵子。

上述成双成对的铜或漆的杯子,其造型和纹饰暗示有男女或夫妇之意,这尽管多是东周时期的用器,但其处理成对器物的做法与西周时期的伯戔觯有相似之处,伯戔觯也可能具有与之相近的用途。

三

铸造一对造型相近、纹样相似、使用对象既有联系又有区别的饮酒铜器,兴许还可以追溯到更早的时代。现陈列于北京大学赛克勒考古与艺术博物馆的𣪘母乙觯,可能就属于这样一对铜器中的一件。

𣪘母乙觯是中国科学院考古研究所安阳发掘队1962年从河南安阳市大司空村53号墓发掘出土。这是一座有棺有椁、带腰坑和两个殉人的小型竖穴土坑墓,墓内出土铜器除了这件觯外,还有"爵"2和"觚"2,并有仿铜陶器和日用陶器各1套(仿铜陶器有鼎、簋、尊、壶、斝各1,日用陶器有"觚""爵"、盘、小壶各1和罐2)。此外,该墓还有一件精美石俎,以及玉饰、蚌饰、贝等④。该墓出土的器物都属于殷墟晚期,与𣪘母乙觯的年代相同。铜礼器已经有商代晚期常见的二"觚"配二"爵"的组合,这件铜觯不是作为墓内标表地位等级的礼器,而是另有他意的。该觯平面呈椭圆形,口长

---

① 《诗·商颂·玄鸟》。商人族源神话故事见《史记·殷本纪》,其梗概为"殷契母曰简狄,有娀氏之女,为帝喾次妃。三人行浴,见玄鸟堕其卵,简狄取吞之,因孕生契"。高句丽族源神话见《后汉书·东夷列传》:"夫余国,在玄菟北千里。南与高句骊,东与挹娄,西与鲜卑接,北有弱水。地方二千里,本濊地也。初,北夷索离国王出行,其侍儿于后妊身,王还,欲杀之。侍儿曰:'前见天上有气,大如鸡子,来降我,因以有身。'王因之,后遂生男。王令置于豕牢,豕以口气嘘之,不死。复徙于马兰,马亦如之。王以为神,乃听母收养,名曰东明。"
② 《墨子·非攻上》:"赤鸟衔圭,降周之岐社,曰:'天命周文王伐殷有国。'"
③ 孙作云:《周先祖以熊为图腾考——〈诗经·大雅·生民〉、〈小雅·斯干〉新解》,载《诗经与周代社会研究》,中华书局,1966年,1~21页。
④ 中国科学院考古研究所安阳发掘队:《1962年安阳大司空村发掘简报》,《考古》1964年8期。

8.4、宽7.4、通高16厘米。器体矮胖，带盖，盖如球面起，顶立菌形纽。器身为侈口束颈，圆肩圆腹，圈足外侈。纽帽饰圆涡纹，盖面饰相背的神面，颈上以相对的夔龙组成两个兽面，肩腹部以二兽面为主纹两旁填以夔纹，足部以四条相对的夔龙组成纹带。所有纹饰皆不用地纹，简洁明快。盖内及内底均铸铭文，盖铭为"✱母乙"，器铭为"✱母"，比盖铭少一"乙"字①（图一三）。按照通常的认识，前一个集合的符号为族氏名称，后两字为作器对象的日干庙号②。"✱"的族氏铭文由三个符号组成，第一个星形的符号✱也是独立的族名铭文，在安阳殷墟郭家庄南文源绿岛的墓葬中就出土过一件带✱形族氏铭文的铜爵（B7#M1:8）③，早年传出土于安阳的✱妇觯，其族氏铭文作"✱妇"，可知✱是一个族氏的称谓④；第二、三个符号通常隶定作"小、集"⑤，这两个族氏铭文仅此一见，它们是一个族氏还是两个族氏，难以判定。较好的处理方式还是照原样摹写族名文字，称此觯为✱母乙觯。

盖铭

器铭

图一三 □母乙觯及其铭文

✱母乙觯器表装饰素地的笑面兽面纹，这样的铜觯非常少见，类似纹样的铜觯只有曾藏卢芹斋的龚女子觯和首阳斋藏✱父乙觯⑥两件。这两件铜觯均属殷墟晚期。早先曾藏美国卢芹斋的龚女子觯，其主题纹样尽管与✱母乙觯相似，但其器体呈折转剧烈的椭方形，器盖为半环形捉手，一眼看去就与✱母乙觯存在相当大的差异⑦。首阳斋藏✱父乙觯的出土地点不明，其器体造型、主题纹样及纹饰组合与✱母乙觯几乎相同，很容易将二者关联起来，认为它们有可能是有意铸造的一对。著录✱父乙觯的周亚等先生已

---

① 中国社会科学院考古研究所：《殷墟青铜器》，文物出版社，1985年，454页，彩版八二，图八三：2，图八四：5、6。

② 李学勤：《评陈梦家〈殷墟卜辞综述〉》，《考古学报》1957年3期，123页；杨希枚：《论商王庙号问题兼论同名和异名制及商周卜俗》，载《殷墟博物苑苑刊》创刊号，中国社会科学出版社，1989年。

③ 中国社会科学院考古研究所、安阳市文物考古研究所：《殷墟新出土青铜器》，云南人民出版社，2008年，197页。

④ 吴镇烽：《商周青铜器铭文及图像集成》第19册，上海古籍出版社，2012年，107页。

⑤ 徐中舒主编：《殷周金文集录》，四川人民出版社，1984年，12页第48条。

⑥ 首阳斋、上海博物馆、香港中文大学文物馆编纂：《首阳吉金——胡盈莹、范季融藏中国古代青铜器》，2008年，45～47页。

⑦ 同④，404页。

经指出："1962年河南安阳大司空村南53号墓出土殷墟四期的母乙觯与此件形制、纹饰完全一致，但是母乙觯有器盖。从考古资料看，这种椭方形觯出土时大多都是有器盖的，估计此器也应有盖，今已佚失。"①父乙觯与母乙觯的确非常相近，它们都是粗矮体椭方（椭圆）形，器身纹饰布局都是颈部双尾兽面纹、腹部笑面兽面纹、圈足夔龙纹，主题纹样笑面兽面都是眉端下勾、鼻梁宽直、嘴角上翘且内卷，所有主体纹样都没有云雷纹衬托，显得光素简明；尤其是器上的铭文，二者的日干庙号还都是"乙"。父乙觯与母乙觯有这样的相同性或相似性，认为它们是殷墟同一作坊所制作的一对铜觯，是完全有可能的。不过，如果将父乙觯与母乙觯视为有意识为死去父母铸造的一对铜觯，还有一些存疑之处，这些疑点表现在：①父乙觯的器体为椭方形，母乙觯则为椭圆形，如果是有意识铸造的一对，形态差异稍大；②父乙觯的器口长7.85、宽6.8、高10.4厘米，母乙觯的器口长8.4、宽7.4、器高在12.5厘米以上，如果将其视为一对，为亡父所作器小于为亡母所作器，也有点不合情理；③如果父乙觯和母乙觯是子辈为故去的父母所作的话，给死去父母卜选同一日干作为庙号，很令人生疑。就我们熟知的商王世系来说，商人先公和先王庙号的日干名从来不与其配偶的日干名相同，即使某商王有若干法定配偶，其所有配偶的日干庙号都不同于该王的日干庙号。如商王武丁，其三个法定配偶的日干庙号为妣癸、妣戊、妣辛，没有为"丁"的日干庙号。因此，首阳斋藏父乙觯与母乙觯，二者尽管相似，但它们原本是一对铜觯的可能性是很小的（图一四）。

在殷墟出土铜觯中，还有一件卫父己觯，该觯的纹饰尽管与母乙觯有些差异，但却很像一对，也值得注意。

卫父己觯现藏于河南博物院。据说该觯1952年出土于河南安阳市郊区，也就是殷墟一带。觯平面为椭圆形，口长9.3、宽7.6、器高13.8、通高17.2厘米。觯的立面为上有穹顶盖、圈足下缘斜侈接地、器表不加扉棱的朴实型。隆起的器盖上设菌状纽，纽盖有旋涡纹，盖面前后各饰一个大兽面纹。器身也满布纹饰，从上至下分别为：以王字纹为中心，两两相对的夔凤纹（颈部）；以大兽面纹为主体，两侧配以头上尾下的折身龙纹；以王字纹为中心，两侧为相对的俯首翘尾的夔龙纹。所有纹饰也都不用云雷纹衬底，给人以浮雕般的装饰效果。在器盖内有铭文三字："卫父己。"②（图一五）"卫"是族氏铭文，其字从囗从四止，表现的是在围合的墙外四面有足迹，一般理解为守卫者在墙外巡逻，故释为"卫"；或者将围墙里面的符号另释为"辰"，

---

① 首阳斋、上海博物馆、香港中文大学文物馆编纂：《首阳吉金——胡盈莹、范季融藏中国古代青铜器》，2008年，45~47页。据该书扉页说明可知，首阳斋藏青铜器展的展品著录为周亚、马今洪、胡嘉麟三位先生。

② 河南出土商周青铜器编辑组：《河南出土商周青铜器（一）》，文物出版社，1981年，327页。

图一四　卫父乙觯与母乙觯比较

将第一个字符释为"辰卫"[①]。笔者以为，这种族氏铭文还是依样画葫芦为好，只是为了印刷方便，本文将这个族氏铭文简称作"卫"，将该觯简称作卫父己觯。

看过卫父己觯和母乙觯，我们马上就可以得到这样一个印象，这两件铜觯非常相似，其相似性表现在以下几点：

（1）器物体量相近：卫父己觯口长9.3、宽7.6、通高17.2厘米；母乙觯口长8.4、宽7.4、通高16厘米；两者相差不大。

（2）器物造型相同：两觯都是器体稍瘦的粗矮体觯，上罩圈顶捉手的穹顶盖，圈足下缘斜侈接地，器表不加扉棱，造型朴实。

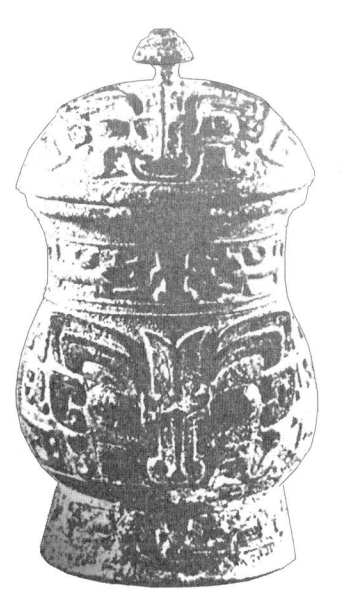

图一五　卫父己觯及其铭文

（3）装饰风格相似：二者都不用扉棱，主体纹样都不施承托的云雷纹地，主题纹样都是分解式的兽面纹，这在晚商时期的铜器中并不多见。

---

① 吴镇烽：《商周青铜器铭文及图像集成》第19册，上海古籍出版社，2012年，354页。

（4）纹饰构图相似：两觯由上而下，纹饰都由五个纹带构成。最上面伞形盖纽的伞面上是圆涡纹，盖面上是两个大兽面纹，器颈是两组小兽面纹或相对的夔凤纹，器腹又是两组大兽面纹，器足是两组相对的夔龙纹。除了器颈纹饰有兽面和夔凤的不同，其余纹饰构图和纹样母题都很相近。

（5）纹饰元素相似：两觯的主题纹样都是大兽面纹，兽面的双眉都呈镰刀形，内端下收为尖锋，外端变宽且下折内勾，眉毛中心有一道中分线；眼睛的轮廓都作椭圆形或圆角长方形、中间有一道短线的"曰"字眼。除此而外，两觯圈足上的夔龙纹，其纹饰元素也是基本相同的。

不过，这两件铜器也有明显的差异，除了两件铜觯的铭文一为"卫父己"、一为"䍙母乙"外，其不同点还体现在以下几个方面：

（1）体量略有不同：卫父己觯口长径9.3、通高17.2厘米，䍙母乙觯口长径8.4、通高16厘米；卫父己觯无论在口径高度还是宽度上都比䍙母乙觯多1厘米左右。一个厘米左右的差异似乎不大，但当两件小型饮酒器并排放在一起的时候，还是能够感觉到二者的差异。

（2）主题纹样不同：两觯的主题纹样即装饰面积最宽大部位的纹样，也就是盖面和器腹的兽面纹，卫父己觯的兽面鼻梁作"王"字形，耳朵作对卷云形，咧嘴露齿，嘴角下垂并外撇，嘴两侧不表现前肢；䍙母乙觯的兽面纹鼻梁呈"工"字形，耳朵为尖桃形，嘴巴上翘且内勾，嘴两侧表现前肢，整个兽面好像正在大笑的人面。

（3）颈部纹样不同：卫父己觯与䍙母乙觯颈部的花纹有夔凤纹和兽面纹的不同。前者的夔凤纹头部为勾喙带冠的鸟，身躯却像具有前后四肢的兽，它是商代晚期出现的新纹饰，是否与西亚的鹰首鹿身（或带双翼）的怪兽有关，是值得我们考虑的问题；后者的兽面纹为宽线条、双身尖尾的形态，纹饰作风具有商代前期纹饰的一些遗韵，它是殷墟晚期开始的铜器复古思潮的表现。

（4）中线纹样不同：我们在前面分析这两件觯的主题纹样的时候已经指出，二器大兽面纹的中线鼻梁形态不同，实际上，不仅大兽面纹，主体纹带上下的附属纹带的中线纹样也都不同。卫父己觯颈部和圈足纹带的中线都是一个"王"字纹，䍙母乙觯颈部和圈足纹带的中线纹样都是一道近似短扉棱的纵向直棱（图一六）。

卫父己觯与䍙母乙觯，其大小、造型和纹饰基本相同却又存在着一些微小的差异，这种现象不仅仅是铜觯设计者出于避免二者雷同的简单目的，而应当具有更加复杂的一些含义。本来，卫父己觯与䍙母乙觯不是出自同一座墓中，二者大小、造型和纹饰大同小异，铭文也没有表明它们是同一人所作，通常不会将它们关联起来。不过，这两件铜觯都出自安阳殷墟，两器造型和纹样总体上相近，再加上商周时期的确有同一个人作一对饮酒器，其大小和纹饰略有不同的例子，如上面说到的伯𢦚觯。这些很容易使我们联想到，这两件器物会不会是出自同一作坊？甚至两件铜觯的作器者是不是同一个人？

图一六　卫父己觯（左）与🐚母乙觯（右）对比

一般说来，中国古代社会的人们都会遵守族外婚的原则，"同姓不婚，其生不蕃"，这是古人都知道的。因此，一个家庭的夫妇双方，通常来自不同的姓族，男、妇不会同族。商周青铜器上的族氏铭文，往往表达了这些人的姓族和氏族信息，一对夫妇，他们的姓族和氏族信息不可能相同。如果卫父己和🐚母乙是一对夫妇的话，他们的族氏铭文就应当不同，卫父己觯的"卫"是作器者之父的族氏名称或标识，🐚母乙觯的"🐚"是作器者之母的族氏名称或标识，一般说来，前者也就是作器者本人的族氏名称或标识。这在当时是很正常的现象。按照目前通行的解释，如果卫父己觯与🐚母乙觯中的父己和母乙是一对夫妇的话，铭文中的"父己"和"母乙"，应该是儿子对于死去父亲和母亲的称呼，其日干名是在父母死后通过占卜选定的。子辈为自己死去父母铸制的器物，可以有各种情况：一种情况是在父母亡故并选定祭祀用的日干庙号后，子辈为父母铸器，并将这些铜器作为随葬品葬入父母的墓葬中[①]；一种情况是子辈在父母亡故并选定日干庙号后为父母铸铜器，这些铜器没有埋入父母墓葬中作为随葬品，而是用于祭祀父母等场合，之后才将其埋入了自己或自己后人的墓葬中。卫父己觯与🐚

---

① 关于这一点，殷墟妇好墓可以作为例证。武丁配偶之一的妇好，其死后的卜选庙号是"司母辛"（释作"后母辛"等），其墓葬中既有其生前所铸的带有"妇好"铭文的铜器，也有死后所铸带有庙号"司母辛"的铜器。参看中国社会科学院考古研究所：《殷墟妇好墓》，文物出版社，1989年。

母乙觯,或许就是这样的一对铜觯。

如果我们对卫父己觯与❋母乙觯的关系推测不错的话,这两件铜觯就是有意做出既有夫妇同等的相近性、又有夫妇性别差异性的一对铜觯。类似于周代周人伯戜觯的那种带有某种差异性的成双成对饮酒器,可能在商代晚期的商人之中就已经出现了。

后记:高明先生长期执教于北京大学考古文博学院,研究并教授古文字学和古代青铜器,成果卓著。笔者在考古文博学院从邹衡师研习商周考古时,曾有幸聆听高明先生讲授古文字学,受益匪浅。今值高明先生九十华诞之际,仅以此青铜器研究小文,恭祝先生健康长寿。

古埃及人曾来过中国吗?*

——史前时期跨文化研究札记

李水城

（北京大学考古文博学院）

前不久读到一篇文章，作者指出，西周墓葬出土的高钠玻璃料珠成分和制作方法与古埃及的一种装饰珠子十分接近，并由此"猜想"西周王朝的早期，中国曾与古埃及出现了物质文化领域的交流[1]。这个猜想让我不由得联想到以往国内外的一些考古发现和相关的研究。

其中，下面这个考古发现就与埃及发生了连带关系。

1971年和1991年，陕西省考古研究所先后两次发掘了泾阳县高家堡遗址，清理出西周早期的墓葬6座。特别的是在该墓地的M2和M4发现有清晰的草编制品痕迹。据后来的发掘报告介绍，M2随葬有一件铜簋，在此器圈足下面发现有2块黄褐色、质地轻薄、柔软韧性、似为草席的遗迹。草条宽2~5、厚0.1~0.2毫米。报告中还提到，这些草编制品"由极纤细的草篾构成，绵薄如丝絮，处在铜器之间空隙者稍鼓起，有皱褶，篾纹理较凌乱，颜色灰白。被铜簋圈足所覆压部分保持了原来形态。篾条叠压紧密，纹理纵横有致，颜色较深，呈草灰色，渐转褐黄"。此类遗迹自器底取出后，"呈一圆形薄页状，质地轻薄柔软，草篾排列规整，有如细草席而无编织交错之像"。另在M4也发现有类似遗迹，但报告未做详细介绍。

上述出土遗迹经中国轻工业部北京造纸研究所高工王菊女士鉴定。其原料为草本叶脉植物。草篾宽0.1~0.2厘米，规则排列为上下两层，一层横排，另一层竖排，纵横交错黏合在一起。电镜扫描放大500倍，未见纺织痕迹。标本的结构形态和制作方式与古埃及"纸草纸"[2]类似。

---

* 本文得到国家哲学社会科学重大项目"早期东西文化交流研究"（项目号：12&ZD151）资助。

[1] 雷勇、夏寅：《中国北方西周墓葬出土玻璃料珠的科学分析及其工艺和产地研究》，《古代文明研究通讯》总第五十五期，2012年。

[2] "纸草纸"是古埃及人利用尼罗河畔生长的莎草科水生植物的茎秆外皮压制加工而成的纸张，又称莎草纸，大约出现在公元前3000年左右，公元前1000年中叶以后，广泛流行于地中海地区。

高家堡的考古发掘者并未对类似"纸草纸"的鉴定结果发表更多的看法。他们只是含蓄地表示,这一发现为我国造纸术发展的历史增添了重要研究资料。同时又特别强调,这一发现与《周礼·地官》中所记的"茅蒩"习俗有关,恰好印证了中国古代在举行祭祀或朝聘时,有在陈列礼品下面放置垫物的习俗。此即《说文》所说的:"蒩,祭藉也。"①

需要说明的是,高家堡墓地发掘出所谓"纸草纸"的说法并未在我国考古、历史和科技史界引起特别的反响和讨论。

类似的奇特发现在国外也有几例。

其一,1993年,英国《自然》(Nature)杂志报道,奥地利维也纳大学的几位医生在检查出自埃及底比斯的蒂尔玛蒂娜(Deir el-Medina)墓地一位女性木乃伊时,在墓主头部发现一缕蚕丝线。经检测证实,这缕丝线与野生蚕丝明显不同,属于一种驯化的家蚕丝。这具木乃伊属于古埃及第21王朝,绝对年代为公元前1069~前945年,相当于我国的西周早期。当时在整个世界范围内,大概只有中国人掌握了养蚕和缫丝技术。故有国外学者就此指出,中国的蚕丝制品在公元前1000年前后已经传播到了北非尼罗河流域②。

其二,Philip L. Kohl曾引述Askarov的文章,介绍阿富汗北部大夏境内的萨帕利-泰佩(Sapalli-tepe)发掘的4座古墓。说是在墓主身上均覆盖丝绸制成的衣物,还发现有粟米一类的农作物。这批墓葬的年代据说可上溯至公元前2000年③。

中国丝绸是否在西周早期、甚至更早阶段就输出到了中亚?抑或遥远的尼罗河流域?古埃及人是否曾辗转地将尼罗河的特产——纸草纸带给了西周人?因为至今我们尚未查到上述发现的考古报道及其出处,故对其真实性一时还难以鉴别。但是,确有西方学者对上述发现的真实性表示怀疑。如美国哈佛大学费正清研究中心的研究员菲茨杰拉德-胡博(Fitzgerald-Huber, Lousia G.)女士就曾撰文指出,Philip L. Kohl引述的在萨帕利-泰佩古墓发现丝绸衣物的报道从未被证实过④。

另一方面,也有西方学者将上述发现看做是为早期东西文化交流提供了重要证据,非常重要。如美国芝加哥大学的夏含夷(Edward L. Shaughnessy)教授就曾说过这

---

① 陕西省考古研究所:《高家堡戈国墓》,三秦出版社,1995年。

② G. Bubac, J. Houlaubek, C. Feldl, et al. Use of silk in ancient Egypt. *Nature*, 1993, 321(362): 25.

③ Philip L. Kohl. *Central Asia: Palaeolithic Beginnings to the Iron Age*. Paris: Éditions Recherche Sur les Civilisatios, 1984: 155, 157; 转引自梅维恒:《古汉语巫(*Mʸag)、古波斯语Maguš和英语Magician》,载《远方的时习——〈古代中国〉精选集》,上海古籍出版社,2008年,76页。另此文提到在前苏联的中亚一带曾发现公元前16世纪的丝绸遗物。详见: Colin Cambell. Search for ancient clues links U.S. and Soviet experts in wary exchange. *The New York Time*, 1986, 17 February: A2.

④ Fitzgerald-Huber, Lousia G. Qijia and Erlitou: The question of contacts with distant cultures. *Early China*, 1995, 20: 52~53, Note 88.

样的话："正如中国的丝绸传到埃及那样，古埃及的纸草纸也似乎传入中国，说明在这两个伟大文明之间，至少存在着某种程度之来往。"[1]

回过头来看我们的考古发现，古印欧人种最早是在距今4000年以前进入新疆的北部，进而一步步南下，一部分翻越天山，在塔里木河流域定居下来。新疆考古所发掘的孔雀河墓地[2]、小河墓地[3]，出土大量的木乃伊和遗物充分证明了这一点。大概同一时期，有少量古印欧人种也零星地扩散到了新疆东部。据新疆博物馆王博先生鉴定，在哈密天山北路墓地（原林雅墓地）就有个别的古印欧人种[4]。稍晚，在哈密焉不拉克墓地（前1300～前800年）也有少量古印欧人种骨架。对此，体质人类学家有深入的研究[5]。总之，到了公元前两千纪前后，新疆境内的人种格局大致表现为：东部地区以蒙古人种占优，并混杂很少的古印欧人种；北部地区和塔里木河流域，则以古印欧人种占优[6]。

对于上述人种格局的形成。笔者曾根据考古发现做过如下推测：公元前三千纪末，居住在甘肃河西走廊西部的东亚蒙古人不满于当地狭窄的生活空间，他们中的一部分开始向西迁徙，穿越戈壁荒漠、历经磨难进入新疆东部。与此同时，分布在俄罗斯西伯利亚及周边地区的古印欧人也开始向南扩散，越过阿尔泰山或沿额尔齐斯河谷上溯至新疆北部。其中，有部分继续南下进入塔里木河流域。此后，东来的蒙古人种和南下的古印欧人种在新疆中部地区接触，随即开始出现人种混杂和文化融合。迄今为止，在甘肃河西走廊及以东地区尚未发现有这个时期的古印欧人种存在。由此可进一步推测，东亚蒙古人种西迁这一事件很可能在某种程度上遏制了古印欧人种的继续东进[7]。

最近看到俄罗斯学者的几部著作，根据他们的发现与研究，在进入公元前4000年以后，中亚一带进入红铜时代。分布在哈萨克斯坦南部和乌拉尔山以西的部分原始印欧人开始向西西伯利亚、阿尔泰、南西伯利亚一带迁徙。这一事件引发当地出现大规

---

[1] 夏含夷：《公元前1000年前后东西文明交流三则》，载《华学》第九、十辑，上海古籍出版社，2008年，288～290页。

[2] 王炳华：《古墓沟》，新疆人民出版总社、新疆人民出版社，2014年。

[3] 新疆文物考古研究所：《2002年小河墓地考古调查与发掘报告》，《新疆文物》2003年2期，8～64页。

[4] 2007年夏，新疆维吾尔自治区博物馆王博先生在乌鲁木齐告知，经他检测，哈密天山北路墓地所出人骨的多数属于东亚蒙古人种，少量墓主属于高加索人种。

[5] 韩康信：《新疆哈密焉不拉克古墓人骨种系成分研究》，《考古学报》1990年3期，371～390页。

[6] 韩康信：《新疆孔雀河古墓沟墓地人骨研究》，《考古学报》1986年3期，361～384页；韩康信：《新疆古代居民种族人类学的初步研究》，《新疆社会科学》1985年6期，61～71页。

[7] 李水城：《从考古发现看公元前二千纪东西方文化的碰撞与交流》，载《文化的馈赠——汉学研究国际会议论文集（考古学卷）》，北京大学出版社，2000年，266页。

模的文化交互,并导致一系列的文化变迁和人种的混杂①。这其中,有部分原始印欧人进入新疆北部,继而向南迁徙到新疆的西部和中部,对当地的史前文化构成产生了重大影响。其物质遗存的典型特征是:以暗色刻划压印纹陶器为代表。这个过程一直持续到铁器时代。

有趣的是,就在中亚出现大规模的文化迁徙的同时,分布在甘肃陇东的仰韶文化居民也开始了向西北迁徙的路程,并在甘青地区发展为马家窑文化、半山—马厂文化、齐家文化和四坝文化。其中,由马厂文化演变的西城驿文化和四坝文化的分布西界已达新疆哈密地区。随后,这支由东亚蒙古人种带来的含彩陶因素的史前文化及衍生的后裔沿着天山南北两麓不断向西扩散,直接参与到新疆境内史前文化的大角逐。

南下的原始印欧人种和东来的蒙古人种在新疆中部地区碰撞接触,由此引发的族群互动和人种混杂现象一直持续到后来的历史时期。其中,在新疆小河墓地出土的艺术造型人物与甘青地区的同类遗存表现出了明显的不同,他们分别代表了原始印欧人种和东亚的蒙古人种(图一)。

 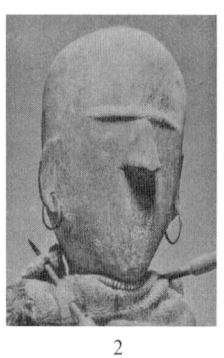  

1　　　　　　　2　　　　　　　3　　　　　　　4

图一　小河墓地与甘青地区出土的艺术造型人物
1、2.新疆小河墓地　3.甘肃广河半山　4.甘肃玉门火烧沟

考古发现证实,印欧人种真正进入中原内地应该在公元前一千纪前后。1980年,考古工作者在陕西扶风召陈西周早期遗址发掘出2件蚌雕人首簪帽[80FC(乙)T45],此物以圆雕形式细致入微地刻画了西方人深目、高鼻的种族特征(图二)。发掘者认为这两件雕像的种族原型要从西周时期活动于中亚及西北一带的民族入手。在否定他们是月氏、乌孙等族属后,将雕像之原型定为古代中亚伊朗语系的民族。发掘者同时还指出,这项发现的重要意义是将东西交往的时间较之张骞凿通西域至少提早了700年②。

对这两件蚌雕背后隐含的历史信息,中外学者多有阐发。饶宗颐先生坚持认为,

---

① 基留申:《西南西伯利亚红铜时代和早期青铜时代》,(巴尔瑙尔)阿尔泰大学出版社,2002年(俄文)。

② 尹盛平:《西周蚌雕人头种族探索》,《文物》1986年1期,46～49页。

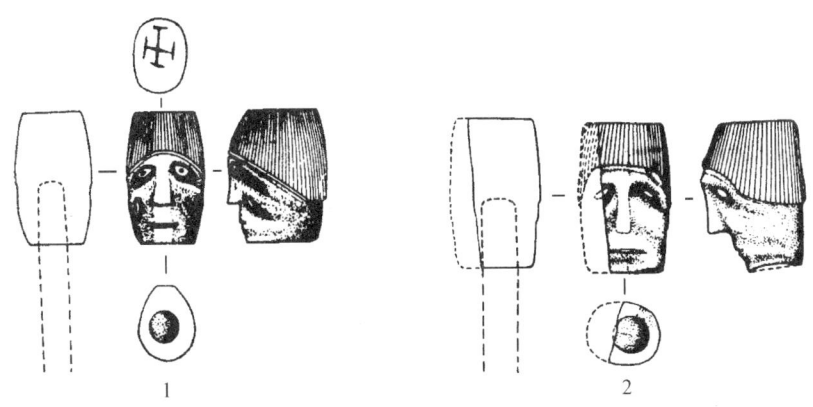

图二　陕西周原召陈遗址所出西周早期蚌雕西方人像
1. 80FCT45:6　2. 80FCT45:1

蚌雕之原型是居住在甘肃、宁夏之间的大月氏乌孙人种，与周人常有来往，头顶刻有"十"（巫）字，可能是充任了巫的职司[1]。美国宾夕法尼亚大学的梅维恒（Victor Mair）教授从语言学的视角探讨了蚌雕人头顶凿刻的"十"（巫）字符，进一步推论，蚌雕所代表的西方人参与了周王朝的内部政治生活，并担任了神巫一职[2]。还有学者认为，此类文物的发现表明周王朝与西域一带的尖帽塞克有直接的文化接触[3]。

梅维恒教授在文中还专门引述卡尔·亨茨（Carl Hentse）撰写的《古代中国的发现：中国最古的生活》一文中的另一具骨雕人像，并将其视为白人曾进驻商王朝的历史依据。据卡尔·亨茨所言，此雕像于20世纪20年代出于安阳殷墟，但国内考古界对此却闻所未闻[4]。我曾为此向美国加州大学洛杉矶分校的罗泰（Lothar von Fakenhausen）教授求证。他告诉我说，这位卡尔·亨茨先生所引用的资料来源极为不可靠。

无独有偶，美国芝加哥大学的夏含夷（Edward L. Shaughnessy）教授曾在论述早期东西文化交流的一篇文章中谈到上海博物馆收藏的一件西周早期青铜辕饰，此物为圆

---

[1] 饶宗颐：《符号·初文与字母——汉字树》，商务印书馆，1998年，85页。

[2] 梅维恒：《古汉语巫（*Mʸag）、古波斯语Maguš和英语Magician》，载《远方的时习——〈古代中国〉精选集》，上海古籍出版社，2008年，54~86页。

[3] 水涛：《从周原出土的蚌雕人头像看塞人东进诸问题》，《中国西北地区青铜时代考古论集》，科学出版社，2001年，62~67页。

[4] 梅维恒教授在他的《古汉语巫（*Mʸag）、古波斯语Maguš和英语Magician》一文中引用德国学者Carl Hentse 1967年撰写的 *Funde in Alt-China: Des Westerleden in ältesten China*, Sternstunden der Archäologie Göttingen: Musterschmidt（《古代中国的发现：中国最古的生活》）文中的图XV。这是一件骨雕人面，形象为披发、深目圆睁、鹰钩大鼻子、龇牙咧嘴，面目狰狞，一副典型的西方人面孔（参见《远方的时习——〈古代中国〉精选集》，上海古籍出版社，2008年，54~86页）。Carl Hentse说此雕像于20世纪20年代出土于河南安阳殷墟。

雕的铸造虎头，虎口内衔白人头颅（图三，1）。夏氏特别强调，此物是在中国本土铸造的，其圆雕形象足以显示周人对白种人的认识已相当之深刻①。

英国牛津大学的罗森（Jessica Rawson）教授也有类似的研究，她认为陕西宝鸡弴伯墓地一号车马坑所出兽头轭饰（BRCH1:1-1）上蹲踞之人并非中国人，而是来自域外的驾驭车马专家。他们有着北方、西伯利亚以西地区的典型特征②。同样的青铜车器在宝鸡茹家庄墓地车马坑也有所见③。这些人的造型均为脑后束长发，穿着背部饰有双鹿回首望尾花纹的衣服（图三，2）。

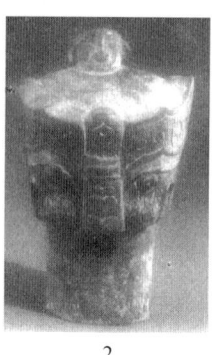

图三　西周时期铜器上的"西人"形象

1. 虎衔人铜辕饰（上海博物馆藏）　2. 兽头铜轭饰（陕西宝鸡弴伯墓地1号车马坑）

3. 铜勾戟人头像（甘肃灵台白草坡西周墓）

类似的发现还有甘肃灵台白草坡西周墓④所出铜勾戟上的人头像。国内有学者认为，其形象具有西方人的深目、高鼻特征，且下颌有浓须，长有粗眉⑤。还有学者将此人像看做是最早进入新疆和河西走廊的吐火罗人形象（图三，3）⑥。

上述诸器中，蚌雕人首的印欧人种特征明显。西周铜辕饰人像介于两者之间；西周兽头轭饰上的人物面部扁平，罗森教授只是说他是中原以外的北亚人。铜勾戟上的人物形象也有着西方人的面部特征。上述发现证实，西周时期确有白种人在中原地区活动。这也反映出，似乎到了这个时期，东西方的文化交互和贸易流通得到了进一步的增强，人员往来更为频繁。这也为日后丝绸之路的凿通打下了坚实的基础。至于这

---

① 夏含夷：《公元前1000年前后东西文明交流三则》，载《华学》第九、十辑，上海古籍出版社，2008年，288～290页。

② 〔英〕杰西卡·罗森著，邓菲等译：《祖先与永恒》，读书·生活·新知三联书店，2011年，432页。

③ 宝鸡市博物馆编：《宝鸡弴国墓地》（上），文物出版社，1988年，114、316页。

④ 甘肃省博物馆文物工作队：《甘肃灵台白草坡西周墓》，《考古学报》1977年2期。

⑤ 王辉：《甘肃发现的两周时期的"胡人"形象》，《考古与文物》2013年6期。

⑥ 林梅村：《古道西风——考古新发现所见中西文化交流》，读书·生活·新知三联书店，2000年。

些白种人究竟来自何方？究竟是中亚？还是西亚？抑或埃及？仅凭现有资料还很难辨识。

最后，还是回到本文开头所说的西周墓所出料珠，这些来自域外的遗物普遍出现也是中国西部与外界的交往更加频繁的反映。但我们认为，这类商品即便出自古埃及，也是通过大量中间商一站站地辗转被贩运至中国内地。

2013年5月初稿于北京蓝旗营
2016年2月定稿于北京—成都旅次

论三足锯齿形铸接青铜鼎

——兼论联裆鼎和侯马铸铜作坊生产诸题

苏荣誉

(中国科学院自然科学史研究所)

青铜器是青铜技术制作的产品,中国古代青铜器几乎都是泥范块范法铸造的。其年代和产地始终是考古学、历史、艺术史、技术史等所关注的核心。但是,一件或一组古代青铜器,若属发掘品,可从所出土的墓葬知道其归属,若是传世品乃至单件甚或多件窖藏,其归属也不清楚。若器物幸好有铭文包含"为谁作",可知其曾经的主人,而铭文中"作器者"的含义是"投资方"或"定做者",还是铸工呢?在商周青铜器中,有铭器不多,《殷周金文集成》收录不过12000余种,而铭文中具有上述内容者,或不过半数。对于东周青铜器,正如高明先生所指出,铸有铭文的器物为数很少,单依靠铭文研究远远不够,必须从铜器本身所反映的铸造工艺及其形态、花纹等各个方面,从物质文化的角度来研究[1]。虽然古代青铜器的研究有千余年的历史,但很多问题依然不清楚。

不断发掘出土青铜器、日益深化和拓宽的青铜器研究,都在持续丰富着青铜器知识,当然也不断提出新问题。和制作相关,因不清楚谁是器形和纹饰的设计者,也就难以确知青铜器的功能和使用,也不知道器形和纹饰变化的倡导者和推动者。同样的纠结在技术和艺术的关系上,究竟是技术突破导致了新器的出现,还是需求引导了技术创新以满足之。这个问题也蕴含着器物的功能和目的。

多学科共同关心的问题还有很多,包括青铜器在哪里由谁制作的?材料从何处来?对于后者,近几十年确有不少研究发表,但取得公认的不多。对于前一问题,在青铜器的制作中,铸工是具体承担者和实践者,他们的个人审美、喜好、偏爱在器物设计制作中发挥了怎样的作用?那些掌握了特别技巧的工匠,如何将这些工艺承传下去并表现在新式样的制作中?古代到底有多少地方有能力铸造青铜器?各地都铸造些什么样的青铜器?这些问题的探索才刚刚开始。针对侯马铸铜作坊,也有一系列问题有待探索和回答。本文是基于侯马铸铜遗址出土的一组特殊铸型(锯齿形铸接足),联系到与之相关的一组铸件(锯齿形铸接足的鼎),再扩展到相关的一类器物(联裆

---

[1] 高明:《中原地区东周时代青铜礼器研究(上)》,《考古与文物》1981年2期,69页。

鼎），进行粗浅的归类研究，结合生产它们的侯马铸铜作坊的某些问题，提出自己的一点粗浅思考，以求正于方家。

一、侯马铸铜遗址出土锯齿形铸接鼎足铸型

20世纪五六十年代发掘的侯马铸铜遗址，房址ⅡT31F13中出土完整鼎足铸型六套，大小各三。ⅡT21③也出土完整铸型一套，均未经浇铸，都由两范、一芯组成。ⅡT31F13:4系较大的三套之一，为鼎矮蹄足铸型。足一侧高100、另一侧高45毫米；足端径75、范厚15~25毫米。足沿中线对开分型，分型面斜，其上不设榫卯，但两侧各有四条合范记号。范面上（足根）部刻划锯齿形，并有长条形、半月形、长方形、三角形的卯四个。芯在范中，形若蹄足，灰白色；上端有近圆形内凹，直径130毫米；底面平，直径60毫米；一侧高120、另一侧边高65毫米。端部中心有一近方形凸榫，长10、宽8毫米。足上部有刀刻的锯齿形凹槽，并有与范的四个卯相配合的凸榫。组合的铸型外面不平整，似曾糊过草泥加固（图一）。而ⅡT31F13:6~8为较小的三套，形制与之相同，似大小成列[①]。

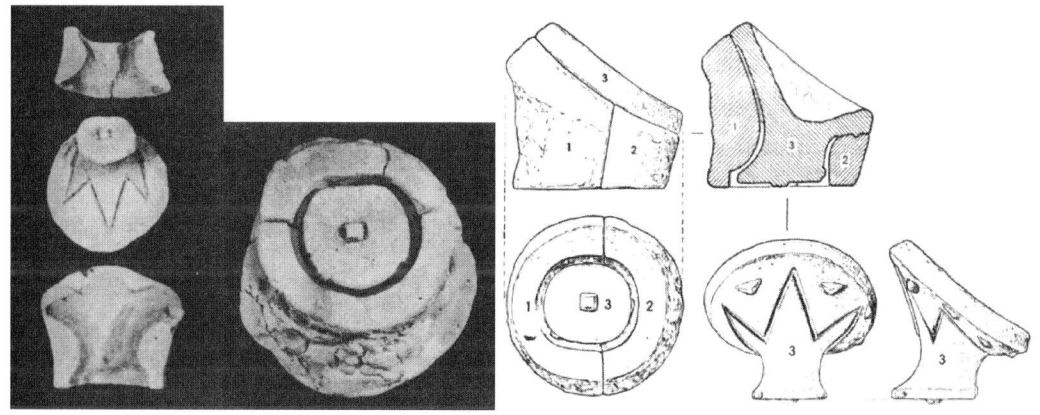

图一　鼎足铸型ⅡT31F13:4
（引自《侯马铸铜遗址》106页图47.4、图版49.5~6）

发掘报告指出，上述七套铸型所在单元为晚期Ⅴ段。铸件上部呈锯齿形，"可能为与腹部衔接浇铸时更牢固"，确为明见。并指出太原金胜村M251和陕县后川M2040中出土的鼎，足的做法有与之完全相同者[②]。

从足形状看，为所谓的"联裆鼎"或"鬲形鼎"足的下半部，因足的铸型完整，知其先铸，后在浇铸联裆鼎时与鼎足在足中部或根部铸接。若后铸，则其泥芯当在已

---

① 山西省考古研究所：《侯马铸铜遗址》，文物出版社，1993年，105、107页。
② 同①，107、443页。

成形的鼎的足根上制作，不会完整，也不会有与范配合的榫。这种足是一种极为特殊的设计，目的是使鼎足的铸接接合较平口牢固，但自二里冈以降发展出来的铸接工艺，早已通过榫卯、铸铆、捆绑、自销、环等结构解决了铸接的牢固问题[①]。锯齿形铸接不见于商、西周乃至春秋早中期青铜器中，很可能是侯马个别铸工别出心裁的独创。下文将分述这一工艺所铸之器。

二、锯齿形铸接足的青铜鼎

有学者指出足的锯齿形铸接工艺在鬲鼎上常见[②]，其实不然。就笔者孔见，足部锯齿形铸接的青铜器仅见于联裆鼎（鬲鼎）而未见于其他三足器如鬲、甗、盉、斝和爵等。所见有如下数端：太原金胜村赵卿墓出土一套五件列鼎、陕县后川东周墓出土一套七件列鼎中的六件、加拿大多伦多皇家安大略博物馆（Royal Ontario Museum）藏的一件、美国赛克勒美术馆（The Arthur M. Sackler Gallery, Smithsonian Institution）收藏一件，除上述13件实物外，《西清古鉴》著录过一件。

1. 太原赵卿墓列鼎

1988年太原金胜村发掘的M251，发掘报告认为墓主是晋卿赵简子（赵鞅，前540~前475年）。墓中出土了一组五件联裆列鼎，报告称之为铺首牛头环耳螭纹蹄足升鼎，均经过修复。五件大小相次成列，器形和纹样基本相同。均有盖、腹近扁球形，盖的弧度与腹部平滑过渡，底为联裆式。盖、腹均饰纹，并随器形变小略有减少（图二），尺寸和重量如表一。

表一　赵卿墓足锯齿形铸接列鼎尺寸（毫米）和重量（千克）

器号	通高	口径	腹径	腹深	足高	重量	附注
M251:613	300	300	370	220	135	15.6	
M251:616	280	280	336	208	108	15.0	

---

① 关于榫卯铸接，可参考华觉明《中国古代金属技术：铜和铁造就的文明》（大象出版社，1999年，136~138页）；铸铆式铸接可参考苏荣誉《安阳殷墟青铜技术渊源的商代南方因素——以铸铆结构为案例的初步探讨兼及泉屋博古馆所藏凤柱斝的年代和属性》（泉屋博古馆、九州国立博物馆编：《泉屋透赏：泉屋博古馆青铜器透射扫描解析》，科学出版社，2015年，353~382页）；捆绑式铸接可参考苏荣誉《新干大洋洲商代青铜器群铸造工艺研究》（《磨戟：苏荣誉自选集》，上海人民出版社，2012年，64~79页）；自销铸接可参考苏荣誉《青铜工艺与青铜器风格、年代和产地——论商末周初的牛首饰青铜四耳簋和出戟式青铜器》（《艺术史研究》第十六辑，2014年，97~109页）；环铸接可参考泉屋博古馆、九州国立博物馆编《泉屋透赏：泉屋博古馆青铜器透射扫描解析》（科学出版社，2015年，269~273页）。

② 李夏廷、李劲轩：《晋国青铜艺术图鉴》，文物出版社，2009年，164页。

续表

器号	通高	口径	腹径	腹深	足高	重量	附注
M251:585	260	265	335	220	110	14.0	
M251:568	240	240	315	180	99	13.2	内置两雁
M251:569	220	220	265	150	96	9.4	

图二　赵卿墓出土列鼎
（引自《太原晋国赵卿墓》图版18）

以鼎M251:616为例，具隆盖，扣合在鼎口之上（图三、图四）。盖面正中有半环捉手，衔圆环，环两侧饰圆涡纹和三角回纹；环纽位于三只夔凤构成的团纹的中心，其外饰由蟠螭首尾咬合构成的纹带，盖周边饰由二"C"形蟠螭相接的纹带。三组纹带以细线回纹或几何纹为地。盖中纹带与外周纹带之间的空白带上，均饰三只伏卧犀牛，犀牛头顶珠球，昂首竖耳，圆眼大鼻，身满饰锥刺纹，腿饰蟠虺纹（图四，左）。鼎口圆而略侈、唇收敛，腹圆鼓，裆低矮。中腹对饰两只衔环铺首，铺首兽面形，满布纹饰，眉目清晰。鼎腹部饰两周纹带，均是"C"形蟠螭纹，与盖周缘的纹带一致。两纹带间界以一周凸棱，其上饰菱形回纹。两纹带之纹线上以细线回纹或几何

图三　赵卿墓列鼎之M251:616
（引自《中国青铜器全集》8.25、《太原晋国赵卿墓》图版19）

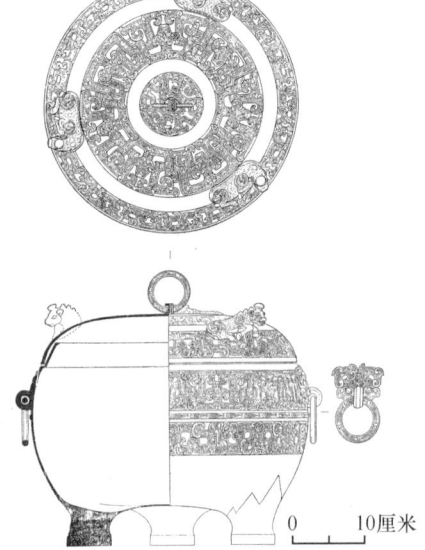

图四 赵卿墓列鼎之M251:616盖面犀牛纽
（引自《太原晋国赵卿墓》图版20、29页图9）

纹充填[①]。

很明显，这套鼎的通高和口径的比例相若，说明整体造型趋扁球形，盖与底相对平缓，而腹部圆鼓，再加上两侧的铺首衔环，更显得横向尺寸偏大。值得注意的是，盖与腹以子母口扣合，子口很高，盖周沿弧度与腹部一致，自然，子口的弧度也与之一致。

孙淑云教授对赵卿墓出土青铜器进行了材料分析，其中包含鼎M251:569和M251:613，前者从腹部取样，后者从口沿取样。鼎M251:613样品经原子吸收法分析，化学成分为铜68.3%、锡12.1%、铅15.5%；金相组织的$\sigma+\delta$相细小，铅沿枝晶分布。对鼎M251:569的样品进行扫描电镜X射线能谱分析，得到的"平均成分"为含铜74.23%、锡13.01%、铅7.15%、铁0.13%；金相组织的$\sigma+\delta$相亦细小，有未锈和锈蚀的沿枝晶分布的铅颗粒，并有少量硫化物夹杂[②]。很明显，方法论上X射线能谱分析化学成分仅仅代表极微小区域，无法得到平均值，所谓的平均值锡含量偏高，铅含量或偏低或偏高，而铜含量偏低，惜未给出金相图片，无法估计偏差。从列鼎造型和纹饰看，这批青铜器是一次设计、同时制作的，二者材料应很接近。

吴坤仪教授对赵卿墓出土青铜器的铸造技术进行过研究，她先讨论浑铸法，指出

---

① 陶正刚、侯毅、渠川福：《太原晋国赵卿墓》，文物出版社，1996年，22、24页。原报告说M251:616盖面置三个环形纽，系笔误。

② 孙淑云：《太原晋国赵卿墓青铜器的分析鉴定》，载《太原晋国赵卿墓》附录三，文物出版社，1996年，255～256、260页。

鼎M251∶616盖面上三只卧牛饰和盖面中心的环纽与盖结合牢固，未见缝隙，应浑铸，并进一步指出牛头上的圆形凸块，疑似鼎盖浇冒口。她将鼎M251∶585作为分铸法的实例，指出（出土时）该鼎一足从鼎腹脱落，足完好，高11毫米；空心，足边沿向内微曲，壁厚渐薄，形成三角形截面。鼎M251∶569一足连同一块腹壁脱落，足高96毫米，内壁黏有泥土，足上端与腹部相连部分可见三角形截面嵌入，明显看出足与腹为两次铸造。她解释是"由于铸接温度不够高，或先铸好的铜足较冷，使表面没有熔融，造成结合不良，以致完整地脱落"[①]。

和吴教授相左，陶正刚先生曾笼统指出，鼎的虎形纽和耳先铸[②]，但未给出证据。从鼎M251∶616盖犀牛纽与盖的结合看，未见分铸痕迹（图四，左），但此犀牛圆雕感很强，身下多透空。在侯马铸铜遗址出土的铸型中，有多件属器盖饰圆雕牛形或其他动物形纽者。如ⅡT50③C∶6是一块器盖范，复原直径为140毫米，在两周绚索纹间残存两浮雕式牛型腔（图五）[③]，牛型腔与盖型腔一体，显然浑铸。但是更多的可能是分铸的情形，如ⅡT39H108∶2系盖纽范，长70、高45毫米，型腔为牛低首跪卧。范非平面分型，分型面上有五个长条榫和一个三角锥形卯，外侧有三条合范记号。头下部另有一块活动范块（图六）。ⅡT24H24∶24亦是一块盖纽范，长90、宽60毫米，非平面分型，分型面上有四个卯，型腔为跪卧牛形（图七）[④]。后两范均独立，与另一半即可扣合成一副纽的完整铸型。范面上没有与盖纽榫头或工艺孔配合的结构，说明是独立浇注的，纽先铸。以此为据，可推鼎M251∶616盖纽先铸。究竟如何，有待进一步考察，或者X光或CT扫描予以证实。

图五　侯马铸铜遗址器盖范ⅡT50③C∶6
（引自《侯马陶范艺术》342页753）

图六　侯马铸铜遗址盖纽范ⅡT39H108∶2
（引自《侯马陶范艺术》342页752）

---

① 吴坤仪：《太原晋国赵卿墓青铜器制作技术》，载《太原晋国赵卿墓》附录四，文物出版社，1996年，271、273页。

② 陶正刚：《太原晋国赵卿墓青铜器工艺与艺术特色》，载《太原晋国赵卿墓》附录八，文物出版社，1996年，297页。

③ 山西省考古研究所：《侯马铸铜遗址》，文物出版社，1993年，256页，图版174.1。

④ 同③，图版175.1、174.3。发掘报告用"不平行分型面"描述沿工件最大面曲面分型，不够准确，应为"曲面分型"或"非平面分型"。

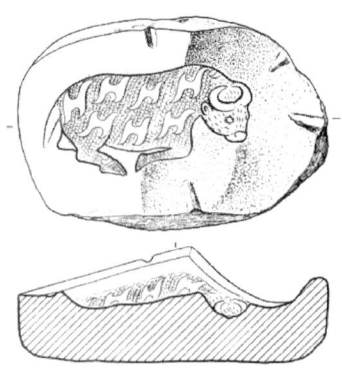

图七　侯马铸铜遗址盖纽范ⅡT24H24：24

（引自《侯马陶范艺术》344页760~761）

这套列鼎最大的工艺特色在于鼎足的锯齿形分铸。分铸位置在联裆鼎足根部，发掘报告未明确说明，从照片和绘图（参见图三、图四）可推知，铸接大概是足部五齿与腹部五齿啮合，齿形为尖利的等腰三角形，足外面的齿最高，内侧的最矮。从照片看，鼎足部分似乎锈蚀略显而腹部较轻，说明足的材质中锡含量略低，相应的熔点略高，也表明足先铸。商周青铜器铸接中，工匠对此类微妙差别可掌握得得心应手[1]，欧美学者新近的研究揭示热膨胀强化了铸接联系[2]。

在吴坤仪教授的研究中，指出了鼎足的分铸但却未说明先后关系，对分铸现象的解释也显得牵强。出土时，鼎M251：569的一足连同部分腹壁一起脱落，可能是因为腹部破碎的缘故；未从铸接处断脱，说明铸接可靠，谈不上铸接温度不够高；足内壁黏有土而非芯，说明足的泥芯或部分泥芯被掏出，这是鼎足先铸的现象，若后铸，泥芯必存足内。她指出的鼎M251：585一足从鼎腹脱落但完好，未给出图或照片，不明就里；但鼎足依然空心，同样说明足先铸。这和前述侯马铸铜遗址所出土足锯齿形铸接的铸型完全一致[3]。

2. 陕县后川M2040联裆列鼎

无独有偶，早在20世纪50年代，配合三门峡黄河水利工程发掘的河南陕县东周墓地，在后川M2040中出土一套七件联裆鼎，大小相次（图八；表二），底均有烟熏痕迹，出土时鼎内存牲骨。均有盖，隆鼓，盖面周边上均布有三环状纽，有凸起乳钉，

---

① 苏荣誉等：《強国墓地青铜器铸造工艺考察和金属器物检测》，载《宝鸡強国墓地》，文物出版社，1988年，530~638页。

② Michelle Taube and Blythe McCarthy. Thermal expansion and residual stress in ancient Chinese bronze castings. *Mrs Online Proceeding Library*, 2011, 1047(90): 270~280.

③ 山西省考古研究所：《侯马铸铜遗址》，文物出版社，1993年，443页。

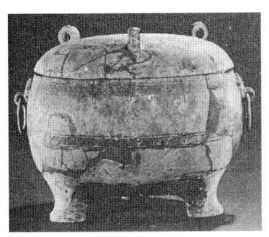  

图八　陕县后川M2040列鼎

（大小相次排列，器号见表二。引自《陕县东周秦汉墓》图版35）

饰重环纹，环饰斜角云纹；其中两件盖中央另有环钮。盖面和腹部均饰两周绹纹。除最小的M2040：35鼎身和足浑铸外，其余六件腹、足分铸，铸接处明显呈花瓣开叉状（图九）。发掘报告指出，足部青铜含锡量较低，微呈橙色，并解释有可能是一为装饰、二为增加铸接的牢固度而采用的方法。墓葬年代被认为属于战国早期或稍后[①]。

表二　陕县后川M2040出土列鼎尺寸（毫米）

器号	通高	口径	腹深	存留物	备注
M2040：75	298	296	211	牲骨	
M2040：275	275	267	181	猪骨	
M2040：61	240	237	158	牲骨	
M2040：45	219	224	152		
M2040：63	217	220	155	牛骨	
M2040：74	195	186	128		
M2040：35	170	165	108		可能另凑为列

郭宝钧先生指出鼎腹的铺首衔环和盖上环钮均浑铸（"铸生"），三足先铸

---

① 中国社会科学院考古研究所：《陕县东周秦汉墓》，科学出版社，1994年，112、51页，图版35。发掘报告称此列鼎为"鬲形鼎"，本文统一为联裆鼎。关于此墓的年代，早期简报定为春秋晚期（黄河水库考古工作队：《1957年河南陕县发掘简报》，《考古通讯》1958年11期，74～76页），后王世民先生将所出器物与寿县蔡侯墓、新郑李家楼墓及洛阳中州路、汲县山彪镇、辉县固围村、长治分水岭等墓所出铜器比较，定其为战国中期（王世民：《陕县后川2040号墓的年代问题》，《考古》1959年5期，262～263页），高崇文先生认为属战国早期（高崇文：《两周时期铜壶的形态学研究》，载《考古类型学的理论与实践》，文物出版社，1989年，212页）。

（"预制"），足上有锯齿形接缝，且"铸成磨光，密合无间"，但"铜质青红异色，接界显分"。鼎底有浇口（"铸疣"）和垫片（"支钉"）痕迹①。很明显，其工艺现象和侯马铸铜作坊出土者一致。至于铺首究属分铸与否，仍需探究。

郭先生指出联裆鼎（他称为鬲足有盖鼎）七件，但在进一步讨论时只言五件一套，指出："另有二鬲鼎，形状和上述五鼎同，惟腹界中于二弦纹外，附加较粗的贯贝形弦纹一道。壁范的三分接缝，下应三足［上鼎（按：指前五鼎，下同）的接缝在两足间］，底范为三角形（上鼎为弧三角形），故不能列为一组。然若按尺寸大小，正与前五鼎相次，是否此墓主前用五鼎，后续为七鼎。"②这些差异在后来出版的发掘报告中均未提及，惜照片不够清晰，也没有线图予以说明。据郭先生文意，报告所陈七件一套列鼎的两件小鼎M2040:74和M2040:35可能是后续的，但发掘报告清楚指出，只有最小的一件M2040:35足浑铸，其余六件足分铸，并有锯齿形接口。原铸六件一套列鼎不合体例，可能发生了变故失毁一件，补铸成套。补铸者不谙锯齿形分铸足，便以通行的工艺凑成一列，据此推断，M2040:35铸造较晚。

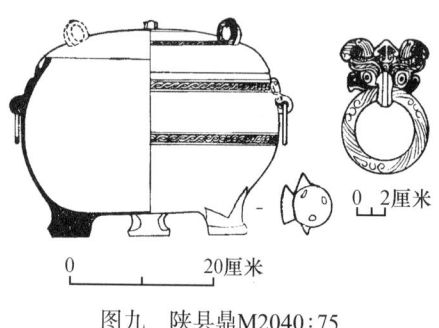

图九　陕县鼎M2040:75
（引自《陕县东周秦汉墓》48页图36.6、8）

这套联裆鼎的形制和赵卿墓那套大同小异。大同者，均有盖，整体作扁球形造型，鼎高度与口径的尺寸相若，鼓腹饰一对铺首衔环，特别重要的是，三足均锯齿形铸接。小异者，陕县列鼎简朴，盖中心环纽不衔环，盖面和腹部各饰两周窄绹纹，盖面周沿置三环形纽，而腹部两纹带间没有凸棱，腹口沿的子口较短。鼎M2040:75是该列鼎中最大的一件，发掘报告发表了线图（图九），不仅清楚地表现出足的锯齿形铸接，而且有足的截面图，虽不够规范，但可见三齿啮合，是否足内侧还有一齿不得而知。此外，在足的截面上均有三个榫状结构，是否先铸鼎足有三个凸榫，有待进一步考察。毫无疑问，这套鼎在技术上与赵卿墓那套列鼎最具特色的工艺一脉相承，与侯马铸铜遗址出土的锯齿铸接足的铸型一致③。

3. 皇家安大略博物馆藏鼎

加拿大多伦多皇家安大略博物馆藏一件联裆鼎（932.16.149.A-B），原系怀履光主教（Bishop William Charles White, 1873~1960）收藏，后捐予该馆。此鼎作扁球形，有盖，盖隆鼓，中心有交龙团纹，以雷纹和斜线为地，其中心置小半圆环纽衔环；盖中

---

① 郭宝钧：《商周铜器群综合研究》，文物出版社，1981年，110页。
② 同①。
③ 山西省考古研究所：《侯马铸铜遗址》，文物出版社，1993年，443页。

 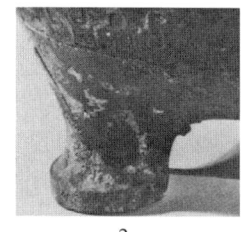  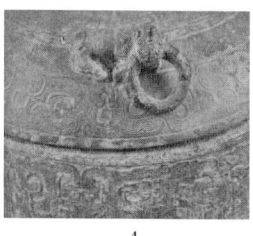

图一〇　皇家安大略博物馆藏联裆鼎及其盖、腹纹饰（1~3）和兽饰（4）
（1~3引自《海外遗珍·铜器（二）》125，4由皇家安大略博物馆惠供）

部饰一周纹带，系交错牛首蟠螭纹，以雷纹和曲线为地，牛首中填圆点纹，类似"鱼子地"；盖外周纹带是交错的龙首蟠螭纹，地纹与盖中纹带的一致。三卧牛饰均布于盖中和外周纹带之间，头顶有短柱，各衔一圆环，身饰卷曲或短线阴纹。鼓腹，口敛，中腹一周凸棱将腹部纹饰分上、下两段，凸棱饰贝纹；上腹纹带与盖中的一致，而下腹纹带与盖周纹带相同。两铺首衔环耳对置上腹纹带上，环饰"W"形或三角形纹。三矮蹄足，根部五齿啮入鼎足根，犹若镶嵌（图一〇）。通高220、口径209毫米。年代属公元前六世纪至前五世纪中[①]。但在台北故宫的图录中，将之划入战国时期[②]。

这件鼎属联裆鼎，造型和纹饰与赵卿墓列鼎十分接近，从尺寸看和赵卿墓列鼎中间的一件M251:585相同。造型同样隆盖，盖中央半圆环纽衔环，盖面同有三兽衔环，兽头同有圆球饰，而鼓腹一对铺首衔环，铺首明显与鼎腹有隙，说明后铸。最为重要的是鼎足的锯齿形铸接，左右两足均为五齿啮合铸接，外齿高内齿矮，齿形也是等腰三角形。更相一致的是，足锈蚀似乎也重于鼎腹。二者的差异在于盖、腹乃至凸棱纹饰的细节。

4. 赛克勒美术馆藏鼎

华盛顿赛克勒美术馆收藏一件青铜鼎（V352），有盖，扣合于鼎口之上。盖面隆鼓，其弧度与腹部的连续。盖面饰三组纹饰，各组间以素面环区隔。中心为圆片纹，系五瓣花纹周围填鳞片纹，花蕊中竖立半圆形环纽，环片状，外表饰鳞片纹；一圆环穿过其中与之环接，圆环系由碎片修复而成。盖面中间饰宽蟠龙纹带，蟠龙正反相间，连续排列，冠饰和垂饰叠交，填以螺旋纹、回转纹和勾纹。盖转折至盖沿饰同样的宽纹带。盖面和盖沿的蟠龙纹带间，均匀斜卧三圆雕豹，眉目不够清晰，周身饰内

[①] 引自皇家安大略博物馆器物说明，该馆远东部惠供，特别申谢。

[②] 台北故宫博物院编辑委员会：《海外遗珍·铜器（二）》，台北故宫博物院，1988年，125页。说明中言其通高216毫米。该器未见著录于该馆远东部员工编写的《皇家安大略博物馆藏中国艺术品》（*Chinese Art in Royal Ontario Museum*, 1972）

图一一　赛克勒鼎

（左引自《中国青铜器全集》8.27，右引自 *Eastern Zhou Ritual Bronzes from the Arthur M. Sackler Collections*: 151）

弧菱形纹，一光素圆环从口中穿过。鼎口沿下两侧对生附耳，正面为倒"U"形，前后面饰龙纹，顶面和两侧面饰连续的绚索纹。腹圆鼓，饰上下两周宽纹带，中间以宽凸棱形弦纹分界，凸棱上饰贝纹，而腹部纹带的形式和盖面蟠龙纹一致。腹底略平，三足承器。足上半若分裆式，下半为蹄足，足端平（图一一）。通高168、口径151毫米，重1.79千克[①]。

福尔摩斯（Lore L. Holmes）和萨伊尔（Edward V. Sayer）先生对这件器物进行了原子吸收光谱分析和中子活化分析，得到的成分是铜64.4%、锡8.7%、铅23.4%、砷0.52%[②]，显示其含有高量的铅，符合这一时期青铜器的共性[③]。

对于铸造工艺，苏芳淑（Jenny So）教授观察有垂直披缝从口沿向下延伸，三足对开分型，底部有三角形披缝，并与三足内侧的披缝衔接，数十枚垫片密排在器壁。足中空，壁甚薄，芯在其中。双耳先铸，亦中空，泥芯亦存。腹内与耳结合处可见两个圆圈，即耳芯型腔，铸接鼎耳时为青铜所充填。X光成像反映出鼎耳芯有三锥形凸起。盖面中心的半圆环纽先铸，三兽实心，以两块范分铸。而盖面垫片集中在若干区域内等距离分布。她进一步指出，这件鼎具有不同寻常的轮廓，含糊地说明其产地为山西—河南[④]，和罗越（Max Loehr）曾经讨论过的一件十分接近，而那件被他断为公

---

① Jenny So. *Eastern Zhou Ritual Bronzes from the Arthur M. Sackler Collections, Volume* Ⅲ. New York: Arthur M. Sackler Foundation, 1995: 50～151.

② Lore L. Holmes and Edward V. Sayer. Elemantal composition. In Jenny So(ed), *Eastern Zhou Ritual Bronzes from the Arthur M. Sackler Collections, Volume* Ⅲ, appendix 3. New York: Arthur M. Sackler Foundation, 1995: 485～488.

③ 苏荣誉、华觉明、李克敏等：《中国上古金属技术》，山东科学技术出版社，1995年，243页。

④ 同①，151～152页。

元前510年左右[①]。

李夏廷先生指出，此鼎"足部是事先铸好的"，即鼎足先铸，属于"铸镶法"或"嵌铸法"[②]。

赛克勒收藏的这件鼎也是联裆鼎，尺寸较小，高度和上述13件中最小的一件，即后川列鼎中最小的M2040：35相若，但口径明显小，说明这件鼎高宽比略大，鼎腹不十分扁。其造型显示出与上述诸鼎的差别。首先是以一对倒"U"形附耳取代铺首衔环，其次是盖面周沿三豸形兽衔环。但盖、腹纹饰和赵卿墓列鼎、安大略鼎接近。

值得特别注意的是足的铸接，不似前13件鼎，此鼎足与腹非以曲折平面铸接，外表从锯齿形直线演变为弧线和曲线，锯齿形演化为锚形（图一二）。但和锯齿形铸接足的工艺思想同源，一脉相承。至于足的铸型究属对开分型与否，值得推敲。侯马铸铜遗址所出锯齿形铸接足的铸型，两范非对开而错开，一范大一范小（参见图一）。

5. 《西清古鉴》著录鼎

清高宗敕编的《西清古鉴》著录一件名之为"汉蟠螭鼎"铜器（图一三）[③]，失

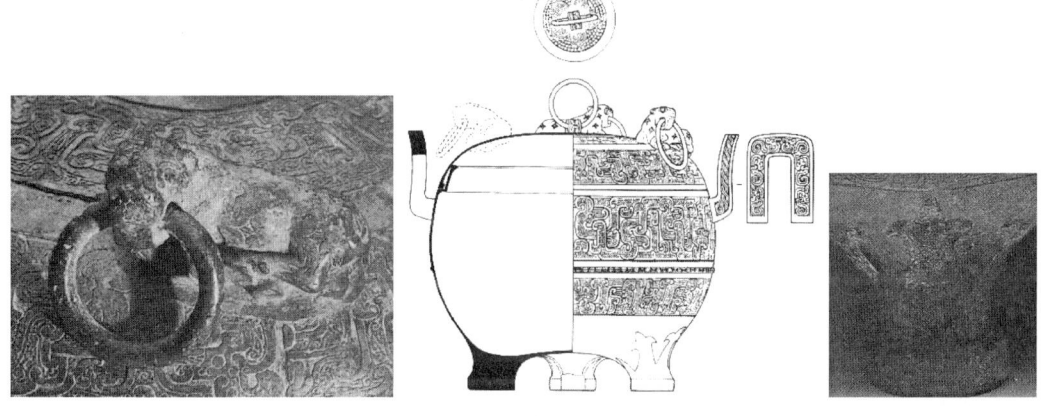

图一二　赛克勒鼎

（左引自 *Eastern Zhou Ritual Bronzes from the Arthur M. Sackler Collections*: 151；中引自《晋国青铜艺术图鉴》164页图119.2，耳、足应中空、分铸；右引自《中国青铜器全集》8.27）

---

① Max Loehr. *Ritual Vessels of Bronze Age China*. The Asian Society, No. 64. New York, 1968.

② 李夏廷、李劭轩：《晋国青铜艺术图鉴》，文物出版社，2009年，164页。李图在表现锯齿形铸接方面，较照片清晰，值得嘉许。但其图绘也有强调美观而疏忽内容的地方。以图一二中表现赛克勒联裆鼎，苏芳淑博士已经指出耳中空、分铸，足一定中空，均未在图中表现。此外，李先生此处所言"铸镶法"显系误解，铸镶法系指将一个或一组铸件通过铸造工艺镶嵌进铸件的工艺，见李京华《固始侯古堆青铜铸镶红铜花纹工艺探讨》（河南省文物考古研究所编：《固始侯古堆一号墓》，大象出版社，2004年，134~146页）。而"嵌铸法"则系生造词汇，或语出郭宝钧先生，见《商周青铜器群组合研究》，文物出版社，1980年，61页。

③ 《西清古鉴》卷七页四，乾隆二十年（1755）内府刻本，引自《金文文献集成》第三卷，线装书局，2005年。

图一三　《西清古鉴》著录鼎

盖，原盖以子母口扣合在鼎口上。腹敛口，子口较高，腹呈扁球形，从其口弧度推知盖隆鼓，与腹部曲率一致。鼎中腹有箍形凸棱，将纹饰分上下两段，从图绘看，上腹纹带较下腹宽，且纹样不同，模糊不能辨识。口沿下、上腹纹带上栏对生附耳，耳满纹饰，同样不能辨识，但可知耳顶弧拱，外撇。下腹纹带不寻常的窄，或为图绘时的视觉偏差所致，底联裆。根据图录的说明，以清工部营造尺为320毫米、库平两37.3克、斤596.8克计[①]，此鼎通沿高224、口径250、腹径316毫米，重6.15千克。

这件鼎的造型非常接近赛克勒鼎，同为附耳，虽腹部纹饰不可辨识，但下腹纹带同样窄。此鼎尺寸略介于赵卿墓列鼎的三（M251:585）、四之间（M251:568），但要轻薄。最为关键的是足上清楚绘出锚形纹线，实际上是足分铸的接缝，和赛克勒藏鼎的接缝完全一致。

上述15件鼎均属联裆鼎，由于考古报道和藏品著录材料详略不同，还难以做较为深入的对比研究。简约而论，从类型上可以分为两型：A型，以赵卿墓为代表，鼎体为扁球形，盖饰兽纽或环纽，腹饰铺首衔环，足先铸，以锯齿形与鼎腹铸接，多编为列鼎。纹饰复杂如赵卿墓，纹饰简约如陕县墓，安大略藏一件和赵卿墓所出一致。这类鼎足的铸接形式和侯马铸铜遗址所出铸型完全一致。B型：以赛克勒藏鼎为代表，体较圆鼓，鼎腹饰一对附耳，盖饰兽纽衔环，足先铸，但与腹部铸接的接口呈锚形，另一例仅见于《西清古鉴》的著录。上述两型联裆鼎在装饰风格上统一，工艺技术上十分独特但一致，是工匠的个人发明或炫技之作。A型当早于B型，B型是从A型变化而来；但二者时间间距不会太大，似乎为前后两代人的作品，最多间隔一代工匠为三代之作。因为这类铸接需要特殊的工艺技巧且不实用，没能续传，即归湮灭。

鉴于B型的赛克勒鼎，在纹样上和A型的赵卿墓鼎几乎一致，或可推测在铸赵卿墓列鼎之后不久，一位徒弟就学会了足的锚形铸接。但B型似乎未得流传，A型传了不过两代，此一工艺湮灭不传。

从侯马铸铜遗址出土的铸型看，可确知A形联裆鼎铸造于彼。所出七套铸型，三套大的是否属于列鼎不得而知，但发掘报告提示三套小的可能属于列鼎。对照赵卿墓和

[①] 邱光明、邱隆、杨平：《中国科学技术史·度量衡卷》，科学出版社，2001年，423、430页。

陕县两组列鼎，以及赛克勒与《西清古鉴》二器，后者属于一套列鼎的可能性不一定没有，而安大略鼎亦非没有属一列鼎的可能。可以推测，联裆鼎，特别是锯齿状分铸足者，在春秋末习于做成列鼎，或者掌握联裆鼎足锯齿状铸接的工匠，喜于铸造列鼎。

三、略论联裆鼎的类型及断代问题

早在20世纪80年代，高明先生探索东周青铜器的研究状况和路径，"首先认识到东周铜器多为各国卿大夫铸器，在他们所使用的礼器中包含一套随着时代变化而变化的礼器组合；其次是不仅因时代早晚器物造型和花纹有所变化，而且因铸地不同，各带有浓厚的区域特点；再一点是铸有铭文的器物为数很少，单依靠铭文研究，远远不够，必须从铜器本身所反映的铸造工艺及其形态、花纹等各个方面，理出可供研究的内容，从物质文化的角度来研究当时当地的经济水平和历史背景"[①]。

联裆鼎在东周时期是鼎的一个小支，数量有限。各家讨论所采材料不一，角度不同。本文搜集的材料，除上述太原金胜村M251、陕县后川M2040列鼎及赛克勒、安大略馆藏外，考古发现的主要包括以下数端，从北向南依次罗列如下。

1. 浑源李峪器群

浑源李峪青铜器群包括1923年村民掘获后散失各地以及后来发掘与征集者，据李夏廷先生统计，早年出土完整器58件、后来出土23件[②]。其中联裆鼎两件，一件藏上海博物馆（以下简称上博鼎，图一四），据陈佩芬女士图录，鼎中心有环纽衔环，盖面饰细密交龙纹，盖周匍匐三圆雕虎；附耳，腹稍鼓，上腹纹带亦是细密交龙纹，下腹纹饰是在细密交龙纹带下垂三角形小兽面纹，腹中一周凸棱界隔上下腹纹带。款足如鬲，通高288、口径235毫米，属春秋晚期。并指出兽饰和纹饰在晋国新田青铜器常见，此器体现了晋国先进的铸造技术[③]。赛克勒美术馆的收藏中，一件鼎（V62）的纹饰与之相同，也是附耳，但却非联裆而是圜底[④]。

在梅原末治先生著录的浑源器群中，另有一件联裆鼎（图一五，以下简称梅原鼎）[⑤]，失盖，腹部子口较矮，一对附耳，上腹是蟠螭纹带，下腹不详，中间一凸棱界

---

① 高明：《中原地区东周时代青铜礼器研究（上）》，《考古与文物》1981年2期，69页。
② 李夏廷：《浑源彝器研究》，《文物》1992年10期，62页。
③ 陈佩芬：《夏商周青铜器研究（上海博物馆藏品）·东周篇上》，上海古籍出版社，2004年，122~123页。她说晋国先进的铸造技术，未见解释。
④ Jenny So. *Eastern Zhou Ritual Bronzes from the Arthur M. Sackler Collections, Volume* III. New York: Arthur M. Sackler Foundation, 1995: 140~141.
⑤ 梅原末治：《古铜器形态的考古学的研究》，（京都）同朋舍，1940年，图版25。

图一四　上博藏李峪联裆鼎

（左引自《中国青铜器全集》8.14，右引自《夏商周青铜器研究·东周篇》123页）

图一五　梅原末治著录李峪鼎

（引自《古铜器形態の考古学的研究》图版25）

隔、联裆、蹄足。李夏廷先生认为李峪鼎平雕蟠虺纹，是春秋中晚期至晚期早一阶段晋器的重要纹饰。李峪器群不会晚至战国，属代国[①]。朱凤瀚先生认为梅原鼎和洛阳中州路M2171的相当，属战国早期偏晚，而上博鼎与万荣庙前村出者形近，不早于战国中期偏晚[②]。

2. 平山穆家庄鼎M8102∶1

平山穆家庄墓地的M8102，系农民挖沙开启的一座竖穴土坑积沙木椁墓，出土两件鼎，一件属联裆式（M8102∶1）。体圆鼓，盖顶和分裆略平。盖扣合在口沿上，上面饰三周勾连纹，三环纽均布外周纹带和中部纹带之间，上饰雷纹。口敛，腹鼓，中腹有凸棱一周，上饰绚索纹；上、下腹饰勾连雷纹带。上腹纹带上栏对生附耳，附耳外饰蟠虺纹，两侧饰绚纹（图一六）。通高213、口径190毫米。发掘报告定墓葬时代为战国早期[③]。其盖、腹纹饰，和侯马上

---

① 李夏廷：《浑源彝器研究》，《文物》1992年10期，70～71、74页。

② 朱凤瀚：《中国青铜器综论》，上海古籍出版社，2009年，2001页。但在朱先生大作关于鼎的分类讨论中，没有采用李峪这两件联裆鼎（104～105页）。

③ 河北省文物研究所：《战国中山国灵寿城——1975～1993年考古发掘报告》，文物出版社，2005年，264、272页、274页图211，图版136.2。

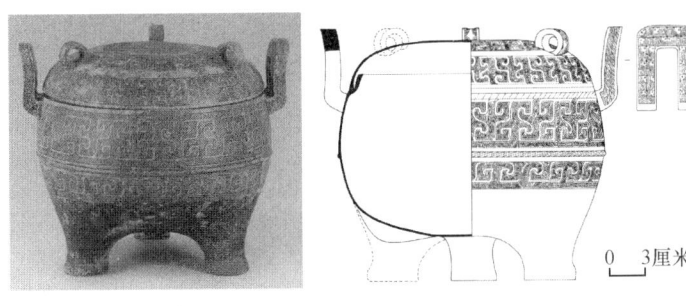

图一六 平山穆家庄联裆鼎M8102∶1
（引自《战国中山国灵寿城》274页图211、图版136.1）

马墓地鼎M5218∶13、甗M5218∶11兽纹一致，这座墓被排在上马墓地第五期第九段，年代在春秋战国之际[1]；芮城坛道村二号墓出土的一件鼎和一件甗的纹饰也相同，年代被定在战国早期[2]；而赛克勒美术馆收藏的一件鼎（V196）的纹饰与之相同，也是附耳，盖上也是三环纽，但是圜底而非联裆，年代被定在公元前五世纪初，属春秋晚期[3]。

3. 邯郸百家村鼎M3∶37

20世纪50年代在邯郸百家村进行了两次考古，发掘49座战国墓，全属长方形土坑竖穴墓。三号墓有殉人三，出土三件青铜礼器，其中的一件鼎M3∶37属联裆式，有盖，中央为环纽衔环，盖面饰绹纹，三卧兽均布盖边；腹较深，颈、腹饰窄绹纹带，三蹄形足（图一七）。发掘者认为其时代应属战国中期[4]。郭宝钧先生认为其纹饰属战国中晚期的风尚[5]。

图一七 邯郸百家村联裆鼎M3∶37
（引自《考古》1962年12期，图版4.5）

4. 长子牛家坡鼎M7∶10

长子羊圈沟和牛家坡东周墓地中，牛家坡七号墓是规模最大、遗物最丰富的一座，为长方形竖穴土坑式、双椁单棺，有三人陪葬，出土各类器物553件，包括铁铤铜镞和铁削铜刀；青铜器中除一套五件列鼎、一件蹄足鼎

---

① 山西省考古研究所：《上马墓地》，文物出版社，1994年，36、44、188、174页。
② 邓林秀：《山西芮城东周墓》，《文物》1987年12期，41~46页。
③ Jenny So. *Eastern Zhou Ritual Bronzes from the Arthur M. Sackler Collections, Volume Ⅲ*. New York: Arthur M. Sackler Foundation, 1995: 158~160.
④ 河北省文化局文化工作队：《河北邯郸百家村战国墓》，《考古》1962年12期，613~634页，图版4.5。
⑤ 郭宝钧：《商周铜器群综合研究》，文物出版社，1981年，182页。

外，还有一件联裆鼎M7∶10，另有两件鬲（M7∶67、M7∶68）。联裆鼎M7∶10呈扁球形，隆鼓盖扣合于鼎腹上。盖正中有环纽，饰三角回纹；盖面饰两周绹纹，外周绹纹带上均布三只卧牛。腹敛口，中腹有凸棱一周，上饰绹纹，上、下腹各饰一周窄绹纹带。两铺首衔环对饰在上腹并叠压绹纹带（图一八）。通高192、口径82毫米。

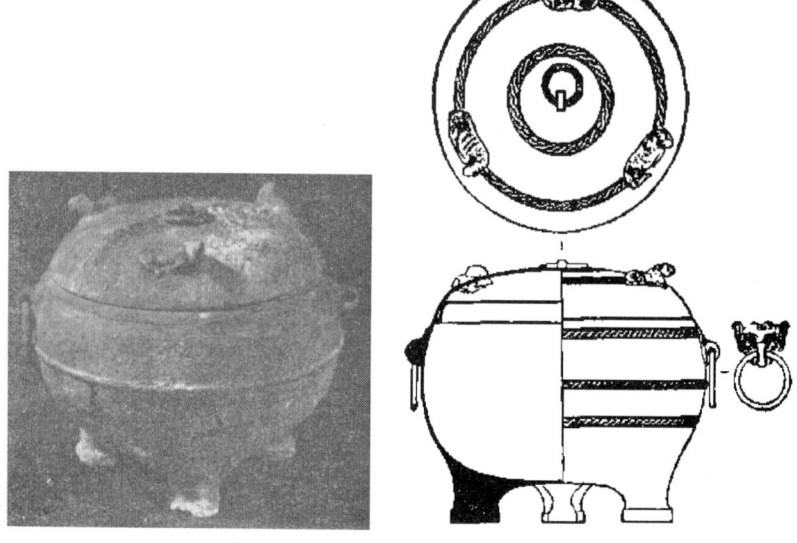

图一八　长子牛家坡联裆鼎M7∶10

（引自《考古学报》1984年4期，507页图3.4、图版20.5）

发掘报告指出，同出的方座豆，盘与柄是分铸焊接的；青铜器披缝和浇口均十分清楚；纹饰普遍采用拍印，花纹已规范化为图案，和侯马铸铜作坊遗址出土的范基本一致，可考虑这批铜器铸造于彼，并将七号墓年代定为春秋晚期[①]。至于拍印纹饰，陶正刚先生后来指出说法不确，应是纹饰模翻制的纹饰块拼接而为[②]。

赛克勒美术馆收藏的一件联裆鼎（V156），通高163、口沿直径149、最大腹径190毫米，年代被定为公元前六世纪晚期或前五世纪早期，除鼎盖附饰为三环纽外，其余和牛家坡M7∶10完全相同[③]。

5. 长治分水岭鼎M106∶8、M35∶4和M84∶4

1964年发掘的长治分水岭M106，是一座长方形土坑竖穴墓，一棺一椁，出土一件

---

① 山西省考古研究所：《山西长子县东周墓》，《考古学报》1984年4期，503～528页。鼎照片在图版20，编号为5，但此图版缺3号图。

② 陶正刚：《晋国青铜器铸造工艺中的两个问题》，《文物》1998年11期，73～74页。

③ Jenny So. *Eastern Zhou Ritual Bronzes from the Arthur M. Sackler Collections, Volume* Ⅲ. New York: Arthur M. Sackler Foundation, 1995: 154～156.

联裆鼎M106:8,作扁球形,有盖,隆鼓,中心有提环纽,外饰一周窄绹纹带,纹带上均置三卧牛饰;口敛、鼓腹,中腹设一周凸棱,饰绹纹,口沿下和下腹有同样的窄绹纹带。两方形附耳置于口沿下绹纹带下栏,素面,三矮蹄足承器(图一九)。通高170、口径165、最大腹径195毫米,考古报告定其年代为战国早期①。

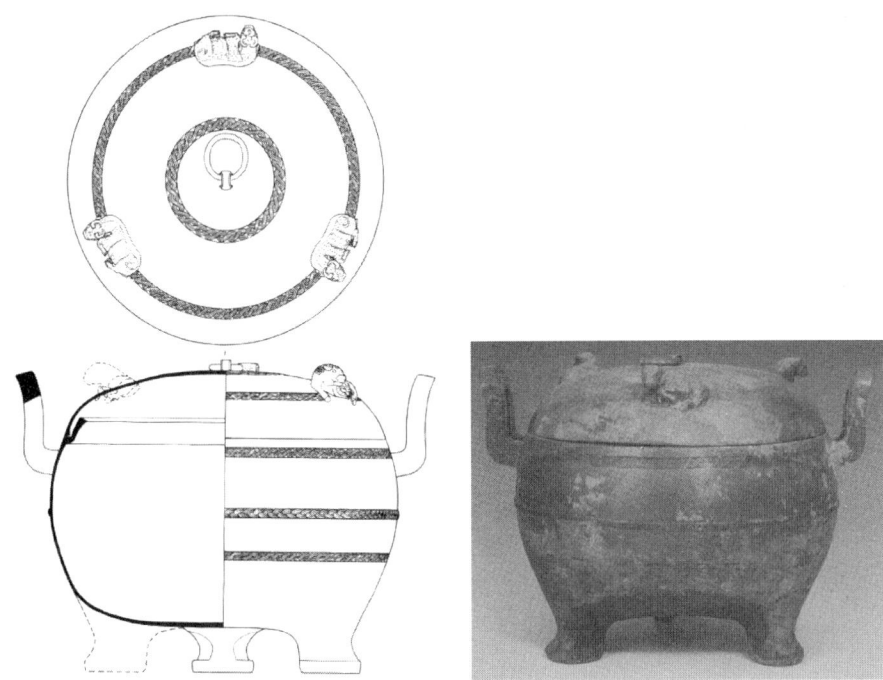

图一九 长治分水岭联裆鼎M106:8
(引自《长治分水岭》图版131.1、294页图102B.1)

1960年发掘的长治分水岭M35属一长方形竖穴土坑墓,有一椁一棺,出土器物270余件,主要为铜器和陶器。一件青铜鼎M35:4即为联裆式,作扁球形;有盖,隆鼓,素面,周有三环纽,纽顶出头;腹素面,敛口,子口较高,上腹对置铺首衔环,铺首作兽面纹;中腹一周凸棱,三矮蹄足承器(图二〇)。通高176、口径166、最大腹径206毫米。年代属战国中期②。

1964年发掘的长治分水岭M84,为一梯形竖穴土坑墓,葬具不明,出土100多件(组)器物,以铜器和玉器为多。一件青铜鼎M84:4即为联裆式,作扁球形,较鼎M35:4圆鼓。盖隆鼓,中央有长方纽衔环,盖面饰两周绹纹,外周绹纹上均置三环纽,纽顶有突,饰贝纹。口敛,子口较高,腹圆鼓,口沿下是一周窄绹纹带,纹带上对饰铺首衔环,铺首作兽面状;下腹式一周凸棱,棱上饰贝纹,凸棱下为窄绹纹带。

---

① 山西省考古研究所等:《长治分水岭东周墓地》,文物出版社,2010年,292~294页、图102B.1、图版131.1、彩版13.7、373~375页。发掘报告描述器物,有鼎一件,叙述墓葬时则误为两件。

② 同①,219页、221页图90B.1、图版92.1、375~376页。

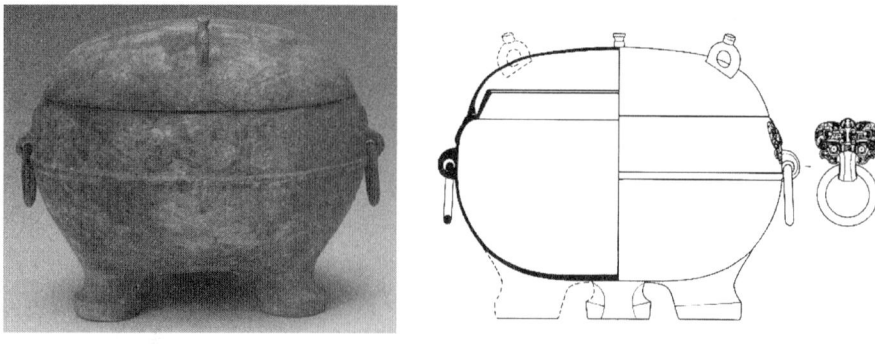

图二〇　长治分水岭联裆鼎M35∶4

（引自《长治分水岭东周墓地》221页图90B.1、图版92.1）

三矮蹄足承器，足端平（图二一）。通高195、口径180、最大腹径220毫米，年代也被定在战国中期[①]。

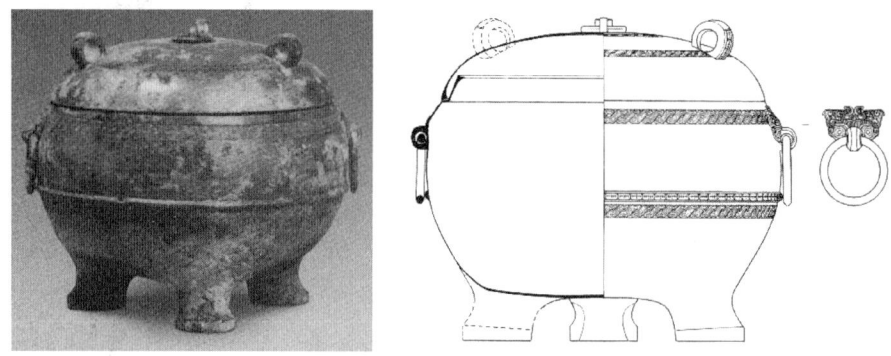

图二一　长治分水岭联裆鼎M84∶4

（引自《长治分水岭东周墓地》287页图101B.1、图版129.1）

6. 万荣庙前村鼎M1∶62

1962年在万荣庙前村发掘的战国墓群[②]，出土一件联裆鼎M1∶62[③]，所发表的照片不够清晰（图二二），可知有隆盖，以子母口扣合在鼎口，盖面纹饰不详，周饰三环纽。敛口，鼓腹，纹饰不详，腹中一周凸棱，口沿下对生附耳，纹饰不详。三矮足足端细，非蹄足。

---

① 山西省考古研究所等：《长治分水岭东周墓地》，文物出版社，2010年，287页、图版129.1、287页图101B.1、375～376页。
② 郭宝钧：《商周铜器群综合研究》，文物出版社，1981年，183页。
③ 杨富斗：《山西万荣庙前村东周墓地调查发掘简讯》，《考古》1963年5期，279～280页；同②。

7. 辉县赵固鼎M1∶6

1951年发掘的辉县赵固M1是一座被后期井打破的竖穴土坑残墓，棺椁槽朽不辨，出土器物不少，其中有青铜联裆鼎一件和鬲一件。

赵固联裆鼎M1∶6也有盖，盖中心饰花瓣纹，外饰两周绹纹，其间均布三环纽，纽饰斜方纹。腹敛口，沿下对饰方形附耳，耳顶外侈，两侧饰绹纹。上、下腹各饰一周窄绹纹带，中腹一周凸棱（图二三，左）。通高155、口径136～153毫米。发掘报

图二二　万荣庙前村联裆鼎M1∶62
（引自《考古》1963年5期，图版10.2）

告指盖三环纽焊接、腹壁三披缝明显，底部经磨光，但隐约可见三角形披缝①；说盖顶三环纽系焊接，证据不足，有待深究。郭宝钧先生认为鬲鼎"是战国中晚期的新形制"，还补充"壁范三分、应三足"②，说明足浑铸，底部有一块三角形范，角对鼎足内壁，这一铸型工艺可追溯到安阳殷墟早期③。

赵固一号墓所出鬲M1∶2，也有盖，隆鼓，中央一环纽衔环，口敛，沿下对饰小环耳衔环，腹稍鼓，中有一周凸棱（图二三，右）。器壁及底三角形披缝明显。通高195、口径175～189毫米④。郭宝钧先生也补充说这件鬲为"战国中晚新制"，"壁范三分，缝应三足"⑤。铺首衔环鬲足为袋形，而联裆鼎基本上都是蹄足，形制极近但有区别。

图二三　辉县赵固联裆鼎M1∶6（左）及鬲M1∶2（右）
（引自《辉县发掘报告》图版88.3、5）

---

① 中国科学院考古研究所：《辉县发掘报告》，科学出版社，1956年，114页，图版88.3。
② 郭宝钧：《商周铜器群综合研究》，文物出版社，1981年，181页。
③ 苏荣誉、廉海萍：《安阳殷墟时期青铜铸造与青铜鼎》，载《鼎盛中华：中国鼎文化》，大象出版社，2013年，239～243页。
④ 同①，图版88.5。
⑤ 同②。

8. 洛阳中州路联裆鼎M2717：102和M2717：123

洛阳中州路M2717属竖穴重椁单棺墓，出土若干件青铜器，其中M2717：102和M2717：123为联裆鼎，被划为V式。前者有隆盖，盖中央有环纽衔环、周沿饰三卧兽（图二四，左），盖面饰两周绹纹。腹较深，一对方形附耳，饰绹纹、弦纹或贝纹（图二五），三足粗矮，占通高三分之一弱。通高279、腹径306毫米。后者造型与前者一致，从照片看纹饰简略，盖仅见中央的环纽衔环，是否有纹带不清楚；同样，腹部纹带也不清楚，但见中腹的凸棱颇为突出（图二四，右）。考古报告把此墓划分在东周（四），为战国初期①。

图二四　洛阳中州路联裆鼎M2171：102（左）和M2171：123（右）
（引自《洛阳中州路（西工段）》图版63.3、5）

盖兽　　　　　　盖绹纹　　　　　　　　腹贝纹

图二五　鼎M2171：102纹饰
（引自《洛阳中州路（西工段）》91页图60.1～3）

鼎洛阳中州路M2171：102的分裆不够明显，接近圜底。三足矮，虽也为蹄形，但较细瘦。郭宝钧先生将这两件器物归为鬲，注意到袋足浑铸（"铸生"），器底有三角形披缝，"仍保留鬲的铸法，不同于鼎的圆形底，二者显有区别"，并进一步指出，"这一铸法，统战国时期皆如此，以此为鼎和鬲的分类标志"。但他承认该墓的三件鼎与此两件鬲上半部形态一致，"可称为混合式的五鼎"②。郭先生注意到战国时

---

① 中国科学院考古研究所：《洛阳中州路（西工段）》，科学出版社，1959年，61～62、92、150、128页，图版63.3、5。发掘报告将15件鼎分五式，各5、1、4、3、2件，在说明中，说IV式"形制与III式基本相同"，而V式"与IV式相似"（91～92页）。此外，此墓在中州路发掘中属较大墓葬、出土器物属多者，但在讨论分期、各期特征中并没有涉及。这些资料从发掘报告的列表中获得。

② 郭宝钧：《商周铜器群综合研究》，文物出版社，1981年，107页。

期的鬲甚至联裆鼎的铸型工艺，但如前文所及，这样工艺渊源甚早，流传有序。

9. 洛阳西工区鼎M6∶7

1969年，洛阳博物馆配合西工区基建清理了一批东周墓，其中M6曾予报道，属一座长方竖穴土坑墓，一棺一椁，出土铜、铅器二三十件，其中有一件联裆鼎M6∶7（原简报称簋）。有盖，隆

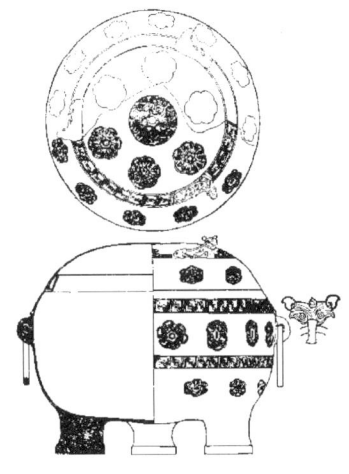

图二六　洛阳西工区联裆鼎M6∶7
（引自《文物资料丛刊·3》119页图2）

鼓，中间为六瓣花纹，外为雷纹带，再外又六瓣纹带，有三兽饰。口敛，子口较高。腹圆鼓，口沿下饰一周雷纹带，其下一周六瓣花纹带，两侧对饰铺首衔环，铺首作兽面形，再下一周雷纹带，下腹再饰一周六瓣花纹带（图二六）。通高150、腹径200毫米。简报与《洛阳中州路》比对，将墓葬时间定在战国初期[①]。

长治分水岭出土的一件鼎M36∶2，盖面和腹部有与之相同的六瓣花纹饰。两鼎除联裆与圜底之别外，造型和纹饰高度一致，所差在于M36∶2盖面附饰为三凤鸟，铺首角平伸。考古报告将其年代定为战国中期[②]。六瓣花纹饰十分特殊，二鼎具有同源性。

上述联裆鼎共计28件，三件来历不明，25件有清楚出土地；其中12件分属两列鼎，另外13件基本上是一墓出土一件。现将它们的基本情况列入表三。

表三　联裆鼎统计

器物	附耳	铺首	盖饰三兽	盖饰三环纽	纹饰主题	锯齿形铸接	备注
浑源李峪2	2		1		1交龙纹，1蟠虺纹		1失盖
平山穆家庄1	1			1	勾连雷纹		
太原赵卿墓5		5	5		蟠螭纹	5	
邯郸百家村1	1		1		绹纹		
长子牛家坡1		1	1		绹纹		
长治分水岭3	1	2	1	2	1素面、1绹纹、贝纹		
万荣庙前村1	1			1	不详		非蹄足

---

① 洛阳博物馆：《洛阳西工区战国初期墓》，载《文物资料丛刊·3》，文物出版社，1980年，118～120页。

② 山西省考古研究所等：《长治分水岭东周墓地》，文物出版社，2010年，228页、图版96.2、彩版3.2、375～376页。

续表

器物	附耳	铺首	盖饰三兽	盖饰三环纽	纹饰主题	锯齿形铸接	备注
辉县赵固1	1			1	绚纹		
陕县后川7		7		7	绚纹	6	小鼎或后配
洛阳中州路2	2		1	1	绚纹、贝纹		1纹饰不清
洛阳西工区1		1		1	六瓣花		
安大略1		1		1	蟠虺蟠螭	1	
赛克勒1	1			1	蟠虺蟠螭	1	
西清古鉴1	1			1	蟠螭	1	失盖
小计28件	11	17	13	13		14	2失盖

注：盖兽饰和环纽指盖周装饰，不包括盖中心环纽。纹饰的定名各家可能不一

关于联裆鼎的分型分式，各家做法不一，标准不同，但习以线图（包括发表的和据照片描摹的或考察勾勒的）为依据。高明先生所及仅附耳分裆鼎，将五件（李峪两件：Ⅰ1和Ⅱ1，中州路两件：Ⅲ1和Ⅱ2，及赵固一件Ⅱ2）分为三型四式，变化在腹和足，从早期深腹、裆足较高到晚期变得浅腹、低裆、矮足。认为联裆鼎最早出现在浑源器群中，而浑源器属第六组，较晚的第七组中州路M2717和第九组赵固M1均出土联裆鼎，已到战国晚期[①]。

朱凤瀚先生称这类鼎为鬲鼎，其B型指东周的联裆鼎，分附耳（Ba）和铺首衔环（Bb）两亚型。前者如中州路M2717在战国早期，而百家村M3为战国中期；后者如西工区M6和牛家坡M7为战国早期，分水岭M35为战国晚期。认为李峪所出两件，其中一件和洛阳中州路M2717同，属战国早期偏晚；另一件藏于上海博物馆，与万荣庙前村M1所出相近，年代为战国中期偏晚[②]。没有涉及太原金胜村墓联裆鼎。

高崇文先生研究晋南东周墓葬的分期与年代，所及25座墓。他将联裆鼎划为E型，分二式：Ⅰ式隆盖饰三卧牛，深腹，盖与腹或饰蟠联龙凤纹、凸弦纹，或饰绚索纹、凸弦纹，代表作是金胜村M251、牛家坡M7和M11出土鼎；Ⅱ式腹略浅，盖、腹饰花朵纹三周，间以绚索纹，长治分水岭M36出土。联裆鼎虽在春秋晚期的浑源铜器群、战国早期的洛阳中州路M2717、战国中期的辉县赵固M1均有出土，但均为方形耳。铺首衔环耳的联裆鼎只在战国中期的陕县后川M2040、M2144，战国晚期的洛阳西工M6和洛阳西宫秦墓出土。且长子牛家坡M7、M11的联裆鼎与陕县后川M2040所出五件联裆

---

① 高明：《中原地区东周时代青铜礼器研究（中）》，《考古与文物》1981年3期，87页；又见《高明著作选集》，科学出版社，2001年，180~185、201页。

② 朱凤瀚：《中国青铜器综论》，上海古籍出版社，2009年，104~105页。

鼎非常相似，如出一范。其时代可定在战国早期晚段至战国中期早段（前430～前350年左右），其中太原金胜村M251为本段最早者，属战国早期晚段；长子M7和M11可为战国中期早段；长治分水岭M36所出EⅡ式联裆鼎与洛阳西工M6、西宫秦墓所出联裆鼎从器形到纹饰都非常相似，故此墓可定为战国晚期（前300～前221年）[①]。

统观上述联裆鼎材料，不难产生它们造型和风格一致的感觉，可谓大同小异。同在联裆，球形，都有盖，盖与腹以子母口扣合，扣合处盖的弧度和腹壁一致；纹饰都是春秋中晚期以后流行的蟠螭纹、蟠虺纹、绚索纹、勾连雷纹、贝纹等，也有素面者；盖面多有三兽或三环纽饰，三矮蹄足。小异在于附耳或铺首衔环，盖面兽饰还是环纽饰，或者无饰仅中心环纽；纹样不同，纹饰面积相异；足的高矮有出入，当然足的成形还有分铸与浑铸的差异。

若按附耳与铺首分型，兽饰与环纽饰分式，纹饰不同的分式或分亚型亚式，结果俱已列在表三。附耳和铺首两型分别如图二七和图二八。

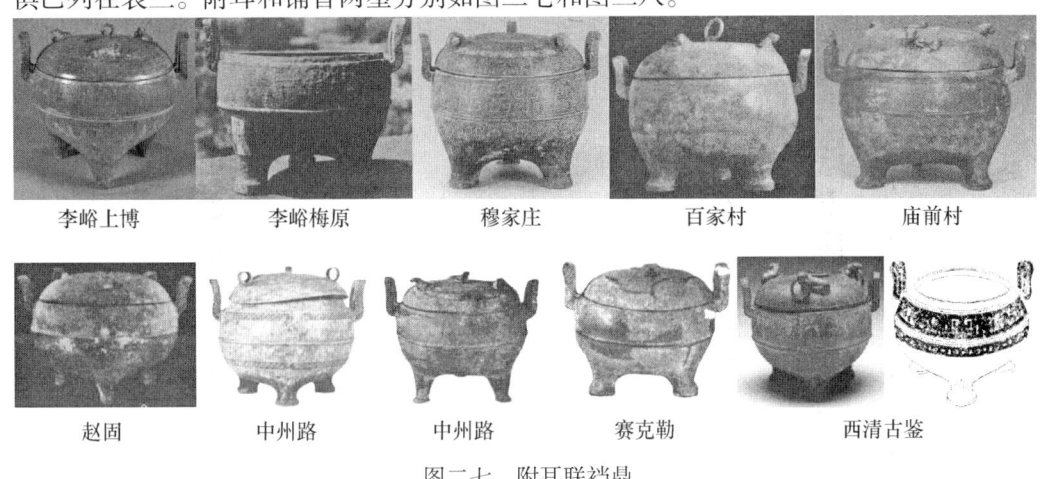

图二七　附耳联裆鼎

附耳联裆鼎11件，其中两件失盖，但形体基本一致。四件盖饰三卧兽，如李峪上博鼎、百家村鼎、中州路鼎M2717:102和赛克勒鼎，但仅赛克勒鼎的卧兽衔环，其余三件卧兽均较小。11件鼎耳的形状一致。鼎腹均圆鼓，但李峪梅原鼎和穆家庄鼎略逊，扁的程度不及另九件。腹部纹饰除庙前村鼎不详外，李峪上博鼎以交龙纹为主，穆家庄以勾连雷纹为主，李峪梅原鼎、赛克勒鼎和西清古鉴鼎为蟠螭—蟠虺纹，另四件为绚纹。从足看，除李峪上博鼎、庙前村鼎和中州路M2171:102足形接近锥形足外，其余均为蹄足。三件锥形足鼎显得裆高、足细。从铸造工艺看，赛克勒鼎和西清古鉴鼎足部锯齿形铸接，其余均应浑铸。

铺首衔环鼎17件，包含两套列鼎。它们的造型更为一致，差别更小。盖面饰卧兽

---

① 高崇文：《试论晋南地区东周铜器墓的分期与年代》，《文博》1992年4期，18、31、33页。高先生采用的西宫秦墓材料未能找到，抱歉。

图二八　铺首衔环联裆鼎

者如金胜村五件列鼎、牛家坡鼎、安大略鼎和西工区鼎，其中安大略鼎卧兽衔环。另九件，后川七件一列和分水岭两件均饰三环纽，除分水岭M35：4环纽截面为圆形外，其余都是扁形的，环若圆圈。从腹的形状看，除后川七件一列稍扁外，其余十件基本一致。纹饰上，金胜村赵卿列鼎和安大略鼎饰蟠螭—蟠虺纹，西工区为六瓣花纹外，其余十件，后川一列七件和牛家坡鼎、分水岭两件鼎饰绹纹。足的形状一致，裆的高矮差别很小。工艺上，金胜村列鼎五件、后川列鼎中六件和安大略鼎锯齿形分铸。

纵横来看，单从这些器物风格和工艺，很难确定特征指标以划分早晚，或许本来它们的时代差异就很小。考虑到风格变迁、地域差异、经济水平等，这些青铜器或者持续在百年左右，或时间跨度更短。

因联裆鼎出现较晚，春秋中晚期的风格革命业已完成，在这样的背景下，若不了解青铜器生产过程中的核心要素，如青铜器给谁生产、做什么用途？谁决定青铜器的形状和纹饰？在一个不长时间内分出早晚就显得说服力不足。具体到联裆鼎，说附耳一定早于铺首衔环或相反、深腹早于较浅腹或者相反、高足早于较高足或矮足或者相反，同样显得缺乏说服力。

四、略议侯马铸铜作坊的青铜器生产

在20世纪50年代后大约40年间，侯马牛村古城南铸铜遗址发掘总面积达7000平方米，惜有些报告至今未发表，业已发表的部分占实际材料之比多大，非亲历者无从知晓。从已发表的材料看，Ⅱ和ⅩⅩⅡ两处遗址相距400米，面积47850平方米，发掘4700平方米，出土陶范最为丰富，报告认为前者以礼器、乐器范为主，后者以工具范为主。ⅩⅫ遗址西北约100米清理一灰坑PXH出土大量的车马器及带钩范等。LIV遗址出土十万件以上空首布芯。Ⅶ和ⅩⅤ地点曾出土空首布，ⅩⅩ为石器作坊遗址，出有少量的背范。ⅩⅪ遗址为祭祀性质遗址，出土少量环首刀范。1992年在南距ⅩⅫ地点约200米处，出土礼器、车马器、兵器、工具等陶范。平阳机械厂宿舍区78HPS、招待所楼区78HPG1等地点也出有少量陶范。此外，白店村西南、西北一带，文化堆积厚1～6米，出土有陶范、熔炉片和空首布芯。此外，西北庄附近有陶范出土，呈王路祭祀建筑遗址区曾发掘出陶范①。到底铸铜遗物分布范围多大，还不确知。最为集中的牛村古城南作坊遗址，因没有全部揭露，发掘的资料也没有全部发表，全貌还不清楚。本文就现已发表的资料，对该作坊的产品、性质及年代问题试做分析。

1. 侯马铸铜作坊的产品

侯马作坊生产的产品，只能以作坊的遗物特别是铸型（包括模、范、芯）进行讨论。现将各地所出铸型简要罗列如下：

遗址Ⅱ出土14117块，其中10989块残碎不可辨，三分之一为模，约1047块属礼乐器，1036块属工具和用具，435是空首布芯，167块属兵器，143块属车马器。

遗址ⅩⅫ出土铸型24640块，绝大多数为范和芯，其中镬铸型21632块，空首布芯2319块，另有少量属兵器、工具、用具、车马器和钟枚等。

遗址LIV曾发掘出大量浇注后打下的空首布的芯头，数量估计在十万件以上。

遗址ⅩⅫ西北曾清理一灰坑PXH，出土带钩范13667块、车軎范芯407块及其他类型1747块②。

从上述数字不难看出，就可辨识的铸型看，空首布和带钩占绝大多数，可以认为该作坊的主要产品是空首布和带钩。

青铜礼器的模、范、芯因具有精美纹饰，使许多时代不清、来历不明的青铜器得以"认祖归宗"③，确立了侯马风格，揭示并回答了春秋晚期铸铜技术的很多问题，备受关注，但却易障眼而忽视了作坊的生产层面。

单看侯马铸铜作坊的礼器铸造，遗物出自遗址Ⅱ和白店等地。根据对遗址Ⅱ可辨识的铸型统计，包括：鼎364、簠4、鬲2、豆20、壶55、舟13、匜3、钟431、匕63、器纽25、圈足14、铺首29、虎衔环24，计1047块，若三分之一为模，铸型为698块，以平均每器六块铸型计，铸器不足120件。若以大型钟每器需94块范与两块芯计④，钟的431

---

① 山西省考古研究所侯马工作站：《晋都新田——纪念山西省考古所侯马工作站建站四十周年》，山西人民出版社，1996年，65～66页。
② 山西省考古研究所：《侯马铸铜遗址》，文物出版社，1993年，79～80页。
③ 山西省考古研究所：《侯马陶范艺术》，普林斯顿大学出版社，1996年，3页。
④ 同③，68页。

块铸型，三分之二为287块，差一块才够铸造三件大钟。显然，不能说遗址Ⅱ以铸造礼乐器为主①。

金胜村赵卿墓出土的青铜器应该很好地体现了晋国青铜文化。该墓完整，墓主被认定是晋卿赵鞅（前540～前475年），随葬遗物3421件，其中青铜器1402件，重1193千克，包括礼乐器118件（重1058.5千克）、兵器778件、车马器181件、工具76件、生活用具249件。青铜礼乐器包括鼎27、鬲5、甗2、豆4、簠2、壶8、鸟尊1、鉴6、罍2、匜2、舟4、盘2、炉1、格2、勺6、钩14、镈19件②。鉴于铸造大型青铜礼器需要多块铸型，大钟甚至需要94块范和两块芯③，遗址Ⅱ所辨识出的礼乐器范，远不敷太原赵卿墓铸造青铜礼乐器之数。

很明显，业已发掘的侯马铸铜作坊，以生产青铜空首布、带钩为主，产量巨大，兼及青铜工具、用具、兵器、车马器和礼乐器。

2. 侯马铸铜作坊产品的流布与作坊的性质

侯马铸铜作坊以铸造空首布和带钩为主，产量巨大。前者是货币，用以贸易流通，后者是用具和饰品，数以万计，显然也是为了贸易。换句话说，侯马铸铜作坊主要从事青铜商品生产。刘绪先生早曾指出，侯马"青铜礼乐器的铸造目的应是供晋公室享用，至于其他数以千计或数以万计的器物，如工具、带钩等，似具有商品性质，可能多数用于交换"④。其实，从侯马风格青铜礼乐器广大的分布地域，不难推知其礼乐器也是广为流通的商品。浑源李峪墓地是春秋晚期代国墓地，所出青铜器群具有侯马风格，铸造于侯马⑤，自然是贸易或订购自那里的。至于空首布和带钩，尤其是后者的特征不强，追索其流布空间需假以时日。

但是，侯马铸铜作坊的遗物充分确立了青铜器的侯马风格及其产地。早年张颔先生即已认识到，从侯马发现的范看，"当时晋国这个城市的铜器铸造作坊所生产出来的铜器除了和当时中原各国的铜器有着共同的作风而外，还具有它独特的风格和传统。其共同之处首先是钟、鼎、壶、豆各种器形大致相同，再则是花纹方面有饕餮、夔龙凤、云雷、垂叶等纹饰也大致相同。其所以相同，大概是当时各国之间文化交流的关系"。"晋国和其他各国的铜器在铸造工艺上都会有相互影响。"晋国铜器特点，在侯马范上有如下特点：绚索纹非常盛行，有七八种；夔龙凤花纹盛行，鳞甲纹

---

① 苏荣誉：《侯马铸铜遗址与铸鼎——兼论铸鼎技术的鼎革与侯马铸铜作坊》，待刊。
② 陶正刚、侯毅、渠川福：《太原晋国赵卿墓》，文物出版社，1996年，16、87、244页。
③ 山西省考古研究所：《侯马铸铜遗址》，文物出版社，1993年，303页。
④ 刘绪：《晋文化》，文物出版社，2007年，134页。
⑤ Robert W. Bagley. Replication techniques in eastern Zhou bronze casting. In Steven Lubar and W. David Kingery (ed.), *History from Things, Essays on Material Culture*. Washington and London: Smithsonian Institute Press, 1993: 238～239.

广泛应用,后者有八九种之多;翎翼纹、爪、牙均独特①。

根据《侯马陶范艺术》罗列,出土这类青铜器的主要数端如下②:

浑源李峪青铜器群

太原金胜村赵卿墓青铜器

侯马上马春秋墓青铜器

长治分水岭墓地青铜器

长子牛家坡墓地青铜器

潞城潞河墓地青铜器

万荣庙前村墓地青铜器

邯郸百家村墓地青铜器

陕县后川墓地青铜器

汲县山彪镇墓地青铜器

辉县琉璃阁墓地青铜器

这些墓葬基本上属于春秋晋文化地区,但侯马风格青铜器流传和波及、影响的地域远为广泛,如燕地、中原南部、江淮地区以至吴越、楚和秦等。

谁是侯马铸铜作坊的所有者?通常认为:"侯马铸铜遗址的位置、规模、出土遗迹遗物都表明这里原是晋国最主要的官营铸铜基地之一。"③刘绪先生也认为:"若从所在地点和所属年代分析,最大可能应属晋国公室所有","尤其在公元前403年之前。"④但春秋晚期的晋国,基本上是晋公大权旁落、"政在侈家"的局面,诸卿纷争倾轧,以至赵、魏、韩三家分晋,晋名存实亡。说晋公一直拥有铸铜作坊,难以通融。

张颔先生最早思考这一问题:

> 晋国大量铸造青铜器,可能是景公迁于新田即公元前584年以后的事。到公元前450年以后,晋国局势已衰落下去,土地被卿大夫瓜分,最后只剩下"绛"和"曲沃"一小块地方。这时,晋国公室便没有力量集中大量的劳动力来铸造精美的铜器。如果有力量铸造的话,那可能是当时所谓"六卿""三卿"或者属于战国时的韩、赵、魏三家的事情了⑤。

《侯马铸铜遗址》考古报告在结语中审慎地写道:

> 至于这些铸铜工场的所有者尚没有直接的材料可以论证。几处铸铜遗址

---

① 张颔:《侯马东周遗址铸铜陶范花纹所见》,《文物》1961年10期,31页。
② 山西省考古研究所:《侯马陶范艺术》,普林斯顿大学出版社,1996年,5~6页。
③ 同①,7页。
④ 刘绪:《晋文化》,文物出版社,2007年,132页。
⑤ 同①,31~35、25页。

规模不等，分布上规律性不强，产品种类、延续和繁荣的时间也不一致，这一切表明它们的形制或许有所不同，是传统的"工商食官"属于晋公室，是属于当时左右政局的六卿或三卿一类人物，还是属于新兴的工商业者，都有待于新的发现和进一步的研究来确定①。

属于春秋晋公的墓尚未发现，诸卿之中太原金胜村M251为赵卿墓，其他各卿，虽有赵孟壶和智君子鉴，然墓葬情况不明，却都是地道的侯马风格器物。未见其他各卿墓葬，不知全貌，但赵卿墓的豪奢、出土青铜器数量的巨大、几乎一律的侯马风格，可以推想其拥有的巨量财富和骇人的权威。发掘报告推断M251墓主为赵鞅，卒于公元前475年，颇有说服力。此说也就认为所出青铜器都属春秋晚期。其中仅三件青铜兵器有铭文②，礼乐器皆无。这一现象不仅与时代相近的淅川下寺楚墓青铜器大相径庭③，也和智君子鉴及赵孟壶均相异，猜度其原因或许是忌惮僭越礼制，或许是其来历不明。

赵鞅为晋正卿多年，即便为晋公（国）铸铜作坊主管，也不至于会挣得如许大量的精美青铜器，不能排除其强取豪夺、假公济私的可能，自然会令诸卿嫉恨，引发倾轧；若侯马铸铜作坊属于赵卿，在其强权下繁荣一段时间后，势必招致群卿的侵扰瓜分；若作坊分属晋公与诸卿，铸铜资源、工匠以至市场的竞争必无宁日，难以维持作坊的正常生产。所以作坊的所有者以前两种情形可能性大。

3. 侯马铸铜作坊与相应铸件的年代

商代青铜器的断代，循着二里头、二里冈、安阳的路径，前两个阶段风格变化明显，而安阳阶段有大批青铜器集中于一地出土，甲骨也可提供断代帮助，大体建立了一个序列。并以之为标准，推定其他地域出土青铜器的大致年代。西周青铜器因有不少铭文纪年的标准器，可框定未知器物的大致年代。虽然商周之际的器物依然纷纭，但春秋早期的器物仍可判断。其暗含的前提是青铜器出自有限的几个作坊，或者假定各作坊风格同步变化。即使如此，对于没有铭文或铭文于断代无助的青铜器，这种比照断代法不免粗糙乃至会差之千里。之所以有时尚且有效或当归因于它们的确出自非常有限的几个作坊。

从考古资料看，即使是在商代，各地在不断尝试或努力铸造青铜器④，特别是青铜

---

① 山西省考古研究所：《侯马铸铜遗址》，文物出版社，1993年，452页。
② 陶正刚：《太原晋国赵卿墓戈戟铭文丛考》，载《太原晋国赵卿墓》附录九，文物出版社，1996年，303~310页。
③ 淅川下寺24座楚墓出土有铭青铜器113件，铭4423字。见赵世刚：《淅川下寺春秋楚墓青铜器铭文考索》，载《淅川下寺春秋楚墓》附录一，文物出版社，1991年，350~378页。
④ 苏荣誉：《二里头文化与中国早期青铜器生产的国家性初探：兼论泥范块范法铸造青铜器的有关问题》，载《夏商都邑与文化（一）：夏商都邑考古暨纪念偃师商城发现30周年国际学术研讨会论文集》，中国社会科学出版社，2014年，361~372页。

礼乐器，但究竟何处成功了，还缺少证据。然而，春秋时代王室衰微、群雄逐鹿，与政教、战争、农工攸关的青铜冶铸，自然是各诸侯国致力的领域，终在春秋中期开创了青铜器的新兴局面。但铸铭器物并不多，作坊也许有数处，还难以建立起一个可信的风格演变序列。以中原青铜器论，多是援引他地材料，比附对照循环论证，各家所采的对照因子各不相同。很明显，需要建起不同地域遗址和墓葬的年代标尺与青铜器序列。

对于青铜器的断代，和陶器不同的是青铜器的寿命较长，可传诸若干代。也就是说墓葬的年代和青铜器的年代可能会不一致，究竟在多大层面不一致，在未明晰青铜器的功能之前，难以判断[①]。但业已出版的考古报告，很少顾及这一点甚至直接以青铜器来判断墓葬年代。

铸铜遗址或许可为断代提供帮助。但对其有清醒、清楚的认识却不易。现对侯马铸铜作坊试做讨论。

侯马所在是晋景公十五年（前585年）所迁之都新田，至晋静公二年（前376年）晋亡，作为都城历史210年。侯马铸铜遗址，据发掘者分析，文化堆积连续，未有间断；并根据所出陶器的类型，参照洛阳中州路和东周王城，凤翔八旗屯、高庄和高王寺，长安客省庄，汲县山彪镇，辉县琉璃阁等地遗址和墓葬所出陶器，将铸铜遗址分三期六段[②]：

早期：公元前600～前530年

中期：公元前530～前450年

晚期：公元前450～前380年

考虑到晋景公十五年才迁新田，遗址时限可略微缩短；仍然分三期，每期70年并均分两段，可排列如下：

早期一段：公元前585～前550年

早期二段：公元前550～前515年

中期三段：公元前515～前480年

中期四段：公元前480～前445年

晚期五段：公元前445～前410年

晚期六段：公元前410～前375年

早期一段大约从晋景公晚期开始，历晋厉公（前580～前573年）、晋悼公（前572～前558年）至晋平公（前557～前532年）早年。考古报告指出这一阶段遗迹很

---

① 参阅岳洪彬先生的研究，见岳洪彬：《殷墟青铜容器分期研究》，载《考古学集刊》第15集，文物出版社，2004年，55～56页。

② 山西省考古研究所：《侯马铸铜遗址》，文物出版社，1993年，444页。上述所参照的遗址和墓葬的年代并非确知。

少，未发现铸铜遗物或极少。可以认为铸铜作坊还没有，最多也在筹备状态。

早期二段自晋平公历晋昭公（前531～前526年）、及于晋倾公（前525～前512年）时期，昭、倾二世是六卿专政时期，"晋公室卑，政在侈家"。考古报告反映这一期遗迹较多并发现铸铜遗物，认为这一变化和迁都有关①。

中期（三、四段）自晋倾公晚年，历晋定公（前511～前475年）、晋出公（前474～前452年），及于晋哀公（前452～前434年）早期。出公时智氏是正卿，公元前458年与韩赵魏分范氏、中行氏地，前453年，韩、赵、魏分智氏地，三家事实上已经分晋。考古报告认为中晚期遗迹和遗物最多，"显示出繁荣景象"。

晚期五段包括晋哀公（前452～前434年）、晋幽公（前433～前416年）和晋烈公（前415～前389年）前五年。幽公时"反朝韩、赵、魏之君。独有绛、曲沃，馀皆入三晋"（《史记·晋世家》），晋国公室衰弱异常。考古报告认为这一时期的铸铜生产依然繁荣。

晚期六段包括晋烈公（前415～前389年）和晋孝公（前388～前369年）大半。烈公十七年（前403年），周王室正式承认韩、赵、魏三家为诸侯，与晋侯并列；前376年，韩赵魏废晋静公，将晋公室土地全部瓜分，再次分晋，晋桓公迁离新田。考古报告认为铸铜遗址呈现出晚期突然废弃的迹象，可能反映了晋国的灭亡②。

从上述的梳理，说明召公、倾公之时，晋国权在众卿，而诸卿相互倾轧，日益激烈；自前453年韩赵魏三家分智氏时，晋已四分五裂，三卿自立门户；前433年，晋国已名存实亡。但新田的铸铜作坊似乎日渐繁荣并持续了百多年至晚期六段，然后突然衰落。青铜范铸生产属于复杂大型工场③，"与它相关的原料开采、运输、生产组织、工匠管理、产品分配或销售诸方面都赖于政治、军事、经济、文化的保障，而这些保障的首要前提是国家统一"④。晋国晚年的政治和铸铜遗址的矛盾可启发如下思考：

（1）侯马铸铜遗址持续的时间并没有报告所言约200年，可能为100年左右甚至不足，集中繁荣在二段晚到四段晚的五六十年间，均在春秋时期，五段即已毁弃或者已经不能铸造精美的青铜礼器了。

（2）侯马铸铜遗址持续生产了百年左右，因以生产空首布和带钩为主，获利丰厚，引发诸卿攫取控制权乃至占有的倾轧。有势力的正卿经营该作坊较长一段时间使之繁荣，倾轧导致作坊停产以至毁弃。

（3）金胜村M251系赵简子墓，所出巨量的青铜器都是侯马铸铜作坊产品，或许

---

① 山西省考古研究所：《侯马铸铜遗址》，文物出版社，1993年，446页。
② 同①。
③ 苏荣誉：《二里头文化与中国早期青铜器生产的国家性初探：兼论泥范块范法铸造青铜器的有关问题》，载《夏商都邑与文化（一）——夏商都邑考古暨纪念偃师商城发现30周年国际学术研讨会论文集》，中国社会科学出版社，2014年，351～361页。
④ 山西省考古研究所：《侯马陶范艺术》，普林斯顿大学出版社，1996年，7页。

暗示赵卿管理作坊的时间很长甚至据为己有。这一猜想需要比照同时期的韩卿、魏卿以及智氏等墓的材料予以判定。

本文所涉及的锯齿形分铸足的联裆鼎，应该都铸造于侯马铸铜作坊，所集15件器物，不逾三代工匠，时间间隔在五六十年。而其他类型、足浑铸的联裆鼎，除个别或许晚到战国初年外，如洛阳西工区鼎M6：7，其余可能都是春秋晚期铸造的，绚纹带鼎或许较交龙纹、勾连雷纹、蟠螭纹、蟠虺纹鼎略晚，延续到战国初期。当然，出土它们的墓葬一定晚于器物的铸造，甚或会晚很长一段时间或跨代。陕县后川M2040墓七件一套列鼎，原本成套一次铸造，足都是岔口式先铸，但由于未知原因，最小的一件M2040：35失却或损毁，补铸时已无掌握岔口铸接工艺的铸工，只好浑铸了一件补足。这一案例说明，岔口铸接工艺是极少数人掌握的，持续时间很短。推而测之，侯马铸铜遗址持续的时间不太长，典型侯马风格器物出自春秋晚期，延续的时间也不长。

在此附带讨论一下较侯马铸铜遗址早的青铜器。

侯马上马墓地的陶器墓分五期九段，铜器墓晚一个时期，出于后四期七段。考古报告认为第三期大体相当于春秋中期，五、六段分别相当于春秋中期早、晚段。鼎M2148：2和M1027：4，簋M1010：18和盘M1010：20，分别与洛阳中州路鼎M4：40、簋M1：2、盘M6：13a相近。两件鼎均作扁球形，隆盖斜插三环纽，方附耳，中腹一周凸棱，三细高蹄足；簋有圆捉手在隆盖中央，束颈，素面；盘浅，小蹄足，除"S"形耳面饰细密兽纹外均素面。再早一期，二期为春秋早期，青铜器饰以窃曲纹、重环纹和垂鳞纹[①]，和三门峡虢国墓地器物一致。显然，春秋早期青铜器纹饰沿袭西周晚期，而中期装饰的共同点是素面，仅盘M1010：20耳面有细密兽饰。从这个墓地看不出从春秋早中期纹饰风格向晚期的转变，和后来兴起的侯马风格无关。

稍远的长治分水岭墓地，将M269和M270定为春秋中期，因为各有若干器物素面，与洛阳中州路M1、M4、M6所出的器物相同，当然也和上马墓地所出被定为春秋中期的器物相近，成为其断代依据[②]。但是，这两座墓中都出土了多件具有侯马风格的器物，可推知出自侯马作坊。对照上马墓地断代，这两座墓的年代当属春秋晚期。

在更早的晋侯墓地青铜器中，也还看不出侯马风格的迹象。显然，就现有资料看，侯马风格当别有来源。

早年新郑李家楼大墓出土的青铜器，不仅数量巨大，而且既有古典风格的器物，主要是春秋早期（或者包括春秋中期早段）青铜器，也有新兴风格器物，如蟠螭纹、蟠虺纹、交龙纹和几何纹以及动物造型的附饰，虽然大多不如侯马风格精致，但母题和内容乃至构图均呈现出新变化，年代当在春秋中期之前，而类似的素材在侯马附件

---

① 山西省考古研究所：《上马墓地》，文物出版社，1994年，174、34、49、63、29～63页。
② 山西省考古研究所等：《长治分水岭东周墓地》，文物出版社，2010年，372～373页。

似乎并不存在。虽然无法知道李家楼大墓青铜器出自哪家作坊、郑国何时铸造青铜器以及铸造工匠来自何方,但侯马的铸铜作坊产品无疑追随了李家楼大墓中兴铜器的方向,并迅即超越了前人。

同样的问题是,三家分晋之后,侯马铸铜作坊是如何处理的?侯马工匠为谁效力?他们怎样传承和改造了侯马风格?这些都是是饶有趣味的问题。

需要特别指出的是,上述推测与假设是基于现有考古发掘并已发表的资料,还有多少资料尚未发表,多少仍安埋地下,都属未知并值得期待。

补　记

此文初稿草就于丙申清明前,节后读到关于普林斯顿大学艺术博物馆(Princeton University Art Museum)所藏一批捐赠青铜器图录,发现原文遗漏一件联裆鼎,补记与此。

附图一　普林斯顿大学艺术博物馆鼎65-71
(引自 *Artibus Asiae, Supplementum*, 1978, 35: 57)

普林斯顿大学艺术博物馆藏联裆鼎(65-71),系Chester Dale和Dolly Carter捐赠青铜器中的一件,具有典型的侯马风格。该鼎大体为球形,隆盖,扣于鼎腹子口上,二者不十分配合;盖中心的半圆形环纽,站立在由龙纹周以叶纹的圆片纹中间,盖面中饰一周窄绹纹,三卧兽均布并叠压其上,兽可能为羊,角和蹄犹可辨识,身上以细线表示皮毛,其中一件残破,表明其中空;盖缘饰细线六瓣花,一周或15枚,花瓣中为圆点纹。口沿与下腹各饰一周横向勾连"S"纹带,三线平行勾出龙纹,有角(或耳)及眼;中间为与盖面同样的六瓣花纹带,一周可能15枚;一对铺首衔环设在此纹带两侧,或叠压着纹带,铺首饰兽面纹。三矮蹄足承器,素面。底部较平,联裆不明显(附图一)。通高160、腹径185毫米。Eleanor Von Erdberg指出,此器和长治分水岭出土的一件酷似,属李峪Ⅱ型,二者应有密切关联,或属某作坊的特产,或出年轻一代工匠之手。年代在公元前500年或公元前五世纪上半叶(Eleanor Von Erdberg. Chinese bronzes: From the collection of Chester Dale and Dolly Carter. *Artibus Asiae, Supplementum*, 1978, 35: 56)。

此器属于铺首盖饰三兽纽六瓣花纹式联裆鼎,盖面三兽纽中空,且叠压在绹纹上,可能后铸。腹部铺首衔环似也叠压六瓣花纹,亦当属后铸,其铸造方法和上述诸器一致。就其造型看,联裆不够明显,与安大略鼎(参见图一〇)、长治分水岭鼎M35:4(参见图二〇)、洛阳中州路鼎M2171:123(参见图二四)以及陕县后川M2040

列鼎（参见图八、图九）接近，不仅和1969年洛阳西工所出鼎（见图二六）的造型完全一致，尤其是稀见的六瓣花纹也相同。此类花纹还见于长治分水岭出土的一件鼎M36∶2（附图二，见山西省考古研究所等：《长治分水岭东周墓地》，文物出版社，2010年，228~229页），其造型和纹饰与普林斯顿大学鼎一致，出入仅在于M36∶2腹部六瓣花为双层、盖面饰三鸟。上述三器风格一致且稀见，年代和产地应相同。侯马铸铜遗址出土过六瓣花纹模（引者误以为范）和范（附图三，见李夏廷、李劭轩：《晋国青铜艺术图鉴》，文物出版社，2009年，301页550、302页554），很可说明此类器物铸于那里，那么它们的年代应属春秋末期，原图录的断代确当。

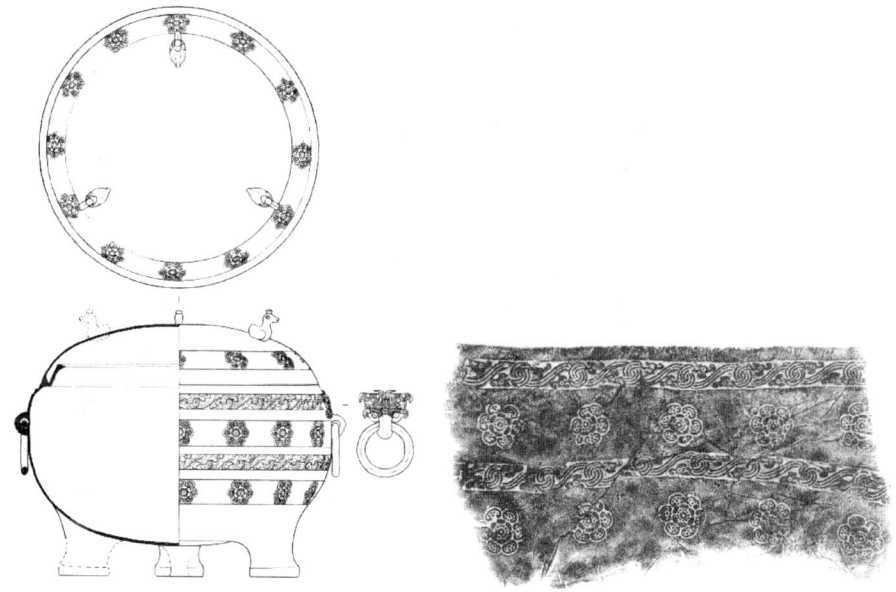

附图二　长治分水岭鼎M36∶2及纹饰拓片
（引自《长治分水岭东周墓地》229页图91b.2~3）

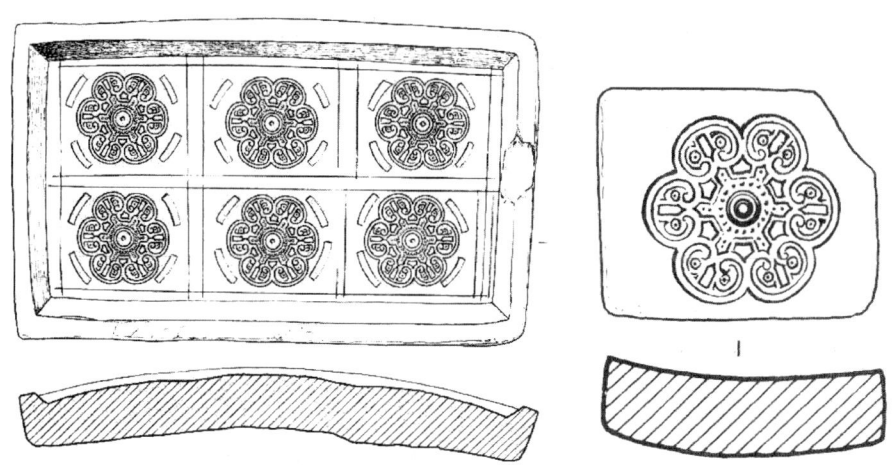

附图三　侯马铸铜遗址出土六瓣花纹模（右）和范（左）
（引自《晋国青铜艺术图鉴》550、554）

在侯马白店铸铜遗址中，业已公布的花朵纹模范不少，报告分为花瓣内填小圆点和花瓣由两头鸟相背构成，前者九件，包括与普林斯顿大学艺术博物馆所藏联裆鼎纹饰相同者；后者12件，包括附图三右这件模（山西省考古研究所：《侯马白店铸铜遗址》，科学出版社，2012年，202~219页）。洛阳西工鼎M6:7的团花纹饰（见图二六）和长治分水岭鼎M36:2纹饰（见附图二），同属于前一类，而平凉庙庄战国秦汉墓出土的一件联裆鼎，盖和腹部所饰图花纹也是如此（俄军主编：《甘肃省博物馆文物精品图集》，三秦出版社，2006年，122页。图录称此器为敦，年代定在战国）。可见，鼎饰团花纹多属此类。从这些纹饰与白店模范的吻合程度，可知器物铸于侯马，年代当在春秋晚期。对此将另行为文讨论。

附识：本文的写作得到众多朋友的支持与帮助，他们多处查找、提供文献。首先是皇家安大略博物馆远东部的沈辰博士和Kara Kaifang Ma女士提供他们所藏鼎的资料，多封电子邮件麻烦Ma女士，她总不厌其烦，并帮助笔者申请他们所藏联裆鼎的照片使用权。英属哥伦比亚大学荆志淳教授是笔者的资料后援，一直慷慨地提供多方面的信息。普林斯顿大学两位在读博士彭鹏和曹业戌先生，清华大学图书馆的王雪迎女士，都为笔者费心搜索查找图录资料。我在中国科学院自然科学史研究所的博士生谭鑫刚先生不断应我请求为本文复制资料。借此向他们致以深深的谢忱。感谢文集编者的耐心和宽容，容我能等待并核实材料，延迟两周交付文稿。

拙作初稿曾呈请诸师友求正。李零先生即于清晨连发两封邮件，耐心地指出三家分晋后的空间格局和年代问题。蒙他应允，将关键内容移录于下：

三家分晋，大致情况是：

（1）赵分洪洞以北和长治以北（北上党），一方面从太原，向晋北发展，一方面穿滏口陉（黎城—邯郸）和井陉（太原—正定），翻太行山，向邯郸、邢台一带发展。赵灭中山后，势力扩展到滹沱河流域（五台到正定）。此后，赵从正定到保定，穿蒲阴陉、飞狐陉，占有张家口地区，特别是涞源、蔚县、浑源一带，即所谓代地。晋陕峡谷黄河北段的西河地区亦属赵地。

（2）韩分洪洞以南的临汾地区，翻太岳山，向长治地区发展，特别是从长治以南（南上党），沿太行陉（高平—晋城—沁阳），向焦作、郑州、洛阳一带挺进，最后定都新郑，把周包在里面。

（3）魏分临汾以南的运城地区，早期重点在晋陕峡谷黄河南段的西河地区和三门峡以西，与秦争夺黄河以西、洛水以东，后穿白陉（陵川—辉县）和轵关陉（侯马—垣曲—济源），向河南的新乡、濮阳、开封一带发展，最后定都开封。

侯马铸铜遗址，北有太原、浑源的器物，与赵有关；南有洛阳的器物，与周有关；东南有新郑的器物，与韩有关；东有辉县、鹤壁的器物，与魏有关。过去研究东周铜器和战国文字，大家都把三晋两周当一个整体看。高明老师的文章正是这研究。

相关年代：

周威烈王封韩、赵、魏为诸侯在公元前403年。当时，晋烈公还住在侯马一带。《史记》晋世家和三晋世家，年代多误。司马迁说晋君的最后一代是晋静公。静公是孝公子，《汉书·古今人表》作晋靖公。孝公，《竹书纪年》作桓公。三家瓜分晋地，一般认为是公元前376年。此年，据《竹书纪年》是晋桓公十三年。晋桓公绝祀则在公元前369年。司马迁说，晋静公废为家人后，韩、赵把他迁往上党，先迁端氏（沁水），后迁屯留。如果桓公后面还有这么一代，那也是公元前369年以后的事了。三家瓜分侯马是哪一年，现在还不好确定。侯马是三家共管还是一家独占，也不好说。公元前369年是魏惠王元年，当时魏国最强大，要是独占也是魏国独占。

李先生博学多能且深思，作者浅陋历史文献知识难望其项背。若三家分晋在公元前376年，铸铜鼎盛期在春秋末，或可认为铸铜作坊属于晋室，但同样有管理者问题。赵的可能性并非不大。魏的强大是否与铸铜作坊有关，或分晋后魏接管铸铜作坊，其持续性也是有待探讨的问题。

诚如李零先生所示，"问题还得研究"，而本文仅仅揭示出问题，研究之途还很漫长。不才愿努力。

介绍一件新见"州"字铜鐏

黄锡全

（中国钱币博物馆）

2005年3月，笔者见到一件管状铜鐏，据传来自陕西。其上铭文虽仅一"州"字，但对于研究有关问题不无裨益。当年，因对实物的国别一时不好确定，故未敢轻易介绍，一放居然过了十年。现将前后考虑意见简述如下，以飨读者①。

此器为圆筒形，中间有一道箍。紧靠箍之下部有一小孔，对穿。箍之上方有一"州"字，字口较浅，应为刻铭，但字体很规范。通长7.8、箍上长4、箍下长4.3、箍宽0.5、上口直径2.8、箍底直径2.3厘米（图一）。

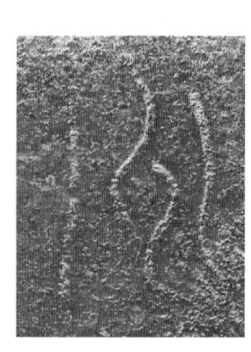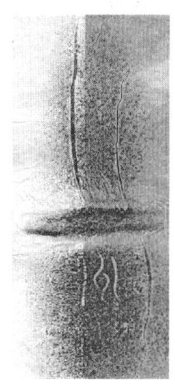

图一　"州"字铜鐏

《说文》："鐏，柲下铜也。"鐏即器物柄部下端之铜套，用铜或竹钉插入穿孔内固定。这种器物已有不少实物出土，尤其多见于楚墓，如下列之例：

（1）襄阳蔡坡战国墓M18出土3件，分三式。报告称之为鐏。第一件（Ⅰ式）：

---

① 近见此器已收录于吴镇烽《商周金文资料通鉴》18531号，名"州戈镦"，时代定为战国晚期，未注明国别。列入吴镇烽：《商周青铜器铭文暨图像集成》卷34《杂兵类》，上海古籍出版社，2012年。有关鐏、镦的用途，可参阅朱凤瀚：《中国青铜器综论》，上海古籍出版社，2009年，396～405页。

"为戈镦,扁圆形,接柲一端有圆穿(两面对穿)。长4.7厘米。"第二件(Ⅱ式):"可能为戟镦。八棱形,接柲一端有两两相同的穿。长4.6厘米。"第三件(Ⅲ式):"圆形,有两面相通的穿。一端呈盖状,并有环形纽,镦内有木灰。长6.1、口径2.5厘米。"(按:应为柲上端之冒。)①

(2)原江陵天星观1号楚墓出土兵器之矛、戈、殳等多有镦,为铜质、骨质。如13件戈镦,铜质8件,骨质5件。铜镦均扁圆形,其中一件长6.9、径2.9×2.5厘米。一件殳镦呈八棱形,长7.5、径2~3厘米②。

(3)荆门包山2号楚墓出土之戟、杖、殳、矛、戈等器物,多有镦,或圆形,或八棱形。还有骨质、木质者。其中一件有箍殳之镦长6.8厘米,一件无箍殳之镦长4.4厘米③。

(4)《飞诺藏金·春秋战国篇》29页著录《楚兵器》中有一件"新造柲冒"和一件镦,当为一器的两端饰件(图二)。冒为圆形,尊为八棱形。冒身刻铭"新佫百之率桱"六字。报道所记"通高21.7厘米,口径2.4厘米",当为两件合计之长。77页又著录《三晋兵器》冒、镦(稍有残损)各一,圆筒形,器身均刻有相同铭文"大阴上库"四字。文字记述"冒首9.9厘米,冒尾7.3厘米,口径2.8厘米"。估计所谓"冒尾"就是镦④。已有学者对其文字及用途做了专门研究⑤。

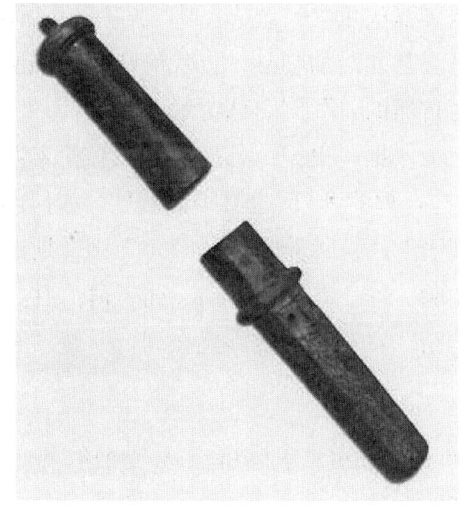  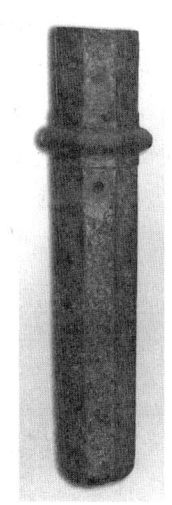

图二 《飞诺藏金》柲冒

---

① 湖北省博物馆:《襄阳蔡坡战国墓发掘报告》,《江汉考古》1985年1期,21页。
② 湖北省荆州地区博物馆:《江陵天星观1号楚墓》,《考古学报》1982年1期,87页。
③ 湖北荆沙铁路考古队:《包山楚墓》(上册),文物出版社,1991年,202~207页。
④ 宛鹏飞:《飞诺藏金》,中州古籍出版社,2012年。按:冒铭所谓"自"又见于新造戟,当释为百,同首。最后一字应隶定为桱,其义可参见下列白于蓝文。
⑤ 台大中文所博士张宇卫:《〈飞诺藏金〉新造柲冒"▨"字小考》,复旦大学出土文献与古文字研究中心网,2014年1月12日;白于蓝:《说"绥"》,《中国国家博物馆馆刊》2015年1期。

根据出土实物，此器当为錞，时代当属战国。錞上铭文单独一"州"字，人名的可能性小，国名或州邑名的可能性大。有一件商晚州戈，内两面各铸一"州"字①，州可能为族氏名或地名。西周䚄比盨铭文中有"州、瀘二邑"②。上举"大阴上库"錞，大阴为地名。吴镇烽《商周青铜器铭文暨图像集成》34卷《杂兵类》18531～18553号著录各种镦或冒，其上铭文有中阳、梁牙库、郑武库、少府、大良造等，为国名、地名、机构名、官名③。

历史上名"州"者，一为州国，西周封置，又作淳于国，在今山东安丘县东北杞城（一说在今山东高密县），春秋时为杞国所灭④。显然，这个州与铜錞的"州"关系不大。

西周时有州邑，春秋时晋置为州县。《左传》昭公三年："州县，栾豹之邑也。"隋开皇十八年改名邢丘县。在今河南温县东北⑤。高明先生编著《古陶文汇编》著录有"邢公""郒公"陶文⑥（图三）。这批陶文发现于河南温县东南10公里处北平皋遗址的台基断崖中。陶文"邢公"乃晋国封于邢地而称公者，邢地就是春秋晋国"地近河内怀"之邢丘，见于《左传》宣公六年："赤狄伐晋，围怀，及邢丘。"杜注："邢丘，今河内平皋县。"⑦裘锡圭先生注意到这些陶文除"邢公"外，还有"郒公"，认为舟、州二字古今都同音，"北平皋村陶文中的'郒'无疑是州邑之'州'的专字"。"晋国的州邑，汉代置州县，据《嘉庆重修一统志》卷二〇三引《怀庆府志》，故城在今沁阳县东南四十里。沁阳是温县北面的临县，古代的州、邢二邑无疑也是相邻的，州邑的陶器在邢地出土是极为自然的。"同时认为锐角布属韩，"舟百涅"的舟、方足布的"洀"也应读州（图三）。据《史记·韩世家》，春秋末期韩宣子"居州"，战国时韩国在州邑铸币也是完全合理的⑧。但也有不同意见。如何琳仪先生认为，布币、陶文的舟、郒就是见于《国语》注及《路史》的"舟"国，地近河南新郑。《路史·后记》四："伊、列、舟、骀、淳、戏、怡、向、州、薄、甘、隋、纪，皆姜国也。"又："州，杞灭之；舟、骀、戏、薄，至周犹在列。"是"舟"与

---

① 中国社会科学院考古研究所：《殷周金文集成》17.10727号，中华书局，1992年。
② 罗振玉：《三代吉金文存》卷十，中华书局，1983年，46页。
③ 吴镇烽：《商周青铜器铭文暨图像集成》卷31，上海古籍出版社，2012年。16667号少府戈錞，錞铭"少府去"三字。
④ 复旦大学历史地理研究所：《中国历史地名辞典》，江西教育出版社，1989年，333页。
⑤ 同④；臧励和等：《中国古今地名大辞典》，商务印书馆，1982年，314页；另可参见马宝春：《晋国地名考》，学苑出版社，2010年，38页。
⑥ 高明：《古陶文汇编》，中华书局，1990年，560～561页，6.30、6.36号为"郒公"。
⑦ 北京大学考古专业商周组等：《晋豫鄂三省考古调查简报》，《文物》1982年7期。
⑧ 裘锡圭：《古文字释读三则》，载《徐中舒先生九十寿辰纪念文集》，巴蜀书社，1990年；收入《裘锡圭学术文集》第3册，复旦大学出版社，2012年，424页。

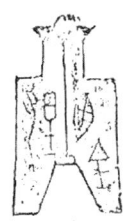

图三　陶文郁公、锐角布舟、方足布舟（洀）举例

"州"为两地之证。据《国语·郑语》："十邑皆有寄地。"注："十邑，谓虢、郐、邬、蔽、补、舟、依、㶱、历、华也。后桓公之子武公竟取十邑之地而居之，今河南新郑是也。"知舟地在河南新郑附近。新郑距邢丘也不是太远，均属韩国，"邢公"与"郁公"陶文出土同一遗址并不奇怪①。或倾向于"裘说较可信"②。

这里存在一个问题，就是战国中期魏国兵器也见有地名"州"。十四年州戈铭文："十四年，州工师明，冶乘。"（图四）"十四年"或以为即魏惠王十四年，即公元前356年。州卻戈铭文："二年，州卻□□忞，工师犊□，□□。"（图五）此器属三晋，州也可能为地名③。二戈之"州"也可能同为一地。据此说明魏国曾经拥有州地，而且就是书作"州"。《战国策·齐策五》："楚人救赵而伐魏，战于州西，出梁门，军舍林中，马饮于大河。"程恩泽曰："按，《汉志》：河内郡有州县，本周苏忿生邑。后属郑，又属晋。《左传》子产归州田於韩宣子，宣子因徙居之（见《韩世家》，不知何时又入魏）。《括地志》：故州城在怀州武德县（《地理志》：州与武德为两县。隋改州为邢邱，亦曰安昌。唐改为武德，今并入河内县）。顾祖禹曰：今怀庆府河内县东南五十里，有武德城，即其地也。"④黄盛璋先生亦认为："古州城即今沁阳东南五十里武德镇无疑。林中也属魏地，见《史记·苏秦传》。故州在战国后期亦必属魏。"⑤1979年在河南温县武德镇古州城附近发现有东周盟书遗址⑥。

若此，则此地"州"或可作舟、郁。温县东南的邢与温县东北的州临近，若按地

---

①　何琳仪：《古币丛考》，安徽大学出版社，2002年，85～87页"锐角布币考"。
②　吴良宝：《中国东周时期金属货币研究》，社会科学文献出版社，2005年，185页。
③　分别见前列《殷周金文集成》17·11269与17.11298。二戈释文可参考张亚初：《殷周金文集成引得》，中华书局，2001年，169页；汤志彪：《三晋文字编》，作家出版社，2013年，2861、2915页。
④　引自诸祖耿编撰：《战国策集注汇考》，江苏古籍出版社，1985年，643页注16。
⑤　黄盛璋：《试论三晋兵器的国别和年代及其相关问题》，《考古学报》1974年1期。
⑥　河南省文物研究所：《河南温县东周盟誓遗址一号坎发掘简报》，《文物》1983年3期。

图四　十四年州戈铭文　　　　　　图五　州𠭯戈铭文

域远近及州、舟可通之例，邢公、郫公陶文同出一地，舟读若州有一定道理，新郑附近的舟毕竟距温县较远。但是，如何解释兵器的"州"，以及陶文"郫"与锐角布、方足布的"舟"，就成为一个疑问。或许不同国家对此地书写不同，属魏国作"州"，属韩国作"舟"。若果真如此，新郑附近的舟地如何落实，也是个问题。要么，兵器作州者属魏。货币、陶文作舟、郫者，属韩或郑。新郑附近的舟，或许与州地无关。大型锐角布记地铭文目前发现有三种：卢氏、舟、京（过去释亳）。京，在河南荥阳市东南[①]。舟据何琳仪说在郑州附近。卢氏，河南卢氏县。斜肩弧足空首布及桥足布中也有卢氏。桥足布属魏。可见卢氏之地曾一度分属韩、魏[②]。桥足布属魏，"舟"属魏又不好解释。因此，这一问题还比较纠结，有待进一步研究。

州戈"十四年"究指哪一魏王，还值得追究。魏王在位超过14年者，还有魏惠王（十四年即前357年，魏惠王后元十四年即前322年）、魏襄王（十四年即前305年）、魏昭王（十四年即前282年）、魏安釐王（十四年即前263年）。戈属战国中期，比较而言，当属魏惠王或魏襄王。

铜镈之州若属三晋，就与戈铭之州同地，为魏器。

春秋时期湖北南部有一州国，后灭于楚，具体地点说法不一。

《左传》桓公十一年："楚屈瑕将盟贰、轸。郧人军于蒲骚，将与随、绞、州、蓼伐楚师。"杜注："州国，在南郡华容县东南。"杨伯峻注："州，国名，即今

[①] 可参见唐虞：《"京"字锐角布币考》，《江苏钱币》2012年3期。
[②] 可参阅何琳仪：《桥形布币考》，《吉林大学学报》1992年2期。

湖北省监利县东之州陵城。"①清顾祖禹《读史方舆纪要》卷七十八，荆州府监利县州陵城在"县东三十里"。顾栋高《春秋大事表》卷五：州国，"今湖广荆州府监利县东三十里有州陵城"。《战国策·楚策四》庄辛谓楚襄王曰："君王左州侯，右夏侯。"《水经注》卷三十五：江水"又东北迳石子冈，冈上有故城，即州陵县之故城也。庄辛所言左州侯国也矣。又东迳州陵新治南，王莽之江夏也"。杨守敬按："《方舆纪要》谓在监利县东三十里，据此《注》则在沔阳州东南。"②复旦大学历史地理研究所则主张在湖北洪湖县东北③。包山楚简贷金简114："州莫嚻疥、州司马庚为州贷越異之黄金七益以翟种。"这个州当即上举文献之州。或以为在湖北监利县东南④。楚地之州，若依江水走向，当以复旦大学历史地理研究所推定之洪湖东北比较合适。

至于楚简中出现不少民户编制的州，则为另外含义，本文不予讨论⑤。

东周时期的"州"字比较多见，笔画不多，列国书写区别不大⑥。当初，因此器出自陕西，怀疑不一定是南方楚物，推测或许属于三晋。经综合比较实物及文字，笔者还是倾向于属楚。类似铜鐏"州"字的写法也见于楚简，如下列包山楚简中的"州"⑦（图六）：

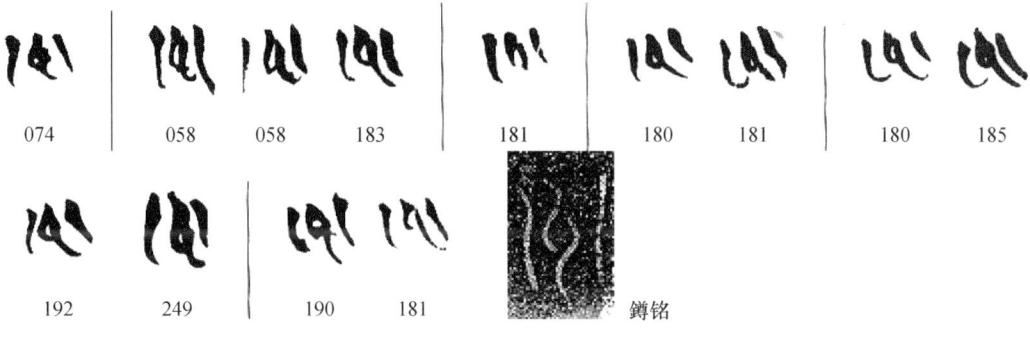

图六　包山楚简、铜鐏"州"字对比

---

① 杨伯峻：《春秋左传注》，中华书局，1983年，130页。
② 杨守敬、熊会贞：《水经注疏》卷三十五，江苏古籍出版社，1999年，2888页。
③ 复旦大学历史地理研究所：《中国历史地名辞典》，江西教育出版社，1989年，333页。
④ 刘信芳：《包山楚简解诂》，艺文印书馆，2003年，105页；转引自吴良宝：《战国楚简地名辑证》，武汉大学出版社，2010年，206页。
⑤ 这一问题可参阅罗运环：《论包山简中的楚国州制》，《江汉考古》1991年3期；收入氏著《出土文献与楚史研究》，商务印书馆，2011年。
⑥ 有关字形，可参见汤余惠主编：《战国文字编》，福建人民出版社，2001年，762页；汤志彪：《三晋文字编》，作家出版社，2013年，1601页；李守奎：《楚文字编》，吉林大学博士研究生学位论文，1997年，511页；李守奎等：《上海博物馆藏战国楚竹书（1～5）》，作家出版社，2007年，515页；滕壬生：《楚系简帛文字编》，湖北教育出版社，2008年，953页；孙刚编纂：《齐文字编》，福建人民出版社，2010年，291页；施谢捷：《吴越文字汇编》，江苏教育出版社，1998年，118页；罗福颐主编：《古玺文编》，文物出版社，1981年，277页。
⑦ 可参见李守奎等：《包山楚墓文字全编》，上海古籍出版社，2012年，415～417页。

图七 "雇侯"骨管

因此，本文介绍之铜鐏当为楚器，铭文之"州"当指楚地之州，在湖北洪湖县东北或者监利县东南。

天星观一号楚墓出土有两件骨管，其中一件侧面刻有"雇侯"二字，长2.7、径0.7厘米①（图七）。笔者曾认为"雇侯"可能是人名，也可能是封君名或爵称。楚有通侯、州侯、夏侯等。雇（顾）古与固通，"雇侯"有可能是封于"固始"的封君，我们认为与墓主邸阳君应是一人。这种称谓，如同范雎封于秦之应地，号应侯，卫鞅封为"彻侯"，而《史记》又称其为"应君""商君"。骨管为墓主生前之物②。

吴良宝先生改释为"应侯"③，认为：所谓"雇侯"应改释为"应侯"。楚文字"户"旁与"厃"旁写法不同。这个"应侯"可能是楚国封于"应"地的封君一类的贵族。应地在今河南鲁山县一带，战国早期属楚，后为韩占领，一度成为秦相范雎的封地。

刻铭"应侯"或者"雇侯"，当是封君之类的地域名称应该是问题不大的。鐏铭与骨管铭文当类似。

2005年10月初稿
2015年11月修订

---

① 湖北省荆州地区博物馆：《江陵天星观一号楚墓》，《考古学报》1982年1期，109页，图版贰肆。
② 黄锡全：《湖北出土商周文字辑证》，武汉大学出版社，1992年，158页。
③ 见吴良宝：《战国楚简地名辑证》，武汉大学出版社，2010年，88页。

齐国"立事岁"陶文选释

陈治军

(安徽大学)

古陶文是古文字研究的重要内容之一。高明先生所著《古陶文汇编》《古陶文字徵》是不可须臾离手的古陶文方面的工具书,其中山东出土的陶文部分著录了战国时田齐"立事岁"陶文,这些陶文对于研究田齐职官和历史多有裨益,研读之后有札记数则,汇为一文,以祝高明先生九十寿辰。

一、"陈棱"立事岁陶文

现将《古陶文汇编》著录出土的"陈棱"立事岁陶文汇为表一。

表一 "陈棱"立事岁陶文简表

拓片	编号	释文
	《古陶文汇编》3·13	王孙陈棱立事岁左里敀亳区
	《古陶文汇编》3·12	王孙陈棱再左里敀亳区
	《古陶文汇编》3·16	王孙陈棱右敀句亳区

续表

拓片	编号	释文
	《古陶文汇编》3·6	华门陈棱叁左里敀亳豆
	《古陶文汇编》3·7	华门□［陈］棱再□□敀亳□
	《古陶文汇编》3·8	□□陈□［棱］叁左里□亳豆
	《古陶文汇编》3·9	华门陈□［棱］再左□□□
	《古陶文汇编》3·10	华门陈棱叁左里敀亳□
	《古陶文汇编》3·11	华门陈棱叁左里敀亳□
	《古陶文汇编》3·14	陈棱左敀亳区

出土陶文中的"陈氏"即是《史记·田敬仲完世家》之"田氏"。《史记·田敬仲完世家》："敬仲之如齐,以陈字为田氏。"

张政烺先生曾指出："'塦'即田敬仲完之氏。金文凡陈国之'陈'作'敶',齐田氏之'田'作'塦'。例证确凿,湛然不紊。故《左传》《论语》等书犹书齐之田氏为'陈',省土字。'塦'字从土陈声。古者'陈''田'声相近,或即'田'之形声字,而于陈国之'敶'音同字别(《史记》'敬仲之如齐以陈字为田氏'明其有别也）。"①

田齐的田氏在典籍中作"田氏"，在出土的文献中均作"陈氏"，与陈国之"敶"字形判然有别。

"陈棱"即"田林"，典籍中的"庄公林"也就是《春秋》中提及的"陈侯林"。"棱"与"林"双声叠韵，例可通假。《礼记·月令》："山林不收。"《吕氏春秋·季春纪》《淮南子·时则》"林"作"陵"②。

《史记·田敬仲完世家》："厉公者，陈文公少子也，其母蔡女。文公卒，厉公兄鲍立，是为桓公。桓公与他异母。及桓公病，蔡人为他杀桓公鲍及太子免而立他为厉公。厉公既立，娶蔡女。蔡女淫于蔡人数归。厉公亦数如蔡。桓公之少子林怨厉公杀其父与兄，乃令蔡人诱厉公而杀之。林自立，是为庄公。故陈完不得立，为陈大夫。厉公之杀以淫出国。故春秋曰蔡人杀陈他。罪之也。庄公卒（《史记会注考证》'庄元年春秋'）。立弟杵臼。是为宣公。"③

《史记》所言"庄公卒"的庄公即桓公之少子林。事又见《左传·鲁庄公元年》："冬，十月乙亥，陈侯林卒。"

二、"陈桶"立事岁陶文

《古陶文汇编》3·1　　《古陶文汇编》3·4　　黄濬《衡斋藏印》

《古陶文汇编》3·4著录的"陈桶三立事岁右廪釜"陶文的原印为黄濬所藏，曾著录在《衡斋藏印》中，可以与陶文拓片比较，知陶文是器物制作时由印施于陶上所致。

▨（《古陶文汇编》3·4）字右边笔画稍有残泐，与▨（《古陶文汇编》3·1）是同一个字。或有释作"朴"④。均有不确。

---

① 张政烺：《〈平陵陈立事岁〉陶考证》，载《张政烺文史论集》，中华书局，2004年，46页。
② 高亨：《古文通假会典》，齐鲁书社，1997年，38页。
③ （汉）司马迁著，〔日〕泷川资言会注考证：《史记会注考证》卷46，北岳文艺出版社，1999年。
④ 刘伟：《齐国陶文的研究》，山东大学硕士研究生学位论文，2008年，31页。

其中（《古陶文汇编》3·1）所从的，与古文字"叀"颇为相似，然仔细观察与"叀"字字形略有不同。

叀字常见于古文字：

《甲骨文合集》22437   《墙盘》周中期   《同簋》周中期

从"叀"的"传"：

《古陶文字徵》二三   《传鼎》周晚期   王命龙节《殷周金文集成》12099   骑传马节《殷周金文集成》12091

（《古陶文汇编》3·1）与（《古陶文汇编》3·4）高明、何琳仪均隶定作桷①。所从的字自当隶定作"甫"。"甫"与"尃"系一字的分化。三晋文字"甫"作如下字形：

《货系》1425   《货系》1427

楚系文字"尃"作如下字形：

《包山楚简》176鲁客尃臣   《古玺汇编》0228   《古玺汇编》0229

齐系文字②"鄌"作：

《古玺汇编》0232

楚系文字"鄌"作：

---

① 高明：《古陶文汇编》目录，中华书局，1990年；何琳仪：《战国古文字典》，中华书局，1998年，596、599页；《古陶文汇编》3·1与《古玺汇编》0290同一铭文。
② 何琳仪：《战国古文字典》，中华书局，1998年，596页。

《包山楚简》180　　　　　《包山楚简》180　　　　　《包山楚简》228

《包山楚简》26郫易宫大夫　　《包山楚简》26郫易大正

楚系文字"柿"作：

《古陶文汇编》3·1　　《古陶文汇编》3·4　　《信阳楚简》一·〇四柿首　《包山楚简》175鹿邑人登柿

在《战国古文字典》中何琳仪先生阐释了"専"字的发展演变规律：

甾，甲骨文作甾（《类纂》二一九七）。从田，从屮，象园圃有蔬菜之形，合体象形。圃之初文。《说文》："圃，种菜曰圃，从口，甫声。"（六下五）西周金文圃作圖（御尊）、圖（召卣），外加口表示园圃之界，或加又繁化。加又者可隶定作尃。或作尃（叔父盨），中屮声化为父（甾、父声韵均近）。春秋金文作尃（蔡侯申残钟），亦从父声。战国文字承袭两周金文。上或从屮，或从父。齐系文字又旁或作𠂆、𠂇，晋系文字、秦系文字又旁作寸形，楚系文字又旁或加饰笔作攴。《说文》："尃，布也，从寸，甫声。芳无切。"（三下十四）秦汉文字作尃（《峄山碑》）、尃（《仓颉篇》二六），尚且从甾与先秦文字吻合。唯小篆作甫形，遂以从甫声。旧归为甫之准声首，非是。据甲骨文应独立为声首。据晚周文字应为父之准声首。典籍或为伪作旉①。

"陈柿"即是田庄子白，《世本》又名伯。"柿"与"白"例可通假。《左传·文公十二年》："薄诸河必败之。"《说苑·至公》薄作迫。《道德经》第二十章："我独泊兮其未兆。"汉帛书乙本泊作博②。

《史记·田敬仲完世家》："襄子卒。子庄子白立。《索引》引《世本》名伯。田庄子相齐宣公。宣公四十三年，伐晋，毁黄城，围阳狐。明年，伐鲁、葛及安陵。明年，取鲁之一城。庄子卒，子太公和立。"

徐在国先生曾考䣢（《陶文图录》2·18·1）为"陈贺"，读为"田和"，也就是陈齐太公和③，是极为正确的。可以补充田齐世系的缺失，也是十分重要的。

---

① 何琳仪：《战国古文字典》，中华书局，1998年，597页。
② 高亨：《古字通假会典》，齐鲁书社，1997年，919页。
③ 徐在国：《谈齐陶文中的"陈贺"》，《安徽大学学报（哲学社会科学版）》2013年1期，63页。

三、"陈道"立事岁陶文

《古陶文汇编》3·3

《古陶文汇编》3·3之 ，即"道"字，常见于战国文字：

《曾伯簠》春秋　　　《侯马盟书》战国　　　《郭店楚简·成之闻之》战国　　　《天星观简》战国

陶文中的"陈道"即是典籍中的"田剡"。《说文》："核读若'三年导服之导'。"

《诗·小雅·大田》："以我覃耜。"《尔雅·释诂》郭注引覃作剡。《文选·东京赋》："介驷闲以剡耜。"李注："《毛诗》曰：'以我覃耜。'覃与剡同。"①

《礼记·丧大记》："禫而内无哭者。"郑注："禫或皆作道。"《荀子·非十二子》："神禫其辞。"杨注："神禫当为冲澹。"②

《史记会注考证·田敬仲完世家》《索隐》引《竹书纪年》："齐康公五年，田侯午生。二十二年，田侯剡立。后十年，齐田午弑其君及孺子喜而为公。"③

何琳仪先生指出，"立事"见《法言·重黎》："或问周官，曰立事。"亦作"位事"，见《管子·问》："群臣有位事，官大夫者几何人。"又作"莅事"，见《左传·襄公廿八年》："尝于大公之庙，庆舍莅事。"均有主持事务之意。"立事"者可以是王，见赵国王立事剑；也可以是执政大臣，如国差、公孙窑等；还可以是"都邑大夫或关尹之类的地方官"（李学勤《战国题铭概述》④）。至于"立事岁"前的"再""三（叁）""四"应是立事的任职届数⑤。

上述数则田齐陶文中所见"立事"者即是田氏执齐相邦、丞相之职位的实际控制人，至于陶文中所见的田齐"立事"者有没有地方的官员则需要更多的研究。

---

① 高亨：《古字通假会典》，齐鲁书社，1997年，239页。
② 同①，240页。
③ （汉）司马迁著，〔日〕泷川资言会注考证：《史记会注考证》卷46，北岳文艺出版社，1999年。
④ 李学勤：《战国题铭概述（上）》，《文物》1959年7期，51页。
⑤ 何琳仪：《战国文字通论（订补）》，江苏教育出版社，2003年，99页。

"王卒左廪"与齐国官营制陶业

胡嘉麟

(上海博物馆青铜器研究部)

上海博物馆收藏有一件田齐陶文的豆柄(图一),材质为泥质灰陶,残高9.5厘米,直径4.7厘米,重246.7克。《左传·昭公三年》记载:"齐旧四量,豆、区、釜、锺。四升为豆,各自其四,以登于釜,釜十则锺。"根据考古发现和实物资料,田齐量器自名的有升、豆、区、釜(图二),锺还未发现。官量的豆和区形制非常近似,例如中国国家博物馆藏传临淄出土的公豆和公区,都是作钵形器,但是两者的容量不同。齐国官量升、豆、区名称的变化,大概多指容量上的差异,与器形的联系并不是特别密切。

私营制陶业的豆形器种类较多,可以分为三型(图三):Ⅰ型,高柄浅腹;Ⅱ

图一 上海博物馆藏"田齐"陶文豆柄

升	豆	区	釜

图二 "田齐"陶文自名量器

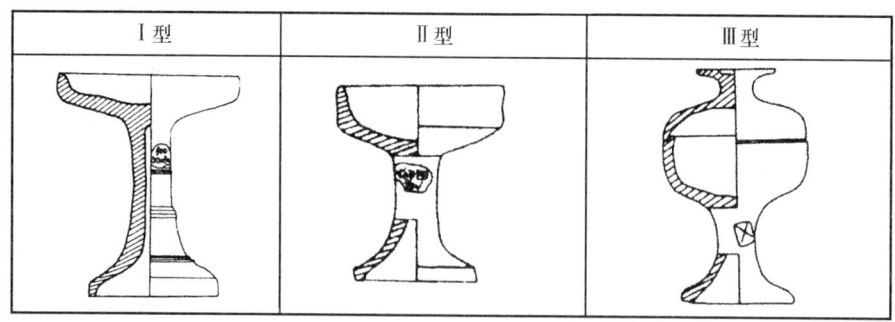

图三 "田齐"私营陶文量豆形制

图四 山东博物馆藏临淄豆柄

Ⅱ型，中粗柄，盘腹较深；Ⅲ型，短柄深腹。山东博物馆藏传临淄出土的一件豆柄①，铭文为"王卒左敀臧圆椁里五"（图四），与上海博物馆收藏的这件残器和铭文格式比较相似。以往认为"王卒左敀"类的陶器是官府经营的陶业②，近来有学者认为这类陶器制作得比较粗糙，是民营产品③。一般而言私营制陶业的产品多为生活用器，少数可作量器。那么，"王卒左敀"类陶文的性质以及所代表的器物功能，就是本文所要讨论的内容。

上博豆柄有阴文九字："王卒左廩臧圆椁里宝。"陶文呈竖长方形，外有印框，尺寸为3.2厘米×2.8厘米。齐国陶文多有钤印文字的习惯，戳印的位置大部分施于器物明显的部位。印面款式类型多样，官营印文多长方而大，私营的各种形式均有。迄今发现的许多玺印与陶文正好契合，印材有铜质也有陶质。文雅堂收藏有一件"蒦圆南里"陶印（图五），著录于《历代玺印断代标准品图鉴》④。这样完整的陶印十分少见，与之印文相同的陶文不乏其例。这件陶文也有相同的著录［《古陶文汇编》（以下简称《陶汇》）3.500、3.501］，旧释文作"王卒左敀城圆椁里宝"（图六）。

王 卒

关于"王卒"的理解学者们普遍认为是与军事性质有关，应该是陶工的一种身份。杨宽指出："齐国陶器铭文，陶工在自己籍贯、姓氏之前有称'王卒左敀''王卒

---

① 徐在国：《新出齐陶文图录》第三册，学苑出版社，2015年，536～537页。
② 高明：《从临淄陶文看乡里制陶业》，载《高明论著选集》，科学出版社，2001年，259页。
③ 许淑珍：《临淄齐国故城新出土的陶文》，《考古与文物》2003年4期，19页。
④ 孙慰祖：《历代玺印断代标准品图鉴》，吉林美术出版社，2010年，6页。

图五　文雅堂藏陶印　　　　图六　《陶汇》3.500、3.501

右敀'的说明这些陶工是以王卒的身份参与制陶官营手工业的。"① 孙敬明先生认为"王卒"是陶器制造者的身份之称,"陶工有双重身份,既是军队的'王卒',又是陶器的直接制造者,平时生产,战时从戎"②。两位学者基本都认同有"王卒"陶文的为官营产品。许淑珍先生提出了与之不同的看法,根据临淄故城发现的陶器,认为其制作多粗糙,是民营产品。"王卒"表明制陶业主具有可以从军打仗的身份③。李零先生也同意"王卒"大概是一种带有军事性质的编制④。

根据《国语·齐语》载管仲言:"昔者圣王之治天下也,参其国而伍其鄙,定民之居,成民之事。"韦昭注:"国,郊以内也。……鄙,郊以外也。谓三分国都以为三军,五分其鄙以为五属。"《齐语》又云:

> 管子于是制国以为二十一乡、工商之乡六,士乡十五,公帅五乡焉,国子帅五乡焉,高子帅五乡焉。参国起案,以为三官,臣立三宰,工立三族,市立三乡,泽立三虞,山立三衡……五家为轨,轨为之长;十轨为里,里有司;四里为连,连为之长;十连为乡,乡有良人焉。以为军令:五家为轨,故五人为伍,轨长帅之;十轨为里,故五十人为小戎,里有司帅之;四里为连,故二百人为卒,连长帅之;十连为乡,故二千人为旅,乡良人帅之;五乡一帅,故万人为一军,五乡之帅帅之。

> 制鄙三十家为邑,邑有司;十邑为卒,卒有卒帅;十卒为乡,乡有乡帅;三乡为县,县有县帅;十县为属,属有大夫。五属,故立五大夫,使各治一属焉;立五正,使各听一属焉。是故正之政听属,牧政听县,下政听乡。

---

① 杨宽:《战国史》,上海人民出版社,1998年,108页。
② 孙敬明:《齐陶新探(附益都藏陶)》,载《古文字研究》第十四辑,中华书局,1986年,227~228页。
③ 许淑珍:《临淄齐国故城新出土的陶文》,《考古与文物》2003年4期,15~20页。
④ 李零:《齐、燕、邾、滕陶文的分类与题铭格式》,载《新编全本季木藏陶》,中华书局,1998年,5页。

《管子·小匡》与《国语·齐语》的记载大体相同。齐国实行编户齐民的政策，国、鄙各成体系，无论任何区域都有生产和军事职能，是军政合一的体制。《国语·齐语》有"公帅五乡，国子帅五乡，高子帅五乡"。《管子·小匡》是"公帅十一乡，高子帅五乡，国子帅五乡，参国故为三军"，又有"三军，故有中军之鼓，有高子之鼓，有国子之鼓"。由此可知，有一部分乡邑和军队是属于齐公直接领导。这种情况到战国时期依然如此。《古玺汇编》（以下简称《玺汇》）63"王卒右司马鈢"。"卒"字作"䫉"，吴振武先生考证这是卒的异体字①，"王卒"是齐王的直系部队。金文有"郾王职作广卒鈇"[《殷周金文集成》（以下简称《集成》）11517]、"中阳，卒人"（《集成》11494）、"公孳里脮之大夫披之卒"（《集成》11402），燕王的直系部队为"广卒"，县、邑大夫皆有兵卒。

陶文中表示身份的还有"王孙"，"王孙陈棱立事岁左里敀京区"（《陶汇》3.13）。由于齐国公室、卿族通常聚族而居，世代相沿。随着居地规模的不断扩大，这种身份氏称逐渐成为地名。《左传·襄公二十五年》有"士孙之里"，陶文有"□王孙□里"[《陶文图录》（以下简称《陶录》）3.285.1]、"孟棠（尝）陶里"（《陶汇》3.425）、"子裴子里"（《陶录》2.543.1）。临淄城周边有齐王直属部队的驻地，而且规模还不小。《战国策·齐策》苏秦言齐"带甲数十万……不待发于远县，而临淄之卒固以二十一万矣"。这些部队有驻地，陶文有"王卒左乡城圙中岳里人曰得"（《陶汇》3.497）。传世有两件"城阳辛城里戈"（《集成》11154、11155），"城阳"的地望大致有两处。《战国策·齐策》云："燕人兴师而袭齐墟，王走而之城阳之山中。"鲍本注："城阳，兖州国，莒其县也。"在临淄故城附近出土不少戳记有"城圙"的陶文，孙敬明认为其地在临淄城东四十里，今益都县"臧台城"②。可以推测"王卒"可能为军事单位，类似于今天所说的军区，凡是王卒驻地皆可称之。

1965年北京大学师生在临淄齐故城内阚家寨发现"王䉼"陶杯，在临淄齐故城遗址博物馆还旧藏一件"王卒䉼"单錾陶杯③。无论是量名前的"王"，还是"王卒"之"王"，字形上均有一点作"𠆣"。这是田齐"王"字的标准写法，陈璋壶铭文"惟王五年"（《集成》9703）也是如此。"王+量名"可能是"王卒+量名"的省称，表示量器的性质，也是具有官方标准的量器，但是实际制造者是私营制陶业者。陶文中还有"公+量名"，通过两者陶文的比较显示其性质应是相同的，例如：

（1）王豆，中蒦阳人王𡍷 《陶录》2.42.1

---

① 吴振武：《古文字中的借笔字》，载《古文字研究》第二十辑，中华书局，2000年，335页。
② 杜宇、孙敬明：《考古发现与战国齐兵器研究》，载《考古发现与齐史类征》，齐鲁书社，2006年，158页。
③ 魏成敏、朱玉德：《山东临淄新发现的战国齐量》，《考古》1996年4期，24~28页。

（2）王豆，丘　　　　　　　　　　《陶录》2.43.3
（3）王豆，豆里郭□　　　　　　　《陶录》2.39.4
（4）王釜，豆里郭□　　　　　　　《陶录》2.46.2
（5）公区，蒦阳蟾里人悊　　　　　《陶录》2.36.1
（6）公区，大蒦阳寿所□　　　　　《陶录》2.37.1
（7）公豆，大蒦阳寿所□　　　　　《陶录》2.39.2
（8）公釜，大蒦阳寿所□　　　　　《陶录》2.40.1
（9）公釜，蒦阳蟾里人悊　　　　　《陶录》2.40.2

这些陶文均有两处戳印的文字，一处为"王+量名"或"公+量名"，是官方标准的量器；另一处为"制造地+制造者"（图七）。试看下面几类陶文：

（1）……，左里敀　　　　　　　《陶录》2.24.1
（2）陈向立事岁淄之王釜　　　　　《陶汇》3.5
（3）脾之公豆　　　　　　　　　　《陶录》2.292.4
（4）平陵陈得邞𦉢王釜　　　　　　《陶录》2.14.1①

（1）例也是一器双印（图八），"左里敀"明显属于监造机构。（2）（3）（4）例陶文的"淄""脾""邞𦉢"为王量或公量的使用地。陶文中还可见"淄京"（《陶汇》3.687）、"临淄京升"（《陶汇》3.688）、"临淄市"（《陶汇》3.689）。《史记·仲尼弟子列传》记载："宰我为临淄大夫，与田常作乱，以夷其族，孔子耻之。"临淄大夫为一县之长，春秋末期临淄城已经设县。"邞𦉢"的"𦉢"陶文作""，旧释作"怨"。又有陶文"邞𦉢市节"（《陶录》2.39.2），"𦉢"字陶文作""，旧释作"苑"字，读为"馆"。李家浩先生考证"𦉢"字有"苑"

图七　《陶录》2.38.1

图八　《陶录》2.24.1

---

① 李学勤：《燕齐陶文丛论》，载《上海博物馆集刊》第六期，上海古籍出版社，1992年。文中提及还有多例"一器双印"，例如"平门内陈赏左里敀市京区，邞𦉢市节""疤尚陈得再左里敀京豆，鄄市师玺""平陵陈得邞𦉢王釜，鄄市师玺""昌橘陈固南左里敀京区，左廪涌玺"，但是《陶汇》《陶录》等著作均未收入拓片，怀疑是否"一器双印"，因此不予讨论。

音,"苑""怨"古音相近,上博简《缁衣》的"𬮿"字可以假借为"怨"①。玺印有"辛𬮿囗市"[《玺印汇考》(以下简称《玺考》)59]、"南𬮿"(《玺考》52),陶文有"辛𬮿𫊄市"(《陶汇》3.710)、"南𬮿左敀"(《陶录》2.23.3)。1992年在临淄区永流乡刘家庄发现两件青铜量,柄右侧的腹部有刻铭"㡿𬮿乡郗里"②。"㡿𬮿"的陶文以往也有著录,如"㡿乡新里"(《陶汇》3.678)、"㡿𬮿乡𫎇里"(《陶汇》3.679),"某𬮿"可能是乡一级的行政单位。

王量和公量名称的不同或许反映了使用时间的差异。田太公代齐后,直到齐威王、宣王、愍王开始称王。从量器的容量来看,两种量器实际上是不一样的。公豆和公区自成体系,容量较大,与官方量器存在明显的差别③。例如,国家博物馆藏的公豆约容1275毫升,比临淄出土的官方量豆平均容1024毫升几乎大了1升④。《史记·田敬仲完世家》记载田常子"以大斗出贷,以小斗收",为了收买人心而采用自制大量出贷,而以较小的官量进行收贷。文献记载与实物资料可以互证,公量和王量都是官方性质的量器。许淑珍先生认为临淄河崖头出土的"王卒左敀"陶文豆柄制造得粗糙不堪,相反诸城臧家庄战国墓出土的"公"字豆以及临淄桐林村出土的"国"字豆制作精良,形成了鲜明的对比。造成这种情况的原因是齐国官营制陶业有采用官方监造,地方生产的模式。齐国量器的标准统一为国家制定,一般由官府陶业进行制造,也允许个别私营作坊进行生产,但是必须有官方监造机构的钤印,所以会导致产品质量不一的情况。

左 敀(廥)

关于"敀"的考释长期以来聚讼纷纭,本文不能尽述,列举几家影响较大的观点:

其一,释啟。朱德熙读为"廄",即厩,畜养牛马的牲口舍。廄舍需要用量器,标记此字说明此量器属于某廄舍⑤。孙敬明读为"軌",引用文献《国语·齐语》《管子·小匡》,认为是一种官职名,与文献中的"軌长"合证⑥。

---

① 李家浩:《战国文字中的"𬮿"字》,载《出土文献与古文字研究》第六辑,上海古籍出版社,2015年,252页。
② 魏成敏、朱玉德:《山东临淄新发现的战国齐量》,《考古》1996年4期,24页。
③ 山东大学历史文化学院考古学系、山东博物馆、新泰市博物馆:《新泰出土田齐陶文》,文物出版社,2014年,291页。
④ 战国田齐量具5升=1豆,1升平均值为205.7毫升,公豆约合6升。
⑤ 朱德熙:《战国古文字中所见有关廄的资料》,载《古文字学论集》,香港中文大学出版社,1983年;朱德熙:《战国文字资料里所见的廄》,载《出土文献研究(一)》,文物出版社,1985年,244~249页。
⑥ 孙敬明:《齐都陶文丛考》,载《考古发现与齐史类征》,齐鲁书社,2006年,69~85页。

其二，释敀。最早主张的有丁佛言、顾廷龙、罗福颐等人，认为大约是当时一种地方军事编制①。李学勤认为是《说文》的"敀"，是一种军事性的编制，受司马管辖，"左右敀"即《管子·轻重戊》中的"左右伯"，并说明这种制度在战国时代不但设于中央政府，而且也设于都邑和鄙、部②；李先生后有订正，读为"搏埴"之"搏"，义为陶工之长③。高明认为其同于伯，为主事之官，"王卒左敀"则代表王国官吏的名称④。魏成敏认为"某里敀"负责量器校正制造，敀有可能为里的行政管理机构或其长官⑤。李零根据齐国玺印认为"敀"可能是守城之吏的佐官，而且这个字在燕国陶文中也有出现，推测可能表示的是主管制陶的工师的助手⑥。

其三，释敊。曹锦炎认为"敊"司职量器制造，即《周礼·冬官·考工记》"㮚氏"。"敊"既是量器制造机构，其职官也称"敊"，标以"敊"的量器表明是属于某地的"敊"所造。但是职位较低，设置在里一级的行政单位⑦。

这个字陶文作"𣪘"（《陶录》2.11.1）或"𣪘"（《陶录》2.297.3），高明先生《说"鋚"及其相关问题》一文详细考证并非"敀"字，无可争辩⑧。从文献的角度考察，"五家为轨、十轨为里"，"轨"的行政级别小于"里"。通过一组陶文辞例的对比：

（1）左里敀　　　　　　　　《陶录》2.24.1
（2）王敀芦里得　　　　　　《陶录》2.305.2
（3）王孙陈棱立事岁左里敀京区　《陶汇》3.13
（4）王卒左敀梬圆　里宝　　《陶录》2.297.3

"轨"若代表一级行政单位，那么只有（1）（3）例是"轨"在"里"之后。但是这两条辞例中"里""轨"连缀，后者明显不是表示行政单位。

曹锦炎先生敏锐地观察到"白"字在战国文字中的形体，指出"没有一例在上部向右伸出一横划，中间省略"的情况。并且，对于这个字是机构名的认识相当准确。

---

① 丁佛言：《说文古籀补补》卷十二；顾廷龙：《古陶文㪯录》卷十二；罗福颐：《古玺文编》卷三。
② 李学勤：《战国题铭概述（上）》，《文物》1959年7期，50～54页。
③ 李学勤：《燕齐陶文丛论》，载《上海博物馆集刊》第六期，上海古籍出版社，1992年，170～173页。
④ 高明：《从临淄陶文看乡里制陶业》，载《古文字研究》第十九辑，中华书局，1992年，304～321页。
⑤ 魏成敏、朱玉德：《山东临淄新发现的战国齐量》，《考古》1996年4期，24～28页。
⑥ 李零：《齐、燕、邾、滕陶文的分类与题铭格式》，载《新编全本季木藏陶》，中华书局，1998年，10页。
⑦ 曹锦炎：《释战国陶文中的"敊"》，《考古》1984年1期，83～85页。
⑧ 高明：《说"鋚"及其相关问题》，《考古》1996年3期，68～73页。

但是他是以甲骨文和西周早期的金文字形作为释字的依据，论证比较单薄，并且忽略了战国时期陶文和玺印文字的特殊性。这个时期各个国家的文字都有不同程度的地域特征，因此对于文字的考释应当从本地的文字谱系中寻求变化的内在规律。

"左敀"应该释作"左廪"。通过对字形和辞例的分析，前人所认为的"敀"就是"廪"。首先从字形来看（图九），"廪"字在齐系文字中有明确的字形。吴振武先生著文详细梳理过战国时期六国文字中的"廪"[①]。从中可以发现这些文字均有一定的地域性特点，齐国的"廪"字书体尤为多样。《说文》："亩，谷所振入，宗庙粢盛，仓黄亩而取之，故谓之亩。从入，回象屋形中有户牖。……廪，亩或从广从禾。""亩"字为仓亩之象形，金文加禾、米、木等义符，表示这是堆禾、米、木用的。员方鼎的"廪"字作"🔲"（《集成》2695）、免簠作"🔲"（《集成》4626），有的可从"攴"。

东周时期鲁国的"廪"字从亩从广从禾，但是齐国标准的"廪"字从米，三晋从木，均有不同（图九）。并且，鲁国"亩"字的中间写法比较繁复，一般是作"🔲"，有的中间省略成一横作"🔲"。齐国的多为"田"字形，作"🔲"，也有中间省略为一横或一点，分别是"🔲"和"🔲"。齐国1~15例是标准字形，12~14例的"廪"字从"攴"，这个特点也不见于其他国家。18~23例是以往诸多学者所认为的"敀"，那么通过15~17例，可以将这些标准字形和异构字形联系起来。

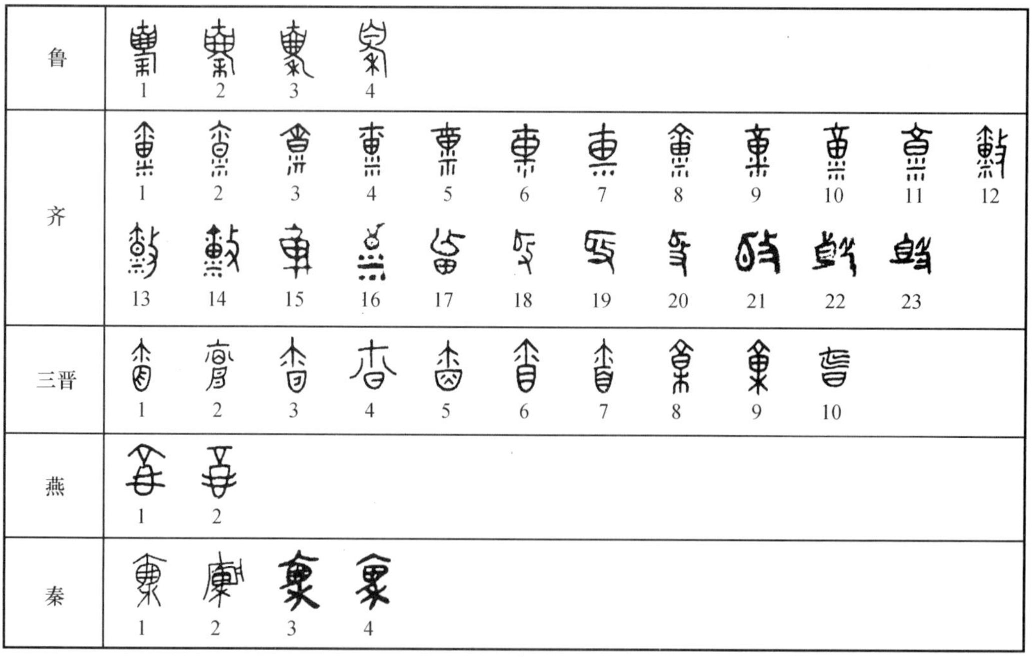

图九　战国时期各国"廪"字字形

---

① 吴振武：《战国"亩（廪）"字考察》，《考古与文物》1984年4期，80~87页。

其一，齐国15例陶文"陈固右廪京釜"（《陶录》2.7.1）的"廪"字上部作"㇏"，当是"" "" "" ""诸形的省笔，其特点与16～23例的字形结构相似。这种书体是玺印文字的一种特点，笔画弯曲往往是出于章法布局的需要。例如三晋10例的""形也是对三晋4例""形的一种艺术表现。右廪宫鼎（《集成》2307）的"廪"作""，左边类似于"白"的部分也是向右伸出一横划的写法。15例""下部从米的部分也做省笔，类似的还有"" ""基本是一横下有三点。22、23例可以明显地看到"亩"字下有一横，也是从米的省笔，中间作"两横"的特点和三晋6、7例比较相似，这个特征也足以证明此字释为"敢"是不对的。

其二，齐国17例陶文"左廪湧玺"（《陶录》2.23.2）与14例陶文"左廪湧玺"（《陶录》2.23.1）正好是对文（图一〇）。这个发现有助于我们对"廪"字异构书体的认识。16例"廪"字从从田，""与17～20例的"" ""形体基本相同。14例"廪"字从亩从米从攴，可知""应为"亩"。"亩"字

图一〇　《陶录》2.23.2（左）和2.23.1（右）

中间多作省略，中间有一点与13、16例相同。16例从米，17例从田，两者亦是相通。由此来看15～23例是"廪"字的异构书体，""字就是从亩从攴的"敢"，读作"廪"。《周礼·地官·司徒》："藏米曰廪，藏谷曰仓，廪人掌九谷之数。"《国语·周语》"廪协出"，韦昭注："廪人掌九谷出用之数也。"说明廪人是负责粮库收纳的管理人员，量器是不可或缺的工具。通过齐国陶文、玺印、金文可知，"廪"的设置地点遍及各个县邑，"左廪"或"右廪"表明的是官方量器的监造机构。

其三，通过陶文"右里廪玺"（《陶录》2.24.4）中"玺"字借笔的情况，可知""这类书体确为省形（图一一）。"玺"字陶文作""，裘锡圭先生释作"节"，并且注意到"'玺'字所从的'口'，位置恰好写的特别高，很容易被人看成上面的'敢'字的下部。"[①]《集成》10367"右里廪玺"（图一二）的"敢"字下

图一一　《陶录》2.24.4　　·图一二　《集成》10367

---

① 裘锡圭：《战国文字中的"市"》，《考古学报》1980年3期，290页。

从口，陶文所表现的就是"罂"与"敢"共用字形的一种借笔，这种从"口"也是从"米"或从"田"的一种异构现象。类似的辞例还有玺印"左廪之玺"（《玺汇》227）、"敢（廪）玺"（《玺汇》345），说明这种监造机构有相应的官职。其次从辞例来看，"左敢"与"左廪"的语法结构以及所在位置的意义都是相同的，以下通过三组辞例的比较说明。

第一组：陶文比较

  （1）陈固立<u>左敢（廪）</u>釜   《陶汇》3.30
    陈固<u>右廪</u>京釜   《陶汇》3.31
  （2）匋华门陈棱再<u>鄙廪</u>均京釜节 《陶录》2.7.2
    王孙陈棱<u>右敢（廪）</u>均京区 《陶汇》3.16
  （3）陈棱<u>左敢（廪）</u>京釜   《陶汇》3.14
    陈和忎<u>左廪</u>   《陶录》2.17.1
    陈（臧酉）<u>左廪</u>釜   《陶录》2.16.1
    陈榑三立事岁<u>右廪</u>釜   《陶录》2.17.2

  （1）例"立"为"立事岁"的省称，这在陶文辞例中非常普遍。同样，（2）例的"再"、（3）例的"三"都是"再立事""叁立事"的省称。根据文献记载战国时期督造器物的职官称"工正"，《左传·庄公二十二年》载陈公子完奔齐，齐侯"使为工正"，杜注：工正，"掌百工之官"。《左传·文公十年》："（楚）王使（子西）为工尹。"杜注："掌百工之官。"楚人称"工尹"，金文有大工尹（《集成》11576）、右工尹（《集成》11919）、左大尹（《集成》11923），等等。工正掌管手工业，其中一项工作就是负责度量衡的制造。《左传·昭公十七年》："五雉为五工正，利器用，正度量，夷民者也。"孔疏："以雉名工正之官，使其利便民之器，用正丈尺之度斗斛之量，所以平均下民也。"

  齐系文字尚未发现"工正"之称，那么立事者可能就是齐国主管国家手工业生产的工正。釜、区为量器名，前面可以冠以"京"。这个字过去旧释为"亳""亭"，赵平安先生释作"京"①，可从之。京为谷仓，《广雅·释宫》："京，仓也。"王念孙疏证引《说文》："圜谓之囷，方谓之京。"《管子·轻重丁》："有新成囷京者二家。"尹知章注："大囷曰京。"《史记·扁鹊仓公列传》："黄氏诸倩见建家京下方石，即弄之。"裴骃《集解》引徐广曰："京者，仓廪之属也。""王区"表示的是量器的性质，"京区"则是表示量器的用途，一般用于仓廪。（1）例"左敢"和"右廪"，（2）例"鄙廪"和"右敢"以及（3）例均为对文，固定的词义非常明确。这种陶文是作"左（右）廪+量名"的格式，"京"是修饰量名，指示用途。

---

① 赵平安：《"京"、"亭"考辨》，《复旦学报（社会科学版）》2013年4期，87~92页。

第二组：陶文与玺印比较

（1）陈喜立事岁平陵廪釜　　　　　　　《陶汇》3.39
　　　阎间陈得平陵县廪豆宿戟所为　　　《陶汇》3.41
　　　平陵县左廪玺　　　　　　　　　　《玺考》46
（2）平阿左廪　　　　　　　　　　　　《玺汇》313
　　　䇂乡右敀（廪）　　　　　　　　　《玺汇》196
　　　䶂俟左敀（廪）　　　　　　　　　《玺汇》195

（1）例"平陵"又见于《银雀山汉墓竹简·孙膑兵法·擒庞涓》篇："田忌曰：'若不救卫，将何为？'孙子曰：'请南攻平陵。平陵其城小而县大，人众甲兵盛。'"可知平陵县的城规模虽小，但是辖区范围较大，人数众多。玺印"左廪"为监造机构的官职，陶文的"平陵廪"和"平陵县廪"均是量器的监造机构。（2）例"平阿"，《吕氏春秋·离俗》载："齐晋相与战，平阿之余子亡戟得矛。"高诱注："平阿，齐邑。""平阿""䇂乡""䶂俟"均是地名，这些辞例为"地名+左（右）廪"的格式。

第三组：陶文与金文比较

（1）平阳左库戈　　　　　　　　　　　《集成》11017
　　　平陆左戟　　　　　　　　　　　　《集成》11056
　　　昌城右戈　　　　　　　　　　　　《集成》10998
（2）匄华门陈棱再鄙廪均京釜节　　　　《陶录》2.7.2
　　　王孙陈棱右敀（廪）均京区　　　　《陶汇》3.16
　　　齐城右造车戟冶脂　　　　　　　　《集成》11815
　　　平阿左造徒戟　　　　　　　　　　《集成》11158

齐地出土的兵器辞例主要是"地名+左（右）库+兵器名"。"库"是兵器铸造的机构，又是储藏兵器的地方，其性质与"廪"相同。（1）例的"左"或"右"为"左库""右库"之省。（2）例的"均"，或写作"䞷"，战国文字从土、从立实为同字。李学勤先生认为，此字训为匠，"敀均"即"敀"的繁称，意为制陶匠师①。《说文·立部》："䞷，健也，一曰匠也。"《方言》《广雅·释诂》："䞷，治也"，又有"䞷，巧也"；《小尔雅·广诂》："攻、为、诂、相、匄、宰、营、匠，治也。""匠"可训为"治"，"䞷""均"应为"攻治"的意思，与金文的"造"同义。"车戟""徒戟"表示的是车兵、徒兵所用的武器，与"京釜""京区"表示用

---

① 李学勤：《燕齐陶文丛论》，载《上海博物馆集刊》第六期，上海古籍出版社，1992年，170～173页。

途的格式类似。因此，"右廪"和"右库"实际是量器和兵器的铸造机构或者监造机构，辞例的格式为"机构名+均（造）+用途+器名"。

图一三　《集成》10366

诚然，以往多使用燕国陶文来研究"左敀"的含义和性质，这里需要澄清一下。首先认为"左敀"是助手或佐官的看法，并不符合金文惯例。国家博物馆收藏的陈介祺原来旧藏的铜量（图一三），铸铭四字"右里敀（廪）塦"（《集成》10366）。相同器形和铭文的还有临淄齐故城博物馆收藏、传临淄区梧台乡东齐家庄出土的两件铜量①。但是临淄铜量的铭文是凿刻的，而不是铸造的。这种铭文既非工尹，又非工匠，所署的佐官之玺显然不合常理。燕国金文有直署工尹的"右攻尹"（《集成》11919），或者署名工尹和工匠的"郾王詈授行仪鍨，右攻尹青，其攻竖"（《集成》11350）等，均未发现单署工师佐官的情况。战国晚期韩国的盛季壶铭文为"郑右廪，盛季壶"（《集成》9575），"郑右廪"与"右里敀（廪）"同是前缀地名的机构名。

其次，燕系陶文有"左陶尹记疋器瑞，左陶倅汤敀国，左陶攻敢"（《陶汇》4.7），"右陶尹记疋器瑞，倅断敀贷，右陶攻汤"（《燕下都》377）。"陶攻某"犹如齐系陶文的"陶者某"，是陶器的直接制造者。前面缀有高级官吏的"陶尹"，中层官吏的"陶倅"以及"陶倅"的佐官"敀"，还有制造者"陶攻"，显示了完整的三级督造制度。其中"敀"在陶文中作"𢻹"（《陶汇》4.1）、"𢻹"（《陶汇》4.2）、"𢻹"（《陶汇》4.3）诸形，完全没有齐系"亩"字向右伸出一横笔的写法。这些释作"敀"应该是没有问题的，不能与齐系的"廪"相混淆。

再次，齐系玺印有"司马敀（廪）玺"（《玺汇》34）、"左司马敀（廪）"（《玺汇》38）、"右司马敀（廪）"（《玺汇》40）、"敝陵右司马敀（廪）玺"（《玺考》37）等。"司马"与"敀（廪）"连缀的辞例可以参考"左中库司马"（《玺汇》47），可以表明该玺是齐国管理左库和中库的司马用印，"库"是兵器制造和收藏的场所，具有非常重要的军事功能。同样，仓廪对于国家生计保障、征战养备亦非常重要。根据文献记载宋国和鲁国工正是司马的属官，《左传·襄公九年》："使皇郧（宋国司马）命校正出马，工正出车。"杜注："工正主车。"孔疏："是诸侯之官司马之属有工正，主车也。"《左传·昭公四年》记："夫子为司马，与工正书服。"杜注："谓叔孙也，服，车服之器，工正所书。" 齐国的重镇一般都是武库和粮库并存的，同时也设有司马之官进行管理。下属的工正及其机构还有统兵的权利，《左传·昭公二十七年》："工尹寿率师至于潜"，金文有左廪戈（《集成》10930），等等。

---

① 魏成敏、朱玉德：《山东临淄新发现的战国齐量》，《考古》1996年4期，24~28页。

《古陶文汇编》收录"王卒"陶文13例,《陶文图录》收录有55例,仅有一例是"王卒左乡",其余均为"王卒左敀",还有一些陶文作"王敀"。从文字构形来看,"王卒左敀"的"敀"作"㕻"(《陶录》2.11.1),"王敀"的"敀"作"敀"(《陶录》2.305.2),两者稍有不同。从陶文辞例来看,"王卒左敀"后缀的有"臧圆枋里""□臧圆枋北里""昌里","王敀"后缀仅有"芦里"。但是,有两例陶文可以将这些串联起来。"王卒左臧圆枋芦里□"(《陶录》2.700.1、2.700.2),说明"王敀"是省文,与"王卒左敀"的性质是相同的。"敀"的书体不同,一方面表明齐系陶文有很强的异构性,另一方面也说明这种特征仅存于各自的辞例系统中,所以才有标准写法和特殊写法。

临淄城周边分布着比较密集的私营制陶作坊,以家族为单位的作坊组织形式世代相传。有学者通过考古调查认为官营制陶作坊分布在大城西及西北郊,民营作坊分布在淄河两岸孙板村、东周傅与西周傅之间以及大城西南谢家庄附近[①]。从"左敀"类陶文的发现来看,相对于其他陶文在临淄故城出土的情况,发现的数量相当少。有明确出土信息和数量的大致有三处:

(1)临淄阚家寨出土:王卒左敀□圆北里五(QTW:41)

(2)临淄河崖头出土:王卒左敀臧圆枋里宝(QTW:1)、王卒左敀臧圆枋里五(QTW:197)

(3)临淄城内采集:王卒左敀臧圆枋里宝(QTW:73)、王卒左敀臧圆枋里宝(临采:048)

陶文中的省文现象比较普遍,"左""左敀"实际是"左里敀"的省称。例如:

(1)陈道立事左釜　　　　　　　《陶汇》3.3
(2)陈棱左敀京区　　　　　　　《陶汇》3.14
(3)王孙陈棱立事岁左里敀京区　《陶汇》3.13
(4)王敀芦里得　　　　　　　　《陶汇》3.510
(5)王卒左敀臧圆枋里宝　　　　《陶汇》3.500

陶文还有"蒦圆圆芦左里敀□豆"(《陶汇》3.321)、"丘齐辛陶左里敀京区"(《陶汇》3.619),似乎表明"左里敀"并非仅有一处。但是对比陶文辞例,有几点特殊现象值得重视:其一,"蒦圆圆芦"不见于"蒦圆"类的陶文,"圆芦"仅见于"王卒左圆芦里□"(《陶录》2.700.1、2.700.2);其二,"丘齐辛陶"的"辛陶"仅见于"左南郭乡"类陶文,"丘齐"类陶文只出现"丘齐辛里"(《陶汇》3.621)和"丘齐乡陶里"(《陶汇》3.328)两类。"蒦圆"与"王卒"的行政关系应该如何

---

① 孙敬明:《从陶文看战国时期齐都近郊之制陶手工业》,载《考古发现与齐史类征》,齐鲁书社,2006年,36~52页。

看待？"丘齐辛陶左里敀"应该如何断读？陶文辞例已经明确指出"蒉圜"的上级行政单位是"䢍乡"，最合理的解释就是"蒉圜圜芦""丘齐辛陶"为行政单位，"王卒"为军事单位。"王卒左敀"是官方量器的监造机构，可以监管多个行政单位的私营制陶业。

"左里敀"并非某地之"左里"，"王孙陈棱立事岁左里敀京区"（《陶汇》3.13）、"痤尚陈得再左里敀京豆"（《陶汇》3.26），"左里"前均无地名。"昌檽陈固南左里敀京豆"（《陶汇》3.28）、"昌檽陈固北左里敀京豆"（《陶汇》3.38），"左里"可分南、北。因此，"蒉圜圜芦左里敀"断读为"蒉圜、圜芦，左里敀"，"圜芦"前省略一字，可能为"城圜芦"。同样，"丘齐辛陶左里敀"断读为"丘齐辛、陶，左里敀"，实际是"丘齐辛里、陶里"，"左里敀"为监造机构。

相关的陶文辞例可以印证上述的推论，例如：

（1）右敀啚乡尚毕里季嬰　《陶汇》3.673
（2）右敀啚乡荣里□众□　《陶汇》3.675

辞例中"右敀"与"左敀"是对应关系，"右敀"也是属于"王卒"系统。"右敀啚乡尚毕里"应该断读为"右敀，啚乡尚毕里"，与"王卒左，乡城圜中岳里人曰得"（《陶汇》3.497）的辞例相同。可知，"右敀"负责监造的有"啚乡尚毕里"和"啚乡荣里"两个地方。

综上所述，对于战国文字的研究要通过分域去探求文字因空间变化而形成的差异。尤其是陶文，往往有着较多的地方特色和发展缓慢的"惰性"特征。通过对字形的分析、辞例的比较，以往释作"王卒左敀"，应该释作"王卒左廪"，这是齐国量器的制造机构，同时也担负着监督私营制陶业生产国家统一标准量器的任务。

齐国对量器的生产管理十分严格，通过陶文辞例可以看出官营制陶业有两种模式。一种是官方直接制造的模式。"公""王""国"字印款的陶文均是如此，没有工匠的市籍和姓名。这类的陶量一般制作比较精良，量器名称前缀有"某""廪"或"市"，表示量器的性质或置用场所。文献称廪人掌管粮食出纳，量器是其不可或缺的工具。子和子釜和陈纯釜铭文中都有"节于廪釜"（《集成》10371），此处"廪釜"代表的是官方法定之标准釜，也说明"廪"这个机构具有量器核准和管理职能。

另一种是由官方监造，地方生产的模式。"王卒左廪+某里某"的格式与私营制陶业的"某里某"基本相同，表示制造者的市籍和姓名。"王卒左廪"是官方监造的一个重要标识，"某廪"印章钤印在量具上，表明有监督、核准量具的职责。

战国时期迅速发展起来的私营手工业，冲破了"工商食官"的格局。王恩田先生通过对数百件齐国陶文实物的分类整理发现，"民营制陶作坊中生产豆的场家集中在豆里、城阳等十一个乡里之内。生产𨨛的场家则集中在陶乡、蒉阳等另外的七个乡里之内。而钵则基本上都是楚郭乡、关里生产的。……证明齐国民营制陶业已经有了明确的专业分工和地区分工"①。因此,"王卒左廪"类印文的形制和文字风格相当一致,应该是由主管私营作坊的官府机构统一颁发的,这些私营作坊接受官府的统一管理和监督。

---

① 王恩田:《陶文图录》自序,齐鲁书社,2006年,9页。

战国楚卜筮简中"卜人与卜筮工具"之研究

于成龙

（中国国家博物馆）

中国古代的占卜是人们面临抉择之时，希望借助于某种符号变化以窥测所谓的神明指示，从而加强行动之决心，此即《礼记·曲礼》所云卜筮"所以使民决嫌疑，定犹与也。故曰：疑而筮之，则弗非也"，又如《左传·桓公十一年》载斗廉语："卜以决疑，不疑何卜？"由此，决疑是占卜之唯一目的[①]。

具体而言，骨卜与数占是贯穿于中国古代的两种主要占卜手段。其中，骨卜是以火烧灼兽骨及龟甲之一点，对应之骨面随之爆裂，此开裂之纹即所谓"兆"。商卜用甲骨上之"兆"呈"卜"字状。卜，《说文·卜部》云"象龟兆之纵横也"，知"卜"字即是"兆"之象形。古人视兆象而判断吉凶，亦即《史记·龟策列传》语"灼龟观兆"。战国新蔡楚简云：

（1）☐为君贞：将逾取菖，还返尚毋又咎？生占之曰：㕫☐　　　　甲一：12

（2）☐㕫无咎。又祟☐　　　　甲三：19

（3）☐毋死？占之：㕫不死。无祟。☐　　　　甲三：40

（4）☐黄佗占之：㕫无咎。未及中晁君王☐　　　　甲三：43

上揭简文中之"㕫"均在占辞之首，是卜人判断吉凶之依据。《说文》："㕫，灼龟坼也。从卜兆象形。兆，古文㕫省。"可知，"㕫"是用作占卜中灼龟见兆之专字[②]。

《汉书·文帝纪》载代王因犹豫而卜，云："卜之，兆得大横。"文中"大横"，唐颜师古注引应劭曰："文正横也。"是言兆之形状。《周礼·春官·占人》曰："凡卜筮，君占体，大夫占色，史占墨，卜人占坼。"郑注："体，兆象也。

---

① 本文据作者博士论文《楚礼新证——楚简中的纪时、卜筮与祭祷》（导师北京大学考古文博学院葛英会教授、中国钱币博物馆馆长黄锡全教授，北京大学考古文博学院，2004年6月）第二章之第二节"贞人与卜筮工具"改写而成，有关情况请参见此文。

② 关于"㕫"字请参见《楚礼新证——楚简中的纪时、卜筮与祭祷》19~20页，第二章之第一节"卜筮仪节"。

色，兆气也。墨，兆广也。坼，兆璺也。体有吉凶，色有善恶，墨有大小，坼有微明。"则是述兆象之细化。

1962年，在内蒙古自治区巴林左旗富河沟门新石器时代遗址出土一卜用肩胛骨，上有灼痕①。之后，为数众多的属于龙山文化、岳石文化、齐家文化、夏家店下层文化及二里头文化时期的卜用肩胛骨，在山西、河南、山东、河北、安徽、辽宁、甘肃、内蒙古等省、市、自治区的考古遗址先后被发现②。而且，在商、西周时期出土的卜用甲骨中，肩胛骨亦占有相当大的数量③。

东周以降，鲜有使用动物肩胛骨进行占卜，骨卜即龟卜，故《礼记·曲礼》云"龟为卜"。新蔡甲三：15、60曰"用受籙元龟"，简文称卜龟为"元龟"，与《尚书·金縢》语"今我即命于元龟"同。目前所知，中国最早的卜龟见于商代二里冈时期，上有整治、钻及灼痕④。

此前，安徽含山凌家滩遗址出土一玉龟，距今5000多年⑤，或云此玉龟与冷占卜的具体卜法有关⑥。而在距今8000多年的河南舞阳贾湖新石器时代遗址发现随葬龟甲⑦，同时，在大汶口文化、仰韶文化以及四川巫山大溪等墓地亦发现此类习俗⑧。凡此现象，学者或云："似表明各居民共同体中对龟灵观念的崇信以及有少数人生前从事于龟的冷占卜。龟的冷占卜法后又与各地较为流行的灼燋骨卜法相结合，遂开启出甲骨占卜并行不悖的上古占卜习俗。"但是，目前没有证据表明凌家滩遗址出土的玉龟为"占卜工具"，而且，如果将各地葬龟之习俗视为与龟的冷占法有关，也同样须作证实。

另一方面，在商、西周时期的卜用甲骨、青铜器及陶器上发现近百例"数字

---

① 整理者云："还发现一些卜骨，系利用鹿或羊的肩胛骨，未经修整，仅有灼而无钻。"详见中国科学院考古研究所内蒙古工作队：《内蒙古巴林左旗富河沟门遗址发掘简报》，《考古》1964年1期，1~5页。

② 详见王宇信、杨升南：《甲骨学一百年》，社会科学文献出版社，1999年，225~228页。

③ 据学者统计，在殷墟出土的10万片甲骨中，龟甲与牛骨作为占卜材料几乎各占一半。同②，51页；西周甲骨的情况见该书第八章第一节。

④ 河南省文化局文物工作队：《郑州二里冈》，科学出版社，1959年，37页。

⑤ 安徽省文物考古研究所：《凌家滩玉器》，文物出版社，2000年。

⑥ 同②，224页。

⑦ 河南省文物研究所：《河南舞阳贾湖新石器时代遗址第二至第六次发掘简报》，《文物》1989年1期，1~14、47页。

⑧ 同②，224~225页；李零：《中国方术考》，东方出版社，2001年，59页。

⑨ 同②，225页。

卦"，是当时的数占符号①，知数占至迟于商代即已产生。在战国楚卜筮记录中，如此"数字卦"凡29例，是商、西周数占之流脉②。

古人以为于数中可见吉凶，亦即《易·系辞》语"凡天地之数五十有五，此所以成变化而行鬼神也"，故有数占。数占又名"筮"，如《左传·僖公十五年》载韩简语："筮，数也。"西周《史懋壶》曰："惟八月既死霸戊寅，王在莽京溼宫，亲令史懋路筮。"此"筮"用如动词，意即揲蓍而占。筮，《史懋壶》与侯马盟书作"簭"③，战国新蔡葛陵楚简甲三：114、113作"簭"，加"口"符，新蔡楚简乙四：59作"簭"，省"卄"，《周礼·春官·筮人》作"簭"，两者类似。筮从"巫"，《说文·卄部》段注云"事近于巫"。"筮"，又用如名词，如《仪礼·士冠礼》云"筮与席、所卦者具馔于西塾"，郑玄注："筮，所以问吉凶，谓蓍也。"是以"筮"名"蓍"。新蔡楚简甲三：15、60曰：

□隹濠栗恐惧，用受繇元龟、巫筮曰。

上揭简文是卜人命龟、筮之辞，文中"巫筮"之"筮"即用作"蓍"④。

筮以蓍草为工具，《仪礼·特牲馈食礼》郑玄注："筮，问也。取其所用问神明者，谓蓍也。"《说文·卄部》："蓍，蒿属，生千岁三百茎，易以为数。"段注："数，算也。谓占易者必以是计算也。"战国包山二号楚墓简201为一占筮记录，卜人所使用工具为"央蓍"，即蓍草。如此，以蓍草占筮，由战国楚简得以证实⑤。除蓍草之外，其他草类以及竹筹也用于筮。1993年3月，在湖北江陵县荆州镇郢北村王家台15号秦墓中出土《归藏》竹简；同时，在墓中一竹筒内发现60支制作精致的算筹，应即筮具⑥。

---

① 1978年12月初，吉林大学召开古文字学术讨论会。会议期间，张政烺在短论《古代筮法与文王演周易》中，指出铜器铭文及周原卜甲上的数目字是"筮数"，并依据奇数为阳，偶数为阴的原则，分别将三个数目字与六个数目字，变成阳爻、阴爻重叠的单卦与重卦。见《吉林大学古文字学术讨论会纪要》，载《古文字研究》第一辑，中华书局，2005年，2~3页；张政烺：《试释周初青铜器铭文中的易卦》，《考古学报》1980年4期，403~415页；张政烺：《殷墟甲骨文中所见的一种筮卦》，载《文史》第二十四辑，中华书局，1985年，1~8页；张政烺：《帛书〈六十四卦〉跋》，《文物》1984年3期，9~14页。

② 关于此问题见于成龙：《战国楚占卜制度与商占卜制度之比较》，《殷都学刊》2010年4期，9~20页。

③ 关于"筮"字见何琳仪：《战国古文字典——战国文字声系》（下册），中华书局，2004年，930页。

④ 关于此则命、龟筮之辞详见《楚礼新证》第二章之第一节"卜筮仪节"。

⑤ 简文中"央蓍"之"蓍"，整理者误释为"笞"。林沄曰，此字应隶定为"箮"，读为"蓍"。甚确。见林沄：《读包山楚简札记七则》，《江汉考古》1992年4期，83~85页。

⑥ 王明钦：《王家台秦墓竹简概述》，载《新出简帛研究——新出简帛国际学术研讨会论文集》，文物出版社，2004年，26~49页。

同时，筮具又称"策"，如《史记·龟策列传》云"搪策定数"。《说文·竹部》段注："策犹筹，筹犹算，算所以计历数。"是"策"有"算"义。又《易·系辞》："大衍之数五十，其用四十有九。分而为二以象两，挂一以象三，揲之以四以象四时，归奇于扐以象闰，五岁再闰，故再扐而后挂。"此是解释筮数的产生过程。如此，筮数源于算，而"策"有"算"义，故筮具也可称"策"。

此前，人们在探讨楚人卜俗时，仅有《左传》《史记·楚世家》《楚辞·离骚》《楚辞·卜居》中少许文字可据。但是，这些记载乃因事而记卜，均忽略占卜本身，由此无法探求楚人卜筮之实。

1965年冬季，望山一号楚墓竹简出土，简文内容系卜筮祈祷记录[①]。之后，在天星观一号楚墓[②]、秦家嘴楚墓[③]、包山二号楚墓[④]与新蔡葛陵楚墓[⑤]中陆续出土了同类简文。同时，在上海博物馆藏战国楚简中发现迄今所见最早的一部《周易》[⑥]。凡此简文为我们提供了有关楚人占卜制度真实而详尽的材料。

卜人与卜筮工具是卜筮活动中两个最基本的要素。商甲骨卜辞中的卜人担负着繁重的占卜任务，无疑是职业化的卜人。而且，商、西周10余万片卜用甲骨使我们能够借以研究其种属、整治及钻凿形态。如此，楚卜筮记录中卜人的性质如何？这些卜人所使用的卜筮工具又是怎样？这些问题迫切需要进行系统而深入的研究。

在望山、天星观、包山、秦家嘴及新蔡葛陵五批战国楚卜筮简文中，我们共统计出卜人73位[⑦]，卜筮工具52种。如下汇集两者的有关情况，并依据下文所述五项标准，制成表一，以便研究。

---

① 湖北省文物考古研究所、北京大学中文系：《望山楚简》，中华书局，1995年；陈伟等：《楚地出土战国简册（十四种）》，经济科学出版社，2009年。

② 王明钦：《湖北江陵天星观楚简的初步研究》，北京大学硕士研究生毕业论文，1989年；滕壬生：《楚系简帛文字编（增订本）》，湖北教育出版社，2008年；许道胜：《天星观1号楚墓卜筮祷祠简释文校正》，《湖南大学学报（社会科学版）》2008年3期，8～14页。

③ 荆沙铁路考古队：《江陵秦家嘴楚墓发掘简报》，《江汉考古》1988年2期，36～43页；滕壬生：《楚系简帛文字编（增订本）》，湖北教育出版社，2008年。

④ 湖北省荆沙铁路考古队：《包山楚简》，文物出版社，1991年；陈伟等：《楚地出土战国简册（十四种）》，经济科学出版社，2009年。

⑤ 河南省文物考古研究所：《新蔡葛陵楚墓》，大象出版社，2003年；陈伟等：《楚地出土战国简册（十四种）》，经济科学出版社，2009年。

⑥ 马承源主编：《上海博物馆藏战国楚竹书（三）》，上海古籍出版社，2003年，133页。

⑦ 天星观一号楚墓简64"陈习之以逾霝"卜人有姓无名；望山一号楚墓简109卜人"观□"情况不明，两者暂缺。

表一　楚卜筮简中卜人与卜筮工具一览表

卜人	卜筮工具	卜	筮	数字卦	卜筮时间	竹简编号
盬吉	保豪	☆			宋客盛公暘聘于楚之岁，䎑㞋之月，乙未之日	包197
	寑豪	☆			东周之客䚅䋐归胙于葴郢之岁，夏㞋之月，乙丑之日	包212
	琛豪	☆			大司马悼愲逨楚邦之师徒以救郙之岁，䎑㞋之月，己卯之日	包226
	琛豪	☆			大司马悼愲逨楚邦之师徒以救郙之岁，䎑㞋之月，己卯之日	包236
盬塝	长剌		☆		八月，己未之日	新甲三：235-1 甲三：26 甲三：136
盬性	丞命		☆		齐客绅朡问王于葴郢之岁，冬柰之月，己酉之日	天1-01
	丞豪	☆				天36
盬丁	保豪	☆			秦客公孙鞅问王于葴郢之岁，冬柰之月，甲寅之日	天12-01
	长保	☆			秦客公孙鞅问王于葴郢之岁，十月，丙戌之日	天13-01
	长保	☆				天33
	新丞命		☆			天32
	新丞命		☆			天34
盬貼						新甲三：29
盬䉝	驷靇	☆				新甲三：115
	驷靇	☆				新甲三：192、199-1
	驻蕭	☆			王徙于鄩郢之岁，八月，己巳之日	新甲三：215
盬寿君					王徙于鄩郢之岁，八月，丁巳之日	新甲二：6、30、15
陈乙	共命		☆	爻爻	大司马悼愲逨楚邦之师徒以救郙之岁，䎑㞋之月，己卯之日	包228
	共命		☆	爻爻	大司马悼愲逨楚邦之师徒以救郙之岁，䎑㞋之月，己卯之日	包239
陈逭	新丞命		☆			天11-02
	丞豪	☆				天60
陈献	白靇	☆				天18
	丞命		☆			天37
陈貯	白靇	☆				天19
	丞命		☆			天38

续表

卜人	卜筮工具	卜	筮	数字卦	卜筮时间	竹简编号
陈悹	逸霝	☆				天22
	白霝	☆				天25
	新丞命		☆			天24
陈驭	逸霝	☆				天20
陈邽	新保豪	☆				天43
陈鲲志	白霝	☆				新甲三：233、190
苛光	长恻	☆			东周之客許緽归胙于蔵郢之岁，远粲之月，癸卯之日	包207
	长恻	☆			东周之客許緽归胙于蔵郢之岁，夐月，己酉之日	包220
苛嘉	长则	☆			东周之客許緽归胙于蔵郢之岁，夏层之月，乙丑之日	包216
苛蠰					献马之月，乙酉之日	望2
苛愴					☑，己酉之日	望11
苛庆	黄靁	☆				秦99.5
	生靁	☆				秦13.8
观绷	长霝	☆			大司马悼愲遘楚邦之师徒以救郙之岁，習层之月，己卯之日	包230
	长霝	☆			大司马悼愲遘楚邦之师徒以救郙之岁，習层之月，己卯之日	包242
观义	保豪	☆			大司马悼愲救郙之岁，夏层之月，己亥之日	包249
观我	黄靁	☆				望91
观喜					献马之月，[乙]亥之日	新甲三：32
晋佗						望18、93
晋吉	保豪	☆			东周之客許緽归胙于蔵郢之岁，夐月，己酉之日	包218
	驳霝	☆			大司马悼愲遘楚邦之师徒以救郙之岁，習层之月，己卯之日	包234
	驳霝	☆			大司马悼愲遘楚邦之师徒以救郙之岁，習层之月，己卯之日	包247

续表

卜人	卜筮工具	卜	筮	数字卦	卜筮时间	竹简编号
晉定	大保豪	☆			☐巳之日	新甲三：216
	大保豪	☆			☐之月，乙巳之日	新乙二：25 零：205 乙三：48
	大保豪	☆			☐之日	新乙二：27
郑建					王于鄢郢之岁，八月，己巳之日	新甲三：223
郑宪	隋侯之☐					新甲三：25
郑疲	驳黿	☆			［王复于］蓝郢之岁，冬柰之月，丁亥之日	新乙四：63、147
郑㥜	頁之𪓷	☆			☐八月，乙卯之日	新乙四：98
	长筮		☆		☐☐之月，丁亥之日	新乙四：105
郑倉	大央		☆		齐客绅腸问王于藏郢之岁，远柰之月，丙午之日	天5-01
	苍肜		☆		鄩客圉公颂迟楚之岁，䣛㞘之月，癸巳之日	天16
䣛会	央蓍		☆	𖭡	宋客盛腸聘于楚之岁，䣛㞘之月，乙未之日	包201
䣛愴	大央		☆		王徙于鄢郢之岁，八月，丁巳之日	新甲一：3
䣛寅	小央		☆		王徙于鄢郢之岁，八月，丁巳之日	新甲二：22、23、24
	大央		☆			新甲三：208
	大央		☆		王徙于鄢郢之岁，八月，丁巳之日	新甲三：258
䣛嘉	卫侯之筮		☆		王徙于鄢郢之岁，夏柰之月，乙卯之日	新甲三：114、113
䣛杨	大蚊		☆		秦客公孙䖗问王于藏郢之岁，十月，丙戌之日	天14
䣛脓	大央		☆	☐	左师㡭聘于楚之岁，夏柰之月，己丑之日	天15-01
黄迤	大英		☆		齐客绅腸问王于藏郢之岁，屈柰之月，癸卯之日	天3-01
黄芋	郄苔		☆	☐		天44
黄佗					献马之月，乙亥之日	新零：170

续表

卜人	卜筮工具	卜	筮	数字卦	卜筮时间	竹简编号
黄□	苍彤		☆			天62
彭定	香龜	☆				新甲三：157
	驳龜	☆				新乙四：46
	小龙聪	☆				新甲一：25
	小龙聪	☆				新甲二：5
	小龙龜	☆			之月，己巳之日	新甲三：133
	小龙龜	☆			癸丑之日	新甲三：172、乙三：19
	小龙龜	☆			王徙于鄢郢之岁，夏柰之月，癸亥之日	新甲三：204
	小龙龜	☆			☐丑之日	新乙三：38
	鸣䍦☐					新甲三：41
石被裳	训龜	☆			宋客盛公鴅聘于楚之岁，窅尿之月，乙未之日	包199
諸生	卫笔		☆		王徙于鄢郢之岁，亯月，己巳之日	新乙一：16
	卫笔		☆		王徙于鄢郢之岁，亯月，己巳之日	新乙一：26、2
	长笔		☆			新乙三：7
鄢尹羕	新丞悳		☆			新甲三：193
黾尹丹	丞囯					新乙四：141
鮇龜	龙龜	☆			齐客陈异致福于王之岁，献马之月	新甲三：33
	龙龜	☆			献马之月，乙亥之日	新甲三：342-2
	龙龜	☆				新零：122
史丑	保豪	☆				天31
	长龜	☆				天30
	逾龜	☆				天21
	长霝	☆				天23
	长霝	☆			齐客绅媵问王于葴郢之岁，八月，庚辰之日	天8
	长霝	☆			齐客绅媵问王于葴郢之岁，献马之月，己卯之日	天11-01

续表

卜人	卜筮工具	卜	筮	数字卦	卜筮时间	竹简编号
史丑	长霝	☆			齐客绅腏问王于葳郢之岁，屈柰之月，己卯之日	天2
	长霝	☆			齐客绅腏问王于葳郢之岁，夏柰之月，庚戌之日	天4-01
义怿	新长剌		☆		齐客绅腏问王于葳郢之岁，十月，庚辰之日	天9-01
	白霝	☆			齐客绅腏问王于葳郢之岁，爨月，己酉之日	天10
	新长剌		☆			天35
郘还	刿苔		☆	𝌀		天40
郘瑧	白霝	☆				天42
邻醅尹沚	刿苔		☆	𝌀		天41
盘栖	长筜		☆	𝌀		天45
郱朕	少宝	☆			东周之客酷緅归胙于葳郢之岁，爨月，己酉之日	包221
屈宜	彤客	☆			东周之客酷緅归胙于葳郢之岁，爨月，己酉之日	包223
周墨	宜霝	☆				新零：213、212
郱魏	鄦筜		☆	𝌀	□之月，丁亥之日	新乙四：102
赳齝	郘黽	☆			□大城郘郐之岁，夏尿之月，癸亥之日	新甲三：8、18
登逪	小殿		☆		爨月，丙辰之日	望9
頔与良志	髑髀	☆				新零：584 甲三：266、277
五生	丞惠		☆	𝌀	东周之客酷緅致胙于葳郢之岁，夏尿之月，乙丑之日	包209-210
	丞惠		☆	𝌀	大司马悼愲迬楚邦之师徒以救郙之岁，習尿之月，己卯之日	包232
	丞惠		☆	𝌀	大司马悼愲迬楚邦之师徒以救郙之岁，習尿之月，己卯之日	包245

续表

卜人	卜筮工具	卜	筮	数字卦	卜筮时间	竹简编号
洢瞽					王徙于鄩郢之岁，夏尿之月，乙巳之日	新乙一：18
軛膴志	伥豪	☆			齐客张果问［王］于蔵郢之岁，献马之月，乙酉之日	望1
	保豪	☆			齐客绅腆问王于蔵郢之岁，夏尿之月，癸丑之日	天6-01
	保豪	☆			齐客绅腆问王于蔵郢之岁，夏尿之月，癸丑之日	天7-01
	白霝	☆				天28
	白霝	☆				天26
	丞豪	☆				天39
	白霝	☆				天17
	白鼅	☆				天29
	丞豪	☆				天27
	白霝	☆				天61
						秦99.12
鄎豹	龙鼅	☆				秦13、2
	相豪	☆			［郙客困］刍问王于蔵郢之岁，留尿之月，癸未之日	望7
	窥豪	☆				望13
	保瑩	☆				望17
☒童首	昏鼅	☆				新零：234
媿	长筝		☆			新乙四：85
☒痂	黄鼅	☆				望88
盥	长剌		☆			新乙四：149、150
☒☐觞	丞惪		☆			新乙四：49
☒☐尹丁	长☒					新零：206

续表

卜人	卜筮工具	卜	筮	数字卦	卜筮时间	竹简编号
▨献						望95
▨臓豢						新甲三：71
	鞋恻	☆				望19
	□马之筮复惪		☆			新乙四：59
	大彤簪		☆			新甲三：72
	小簡		☆			望3
	□衵筮		☆			新乙四：100 零：532、678
	惪霝	☆			九月，甲申之日	新乙四：144
	肯蘢	☆				新甲三：110

一、卜筮工具

在区分楚卜筮简文中的卜具与筮具时，我们主要依据下序五项标准：

（1）数字卦：战国楚卜筮记录中，除包含前辞、命辞及占辞之外[①]，有时兼记“数字卦”[②]，例包201：

> 郿会以央蓍为子左尹𬱃贞：自𦋎𡰥之月以就𦋎𡰥之月，出入事王尽卒岁躬身尚毋有咎？䷀。占之：恒贞吉。

由上揭简文中“数字卦”可知，此次占卜的工具“央蓍”为蓍属。类此“数字卦”在楚卜筮记录中凡29例，其中天星观楚简8组，包山楚简6组，新蔡葛陵楚简15组[③]。据简文中“数字卦”可确定为蓍属的占卜工具列下：①共命、②央蓍、③大央、

① 关于楚卜筮记录之程式见《楚礼新证》第二章至第四节“卜筮简的程式”。

② 关于天星观一号楚墓卜筮简文中的“数字卦”见王明钦《湖北江陵天星观楚简的初步研究》（北京大学硕士研究生学位论文，1989年）及张政烺《易辨——近几年根据考古材料探讨〈周易〉问题的综述》（《张政烺文史论集》，中华书局，2004年，697页）。其中，数字不清晰者，以“□”代替，待材料发表后详核。

③ 关于楚卜筮记录中的“数字卦”，请见于成龙：《战国楚占卜制度与商占卜制度之比较》，《殷都学刊》2010年4期，9～20页。

④长苇、⑤郝苔、⑥丞惪、⑦鄝笎。

（2）称谓：楚卜筮简文中的占卜工具有称"灵""宝"者，其是龟类无疑（论述详下文）。有称筮者，如新乙四：149、150"☒☐筮于东陵，盥以长剌☐"及新甲三：114、113"郦嘉以'卫侯之筮'为坪夜君贞"。

《仪礼·士冠礼》曰："士冠礼，筮于庙门。"郑玄注："筮者，以蓍问日吉凶于易也。"此处，筮用如动词，意为数占，楚卜筮记录新乙四：149、150"☒☐筮于东陵，盥以长剌☐"是此例。简文中先言"筮"，后云"长剌"。据此可知，"长剌"是"数占"工具，为蓍属。

典籍之中又见以"筮"代"蓍"，如《仪礼·士冠礼》云"筮与席、所卦者具馔于西塾"，郑玄注："筮，所以问吉凶，谓蓍也。"此处，筮用如名词。以"筮"名"蓍"，是重在其用①。楚卜筮记录新乙四：59"☒☐马之筮'复惪'为君☐"，新甲三：114、113"郦嘉以'卫侯之筮'为坪夜君贞"，新乙四：100、新零：532、678"☒'☐礽筮'为君贞"与新甲三：72"☒以羿之'大肜筮'为君贞"，上述简文中之"筮"用如名词，即"蓍"。

（3）用字：楚卜筮记录中卜筮工具的名称用字，同样能作为区分卜具与筮具之标准。如简文中卜筮工具的名称用字，除个别之外，意符从"黾"、从"骨"者，是龟属无疑；而从"艹"、从"竹"者则应为蓍类。

（4）关联：关联，是建立在前三项标准的基础之上。如楚卜筮记录包209、包232、包245中记有"数字卦"，知简文中占卜工具"丞惪"为蓍属无疑，如此，新甲三：193中的占卜工具"新丞惪"所在简文虽残缺，不见"数字卦"，其也当是蓍属。又如以上文所述第二项标准"称谓"可确知"长剌"为筮具，由此推知，"新长剌"也属筮具。它如由第一项标准"数字卦"知"共命"为蓍类，而占卜工具"丞命""新丞命"中均有"命"字，由此，后两者亦应同为筮具。

（5）排除法：以上述四项标准无法确定如包山卜筮记录中占卜工具"长恻"的归属，即使用"排除法"。包山楚卜筮记录简凡57枚，出自墓之北室，保存完好②，借此得出的结论应属可信。此批简文中记有7轮、22次卜筮，且每次占卜均记占卜工具。其中，记有"数字卦"者即是筮占；反之，不见"数字卦"者，除"肜笞"之外③，则是龟卜，从而卜具与筮具各自得以分别④。如此，"长恻""保豪"所在简文中不见"数

---

① 《仪礼·士冠礼》胡培翚疏引敖氏说，云筮者，乃以其用名之。
② 见《包山楚简》4页。
③ "肜笞"所在包223简文中不见"数字卦"，应是忽略不计。以新甲三：72筮具名"大肜筮"比较，"肜笞"亦为筮具。
④ 李零、陈伟将"肜笞"视为卜。见李零：《中国方术考》，东方出版社，2001年，281页；陈伟：《包山楚简初探》，武汉大学出版社，1996年，158页。彭浩认为"保豪"是用作筮的材料，可能是《诗·下泉》"浸彼苞蓍"之"苞蓍"。见彭浩：《包山二号楚墓卜筮和祭祷竹简的初步研究》，载《包山楚墓》，文物出版社，1991年，558页。

字卦"，是龟类。且由上述第二项标准"称谓"知"保豪"为龟类，此又为"排除法"一证。

依据上述五项标准，楚卜筮记录中的52种卜筮工具可分为下列30种龟类与19种筮属[①]：

（1）龟类：①保豪（䚂豪、琛豪、𥨍豪、保壑）、②大保豪、③新保豪、④丞豪、⑤怆豪、⑥相豪、⑦长保、⑧少宝、⑨长恻（长则）、⑩軖[②]恻、⑪駐䴕、⑫䵶[③]䶂、⑬逾䶂（逾䴕）、⑭长䶂（长䴕、长䴖）、⑮𪓐[④]䶂、⑯宣䶂、⑰白䶂（白䴕、白䴖）、⑱黄䶂、⑲驳䶂（驳䴕）、⑳龙䶂、㉑昏[⑤]䶂、㉒𧶞䴕、㉓小龙䶂、㉔训䶂、㉕耆䶂、㉖𦙾䶂、㉗小龙䵶[⑥]、㉘郜䵶、㉙䵷[⑦]、㉚髑髀。

（2）筮属：①丞命、②新丞命、③共命、④丞憇、⑤新丞憇、⑥复憇、⑦长刺、⑧新长刺、⑨央筮、⑩大央（大英、大㪍）、⑪小央、⑫长筸、⑬𪔂筸、⑭彤筶（䓝彤）、⑮郤荅[⑧]、⑯小筒（小𢾗）、⑰大彤筮、⑱□礽筮、⑲卫侯之筮。

古人有以"灵"命龟者，如《礼记·礼运》文将"龟"与"鳞""凤""龙"合称"四灵"。《周礼·春官·龟人》语"天龟曰灵属"，《尔雅·释鱼》云十龟"二曰灵龟"，又曰"龟俯者灵"。古人称龟为"灵"，是相信龟历年久远，遂有灵异，能为先知，如《礼记·礼运》："龟以为畜，故人情不失。"孔疏云："龟知人情善

---

① 卜筮工具中"丞国""隋侯之☐""鸣䴙☐"，所属不明。
② 望山楚简整理者云："《说文》：'軖，纺车也。一曰一轮车。从车，里声。'当是占卜所用的工具或方法，待考。"见《望山楚简》，中华书局，1995年，92页，考释33。
③ 何琳仪云，"䵶"左从黾，右从古声。"古"与"句"声系相通。疑"䵶"为"蛄"之异文。《说文》"蛄，黽属。头有两角，出辽东。从黾，句声。""䵶䶂"，占卜用龟。见何琳仪：《新蔡竹简选释》，《安徽大学学报（哲学社会科学版）》2004年3期，1~11、6页。
④ 关于"𪓐"字详见何琳仪：《战国古文字典——战国文字声系》（上册），中华书局，2004年，631~632页。
⑤ 新蔡简零：234中"麖"，整理者释为"鹿"。宋华强云，释"鹿"不可信，可隶定为"麖"，是"麐"之省体，应读为"文"。《尔雅·释鱼》所记十龟"五曰文龟"，与新蔡简"文䶂"之名正合。见宋华强：《新蔡简所记卜龟考》，简帛研究网，2005年12月2日。
⑥ 新蔡简文中"䵶"或作"䵷"。"余""舍"系一字分化，故本文将两者均隶定为"䵶"。关于"余""舍"之情况见何琳仪：《战国古文字典——战国文字声系》（上册），中华书局，2004年，532~534页。
⑦ 新乙四：98"𩲡頁之䶂"，"䶂"，整理者释作"䶂"。宋华强云，此字从"玉"，从"襦"，从"黾"，即"䶂"。甚是。见宋华强：《新蔡简所记卜龟考》，简帛研究网，2005年12月2日。
⑧ 荅，依王明钦释，见王明钦：《湖北江陵天星观楚简的初步研究》，北京大学硕士研究生学位论文，1989年；滕壬生释"荅"，见滕壬生：《楚系简帛文字编（增订本）》，湖北教育出版社，2008年，70页；或释"著"，见许道胜：《天星观1号楚墓卜筮祷祠简释文校正》，《湖南大学学报（社会科学版）》2008年3期，8~14页。

恶。"《礼记·礼器》云大飨之礼："龟为前列，先知也。"郑玄谓龟知事情。是故以"灵"为卜具，如《礼记·礼器》孔疏引《尔雅》郭注云，卜龟有黄灵、黑灵之属。《唐六典》李注载太卜令卜法："春用青灵，夏用赤灵，秋用白灵，冬用黑灵，四季之月用黄灵。"《史记·龟策列传》中，又称卜龟为"玉灵"①。商甲骨卜辞中有以"灵"名龟，如：

习鼋一卜　　　　粹：1550

上揭卜辞中"鼋"，从雨，从龟②。《广韵》古文"灵"作"霝"，从雨，从黾③。如此，"鼋"即"鼋"。《集韵·青韵》："鼋，黄鼋，龟名。"

上文所列楚卜筮工具龟类中，⑪~㉒即是以"灵"名"龟"。简文用以名龟之"灵"字凡有四体："鼋""霝""雷"与䨺。其中，"雷"是"霝"之省体。"䨺"与"鼋"以雷为声符，均应读如"灵"。

作为龟名，㉔"䨺"是㉓"䨺"之简体，其与⑫~㉑中"鼋"及㉗~㉙中之"䨺""䨺"，意符均为"黾"④。典籍之中，龟属之字从"黾"习见，如《文选·江

---

① 王明钦：《湖北江陵天星观楚简的初步研究》，北京大学硕士研究生学位论文，1989年，11~12页；李零：《中国方术考》，东方出版社，2001年，281页；彭浩：《包山二号楚墓卜筮和祭祷竹简的初步研究》，载《包山楚墓》，文物出版社，1991年，555~563页；何琳仪：《战国古文字典——战国文字声系》（上册），中华书局，2004年，814页。上文对楚卜筮记录中以"灵"名"龟"均有论述。

② 孙海波疑"鼋"即"玉灵"之本字。详见于省吾主编：《甲骨文字诂林》第二册，中华书局，1999年，1165~1166页之1191条。

③ 《广韵》"霝"，"雨"下所从之偏旁与楚简中"黾"字同。

④ 在战国楚文字中，又以"黾"为"龟"，如新甲三：15、60"元龟"中"龟"之形体与"黾"无别。详见冯胜君：《战国楚文字"黾"字用作"龟"字补义》，载《汉字研究》第一辑，学苑出版社，2005年，477页。本文在隶定有关文字时，如无其他之据，仍以"黾"为"龟"。

赋》之"鼄"与"鼅"即是。"鼄",从林声①,"鼅",从余声②,两者与"鼅"③,义皆待考。

古人敬龟,以龟为灵,并以龟为"宝",如《尚书·大诰》"文王遗我大宝龟",又《礼记·礼器》曰"诸侯以龟为宝"。上文龟类之①"保豫"(寚豫、琛豫、窚豫、保寚)、②"大保豫"、③"新保豫"、⑦"长保"、⑧"少宝"、⑯"賨鼅",即是以"宝"誉龟及以"宝"名龟。其中,称龟之"宝"字,①②③⑦写作"保"。"保"与"宝"通,如《史记·周本纪》语"命南宫括、史佚展九鼎保玉",《集解》引徐广曰:"保,一作'宝'。"④而"寚"是"保"之别体。西周及春秋金文中之"保"字有作"俕"⑤者,楚卜筮记录中"琛",从玉,呆声,即"俕"之省文⑥。"窚"与望山一号墓简14、15之"賨"⑦,均是"宝"字之异体,而⑯之"賨"则是"窚"之简体。如此,上列龟类之"保豫""长保""賨鼅"应分别读为"宝豫"⑧

---

① 新蔡楚简整理者认为"鼄"即"鼅"。见新甲三:204释文,河南省文物考古研究所:《新蔡葛陵楚墓》,大象出版社,2003年,195页。

② 宋华强云,"我们有理由推测'鼄''鼄'和'鼅''鼅'实际上是同一种龟名的异写","可能就是《周礼》龟人所掌六龟中的'若'"。简文卜龟名"白鼄",读为"白若",与《墨子·耕柱》所云"是使翁难雉乙卜于白若之龟"正合。见宋华强:《新蔡简所记卜龟考》,简帛研究网,2005年12月2日。

③ 宋华强云,"𦣻"当读为"偏","页"与"首"古本一字。"鼅"应是"蠵"之异体。《说文·虫部》:"蠵,大龟也,以胃鸣者。"《尔雅·释鱼》所记十龟"二曰灵龟",郭璞注:"涪陵郡出大龟,甲可以卜,缘中文似蟕蝐,俗呼为灵龟,即今觜蠵龟。一名灵蠵,能鸣。"所云与简文"鼅"字用法正合。"蠵"又见于《山海经·东山经》:"有水焉,广员四十里皆涌,其名曰深泽,其中多蠵龟。"郭璞注:"蠵,觜蠵,大龟也,甲有文采,似玳瑁而薄。""𦣻首之鼅"即"偏首之蠵",相当于《尔雅》所云左倪或右倪之龟,指出头时向左偏或向右偏的蠵龟。见宋华强:《新蔡简所记卜龟考》,简帛研究网,2005年12月2日。
许在国云,简文之"鼅",从"黾"、从"田"、从"蒿",应释为"蛙"。见许在国:《新蔡葛陵楚简札记》,简帛研究网,2003年12月7日。
何琳仪云,"𦣻",原篆上从三"黾",下从"弁"声。疑读"鼋"。《说文》:"鼋,水虫。似蜥易,长丈许,皮可制鼓。从黾,单声。""鼅",原篆右下从"黾",左下从"皿"(疑黾之叠加音符),上从"瑾"声。疑读"巂"。《字汇》:"巂,大龟,形如山。"简文"𦣻首之鼅",应指头部如鼋形,背部如山形的大龟。见何琳仪:《新蔡竹简选释》,《安徽大学学报(哲学社会科学版)》2004年3期,10页。

④ 高亨:《古字通假会典》,齐鲁书社,1997年,765页。

⑤ "俕",习见于西周及春秋金文之中,如《大保鼎》《作册大鼎》等。

⑥ 何琳仪读"琛"为"苞",义为荄根。见何琳仪:《战国古文字典——战国文字声系》(上册),中华书局,2004年,242页。

⑦ 《望山楚简》91页,注释27。

⑧ 李零云:"'宝',简文往往从宀从保,或写作'保',似取谐音读为'保家',是一种吉语。"见李零:《中国方术考》,东方出版社,2001年,281页。

"长宝"①"宝灵"。其中,"豙"或通作"䋣"②,与⑨⑩之"恻"在楚卜筮记录中用作龟名,义皆待考。

上文所列蓍属中,⑨"央蓍"之发现说明典籍所记古人揲蓍并非空言。⑭"彤笞"又作"茖彤",故"笞"即"茖"③。《尔雅·释草》:"茖,山葱。"郭璞注:"茖葱,细茎大叶。"茖属百合科,与蓍草均为多年生草本,具根状茎,并可入药④。占卜工具之"彤笞"应为"茖葱"之"茎"。⑫⑬之"笔",《玉篇·竹部》:"笔,竹。"又《篇海类编·花木类·竹部》:"笔,竹名。"⑤⑮"郄苔"之"苔"即"笞",竹名。元李衎《竹谱详录·竹品谱·异形品上》:"笞竹,出安南。"是古人又以"竹""草"代"蓍"。

⑩"大央"(大英、大蚢)与⑪"小央",其中,"蚢"是"央"之异体。"央"或从"艹",作"英"。其从"艹"用以表蓍之草本,而从"央"当取自"久远"之义。《素问·四气调神大论》:"与道相失,则未央绝灭。"王冰注:"央,久也,远也。"又《论衡·卜筮篇》载孔子答子路语:"夫蓍之为言耆也,龟之为言旧也,明狐疑之事,当问耆旧也。"《礼记·曲礼》孔疏载西汉刘向言:"蓍之言耆,龟之言久。龟千岁而灵,蓍百年而神,以其长久,故能辨吉凶也。"《白虎通义·蓍龟篇》:"独以蓍龟何?此天地之间寿考之物,故问之也。"是古人均以蓍草经世长久为神验。如此,蓍属之⑨"央蓍"、⑩"大央"与⑪"小央",以"央"名蓍,与前文所述以"灵"名龟取义相同。

⑯"小筹",或作"小殹"⑥。"筹",从竹,周声。作为偏旁,"竹"与"艹"有时可互用,如⑭中"笞"又作"茖",又如包山楚简201中"蓍"即从"竹",作

---

① 何琳仪读"长保"为"长苞",义为蓍草长根。见何琳仪:《战国古文字典——战国文字声系》(上册),中华书局,2004年,241页。

② 望山楚简整理者云:"'豕''至'古音相近,疑此字当分析为从'爪',从'宀',从'豕'或'至'声。"见《望山楚简》87页,注释六。
宋华强云,"作为卜筮工具的'豙'也许应该读为《尔雅》十龟之一的'筮龟'之'筮'","大保豙"即"大宝筮","筮"为一种龟名。见宋华强:《新蔡简所记卜龟考》,简帛研究网,2005年12月2日。

③ 包山楚简整理者云:"笞,通作茖,《说文》:'茖,草也。'"见《包山楚简》57页,考释446。

④ 汉语大字典编辑委员会:《汉语大字典》(下册),四川辞书出版社,1996年,3208页。

⑤ 王明钦云:"笔,即'苇'。《说文》:'苇,大葭也。'即今之芦苇。"见王明钦:《湖北江陵天星观楚简的初步研究》,北京大学硕士研究生学位论文,1989年,45页。

⑥ 简文中"筹",望山楚简整理者曰:"'周''寿'古音极近,'筹'疑是'筹'字异体。"又云:"《楚辞·离骚》'索藑茅以筳篿兮,命灵氛为余占之',王逸注:'筳,小折竹也。楚人名结草折竹以卜曰篿。'《文选》五臣注:'筳,竹算也。'疑所谓小筹即筳之类。"见《望山楚简》88页,考释9。

"管"。"笥"从竹，用以明蓍属。蓍草，属菊科，是多年生草木，茎直立，且一本多茎①。前文已述，古人均以蓍草经世长久为神验，且谓历年愈久，其茎愈繁密丛生。如《初学记》引《书传》云："蓍之为言耆也，百年一本生百茎，此草木之寿，知吉凶者也。"《艺文类聚》引《逸礼》曰："蓍千岁三百茎者，先知也。"《史记·龟策列传》载古占龟之传："天下和平，王得道，而蓍茎长丈，其丛生满百茎。"并曰："方今世取蓍者，不能中古法度，不能得满百茎长丈者，取八十茎以上，蓍长八尺，即难得也。人民好用卦者，取满六十茎已上，长满六尺者，即可用矣。"均是说此。又《史记·龟策列传》载古占龟之传语："上有擣蓍，下有神龟。"司马贞《索隐》曰："擣蓍即藂蓍，擣是古'稠'字也。""擣蓍"，是美言繁密丛生之蓍茎。上列楚占卜工具⑯"小笥"，当读如"小擣"，取义蓍茎之丛生繁密。

综上，楚卜筮简文中所见之占卜工具，龟类与蓍属之名称耐人寻味，其中有几项构成因素可作探讨：

（1）颜色：龟类之⑤仓豢、⑰白鼋（白霝、白雷）、⑱黄鼋、⑲驳鼋（驳霝）、⑳龙鼋、㉓小龙鼋、㉕䨥鼋、㉗小龙聪，蓍属⑭彤笭（苍彤）、⑰大彤筮。

《周礼·春官·龟人》云辨龟"各以其方之色"，郑玄注："色，谓天龟玄，地龟黄，东龟青，西龟白，南龟赤，北龟黑。"即是以色分龟。上列⑤"仓豢"当读如"苍豢"。苍，《广雅·释器》曰："青也。"《礼记·乐记》："青黑缘者，天子之宝龟也。"又《公羊传·定公八年》"龟青纯"，何注："纯，缘也，谓缘甲橺也，千岁之龟青髯。"楚卜筮记录简文之"仓豢"应是此类之龟。而⑰"白鼋"、⑱"黄鼋"即《周礼·龟人》郑注之"地龟""西龟"。⑲"驳鼋"之"驳"，《说文·马部》云："马色不纯，从马爻声。"㉕"䨥鼋"之"䨥"，从爻声，当读如"驳"②。《左传·闵公二年》"衣之龙服"，杜注："龙，杂色。"由此，"驳"与"龙"均指颜色驳杂者③。

（2）尊号：龟类①保豢、②大保豢、③新保豢、⑯宝鼋，蓍属⑨央蓍、⑩大央、⑰大彤筮。

上列龟类①②③⑯是以"宝"誉龟，蓍属之⑨是美其经世久远，而龟类②与蓍属⑩⑰均以"大"为尊。《礼记·曲礼》载占卜命龟、筮之辞："假尔泰龟有常，假尔泰筮有常。"唐孔颖达正义："欲褒美此龟、筮，故谓为泰龟、泰筮也。"文中"泰龟""泰筮"即"大龟""大筮"④。

---

① 汉语大字典编辑委员会：《汉语大字典》（下册），四川辞书出版社，1996年，3260页。
② 新蔡楚简整理者以为"䨥"即"驳"，见河南省文物考古研究所：《新蔡葛陵楚墓》，大象出版社，2003年，193页。
③ 李零云，"驳灵"，即龟之颜色驳杂者。见李零：《中国方术考》，东方出版社，2001年，281页。
④ "泰"，《仪礼·少牢馈食礼》作"大"。

又新蔡甲三：15、60"☐隹潒栗恐懼，用受籙元龜、巫筮曰"，是卜人命龜、筮之辞，简文中称卜龟为"元龟"，名筮具为"巫筮"。《尚书·金滕》语"今我即命于元龟"，汉马融曰："元龟，大龟也。"王国维《宋元戏曲考·上古至五代之戏剧》云："古之所谓巫，楚人谓之曰灵。"《左传》之"屈巫"，字子灵。《说文·玉部》："灵，巫也。"此是古人名、字互训之例①。楚人称巫为灵，盖源于巫者事鬼神之性。上举简文之"巫筮"，或可理解为"灵筮"，亦是美言蓍之灵验。

（3）产地：龟类㉖宵䵴、㉘郜䵼，蓍属⑬鄝筭、⑮郤荅。

上列卜筮工具称谓中，"郜""鄝""郤"应是龟及蓍草之产地。《左传·襄公二十三年》"且致大蔡焉"，杜预注："大蔡，大龟。"又《汉书·食货志下》云"元龟为蔡"。包咸注《论语·公冶长》曰："蔡，国君之守龟，出蔡地，因以为名焉。"文中以"蔡"名龟，与楚简文所记虽非一事，但两者均重视占卜工具之产地。

（4）质地：龟类㉚髊䏱。

通过考古发掘，我们得知，商、西周时期主要以动物肩胛骨与龟甲作为卜用材料；而春秋以降，典籍之中则不见使用肩胛骨为卜，言卜者，即用龟。如《左传·僖公四年》记卜筮，云"蓍短龟长"。《周礼·春官》记"大卜"等职，有"龟人"，仅掌龟事，《史记·龟策列传》亦仅言龟。《淮南子·说林训》曰："牛蹄彘颅亦骨也，而世弗灼，必问吉凶于龟者，以其历岁久矣。"知此时骨卜即龟卜。由此，作为战国时期之占卜工具——"髊䏱"，应指龟类②。其从"骨"，意在质地，与蓍属之从"艹""竹"者同。《论衡·卜筮篇》载："周武王伐纣，卜筮之，逆，占曰：'大凶。'太公推蓍蹈龟而曰：'枯骨死草，何知而凶？'"文中称龟为"枯骨"，是据质地而言，与上述楚卜筮简文中称龟为"髊䏱"同。

（5）岁易：龟类①保豢、③新保豢，蓍属①丞命、②新丞命、④丞惪、⑤新丞惪、⑦长剌、⑧新长剌。

《周礼·春官·筮人》曰："上春，相筮。"郑注："相，谓更选择其蓍也。"唐贾公彦疏云："据此则蓍岁易也。"又"龟人"职曰"攻龟用春时"，贾疏云："明亦以新易故，故知龟亦岁易。"是知古人备龟、蓍以待占卜，岁时又以新易故。上列四组楚占卜工具，"保豢"与"新保豢"，"丞命"与"新丞命"，"丞惪"与"新丞惪"，"长剌"与"新长剌"；其中后者对前者而言，均以"新"字为名。此即是龟、蓍之"岁易"。③"新保豢"当是"龟人"所云新攻之龟，而②新丞命、⑤新丞惪与⑧新长剌则是"筮人"所谓新相之蓍。

（6）规格：龟类⑦长保、⑧少宝、⑨长侧、⑭长䵴、㉓小龙䵴、㉗小龙䵼，蓍属

---

① "屈巫"，见《左传》成公二年及襄公二十六年。
② 宋华强云："'髊䏱'很可能就是指肩胛骨。"见宋华强：《释新蔡简中一个卜骨名》，简帛研究网，2006年6月25日。

⑦长刺、⑧新长刺、⑪小央、⑫长笰、⑯小筲。

卜筮工具之规格、尺寸是中国古代等级制度中的一个方面，如《白虎通义·蓍龟篇》引《礼三正记》曰："天子龟长一尺二寸，诸侯一尺，大夫八寸，士六寸。"又云："天子蓍长九尺，诸侯七尺，大夫五尺，士三尺。"即是对不同等级所使用卜筮工具尺寸之严格限制。《仪礼·特性馈食礼》是诸侯之士礼，所用蓍短，故"坐筮"；而《仪礼·少牢馈食礼》乃诸侯之大夫礼，所用蓍长，则云："乃释韇立筮。"上列楚卜筮工具中以"长""小"为名，均是据其规格、尺寸而言①。而且，由上列表一中可见，"长笰""长刺"仅用于两个封君，即天星观一号楚墓墓主邸阳君番勅与新蔡葛陵楚墓墓主坪夜君城，而"小筲"则属于士，即望山一号墓墓主悉固。此卜筮工具规格、尺寸上的明显区别无疑是墓主生前等级尊卑之体现。

此外，在秦家嘴、望山、包山、天星观与新蔡五批战国楚卜筮简文中，占卜工具的种类分别为：

秦家嘴楚简，3种

望山楚简，6种

包山楚简，10种

天星观楚简，15种

新蔡楚简，30种

上揭卜筮工具种类之多寡当是墓主生前所处不同等级，即庶人、士、大夫与封君，彼此之间尊卑隆杀之又一体现。

二、卜　　人

在《仪礼·士冠礼》筮冠日仪节之中，揲蓍筮日的执行者称为"筮人"，而在《仪礼·士丧礼》记卜葬日仪节中，灼龟开兆者则称为"卜人"。此两种称谓之不同是据占卜工具而言。然而，典籍之中，卜筮之职多以"卜"字为名。如《周礼·春官》中卜筮之长为"大卜"，既掌龟卜，又掌筮占。《左传·僖公十五年》记秦伯伐晋，"卜徒父"为之筮。又闵公二年载"卜楚丘"之父为桓公筮。此两文中所记虽是筮占，但筮者均以卜名职。新蔡楚简记：

（1）☐八月，乙卯之日，郑卜子悚以寶页之䰠为君三岁贞☐　　新乙四：98

（2）☐☐之月，丁亥之日，郑悚以长笰为君卒岁贞☐　　　　新乙四：105

上揭两简文中，占卜者为同一人。"郑"即郑地，此人以地名为氏，"悚"是其

---

① 李零云，"长"是龟体型较长者，而"少"则是龟体型较短者。见李零：《中国方术考》，东方出版社，2001年，281页。

字，子即男子之美称。简文（1）中"鼅"为龟类，故此贞为龟卜；简文（2）中"长笮"为蓍属，此贞为筮占。简文（1）称郑悇为"卜"，此与上述典籍中以卜名职相合①。由此，在楚卜筮记录中，我们将卜筮活动的执行者称为"卜人"。

在楚卜筮简文所见的73位卜人中，有一现象尤其引人注意：

"鹽"氏，7人

"陈"氏，8人

"苛"氏，5人

"观"氏，4人

"䁂"氏②，3人

"郑"氏，5人

"䣆"氏，4人

"黄"氏，4人

"郘"氏，2人

"鄳"氏③，2人

此相同姓氏卜人的同时出现不是偶然，而是一种传统的体现。在中国古代，从事

---

① 关于此问题见《楚礼新证》第二章之第七节"卜筮并用"。

② 包山楚简整理者云："䁂读如许。"见《包山楚简》40页，考释25。

③ 何琳仪云："'鄳'，地名，见《汉书·地理志》江夏郡，在今河南罗山西。"见《新蔡竹简选释》，简帛研究网站，2003年12月7日；又见何琳仪：《新蔡竹简选释》，《安徽大学学报（哲学社会科学版）》2004年3期，7页。

宋华强云："新蔡简中有一地名'鄳'（《新蔡》甲三193），又写作'黾'（《新蔡》乙四129）。我怀疑这个地方就是楚国要塞'冥阨'（《左传·定公四年》），其字或作'黾塞'（《战国策·楚策四》），或作'黾隘'（《史记·春申君列传》），或作'鄳塞'（《史记·楚世家》），或作'鄳阨'（《史记·苏秦列传》），其地在河南省信阳市西南，距新蔡不远。"见宋华强：《楚墓竹简中的"䁂"字及"繻"字》，简帛研究网，2004年6月13日。

冯胜君云，新蔡简文"黾尹"一词，应读为"龟尹"，可能就是见于《周礼》《左传》等书中的"龟人"这一职官。见冯胜君：《战国楚文字"黾"字用作"龟"字补义》，载《汉字研究》第一辑，学苑出版社，2005年，477~479页。

晏昌贵云："黾（鄳）尹是职官名，丹或兼为私名。《汉书·地理志》江夏郡有鄳县，鄳尹或即鄳县之长。"见晏昌贵：《天星观"卜筮祭祷"简释文辑校》，载《楚地简帛思想研究（二）》，湖北教育出版社，2005年，265~298页。

卜筮之人同祝、医、乐人等，大多父子相袭，世居其职①。如西周《舀鼎》云"命汝更乃祖考司卜事"，是周王命舀继承其祖考之业，即卜筮。《左传·昭公十三年》及《史记·楚世家》载楚平王曾允观从自选官职，观从以"臣之先佐开卜"为由，欲为卜尹，平王许之。又《左传·哀公十八年》记观瞻为子国卜，杜注："观瞻，楚开卜大夫，观从之后。"是文中记载了观氏家族世为卜人之事。《张家山汉墓竹简·二年律令·史律》："史、卜子年十七岁学。史、卜、祝学童学三岁，学佴将诣大史、大卜、大祝，郡史学童诣其守，皆会八月朔日试之。"②知汉时将卜职世袭列为律文。如此，上列楚卜筮简中每组相同姓氏的卜人，当是世居此职的同一家族成员，而此简文中的卜人观义、观戠、观喜与《左传》中记载的楚卜人观从、观瞻，两者的相同姓氏及相同职业则是这一传统之诠释。

而且，由上文表一中可见，同一卜人在历次占卜中使用的卜筮工具，绝大多数相对固定，或均用龟类，或皆用蓍属；同一姓氏的卜人使用卜筮工具的类别大多也具有共性。由此可知，卜人对于卜筮工具的运用也存在上下承继的传统。

这些世袭的卜人同时在为不同等级的人服务。如卜人靰膴志先后出现在望山一号墓、天星观一号墓及秦家嘴楚墓三批卜筮简文中，卜人郾䚄亦见于望山一号墓与秦家嘴楚墓两批简文内③。他们无疑是以占卜为职业，即《礼记·王制》及《文王世子》所谓"执技以事上者"。

同时，在楚卜筮记录中，也存在非职业卜人从事占卜的记载，如新甲三：233、190云：

☐郑少司马陈鲲志，以白霝为君坪夜君贞：既心疾，以合于怀，且心瘠☐

《礼记·王制》云："凡执技以事上者，祝、史、射、御、医、卜及百工。凡执技以事上者，不贰事，不移官，出乡不与士齿；仕于家者，出乡不与士齿。"此文中"不贰事，不移官"，郑玄注："欲专其事，亦为不德。""出乡不与士齿"，郑玄谓："贱也。"在中国古代，卜筮之人同祝、史及百工不但社会地位低下，而且除本职以外，不能身兼他职。而上揭简文中之"陈鲲志"，身为鄀地"少司马"之职，非

---

① 王明钦云："这种职业化的贞人，有很多是世职或家族性的。《左传》《国语》所记筮占例中，有卜楚丘之父、卜楚丘，这显然是子承父业，他们的职业是世袭的。天星观卜筮简文中的贞人有许多同姓，如盬姓二人，陈姓六人，黄姓二人，郘姓二人，虽然通过简文内容，尚不能确定同姓贞人间的辈分关系及其职业是否为世袭，但同姓者是同一家族这一点是可以肯定的。尤其是陈姓贞人，占了总数的百分之三十，不能不说陈氏家族与贞人这种职业有着十分密切的关系。"见王明钦：《湖北江陵天星观楚简的初步研究》，北京大学硕士研究生学位论文，1989年，11页。

② 张家山二四七号汉墓竹简整理小组：《张家山汉墓竹简》，文物出版社，2001年，203页。

③ 王明钦云："这批简文中多次出现的贞人靰膴志，在望山一号墓竹简中也曾出现，这应是当时存在职业贞人的一个例证。"见王明钦：《湖北江陵天星观楚简的初步研究》，北京大学硕士研究生学位论文，1989年，11页。

职业卜人,他之所以为坪夜君占卜,当是因其擅长此术,才被命以卜事。楚卜筮记录中卜人之名前冠以官职,仅此一例。其他简文中不见此例,并非是记录者忽略以致漏记。在中国古代等级森严的社会中,官职是个人最重要的社会地位标志,此即《公羊传·庄公十年》所云:"州不若国,国不若氏,氏不若人,人不若名,名不若字,字不若子。"何休注:"爵最尊。"

关于清华简《郑文公问太伯》战事中的若干问题

沈建华

（清华大学出土文献研究与保护中心
出土文献与中国文明研究协同创新中心）

近期清华简第六册已出版，内有多篇记载春秋郑国的历史文献①。熟悉郑国历史的人都知道，郑桓公，为周历王少子宣王弟，初封为郑，被幽王封为司徒，为政时见周室邪乱，便另谋移居他地，桓公听从史太伯建议："独雒之东土，河济之南可居"，选择"地近虢、郐"（《史记·郑世家》）。郑桓公"东寄帑贿虢、郐"的故事，在先秦时期有着广泛的影响。这些史迹主要见于《左传》《国语》《竹书纪年》《史记》等传世文献。历史上的郑国桓公东迁，正是在西周即将衰亡，东周接替之际，这个历史转折，成为一个时代历史坐标，它对于西周末年以及崛起的秦、晋、齐、楚诸国代兴，有着极重要的意义。

一

经典传世文献记载的郑桓公东迁的过程，我们所知甚少，往往只言片语一语带过。庆幸的是新公布的《郑文公问太伯》简却有一段比较详细生动的记述，是通过郑太伯②对文公追溯先君桓公的事迹，揭开了郑桓公东迁"容社之处"的始端，向我们展现了当时桓公艰苦卓绝激烈的战争场面：

> 昔虗（吾）先君逗（桓）公遂（后）出【四】自周，以车七鞷（乘），徒世＝（三十）人，故（鼓）亓（其）腹心，奋（奋）亓（其）肠（股）𦙶（肱），以顩（协）於攽（庸）𠁁（偶），𥎦（摄）𦙞（胄）𦪌（擐）虢（甲），免（擐）戈盾以媒（造）【五】勋。戬（战）於鱼羅（丽），虗（吾）[乃] 朥（获）𨜠（函）、䣱（訾），輹车阇（袭）𥬒（介），克鄩䚋＝（迢迢），女（如）容袥（社）之屍（处），亦虗（吾）先君之力也。【六】

---

① 李学勤主编：《清华大学藏战国竹简（六）》，中西书局，2016年，118~126页。
② 据马楠考证："为郑厉公母弟文公叔父，名语，字子人，係子人氏之祖。"《清华简〈郑文公问太伯〉与郑国早期史事》，《文物》2016年2期。

这段不见史书记载的桓公征伐的过程，应该说不仅仅补充丰富了《国语·郑语》记桓公"乃东寄帑与贿，虢、郐受之，十邑皆有寄地"①缺失的内容，同时也给我们提供了郑桓公最初建邑新的资料，这对于典籍异文有着重要的参考价值②。如果按第四、五简文，桓公最先迁雒东是从"后出自周，以车七乘，徒三十人，获鄡（函）、訾，复车袭介，克郐【六】"③这段追溯，很有可能是桓公封为司徒之时。按以车七乘，徒兵三十人，骑兵奋战，才夺取鄡（函）、訾，最后才攻下郐地，这点兵力桓公要想攻取雒东一带，是远远不能力及的。《国语·郑语》说："幽王八年而桓公为司徒，九年而王室始骚，十一年而毙。及平王之末，而秦、晋、齐、楚代兴。"由此可知，这场战争只可能是在幽王八年至十一年间进行的（桓公死于幽王十一年）。

根据《世本》所言，那时的"郑桓公居棫林④，徙拾（郐）"⑤。从简文的战事分析看来，郑桓公也并非如《史记·郑世家》所言："幽王以（桓公）为司徒，和集周民，周民皆说，河雒之间，人便思之。"楚简提供给我们桓公这段战事，是典籍未载的历史故事。当然这里也不排除出于古人事语类书体，按李零的说法："后叙"之言，"目的是鉴往事，垂教训"⑥。桓公、武公二世先君业绩，很难分得太清楚，但毕竟给我们带出从桓公东迁，到武公取十邑讨论的话题。

从简文所叙这场战事可知，桓公被封司徒后短短的三年中，尚未获取全部十邑，但已经按太史伯建议的计划，逐步向雒东一带扩张推进，展开小规模的战事蚕食兼并，为后来武公东迁奠定了坚实基础，否则不会有《汉书·地理志》言："后三年幽王败，桓公死，其子武公与平王东迁，卒定虢、会之地。"从此正如《系年》简文10所言："奠（郑）武公亦政（正）东方之诸侯。"这说明从一世桓公到二世武公东迁整个过程，真正最后的完成者，是取十邑的武公。由于桓公与武公在时间上相接很短，往往造成传世典籍记载含混不清，加上言简意赅，长期以来被后世史家误为取十

---

① 十邑即《国语·郑语》曰："若克二邑，鄢、弊、补、舟、依、𪐨、历、华，君之土也。"含虢、郐二邑。

② 《史记·郑世家》曰："桓公皆自取十邑，而云死后武公取者。"

③ 《说文》"郐，祝融之后，妘姓所封溱洧之间，郑灭之。"《集韵·臻韵》："溚通作溱。"《诗经·郑风·溱洧》："溱与洧，方涣涣兮。"古本《竹书纪年》："平王四年，郑人灭虢；六年，郑迁于溱洧。"

④ "棫林"旧地当在今泾河以西扶风宝鸡一带。见西周铜器彧簋《集成》8·4322《诗谱》，毛、郑作"咸林"。"咸"乃形误。《左传·襄公十四年》："晋伐秦，济泾，至于棫林"，又："郑司马子蟜帅郑师以进，师皆从之，至于棫林，不获成焉。"《史记·秦本纪》曰："秦军走，晋兵追之，遂渡泾，至棫林而还。"《集解》引徐广曰："棫音域。"骃案：杜预曰"秦地也"。

⑤ 据马楠先生考证曰："出土、传世文献从'合'、从'会'字多有通用之例，郑桓公所徙的'拾'，应当就是'郐'地。"此说甚是（《文物》2016年3期）。

⑥ 李零："春秋战国史书往往都是有事有语，目的也是鉴往事，垂教训。"（《读简笔记：清华楚简〈系年〉第一至第四章》，《吉林大学社会科学学报》2016年4期。）

邑是郑桓公。《史记·郑世家》曰："（郑桓公）东徙其民雒东，而虢、郐果献十邑，竟国之。"而《集解》引："韦昭曰：'后武公竟取十邑地而居之，今河南新郑也。'"韦昭的注解得到今简文的证实。

二

在桓公东迁的战事中，值得注意的是，首先"膝（获）鄏（函）、邥（訾）"，然后才"克郐"。据马楠考证："鄏，疑从邑来声。《说文》来从马声，读若'含'，试读为同从马声之'函'。疑地在函冶，春秋时为晋国范氏邑。或者地在函陵，今河南新郑。"①

春秋时期的晋国范氏封邑，基本集中在今山西省晋中汾河介休这一带②，根据宋邓名世撰《古今姓氏书辩证》卷二十八曰："范武子（士会）其地在濮州范县。"③在今河南濮阳范县，其地接壤齐国，《孟子·尽心上》载："孟子自范之齐。"朱子注："范，齐邑居，所处之位。"故曹州范县可能是范氏叛晋入齐的居邑。桓公征伐目的，是按太史公建议"河济之南可居"，简文言桓公同时获"鄏"（函）和"訾"两地，才攻克"郐"国，可见此两地相距不远，在虢、郐国附近④，近偃师一带。如果简文中释读为"鄏（函）"不错的话，无疑应指"函陵"，在今河南新郑县，"訾"在河南巩县，很难想象桓公出自周，同时在晋范邑和隔着数百里的郑国建邑，既不符历史地理条件，也不合情理。《国语·晋语九》："范、中行有函冶之难。"韦昭注："函冶，范皋夷之邑。"按"函冶之难"在鲁定公十三年（前497年），与桓公东迁时间相隔甚远，桓公之世，晋范氏势力未必已达郑国。"函冶"，公序本作"函冶"⑤。

春秋时期"函陵"，位于黄河东岸，古为军事要地，周襄王二十二年（前630年），晋国、秦国合围郑国，晋国军旅驻扎在函陵，胁迫郑国。《左传·僖公三十年》："晋侯、秦伯围郑，以其无礼于晋，且贰于楚也。晋军函陵，秦军汜南。"杨伯峻《春秋左传注》曰："函陵，在今郑州新郑北十三里。……汜音凡，水名，此指

---

① 马楠：《郑文公问于郑太伯》，载《清华大学藏战国简（第六册）》（下册），中西书局，2016年，121页。

② 马保春：《晋国历史地理研究》第五章《晋卿大夫和其他族姓的地理分布》图六，文物出版社，2007年，191页。

③ 范邑其地原属卫国，狄人侵卫。晋景公因士会灭赤狄有功，赏赐士会范邑，士氏由此因邑改称范氏，后归齐。顾栋高撰、吴树平、李解民点校《春秋大事表》卷七之三，以为士会所食采邑的范地在今河南范县，马保春指出："恐误，士会食范在前6世纪初景、厉时期，晋国势力向东尚不及今范县。"（《晋国历史地理研究》，文物出版社，2007年，193页。）

④ 虢，指东虢，在今河南荥阳，为姬姓。郐，在今河南睢县境，妘姓，后为郑武公所灭。

⑤ 函冶地名，可追溯西周齐国函冶子，源于姜姓，世袭先祖职官冶炼铸师为氏。

汜水，在今中牟县南，惟早湮涸。汜南与函陵相距近。"比较而言我们认为，首选位于新郑"函陵"要比"函冶"地理位置可信得多。

"函"地，最早记载可追溯至商代在豫西今沁阳、偃师一带。晚期小臣墙刻辞曰："盾百八十三，函五十矢。"其"函"字与地名"函"同一字形，可知读作"函"无疑，"函"多见于廪辛田猎卜辞，如下：

（1）虫伐匕于函。　　　　　　　　　　　　　　　　　　《合集》28068
（2）田函。　　　　　　　　　　　　　　　　　　　　　《合集》29346
（3）庚戌卜㱿贞，亚其往宫，往来无灾。
　　　［辛］亥卜㱿［贞］，今日亚其往函。　　　　　　《合集》27930

"函"或从水作"涵"字：

（4）王田涵，湄日，无灾，擒。　　　　　　　　　　　　《合集》29344
（5）虫涵湄日无灾。　　　　　　　　　　　　　　　　　《合集》29345

关于商王田猎范围，李学勤先生在他的早期论著《殷代地理简论》中，将卜辞中西猎地名分成四个区域①，上举例（3），"宫"地属于敦区，位于今河南沁水西岸，与位于盂区之西、在沁阳的"函"地，相距只有一天的路程，由此可知商代的"函"地，大致不出豫西王室田猎范围。函地名，可能取自于为王室做弓箭为主的氏族，见卜辞有"函人"（《合集》20086）。

三

自桓公克虢、郐立国建邑后，开启疆域，攘取东土诸侯之邑，战绩显赫，历经三代桓、武、庄公奋发建业，实现了史公预言。早在武公时期就夺取的鄩（今偃师南）、刘、蒍（今孟津东北）、邘（今沁阳西北）四国，在今河南偃师一带，郑国已成为东土周边诸侯霸主。简文（七）应征了这段历史。

枼（世）【六】及虐（吾）先君武公，西虩（城）枼（伊）闕（涧），北
遼（就）䣄（鄩）、鄼（刘），紫（縈）厄（軛）邘（蒍）、芋（邘）之国，
鲁、衛（卫）、鄸（蓼）、鄹（蔡）㚈（来）见。【七】

简文历数武公拓展东土战绩，用了"西城""北就""縈軛"形容词句，气势傲器。此处"西虩"之"城"，当为取义。《春秋·襄公二年》："遂城虎牢。"《公羊传》："其言城之何？取之也。""北遼（就）"之就，当为终之成义。《尔

---

① 李学勤：《殷代地理简论》，科学出版社，1959年；收入《李学勤早期文集》，河北教育出版社，2008年，179~194页。

雅・释诂》曰："就，成也。"

值得注意的是，简文所述武公夺取，邬、刘、蒍、邗四国，都在今河南偃师一带，其中地名"邬"，《国语・郑语》和公序本均作"鄢"。关于"鄢"地的方位，多年以来一直是历史地理学者争论的焦点，自汉晋以来各家将"鄢（荥阳）"和"鄢陵（颖川郡）"混为一谈①，最早台湾学者程发轫先生提出质疑：

  考郑庄公国都，在今河南新郑县北，太叔之京城，在河南荥阳县东南二十一里，应说之鄢县与杜注之鄢陵，俱在郑之东南方，与："太叔命西鄙北鄙贰与己"，及"太叔又收贰以为己邑"之传文不合。因郑之西鄙北鄙，既为太叔己邑，而庄公抚有之邑，故曰方位不合。至邬地虽在郑之西鄙，有改窜字面之嫌，究有未妥②。

程发轫先生从军事角度审视，他的意见已被许多学者接受。简文开宗明义说，武公最初是在西鄙夺取了伊洛，北鄙获得的邬地，其地理位置无疑是在荥阳，这与《左传・隐公元年》言"西鄙、北鄙贰于己""段入鄢"地势相暗合。典籍传文言京和邬地均在荥阳，那么大叔段出奔共，则邬应在京共之间。共与龚、𢀛字古相通同，甲骨文卜辞见有"龚"地名，如：

  （1）卜古贞：我在奠（郑）从龚受年。   《合集》9770
  （2）辛丑卜在龚贞王今夕亡祸。   《合集》36926

卜辞龚，即《左传・隐公元年》"太叔出奔共"之共，杜预注："共国，今汲郡共县。"即位于今山西交界的河南辉县。《史记・郑世家》说："庄公发兵伐段，段走。伐京，京人叛段，段出走鄢。鄢溃，段出奔共。"由此分析典籍所言"鄢"地，不可能在"鄢陵"，隔着庄公都邑新郑京城大叔能成功出奔共吗？明显与史事、地理不符。

简文"邬"字从於从邑，於与乌音可通假，"鄢"古音属影母元韵与"邬"字影母鱼部，韵部不很近，二字形极其相近，容易混淆，"邬"字很可能造成抄手错写成"鄢"字，早在唐人赵匡就怀疑"邬"为"鄢"之误③。简文地名"𨛬（邬）"字，对于澄清鄢和邬两个不同的地名，可以说是有帮助的。

---

① 《春秋・成公十六年》经："晋侯及楚子郑伯，战于鄢陵。"杜预注："鄢陵、郑地，今属颍川郡。"《后汉书・郡国志》曰："鄢陵县，春秋时曰鄢。"隐公元年："郑伯克段于鄢。"杨伯峻《春秋左传注》："鄢，本是妘姓之国，为郑武公所灭，地在今河南省鄢陵县北而稍西。"（中华书局，1990年，7页。）

② 程发轫：《春秋左氏传地名图考》（第一篇）大学参考用书，（台北）广文书局印行，1967年，77页。

③ （唐）赵匡《春秋阐微纂类义疏》。

四

随着周平王去世，王室日趋衰败，到了周桓王即位，周、郑开始交恶，周桓王八年（前712年）收回了原来被武公夺取的土地，即简文所指的邬、刘、蒍、邗四国。同时桓王在庄公胁迫下将原来属于苏忿生（周武王时司寇）的十二邑给了郑国，从而导致了苏子叛周。《左传·隐公十一年》记载："王取邬、刘、蒍、邗田于郑，而与郑人苏忿生之田温、原、絺、樊、隰郕、欑茅、向、盟、州、陉、隤、怀。"

庄公时期，郑国四周有楚、晋、周等强国环伺，郑国只能向东拓展。克服了东邻的宋、曹、卫、陈等诸国障碍，此时郑国疆域已经打通了东土，与齐国建立同盟。简文言："及君臧（庄）公，乃东伐齐蘜之戎为敆（徹）。"简文用了"东伐、北城、东啓、逐王"语句，占据了苏忿生之田，温、原。为压制郑国坐大气势，周王启用虢公为卿士，加剧周王与郑交恶，公元前706年郑与王室兵戎相见，《左传·桓公五年》记："王夺郑伯政，郑伯不朝。秋，王以诸侯伐郑，郑伯御之"，指的是繻葛之战，郑师合以攻之，结果大败王师，祝聃并射中了周桓王的肩膀，令王室尊严扫尽。简文中文公一副得意非凡口气曰："吾（庄公）逐王于葛"，印证了典籍记载：

> 葉（世）【七】及君臧（庄）公，乃东伐齐蘜之戎为敆（徹），北轍（城）郘（温）、原，遗鈝（阴）、櫺（鄂）宑（次），东启（啓）遗（隤）、东，虔（吾）达（逐）王於鄩（葛）。【八】

徹，训为退去。《左传·宣公十二年》："军卫不徹。"杜预注："徹，去也。"城，当为取义。《春秋·襄公二年》："遂城虎牢。"《公羊传》："其言城之何？取之也。"

简文言庄公东伐"齐蘜之戎"，取"蘜"地之戎名，与齐国交界。"蘜"读作"观"，《左传·昭公元年》："赵孟曰：'虞有三苗，夏有观、扈。'"春秋时，"观"属卫国，至战国时"观"邑先后为赵国、魏国属地。杨伯峻《春秋左传注》曰："据《汉志》，观国在山东观城废城县治西，今范县境内。"[①]其位于今山东省莘县，地处山东河南交界处，与河北相距不远，庄公东伐恐怕到此为止。从"齐蘜之戎"所处地理方位来分析，典籍多言"北戎"很可能包括"齐蘜之戎"。

"北戎"或称"山戎"。由文献所载，春秋时期郑国、齐国和许国，都有过与北戎交战的史迹，见《左传·隐公九年》："北戎侵郑"；《桓公六年》："北戎伐齐，齐使乞师于郑。"《春秋经·僖公十年》："夏，齐侯、许男伐北戎"；《庄公三十年》："齐人伐山戎。"古本《竹书纪年》曰："晋人败北戎于汾隰。"从地理

---

① 杨伯峻：《春秋左传注（修订本）》（四），中华书局，1990年，1206页。

位置来看，戎人有时流窜于山西晋南一带，有时流窜于齐、卫、曹之间。从《后汉书·西羌传》对戎的种种记载，"北戎"指的是居住在黄河以北的山地戎，故又有"山戎"之称，邻近诸夏之国。"北戎"不断侵扰周边诸国之举，自古以来就成为王室和诸侯国的忧患。

童书业先生根据先秦典籍和甲骨金文记载认为，在先秦时期，"戎"在地理上并不限于西北，也包括偏东南的一些区域。早在商代，卜辞"戎"除了"西鄙"之外，或居于晋南，或居于东部，与战国早期"戎"的流窜之处有着相同的地域范围，经常是被商王征伐的对象，如：

（1）庚戌卜，王贞：弜其获，征戎在东。一月。　　　　《合集》6906
（2）乙酉有来自东，妻乎宁告旁戎……　　　　　　　　《合集》6665
（3）王自东爯，伐戎……　　　　　　　　　　　　　　《合集》6480

从商王"征戎在东"与简文中"齐蘜之戎"，地理位置都在东部区域，不排除"齐蘜之戎"可能出自商代东部同一地区的戎方家族。

《左传·隐公九年》："北戎侵郑。"杨伯峻注："北戎疑即庄公二十八年之大戎、小戎（其地当在今山西省交城县）。"[①]童书业先生指出："春秋以后，住居中原的'夷''蛮''戎''狄'，尽被所谓'诸夏'所混合、同化。"[②]《左传·庄公二十八年》晋献公："娶二女于戎，大戎狐姬生重耳，小戎子生夷吾。"杜预注："大戎，唐叔子孙别在戎狄者。小戎，允姓之戎。"春秋时期"大戎""小戎"的称谓，见于商代无名组卜辞，有商王对其征伐的记载：

（1）癸丑卜，王贞：余曰大戎不……　　　　　　　　《合集》20551
（2）戊子卜，王翌辛小戎其征□。　　　　　　　　　　《合集》20452

五

究竟郑桓公还是郑武公夺取虢、郐两地及十邑，由于典籍记载模糊，后世众说纷纭，因为牵涉到历史地理中的一些地名纠葛，向来成为一个历史争论的焦点。而近期公布的第六册清华简《郑文公问太伯》一文，通过郑太伯追溯先君桓公、武公、庄公三世，东拓启疆，获取鄔、刘、蒍、邘之国史迹，有一些资料可以与典籍印证，其中所涉及的重要郑国地名，有的并不见于史书记载。这些差异反而证明简本的原始价值，有助于我们了解厘清郑国初建的历史，具有重要的参考意义。

[①] 杨伯峻：《春秋左传注（修订本）》（一），中华书局，1990年，65页。
[②] 童书业：《夷蛮狄与东南西北》，载《中国古代地理考证论文集》，中华书局，1962年，43~50页。

多篇章文献的成型:一个假说

〔美〕艾兰 著 蔡雨钱 译

(美国达慕思大学)

尽管传世的早期中国文献一般为多篇章的长篇文献,但它们的一个特点就是大多由零碎的、只因文献体裁或者因某位诸子及其门生或亲属而联系起来的小章节组成。总的来说,小章节的安排没有什么清晰的逻辑线索。此外,没有交叉引用或其他迹象表明,某一小章节的作者知道同一长篇文献里有什么其他内容。正如李零所见,"早期的古书多由'断片'(即零章碎句)而构成,随时所作,即以行世,常常缺乏统一的结构,因此排列组合的可能性很大,添油加醋的改造也很多,分合无定,存佚无常"[1]。因此,可以设想的是,中国早期文献本以小片段的形式流通,也就是说,从汉代流传下来的多篇章文献原非完整作品,而是由更短的片段按序排列而成。

笔者的假说是,这一过程的关键在于普遍用来书写和流通的物质载体,包括木(或竹)牍、竹(或木)简(册或篇)以及缣帛(卷)。起初,人们在简牍上记录下较短的片段,并以此流传。而视其关系,这些片段有可能被收集到一起。不过,尽管相近片段的合集也可能一起流传,但其内容往往是开放式的,也没有明确的段落顺序。所以,它们并不是以固定形式反复流传的"文献"(texts)。然而,当由短片段汇编而成的长篇文献被写在长卷帛书上之后,它们就具有了一套固定形式。这一过程是何时开始的并不易确定,但它在公元前4世纪郭店楚简、上博简、清华简这三批竹简[2]下葬时仍在进行当中。此外,到了汉代,当早期文献被重新隶定、书于缣帛并藏于宫廷时,将小片段转变为多篇章文献的过程才取得正式成果。

---

[1] 李零:《简帛古书与学术源流》,生活·读书·新知三联书店,2008年,214页。另见鲍则岳(William G. Boltz)《早期中国文献的复合性质》(The Composite Nature of Early Chinese Texts),收入柯马丁(Martin Kern)主编《早期中国的文本与仪式》(Text and Ritual in Early China, Seattle: University of Washington Press, 2005: 50~78)。

[2] 荆门市博物馆:《郭店楚墓竹简》,文物出版社,1998年;马承源:《上海博物馆藏战国楚竹书》,上海古籍出版社,2000~2014年;李学勤:《清华大学藏战国竹简》第1~6辑,中西书局,2010~2016年。

竹　简

　　来自郭店一号墓以及上博和清华所藏的文献都用笔墨书于竹简之上。下葬时，简由两三根绳子编联并卷起成册。而出土时，绳已然腐坏。但是，一些简上有用来固定编绳的契口或空白处，表明多数简册在被用于书写之前就已被编联，尽管有时抄手也会在写好之后才把竹简编联起来。这样的简册类似于帛书，不过由于较为笨重，一册竹简跟一卷帛书相比所能容纳的文字更少。

　　木、竹、帛都是高度易腐的材料。因此，考古记录中极少有证据能说明它们何时起开始被用于书写。尤其在黄河流域的核心文化区，自然条件不适宜易腐材料的保存。然而，甲骨卜辞间接表明了竹简在商代就已被使用。比如说，商代甲骨文中的"典"字里就有一册竹简的象形图案，此外还可以加上扶册的双手，一张嘴（口），或一座祭台（示）：

　　"典"之礼涉及写下来祭献给祖先的祷文，以祈求佑助（或消除诅咒），所以竹简可能是被放在祭台上大声朗读的。至于商代人是否用竹简来记载与祭祖和卜筮无关之事，今已无考。

　　西周青铜器铭文中也有大量证据表明竹简在官方记录中的用途。在君王委任官员时，君王或其代表是照着竹简上的委任书念的，而竹简的副本则会在仪式结束时被交给接受委任之人。这一仪式称为"册命"。"册"是编联起来的竹简的象形字，和甲骨文"典"字一样。那些委任书必定是事先写好，以便口头传达。这种做法为"书"——比如传世《尚书》中可被当做最早书面文学（literary compositions）的书类文献——的起源提供了背景[①]。值得注意的是，这样的文书原本都是分散的文献，只是后来才被放到了一起。

木　牍

　　与简相比，牍有更宽平的表面。两者的主要不同是牍通常够宽，可写数行竖排

---

① 见拙作《论〈书〉与〈尚书〉的起源——基于新近出土竹简的视角》，袁青译，收入复旦大学出土文献与古文字研究中心编：《出土文献与古文字研究（第六辑）——复旦大学出土文献与古文字研究中心成立十周年纪念文集》，上海古籍出版社，2015年，643～652页；英文版见 On *Shu* ("Documents") and the origin of the *Shang shu* ("Ancient Documents") in light of recently discovered bamboo slip manuscripts, *Bulletin of the School of Oriental and African Studies*, 2012, 75 (3): 547～557.

字，而简通常只能写一行，或至多两行。此外，牍是独立的，而竹简则由编绳联成更长的册。简通常用竹，但有时也用木，想必是以木代竹。牍则通常用木，但有时也用宽竹。牍的大小没有被标准化，所含文字数量也多变，不过字数会受到牍的尺寸限制。牍的功能可能类似于记事本，能用于记录短篇文献，甚至能刮擦再用，但它们不适宜于鸿篇巨制①。

"牍"字在甲骨文和金文中并未出现。但是，战国墓出土的遣策记录在牍和竹简上的都有，牍上也常有行政类和其他类文件。据笔者所知，战国时期的牍上还没有发现包括哲学和历史文献在内的书面文学。然而，北京大学近来获得的秦代文献中有六片木牍和三片竹牍，或可提供那一时代乃至更早时代使用牍的例子。每片牍上包含一篇完整的短文。其中一片木牍长23、宽4.7厘米，有竖排8行共165字。基于其内容，此牍标题定为《泰原有死者》，记载了一篇死者复生的小故事，与后来传世的志怪故事风格和篇幅相近。其他两片木牍和一片竹牍记录着诗歌，而另外两片木牍和两片竹牍则是财务记录②。

剩下一片标题定为《九九术》的木牍，大概是用来记录九九乘法表的。它为牍与简的不同角色提供了直接的证据。同一批竹简里另一篇题为《算书》的竹书中还有略不相同的版本。《算书》分为甲乙两篇，各有独特内容。甲篇进而分为四个部分，第二部分就对应了木牍《九九术》。此外，湖南里耶一号井（J1）出土的秦字木牍与北京大学所藏的《九九术》相同③。这表明，该文献既以牍的形式独立流传，又被置于更长的竹书之中。这里应该注意的是，很多里耶出土的文献主要是行政文件，记录在牍上而非简册上。这想必反映的是每片牍的独立性能。

帛　书

汉代以降，使用长卷帛书抄录多篇短文，已成为长篇先秦文献成型传世的动力。汉代对古文献的"重构"包括用"今文"将其抄写于长卷帛书，这无疑是具有固定内容的长篇文献成型的一个主因。中国自新石器时代起就织造丝绸，不过由于极少能保存下来，缣帛何时开始成为书写载体已不可考。尽管可以织成长卷，但矩形的缣帛也被用于书写，以及绘画。例如，与郭店楚简、上博楚简及清华简大致同时代的所谓湖南长沙子弹库楚帛书，就只有47厘米长、38厘米宽，不到1000字，四周还画有图案。

---

① 骈宇骞、段书安：《二十世纪出土简帛综述》，文物出版社，2006年，32~146页，讨论了碑刻、竹简、帛书，以及书写材料与内容的关系。

② 北京大学出土文献研究所：《北京大学藏秦简牍概述》，《文物》2012年6期，65~73页；李零：《北大秦牍〈泰原有死者〉简介》，《文物》2012年6期，81~84页。

③ 韩巍：《北大秦简中的数学文献》，《文物》2012年6期，85~91 [87] 页。

大量此类的矩形缣帛出土于长沙马王堆的早期汉墓，而战国时期的证据则更为有限。但我们有理由认为，在战国时期，长卷帛书和更短的矩形缣帛，即使不像竹简那样广泛流传，也已被使用，并记载了一些长篇文献。

文献的定型

在战国时期，竹简是文献流通最常见的载体。竹子产量丰富，而且即便要事先准备好竹简并编联成册，已备好的简册也不大可能是特别值钱的商品。不过，由于竹简较为笨重，能编成一册的简数有限。帛书则更轻便，能写更多内容，所以也会更昂贵。不论有意无意，在帛书上抄写的效果就是使文献正式定型，使其范围、措辞以及各部分顺序得到清楚界定。而简册相对较短，因此长篇文献就会需要许多册。另外，简册（至少理论上）可被拆分，并靠替换竹简和增减片段来订正。所以，缣帛的使用在通行文献的形成过程中很重要——书面材料以同一形式反复流传，而非相近但零散、可改动或重排的文本之集合。

最早定型的古代文献显然是那些范围或顺序自有章法的文本汇编，其中最重要的是包含六十四卦的《周易》和短章按时间顺序排列的《春秋》。在春秋晚期和战国时期，人们已开始收集诸如《诗》《书》《礼》这样体裁相同的文献。学生也会记录下老师的言论，很可能只在特定群体中流传和汇集。一开始，这类文本集合并没有明确的顺序，其内容多样、开放，也就是说有些片段可增可减。一个人收集的诗或孔子之言未必就和另一个人收集的一样。然而，当这些合集开始按同一顺序被反复传抄时，更长的作品就得以形成了①。

这里需要留意的是，汉代中央集权统治下的知识界与战国时代相比有很大差异。在现存的先秦文献最初流传之时，学术氛围活跃而且超然于任何宫廷。事实上，近年出土的楚简表明，战国时期读写和学问的普及程度，远远超出我们以往的想象。那时不仅有相互竞争的诸多学派，而且在同一学派中，也有相互竞争的弟子声称拥有其师的权威却宣讲各自不同的思想。这样的氛围与汉代截然不同，因为在没有中央政府和官方学者的情况下，不存在给特定文献确立标准版本的办法。

到了战国后期，由短片段组成的长篇文献就已经开始被汇编并以同一形式反复传抄了，也就是说，与仅仅是相近材料的集合有所不同的"文献"思想已经开始形成。不过，主要是在汉代，当文献被收集起来并用今文隶书抄写到帛书上时，它们才有了多篇章文献的标准形式，有了现存的明确顺序和有限内容。汉代的宫廷环境在这一过程中尤为重要，因为在书写材料被呈上宫廷之际，其形式——范围、顺序以及具体措

---

① 比如，墨子对《书》的整理——分为《夏书》《商书》《周书》——与那些儒家经典重叠，但很可能并不完全相同。

辞——就获得了界定。

对散佚文献的"重构"（常包括连缀年代更早、篇幅更短的文本集合以及将其按序用标准字隶定重写）和汉代学术的官僚化促进了文本更为固定的文献之形成，而大量短文的存世为文献的替代或全新版本提供了丰富资源。这一文献发展的模式，与齐思敏（Mark Csikszentmihalyi）为《论语》所提出的相似，假定了超出以往想象的广泛读写能力和频繁知识交流，而比简单增长的模式要复杂得多；它也符合新发现的竹简所提供的证据，解释了传世文献中一些最令人困惑的问题[①]。

尽管这一关于中国早期文献传统发展的假说无法被证明，但它对战国简来说是合理的，也有助于我们理解过去两千年来一直困扰着中国文献传统的真伪问题。不过，即便多篇章文献的定本已被书于缣帛并藏于宫廷，短的"古文"竹帛也仍会在民间和宫廷流传。由于新确立的文献定本的内容以更早的材料为基础，那些古代文献的地位相对于重构的——或者更恰当地说是新造的——文献来说并不明确；而且，用古文写在竹简上的材料，与用今文重写的文献定本中的相比，两者的年代早晚也难以被准确判定。

---

① 齐思敏（Mark Csikszentmihalyi）《万物有德：古代中国的伦理与身体》（*Material Virtue: Ethics and the Body in Early China*. Leidon: Brill, 2004: 30~31）；关于简单增长的模式，见白牧之（E. Bruce Brooks）和白妙子（A. Taeko Brooks）的《〈论语〉辨：孔子及其弟子的言论》（*The Original Analects: Sayings of Confucius and His Successors*. New York: Columbia University Press, 1998）。

据清华简释金文甲骨中的"袭"字

付 强

(上海三唐美术馆)

西周夷王时期的宰兽簋铭文中有"▨"一词，罗西章先生释为"敭勒"，对于这一词语罗文并没有解释①，施谢捷先生认为"▨"字左边偏旁与"易"字及其他已经确识的"易"字有明显的差异，释"敭"恐不确，认为此字可以隶定作"攸"，释为"汝"，即金文中常见的"攸"字的异体，"汝勒"应该就是金文中习见的"攸勒"②。但同时期的瘐盨铭文中同时出现了"▨"与"攸勒"，由此可以证明施先生释"▨"为"攸"字是不正确的。"▨"字郭沫若先生在释元年师旋簋时提出两种不同的观点：一隶定为"般"，铭文中的"丽般"即文献中常见的"磬厉"；二隶定为"敭"，"敭"假借为"褐"，乃为"深色的褐衣"。陈梦家先生也认为此字为"敭"假借为"褐"，丽为黑色之意，"丽褐"当为羔裘的褐衣。马承源读为"褐"，认为是"裘上所加之衣"③。

我们认为"▨"字左边是"易"字的简写，这一点可以参看赵平安先生的《释"易"与"匜"——兼释史丧尊》一文④，"▨"可以隶定为"敭"假借为"褐"，此字的意思我们下面会讨论。瘐盨铭文中"▨"字下一字作"▨"形，对于此字学者们多有讨论，或释为"裙"字，郭沫若先生释为"勒"字，近来赵平安先生在《西周金文中的袭□新解》一文中在分析了诸家旧说的基础上认为此字为一合文⑤，可以读为"冕衣"。我们认为此字是一个独立的单字，并不是什么合文，而且此字与"▨"字是两个意思相近的名词，"▨"表示两件东西都和衣服有关系，证据如下。在新近公布的清华简《系年》中，简38与简111中有一个字分别作"▨"和"▨"形，由文例可以知道

---

① 罗西章：《宰兽簋铭略考》，《文物》1998年8期。
② 施谢捷：《宰兽簋铭补释》，《文物》1999年11期。
③ 吴红松：《西周金文赏赐物品及其相关问题研究》，安徽大学博士研究生学位论文，2006年，66页。
④ 赵平安：《释"易"与"匜"——兼释史丧尊》，载《金文释读与文明探索》，上海古籍出版社，2011年，68~74页。
⑤ 赵平安：《西周金文中的袭□新解》，载《金文释读与文明探索》，上海古籍出版社，2011年，133~138页。

此字为"袭"字，我们把此字与金文中的"▨"字合观，就可以明白"▨"也应该就是"袭"字。

所以瘐盨铭文中"▨"就可以隶定为"敭袭"转写为"裼袭"，"裼"与"袭"是相对的一对名词，袒去上服以露裼衣，谓之裼，掩其上服不露裼衣谓之袭。胡培翚《仪礼正义·聘礼》："裼降立。"由此我们就可以明白瘐盨铭文中赏赐的"▨"应该断句为"裼、袭"，是两件衣服，通俗的解释就是内衣与外衣，这个也与袭字的字形作"▨"是相符合的，是衣外加衣①。

《合集》27959版是一片无名组的甲骨（图一），《合集释文》对于这片卜辞的考释如下："壬戌卜，马……袭弗作王……"其中的"▨"字笔者查阅《甲骨文字编》与《殷墟甲骨刻辞类纂》仅此一见，对于此字以前学者们大都按原形隶定为"袭"字，并无过多的说明。据前文所述，瘐盨铭文中的"▨"字释为"袭"字，《合集》27959中的"▨"字与之形近，也应该是"袭"字。

现在我们可以把"袭"字的演变脉络归纳如下："▨→▨→▨"，"袭"字文献多训为"重衣"，《尚书·金縢》："乃卜三龟，一习吉。"郑玄注："'习'，因也。"孔颖达疏："习则'袭'也。袭是重衣之名。"《晏子春秋·内篇问下》："是以窃袭此服。"（孙星衍音义引《通俗文》）《礼记·内则》："寒不敢袭。"（郑玄注）《左传·庄公二十九年》："轻曰袭。"（孔颖达疏）《仪礼·乡射礼》："释弓，袭。"（胡培翚《正义》引敖继公云）《士丧礼》："主人袭。"（郑玄注）②

"袭"字为什么常训为"复衣"和"重衣"呢？这个我们只要看看"袭"字的字形就明白了，袭字的字形作"▨"，是衣外加衣，是一个会意字。另外《合集》27959后半部分的卜辞释文释作"弗作王……"我们认为此处的"作"字为"▨"形，与常见的"作"字形体不合，再加上王后面一字露出"▨"一部分，所以我们可以大胆地推测，这条卜辞的后半部分即是卜辞中习见的"由王事"③，最后按照我们的理解把此条卜辞重新隶写如下："壬戌卜，马▨……袭（袭）弗由王事……"袭在此处应当作人名讲。

图一 《合集》27959

---

① 刘洪涛、付强：《据清华简释金文中的"裼袭"》，武汉大学简帛网，http://www.bsm.org.cn/show_article.php?id=2114，2014年12月20日。
② 宗福邦等：《故训汇纂》，商务印书馆，2003年，2079页。
③ 陈剑：《释"由"》，载《出土文献与古文字研究》第三辑，复旦大学出版社，2010年，1~89页。

出土文献"画"字形义疏证

李洪财

（湖南大学岳麓书院）

先秦美术史料，"画"是关键字。对画字含义理解的正确与否，直接关系到美术史的相关研究。尤其在使用出土文献时，如果不清楚画字的表义，很容易误用。这项工作过去有很多学者做过深入研究，近几年也出现不少文章讨论。如在释字上，白于蓝将甲骨文中的"画"字改释作了"文（纹）"（以下用作者名字代替文章）[①]。还有学者认为金文的"画"是从周声的后起字[②]。在美术研究领域，陈传席据《说文解字》"画"字的形、义解释，认为"画的本义是画直线以之为界"，后来发展为画轮廓线或某物的形状，如后世之白描[③]。那么甲骨文"画"字需要改释吗？西周金文的"画"是从"周"声吗？《说文》的解释可靠吗？本文将围绕这些问题展开讨论。

一、古文字"画"的字形演变

为方便本文讨论，笔者依照多数学者释字意见，先将"画"的基本形体和主要演变脉络梳理如下[④]。

图一为"画"字主要形体演变关系示意图，下文讨论这些字形时直接用相应的数字代替。这个演变图并不难理解，但有几个地方值得关注：第一，1、2、3形是不是"画"字？第二，从3到4在形体上并不能构成合理的演变关系，如何解释这种形体上的变化？第三，4形以后"画"的演变主线是从"周"，究竟是受什么因素影响变为从"䎱"（8形）、从"文"（9、10形）、从"田"（10、11、12形）？以下就顺着这几个问题对"画"字的形义做进一步梳理。

[①] 白于蓝：《释"妻"》，复旦大学出土文献与古文字研究中心网站，2010年4月5日。
[②] 张崇礼：《释古文字中的"画"和"雕"》，复旦大学出土文献与古文字研究中心网站，2012年12月8日。
[③] 陈传席：《释〈易经〉"黄帝尧舜垂衣裳而天下治"——兼说中国的画与绘及记载中绘画起源》，《美术研究》2011年3期，42、43页；陈传席：《绘与画及其创始考》，《美术》2010年10期，94页。
[④] 高明：《古文字类编》，上海古籍出版社，2008年，872页。

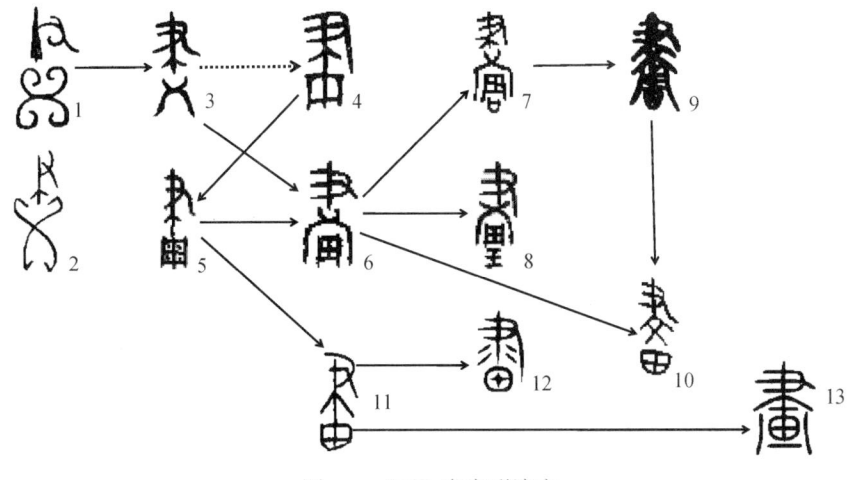

图一 "画"字字形演变

1. 商代子画觯 2. 商甲骨文 3. 西周师望簋 4. 西周伯晨鼎 5. 西周宅簋 6. 西周番生簋 7. 西周师兑簋
8. 西周录伯簋 9. 战国曾侯墓竹简 10. 战国上官豆 11. 战国长画戈 12.《说文》古文 13.《说文》小篆

二、画字初文辨析

  图一的2形在甲骨文中出现的频率比较高（表一）①。在甲骨文中主要用作国名、地名，还有一些不明的用法。对2形的释字过去大多认为是画的初文，只是在字形表义的解释上有分歧②。特别是对2形下部的"〤"（以下用"X"代替）解释存在不同看法。郭沫若认为"X"形就是圆规，金文6形是以规画圆周的意思，2、3形应该是"规"字③。规的形制可见于汉代画像（图二）④。从画像可知，规的交叉两端都是直的，未见如"X"形上下各端卷曲形状。所以"X"形不该是"规"字。王国维说"X"象错画之形，但未做具体解析⑤。白于蓝认为"X"形是花纹之"文（纹）"的象形初文，2、3形当释为"文（纹）"，但其文没有解释"X"形为什么是花纹。笔者虽不赞同白先生改释意见，但是对他所说"X"形是花纹的看法基本赞同。

---

  ① 刘钊：《新甲骨文编》，福建人民出版社，2009年，178~179页。
  ② 黄德宽：《古文字谱系疏证》第二册，商务印书馆，2007年，1999页；于省吾：《甲骨文诂林》，中华书局，1996年，3122~3125页；李圃：《古文字诂林》第三册，上海教育出版社，2001年，505~511页。
  ③ 李圃：《古文字诂林》第三册，上海教育出版社，2001年，511页；于省吾：《甲骨文诂林》，中华书局，1996年，3123页。
  ④ 蒋英炬编：《中国画像石全集》，山东美术出版社，2000年，1见于第一册134页，2见于第三册76页，3见于第一册48页，4见于第一册56页。
  ⑤ 王国维：《戬寿堂所藏殷墟文字考释》，上海仓圣明智大学，1917年石印本，24页。

 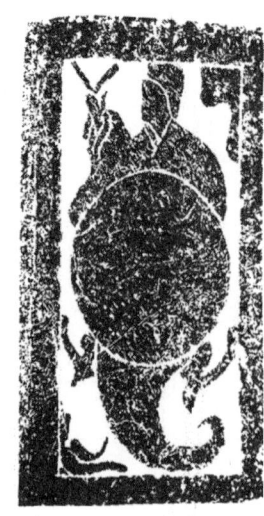 

图二　山东汉代画像中的"规"

表一　商周时期画的初文字形表[①]

商周金文	⿰画父癸爵	⿰子画簋	⿰子画觶	述鼎甲	述鼎丙	述鼎癸
商甲骨文	𠂤组	宾组	历组	出组	无名组	子组
省体	8（族徽）	子8觚（人名）	⌇乍方鼎	X宾组	X宾组	X宾组

"X"形作为文字在族徽和甲骨文中使用（表一），通过辞例对比，已确定"X"形是2形的省体[②]。而且，甲骨文中还有交叉两端不卷曲的字（表一），说明这种卷曲是重要的区别特征。至于甲骨文和金文"画"字中也可见不卷曲的情况，那应该是讹变的结果，不能抹销整体特征。笔者认为"X"形表示一种对称交叉的卷状花纹或纹饰。这种纹饰从石器时代到商周的器物上都十分常见。如各种石器时代文化遗址出土的

---

① 刘钊：《新甲骨文编》，福建人民出版社，2009年，685、988页；高明：《古文字类编》，上海古籍出版社，2008年，1532页；王心怡：《商周图形文字编》，文物出版社，2007年，764页。
② 于省吾：《甲骨文诂林》，中华书局，1996年，3121～3122页。

陶器上都可见这种卷状纹饰（图三①）。特别是图三第3、4陶器上的 、，除了方向上的差别外，与"X"形已经基本一致了。而且这种纹饰与族徽中的"X"形也非常接近（表一）。再如大汶口遗址中出土陶缸上的中心对称纹样，其中一组对称卷状纹样与"X"形也基本相同（图一，4）。如果把"X"形看做是一种对称纹样，那么对称的每一半都可以看做一个独立卷状纹饰。到了商周时，这种卷状纹饰几乎成了纹样的基本组成因素。例如青铜器中的兽面纹、凤鸟纹、窃曲纹、云雷纹等，大部分是用卷状线条表现的（图四②）。特别是看到云雷纹，很容易联想到甲骨文中的"X"形。而且

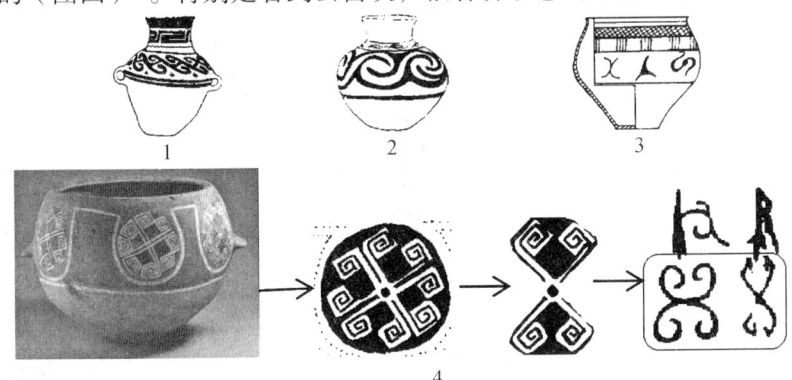

图三　石器时代陶器的纹饰

1.辛店文化彩陶　2.马家窑文化彩陶　3.仰韶文化彩陶　4.大汶口文化彩陶

兽面纹　　　　凤鸟纹　　　　窃曲纹　　　　云雷纹

图四　青铜器纹样

"X"形的对称特点，加上"画""彫"同义关系（见下文），很容易让笔者想到青铜器与雕画陶范花纹的对称关系（图五③）。因此"X"形也可能表示在陶范上刻画的纹饰。所以从形体上说，"X"形是一种花纹或者纹饰应该可以成立。但因此说"X"形

图五　山西侯马晋国冶铸遗址出土的陶范

---

① 吴山：《中国历代装饰纹样》，人民美术出版社，1995年，82、109页；郑州市文物考古研究所：《郑州大河村》（上册），科学出版社，2001年，202页；山东省文物考古研究所：《大汶口续集——大汶口遗址第二、三次发掘报告》，科学出版社，1997年，彩版二（Ⅱ）。

② 周泗阳、万山：《中国青铜器图案集》，上海书店出版社，1993年，69、142、184、230页。

③ 山西省考古研究所：《侯马陶范艺术》，普林斯顿大学出版社，1996年，彩版412、彩版25。

就是"文（纹）"的象形初文，并说1、2、3形都是"文（纹）"，还缺少证据，不可取。从字形上看，1、2、3形应看成是合体会意字，表示手执毛笔一类的工具描绘刻画纹饰之义。所以从字形上把1、2、3形都看做"画"的初文完全没有问题。

三、"画"的表义变化

"画"字的表义从西周金文开始发生变化，这种变化既保留了初文的本义，也受后起引申义影响产生的形体讹变。以往虽然对西周金文（4~7形）字形的表义存在不同看法，但在释字上基本没有异议。对西周金文"画"的表义解释，主要有两种。第一种认为"画"表示规划田界之义。近些年主此说者如《说文新证》解释"画"为："规划田界。古文明多发源于大河旁，河水泛滥后往往需要重新规划田界。"①第二种是朱芳圃提出来的，认为"画"的本义是绘画文采②。白于蓝文认同此说。但两人皆片语带过，未做详述。总的来看，受《说文》影响，赞同第一种说法者占多数。第二种说法引用者较少。从西周后"画"字的发展脉络看，其下部形体以"周"形为主线，战国以后少数几个从"田"的画应该是后起形体。可见，"周"的本义及其与画的关系是解决各种问题的关键。

（一）"周"的表义

关于"周"字本义，多数认为是表示田畴交错之形③，但甲骨文和《汗简》《说文》古文都可见"畴"字，与周字形体差别很大④。而且从甲骨文到西周金文，"周"形与"田"形差别也比较大（表二）。这种说法除了读音上的联系外，形体和用义上都没有特别有力的证据，不可取。还有认为"周"是"彫"的初文，表示刻画文采的意思⑤。这种说法是朱芳圃很早以前提出的，有比较充足的字形和文献证据，非常正确。笔者认为"周"的初文不仅表示刻画文采义，可以更进一步说是表示在钟铃一类物体上彫画纹饰之义。

为便于说明，暂将"周"的甲骨文、金文字形大致分成五型（表二）。Ⅰ、Ⅱ型各形体虽交叉无规律，但最能体现纵横交错刻画纹饰的意思。如图六第1示意图⑥，如果将陶铃的轮廓、表面的花纹，与Ⅰ、Ⅱ型甲骨文相对应，"周"字所表现的纵横交

---

① 季旭升：《说文新证》，福建人民出版社，2010年，220、97页。
② 朱芳圃：《殷周文字释丛》，中华书局，1962年，138页。
③ 同①，97页；董珊：《试论殷墟卜辞之"周"为金文中的妘姓之琱》，复旦大学出土文献与古文字研究中心网站，2009年4月26日。
④ 李圃：《古文字诂林》，上海教育出版社，2001年，358~361页。
⑤ 同②，137页；黄德宽：《古文字谱系疏证》，商务印书馆，2007年，496页。
⑥ 王子初：《中国音乐文物大系·山西卷》，大象出版社，2000年，图3.1.4。

叉雕饰纹样之义就清楚地展现出来了。当然Ⅰ、Ⅱ型表现了刻画纹饰义，却没有表现出更具体的信息。

表二　周、田各形体类型对照简表①

		"周"字形体					"田"字形体			
	Ⅰ	Ⅱ	Ⅲ	Ⅳ	Ⅴ	Ⅰ		Ⅱ		
甲骨文字形	田	丼	国	甪	甶	田	田	田	田	田
	田	丼	冎	用	甶	田	田	田	田	田
	Ⅰ	Ⅱ	Ⅲ	Ⅳ	Ⅴ	Ⅰ	Ⅱ	Ⅲ	Ⅳ	Ⅴ
金文字形	田	丼	甪	甪	甶	田	田	田	田	田

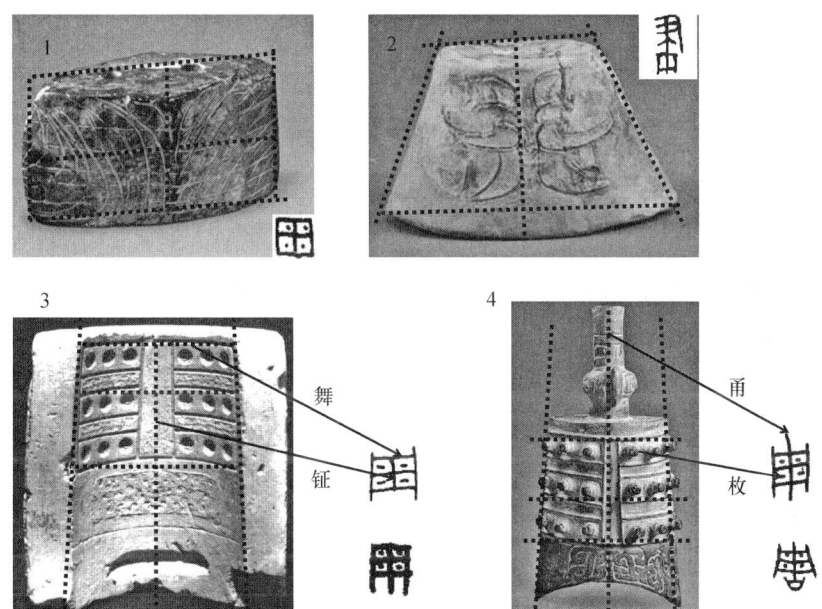

图六　字形表义示意图
1.山西陶寺遗址出土陶铃　2.湖北天门石家河出土陶铃　3.山西侯马出土乐钟陶范　4.西周用享钟

相比Ⅰ、Ⅱ型无特别明显规律形体，甲骨文中"周"形更多是相对有规律的形体。如Ⅲ型，无论中间是否有点，中间的竖划都不超出上下两横；Ⅳ型的上部都是平的；从Ⅲ到Ⅴ型，所有形体的横画都不超出左右两竖。这么多有共同特征的形体，应该不是偶然，必然有特殊的表义。笔者发现从Ⅲ到Ⅴ型的特点与钟、铃一类的形体特点非常相合。

为了能比较清楚表示"周"的甲骨文与钟、铃一类乐器的形体关系，笔者选择了

---

① 甲骨文字形选自李宗焜：《甲骨文字编》，中华书局，2012年，823、827页；金文字形选自容庚：《金文编》，中华书局，1985年，70、891页。

制造青铜钟的陶范和有甬的铜钟与文字做对应（图六，3、4）①。如图所示，周字所表现的上面平舞、中间的钲、布满钟体的枚，几乎都可以与实物对应。还有，"周"中间的竖划大多不超过上下两横，这中间的竖划应该表示的就是钟的钲。"周"形上的点应该表示钟身的枚，当然也可以看做是用饰点表示钟身的纹饰。到了西周金文（表二），"周"字所体现钟的舞、甬、钲、枚特征，以及上窄下宽的特点，与钟铃一类的乐器对应得越来越明显。笔者不能完全确定Ⅰ、Ⅱ型是否与钟铃一类的乐器有什么必然联系，但是Ⅲ、Ⅳ、Ⅴ型这类形体所表现的舞、钲、枚特点，与钟铃一类的乐器特征应不是偶然的对应关系。《说文》："周，密也。从用口。"通过上面分析可知，"周"不从"用"，本义也不是"密也"。"周"的本义应该是表示在钟铃一类的乐器上刻画纹饰的意思。

（二）西周后"画"的表义与变化

确定"周"的本义后，就可以讨论西周"画"字表义问题了。关于西周"画"字的表义，朱芳圃解释说："余谓夆所以作绘，㗊即所画之文采也。"他在文中赞成林义光"画""珊"同义的观点，认为绘画才是"画"的本义，分画、界画、计画都是引申义②。通过以上的梳理来看，朱芳圃的见解完全正确。只是他的文章简短，重点又放在了"画"字传世文献的考察上，所以文中既未言及甲骨文和战国文字诸形体问题，也没有对"画"字各阶段字形联系做详细解释。通过本文上面的疏证，确定"周"的表义后，那么西周金文"画"形应该表示手执毛笔一类的工具，在钟铃一类的乐器上描绘或刻画纹饰之义（见图六示意③）。

显然，西周金文"画"字与其初文表义基本相同，但初文表义是比较宽泛地表示描绘刻画的意思。西周金文的表义更加具体化，添加了更加形象的描绘刻画对象。所以，"画"的初文虽然与后世从"周"的"画"形体上有较大差异，但本义上并没有变，都是合体会意表示描绘刻画之义。战国以后，受文字表义分化的影响，"画"字表义开始复杂起来，出现了从"文"、从"珊"、从"田"等情况。

（三）字形与传世文献用义相应

如果排除后世辑录编撰的先秦内容文献，先秦文献中出现"画"的材料并不是很多，其中使用频率最高、时间最早的义项是绘画作图义，这正与"画"字本义相应，这类用例在先秦文献中相当多，例如《尚书》中的画纯，《礼记》中的画翣、画帷、画阶、画宫等。因"画"的本义引申为划分界线义，因此战国"画"字从"周"讹变

---

① 山西省考古研究所：《侯马陶范艺术》，普林斯顿大学出版社，1996年，115页。
② 朱芳圃：《殷周文字释丛》，中华书局，1962年，138页。
③ 王子初：《中国音乐文物大系·湖北卷》，大象出版社，1999年，图1.4.2。

为从"田"（10、11、12形）。故《说文》依据讹变的战国字形分析出"画，界也。象田四界"。又，"周"为"彫"之初文。《广雅·释诂》："彫，画也。"彫、雕异体。《礼记·少仪》："车不雕几。"郑玄注："雕，画也。"西周金文彫又作"琱"，因此，周、琱与画同义。受此义影响，西周金文"画"添加义符"周"或"琱"（8形）。《说文》："文，错画也，象交文。"《礼记·月令》："文绣有恒。"郑注："文，谓画也。"画、文同义，故战国文字"画"也有从"文"形体（9、10形）。可见，传世文献的用义与画字的形体演变也基本相应。

四、出土文献的用义梳理

画的释字分歧主要来源于出土文献解读中遇到的问题。画在出土文献中主要用本义，据笔者统计的17件西周铜器铭文中，出现的二十四次"画"字全部都用作彩画或绘画义，如画甲（小盂鼎）、画靳（十三年癲壶）、画轸（伯晨鼎）等。战国曾侯乙墓竹简中出现了几十次"画"，如画盾（15、27）、画辕（4、6）、画帏（137）等，这些"画"也都是用本义。这与上举传世文献用本义文例基本相应，学界解读意见也基本统一。需要注意的是，西周金文"画"字有从"琱"（8形）的情况。铭文中"戈琱胾"（伯姬鼎、吕簋），又作"戈画胾"（师道簋、王臣簋），可见"画""琱"同义在金文中也有体现。所以从"琱"之画（8形）也属于受表义影响产生的形体。

在出土文献中，分歧主要在图一3形（𦘔）"画"的用义解读上。3形可见于师望鼎"不敢不𠚔不𦘔"、师訇簋"𢆶德不克𦘔"、四十三年逑鼎"毋敢不𦘔不井"三处铭文。过去将师望鼎𦘔读为乂，解释为治理的意思①。白于蓝将这三处𦘔都释作"纹"的初文，读为"忞"或"敃"，意为奋勉、尽力。白于蓝的解读虽然可通，但曲折通假似没有必要。如果将𦘔仍释作画，解为谋划之义，就可以全部读通。师望鼎"𠚔"白于蓝读作"勋"或"勉"，意为勉励。其文解释甚详，可从。不敢不𠚔不𦘔，即义在不敢不勤勉，不敢不出谋划策。师訇簋铭文为传世摹本，故𢆶形释字解读尚有争议，暂不讨论。不克𦘔，意思是不能为王出谋划策。四十三年逑鼎"毋敢不𦘔不井"，井通型，此处用为"楷模"之义。这句话的意思是说不敢不出谋划策，不以身作则。《左传·哀公二十六年》："使召六子，曰：'闻下有师，君请六子画。'"杜预注："画，计策。"君请六子画即君请六位大臣去出谋划策。《礼记·玉藻》："凡有指画于君前，用笏。"此"指画于君前"当是献计于君前之义。这两处传世文献的"画"，用义和内容皆可与出土文献相应。

战国以后画字派生出很多形体，如𦘕、𦘖、𦘗等形，都应该是受"画"表义变化派

---

① 黄德宽：《古文字谱系疏证》第二册，商务印书馆，2007年，1999页。

生而来，这些字在一些工具书中都有清楚梳理，不再详述①。这些派生字，共同特点是添加了与其表义相关的义符，如表示刻画义时添加"刀"形作𫝑，表示与丝织品相关时添加"糸"作𦅪。这属于汉字发展的基本规律无需多解释。所以图一中"画"字，从西周以后出现各种异体，与表义的变化有很大关系，并不能因为异构而否定其为同一字。四十三年逨鼎中"画""𡙕"同出，应视同字不同表义的形体差别，也可理解为金文中避复现象②。战国曾侯乙楚简中"画""𫝑"同出，还有均用在"𰾴"前的情况，也应看做同字异构，不能当做两字解释。

还有语音上也需简单说一下。本来出土文献中的"画"基本都是用本字，并不涉及太多通假问题，所以语音本不是解读的障碍，但近些年有将西周的画解释为"周"声的情况③，甚至还有因为西周金文从"周"，直接将这类字形改释为"琱"。"画"是喉音匣母锡部，"周"是齿音章母幽部，两者语音相差很远，很难达成通假关系。所以，所谓"画"字从"周"声在语音上完全说不通。从"周"是形随义转的变化，与语音没关系，更不能因此改变原来的释字。不过，"钟"的古音是齿音章母东部，与"周"的古音同声母，而且幽部字与东部字也不乏相通的例子，两字语音十分接近④。所以，"周"的古音很可能与其所雕画的载体在语音上也有联系。

五、结论与意义

（一）确定释字与本义

通过以上对"画"字的形、义梳理，可以确定"画"字初文所从"X"形是一种对称交叉的卷状花纹或纹饰。"画"的初文表义是手执笔一类的工具描绘刻画纹饰的意思。"周"的本义是表示在钟铃一类的乐器上刻画纹饰的意思。西周金文"画"形表示手执笔一类的工具，在钟铃一类的乐器上描绘或刻画纹饰之义。传世文献和出土文献中的"画"字用义，与"画"的形体演变基本相应。不应因为受表义变化产生的字形差异，改变"画"的释字或曲折通假解读出土文献。

（二）解释了"画"字形体的变化

"画"字形体的演变受表义影响出现了两次跳跃式变革。第一次是从甲骨文到西周金文，字形上从"X"形变为从"周"。这是"画"字表义从宽泛的刻画描绘纹饰

---

① 黄德宽：《古文字谱系疏证》第二册，商务印书馆，2007年，1999~2001页。
② 徐宝贵：《商周青铜器铭文避复研究》，《考古学报》2002年3期，261~276页。
③ 张崇礼：《释古文字中的"画"和"雕"》，复旦大学出土文献与古文字研究中心网站，2012年12月8日。评判见该文评论。
④ 幽部与东部相通的例子可参看刘波：《出土楚文献语音通转现象整理与研究》，吉林大学博士研究生学位论文，2013年5月。

义,变为相对具体的表示在钟铃一类乐器上刻画描绘纹饰之义。第二次是从西周金文到战国文字,字形从"周"变为从"田"。这是从刻画描绘纹饰的本义变为划分界线的引申义。演变期间的从"文"、从"琱"也都是受表义变化影响产生的形体。"画"字形体变化正符合文字演变上"形随义转"的基本规律。

(三)纠正《说文》及相关误解

通过字形分析可知,到了战国时出现从"田"的"画",完全是受分画、界画等引申义影响产生的讹变形体。《说文》所说的"象田四界"的解释,完全是受到战国讹变的"画"字影响产生的。因此,《说文》对"画"的解释只是引申义并不是本义。"画"的本义与田并没有直接关系,以往受《说文》影响产生规划田界、画直线等解释都只是据讹变字形的曲解,并非画字本义。

(四)对先秦美术研究提供重要的参考信息

大量的出土材料证明,绘画纹饰在中国产生很早,但可供参考的先秦文字资料相对有限。画字的形义演变,为今后纹饰研究,提供了非常有价值的参考信息。第一,"画"的初文形体到西周金文演变过程所体现的形义变化,揭示了先秦绘画纹饰的形式和发展。"画"字初文所体现的是用画纹饰表示绘画之义。这里透露出的是,在绘画较原始阶段,画纹饰是绘画的重要组成部分。可以说中国绘画以线条为主要表现语言,从"画"的初文中也能充分体现。但不是说"画"的源头就是从画纹饰、线条开始的。毕竟原始绘画呈现形式,不仅仅是单线"白描",还有点、面等各种组合。第二,甲骨文"画"并没有揭示绘画的载体信息。到了西周金文,刻画纹饰的意思具体到钟铃一类的乐器上,才开始体现出绘画的载体信息。这种载体信息,与鼎盛的西周青铜艺术发展正好相应。第三,通过"画"的表义分析可知,在先秦以前,"画"的内涵较宽泛。"画"字从"周"(彫)、从"文",揭示了"画"与"彫""文"含义相同或关系密切。所以在利用文字与实物资料时,应清楚"画"的含义与相关资料的关联,以便相关材料的深入解读。

附注:2007年我与台湾的王心怡女士去拜访高明先生。当时我对古文字非常感兴趣,但学习不系统,仍是古文字研究的门外汉。高先生给我讲了研究古文字的方法,还举了一些古文字考释的例子,给我讲怎么研究古文字。临走时还送了一本他的《中国古文字学通论》。高明先生的点拨对我之后的学术研究至关重要,自此我的古文字研究才算真正走上了正途。所以高先生是我学术道路上的贵人。谨以此文表达我对高先生的感激。

马王堆《丧服图》续考

来国龙

(美国佛罗里达大学艺术史系)

马王堆三号汉墓出土的《丧服图》是迄今发现年代最早、最完整的有关中国传统丧服制度的古代文物（图一）。十多年前，在美国的《早期中国》（Early China）杂志上，笔者发表过一篇《马王堆丧服图考》的英文文章[①]，根据当时发表的材料，对《丧服图》做了整体的考察。最近，由复旦大学出土文献与古文字研究中心裘锡圭教授领衔主编的《长沙马王堆汉墓简帛集成》，经过七年的准备，终于在中华书局出版[②]。虽然《丧服图》在这之前早已发表，但是这次重新整理，又发现了一些之前未发表的残片；同时，整理和研究工作中也还存在一些问题。根据这些新发现，有必要对笔者十年前的文章进行修改与补充。借此机会，对上次讨论中意犹未尽的几处，进行申说；对学界仍然流行的对《丧服图》的一些误解，进行澄清。

本文虽然是对马王堆《丧服图》的续考，但是在此学术争论中涉及的问题却是古代中国研究中的一个重要议题，即所谓的"二重证据法"（传世文献与出土材料相结合的方法）在早期中国研究中应该如何运用的问题。本文通过对马王堆《丧服图》题记文字的释读和亲属关系图示的复原，来谈谈笔者对这个问题的一点看法。

一、《丧服图》研究的回顾

马王堆《丧服图》，绢质，出土时折叠处已经残破。根据折痕与反印痕可知，帛图是先上下对折，然后再左右对折，形成一个长25、宽14厘米的矩形，装入长方形漆盒中最大的一格（长约30、宽15厘米）。修复后，帛图高约48.4、宽26.2厘米，由三个部分组成：上部是一个用墨线勾勒轮廓、中间填涂红色的华盖；华盖下左右两边有两

[①] Guolong Lai. The diagram of the mourning system from Mawangdui. *Early China*, 2003, 28: 43~99；本文原来是2001年9月3~5日在法国巴黎法兰西学院召开的"从图像到行为：中国思想与宗教文化中视觉表现之动态"（From Image to Action: The Dynamics of Visual Representation in Chinese Intellectual and Religious Culture）学术研讨会会议论文。

[②] 湖南省博物馆、复旦大学出土文献与古文字研究中心编纂，裘锡圭主编：《长沙马王堆汉墓简帛集成》，中华书局，2014年。

图一 马王堆《丧服图》原帛

段题记文字;下部是由红色和黑色(或为青色①)填色的方格与连线组成的图表。题记文字右侧为(先不断句,因为断读有争议):

三年丧属服

廿五月而毕

---

① 关于青色颜料在马王堆汉墓酸性棺液中长期浸泡可能变黑以及帛图上面书写文字颜色变化等的推测,参见程少轩:《马王堆汉墓〈丧服图〉新探》,载《出土文献与古文字研究》第六辑,上海古籍出版社,2015年,623~625页。但是这一问题的彻底解决,还须进一步科学地化验与分析。

左侧题记为：

　　行其年者父斩衰十三月而毕
　　祖父伯父昆=弟=之子=孙
　　姑姊妹女子=皆齐衰九月而毕
　　箸大功者皆七月小功韃皆如箸

马王堆《丧服图》出土后，因为是与《仪礼》《礼记》等传世典籍记载的传统丧服制度有关的出土文物，引起学界的重视，但是除了一些简单的介绍，并没有多少研究文章。最早的是1994年，当时在湖南省博物馆工作的曹学群写的一篇简论①。曹先生试图把马王堆《丧服图》放到古代丧服制度演变的历史脉络中去。他认为，题记文字中提到的"三年丧"是指"为天子所服的斩衰三年"。他解释题记中"其年"的"其"，引用《礼记·丧服小记》"期之丧，二年也"，认为"行其年者父斩衰十三年而毕"是指"父死，行居丧二年之礼"。这样，他认为《丧服图》上就记载了"为天子三年"和"为父二年"两种不同的丧服礼制。华盖下的方格，他根据明清家谱等文献中的《本宗九族五服正服图》，认为"它实际上是一幅墓主生前五服之内的父党系亲属关系网络图"。上部的红色华盖，他认为是"代表刘氏王朝，图上表示的是汉王朝像一把大伞，福荫着轪侯家族"（他还认为下面中央有一个墨线勾勒、没有设色的所谓"小华盖"，后来发现其实那可能只是墨线的水印痕迹）。

作为第一篇研究马王堆《丧服图》的论文，曹先生的文章是有不少成绩的。但是，他对《丧服图》的定性与其在历史脉络中的定位，却有问题。他根据《晋书·礼制》中记载秦王朝在丧服礼制上"尊君抑臣""亢上抑下"，认为马王堆《丧服图》反映的是先秦的子为父的三年之丧，到了秦汉时期"已为皇帝所专享，子为父等只能居丧两年"。他错误地认为这里是"为天子三年"和"为父两年"两种不同的服制。对亲属关系图示的复原，他没有用《丧服图》上提到的亲属称谓，而是直接用明清家谱等后世文献中的称谓。另外，他认为华盖下的亲属关系图是"墓主生前五服之内的父党系亲属关系网络图"，以及红色华盖代表汉王朝，也是缺乏有力的证据。

在2003年《早期中国》上的论文中，笔者先把传世文献和考古材料中有关丧服制度的资料分别进行梳理，把马王堆《丧服图》本身和传世文献《仪礼》等所见丧服制度以及《仪礼》和《尔雅》中的亲属称谓等分开来研究，然后再试图建立它们之间的联系。首先，在对于传世文献所记载的丧服制度的清理中，笔者吸收了民初学者吴承仕（1884~1939年）对于传统丧服制度的分析，把传世文献中的丧服制度看成是一

---

① 曹学群：《马王堆汉墓〈丧服图〉简论》，《湖南考古辑刊》第6辑，岳麓书社，1994年，226~229、225页。

个有机的、可以调节的系统,对丧服制度本身进行分剖解析①。传统的丧服制度,是以"至亲以期断"为本位,可以"加隆""弗及",再加其他一些基本的原则组织而成。如丧服有六术,以"亲亲""尊尊"为两条经线,而以"名""出入""长幼""从服"四事为纬,这些都是调节丧服轻重长短的原则。这在《礼记·三年问》等文献中都有明确记载。这样,我们可以对于丧服制度有个比较通透的理解。

其次,在复原华盖下的亲属关系图时,笔者找到了题记文字与亲属关系图示之间的内在联系,即题记中提到的齐衰九月的亲属,形成一个六边形的圈,正好包围"至亲"的父子关系。这是笔者进行亲属关系推论的定点,当时也是受到西方人类学著作中有关亲属关系的树状图的影响,要找到一个逻辑推理的定点。找到了这个定点,其他的亲属关系就可以根据《仪礼》《尔雅》的称谓依次类推。这样就可以系统地复原《丧服图》上的亲属关系。在丧期上,笔者是根据丧服"本位"的丧期进行推理。这样复原的《丧服图》,华盖下的亲属关系图与左、右边的题记文字记载的内容是相一致的。另外,笔者还把马王堆《丧服图》和传为汉代的《鸡笼图》、敦煌书仪中的《丧服图》、宋代《三礼图》中的《丧服图》进行了对比,以见其历史发展的轨迹。

二、争论之一:题记文字的断读与解释

2004年在长沙召开的纪念马王堆汉墓发掘三十周年的国际学术研讨会上,胡平生宣读了一篇《马王堆帛书丧制图所记丧服制度考论》的论文②。用胡先生的话说,我们在会场上"围绕那几行题记文字的断句和解释进行了热烈的讨论,吸引许多与会学者参加,气氛十分活跃"③。在会议上,笔者就对胡先生的断读与理解提出了不同意见。十年之后,2014年12月纪念马王堆汉墓发掘四十周年的国际学术研讨会上,胡先生又发表一篇《马王堆汉墓帛书丧服图再考》的论文,重申了他十年前的主张④。胡平生对题记文字的这一断读有一定影响,这次参与复旦整理工作的董珊、程少轩也都采纳了胡先生的断读。因此,笔者觉得有必要再来讨论一下这一问题。

胡平生认为右侧题记的"三年丧,属服廿五月而毕",应该与左侧题记的"行其年者父"连读。根据这样的断读,他认为马王堆《丧服图》涉及的"为父"的丧服和丧期都与传世文献"为父斩衰三年"的记载相吻合。对于题记文字的不同断读,是马

---

① 吴承仕:《中国古代社会研究者对于丧服应认识的几个根本观念》,载《吴承仕文录》,北京师范大学出版社,1984年,11~29页。

② 胡平生:《马王堆帛书丧制图所记丧服制度考论》,《湖南省博物馆馆刊》第1辑,岳麓书社,2004年;后收入《胡平生简牍文物论稿》并加"编校注",中西书局,2012年,284~287页。

③ 胡平生:《马王堆汉墓帛书丧服图再考》,纪念马王堆汉墓发掘四十周年国际学术研讨会会议论文,湖南长沙,2014年;《湖南省博物馆馆刊》待刊。

④ 同③。

王堆《丧服图》研究中争论的一个焦点，也是本文所说的出土材料与传世文献如何结合的问题的核心问题。在2004年长沙会议的讨论中，我就指出胡先生这样断读是有问题的。现在我仍然认为他这样的断读，是不对的。理由主要有以下四点：

第一，胡平生这样的断读与帛图题记的行款不符。帛图右侧题记与左侧题记各自成段落，而且字体大小也都不同。因此不可能、也不应该右侧题记与左侧题记的前五个字连读。

第二，这样的断读误解了丧服制度中的术语"其年"。胡先生这样断读，似乎"其"只能理解为一个指称代词，意思是"他的"。但是，这个"行其年"到底是"行谁的年"？"什么年"？胡先生并没有说清楚。从题记的上下文来看，即使退一步说这是一个指称代词，它也是指代不明的，它前面并没有一个可以被指代的主体。三年丧，二十五月，是不可能被称为"其年"的。事实上，这里的"其年"应该读为"期年"，是丧服制度的术语，是指一周年，12个月。可以参看《论语》"宰我问三年之丧"章的讨论。又因为丧服制度在数术上用奇数，要加1，这样12加1，就成为13个月，跨两年。这也就是因此，"期年"即"十三月而毕"。这里的"期年"应该是和下面的内容联系在一起的。

第三，胡先生这样断读破坏了整个题记文字的节奏，打破了三个"……而毕"的行文节奏。并且，左侧题记"行期年者：父，斩衰，十三月而毕"，这样的句式也是《仪礼·丧服》经文行文常有的方式。

第四，胡先生连读的理由主要只是为了和"为父斩衰三年"的传世文献中关于丧服的这一句话相对应。胡先生批评说："由于来氏误从曹学群对《丧服图》题记的句读，将对父的丧期理解为'行期年'，丧服丧期误定为'斩衰十三月'，而原本应当连读的'斩衰十三月而毕，祖父、伯父、昆弟、昆弟之子、孙'一句，将'祖父、伯父、昆弟、昆弟之子、孙'连下读，与'姑、姐、妹、女子子'放在一起，丧服丧期为'皆齐衰九月而毕'。这样一来，导致所涉及的亲属的丧服丧期都无法与传世文献相合。"但如上所述，丧服制度基本的原则是"至亲以期断"，又加以"隆降"之制进行调节。马王堆《丧服图》题记表达的就是这些基本的原则。右侧题记的"三年丧，属服廿五月而毕"，就表达了"至亲以期断"（1年12个月），再期加隆以后，然后加1，就成为25个月，也就是"为父三年"。左侧题记"行其年者，父斩衰十三月而毕"，其实就相当于"至亲以期断"的原则，父子关系就是"至亲"的关系。中国古代的丧服制度有一定的系统性和内在逻辑。笔者想复原的就是丧服制度的系统与逻辑，而不是直接与某条传世文献对应。

胡先生这样的读法是按下了葫芦浮起了瓢。退一步说，即使如胡平生那样断读，表面上好像是把马王堆《丧服图》所涉及的亲属的丧服丧期和传世文献"为父三年"的记载相合，其实从五服制度的整体来说，胡先生的断读还是捉襟而见肘、纳履而踵决。虽然"为父三年"与传世文献记载对上了，但是后面随之而来的"斩衰，十三月而毕、祖父、伯父、昆弟、昆弟之子、子、孙"，这些传统五服制度下是"齐衰之亲"，在胡先生这里却成了服13个月的"斩衰"。这是先秦、秦汉以至于后世的五服制度中闻所未闻的，是根本无法与任何传世或出土文献相合的①。胡先生这样的断读，忽视了丧服制度的内在逻辑，强硬地将传世文献中的某句硬套到出土材料上去。其在2014年论文讨论亲属关系图示的复原上，也是不顾马王堆《丧服图》的内在证据，用传世文献（如钱玄《三礼通论》所列图示，参见图二）来"补足"未见于题记的亲属与丧服、丧期，而不是从《丧服图》以及五服制度的内在逻辑来推导。

因此，笔者认为胡平生的断读是有问题的，还是坚持自己十年前的意见。且与复旦大学研究三礼的博士研究生徐渊交流，他也是从丧服礼制的内在逻辑来理解马王堆《丧服图》的题记文字的，他也是反对胡先生的断读的②。事实上笔者和徐渊的读法才是和传世文献中记载的丧服制度及其原则密合无间。

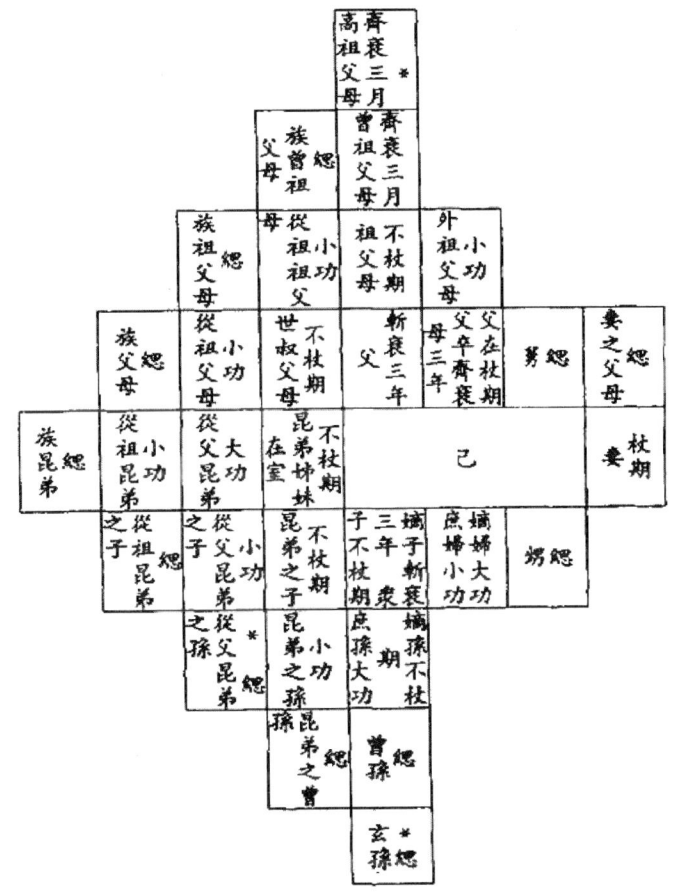

（有 * 者，《儀禮·喪服》未載，推知而補。）

图二　钱玄《三礼通论》丧服图表

---

① 徐渊：《论马王堆汉墓〈丧服图〉题记所反映的"本服"观念——从"服术"的角度看〈丧服图〉的复原方案》，《儒家研究》，待刊。

② 同①。

三、争论之二：华盖下方格组成图示的复原程度及其证据

华盖下方格所组成的图示的复原，是与前面题记文字的断读直接联系在一起的。曹学群在他文章的后面，根据明清家谱里的《本宗九族五服正服图》做了一个复原图。他认为这个图示"实际上是一幅墓主生前五服之内的父党系亲属关系网络图"。这里他并没有对马王堆《丧服图》本身进行分析，而只是套用明清的《本宗九族五服正服图》而做出的结论，当然这样忽视了从汉代到明清几千年的变化，显然他的复原图是靠不住的。

笔者做该图示的复原工作时被一个问题困扰，就是应该把"己"（ego）放在哪里？根据又是什么？因为帛图下面部分残缺严重，我们也不清楚究竟下面有多少个方格。后来从中国传统社会结构及亲属关系结构的同心圆理论出发发现，如果把五服制度中的齐衰二等亲（即题记中的"祖父、伯父、昆弟、昆弟之子、孙、姑、姊妹、女子子"，齐衰九月）联系起来，正好在图示中形成一个六边形圈，包绕斩衰一等（"至亲"）的父子关系。这样就间接地把"己"的位置确定下来，也把《丧服图》的题记文字和图示联系起来。在此基础之上，再用丧服制度的一般原则，即"亲亲以三为五，以五为九，上杀，下杀，旁杀，而亲毕矣"，来确定图示中轴线右侧方格及中轴线下部残缺处的复原。这里父系直系亲属关系没有推衍到九，而只到七。到九，是到五服"亲毕"的缌，而这里只到小功，因此中轴线下部残缺处应该补四个方格。其他的亲属称谓就可以根据图的逻辑来推衍。最后，图示中轴线左侧的外亲，就参考丧服制度的另一原则，即"外亲之服皆缌"。但是，为了不是简单地把传世文献的丧服制度直接套到马王堆《丧服图》，也为了谨慎起见，在这里笔者说外亲"姑之子""甥""外孙"可以是五月小功或三月缌麻。这就是笔者2003年文章中复原马王堆《丧服图》华盖下图示所用的逻辑与推理（参见图三）[①]。

胡平生2004年论文中没有作复原图；2014年论文仍然没有作出自己的复原图，而只是说："程少轩的复原图是《丧服图》研究的最新成果，在董珊的基础上又有进步，是集大成者，是目前做得最好的。"这次复旦重新整理马王堆帛书，《丧服图》是由董珊负责[②]。董珊在题记文字的断读上跟从了胡平生，他的复原图问题很多（图

[①] 笔者2003年《早期中国》文章中的复原图上，有手民误植，如右起第三列第二行的"伯父"误排成"祖父"，右起第二列第二行的"从父昆弟"误排成"从祖昆弟"以及图标等的错误。程少轩文中称引我的复原方案（图五）和胡平生2014年文中的称引，已改正排印错误，但"己"上面的"父，斩衰，十三月"等则是他们因误解而强加的，我图原意是"父，斩衰，三年"。

[②] 湖南省博物馆、复旦大学出土文献与古文字研究中心编纂，裘锡圭主编：《长沙马王堆汉墓简帛集成》，中华书局，2014年。本文所引董珊的观点，皆出自该书。

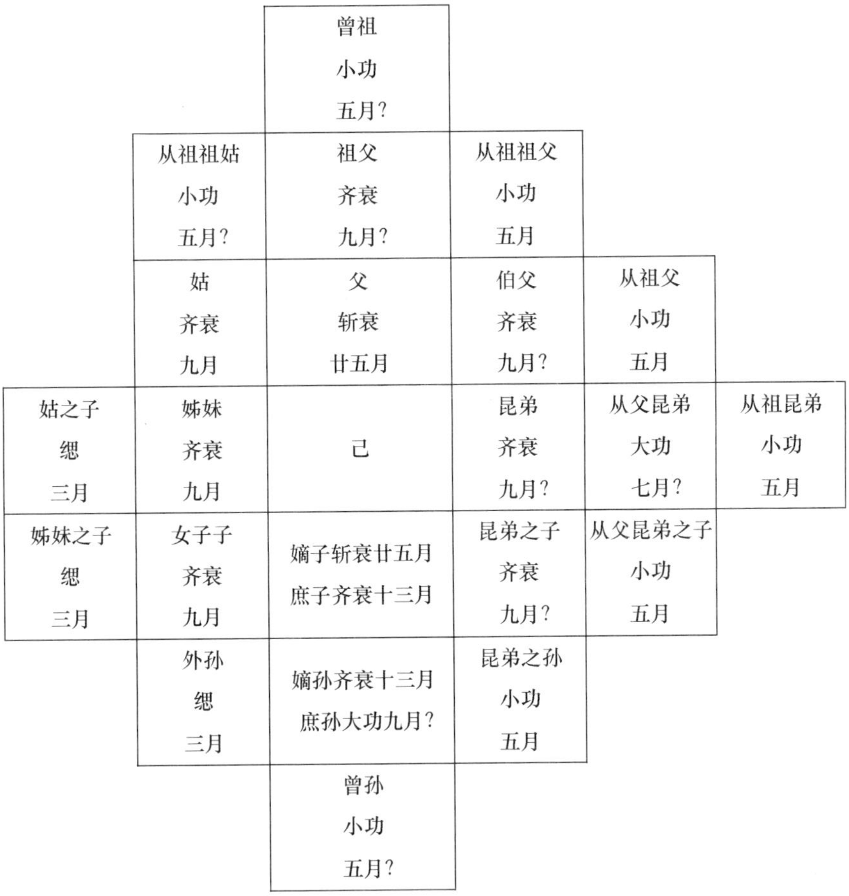

		曾祖 小功 五月?			
	从祖祖姑 小功 五月?	祖父 齐衰 九月?	从祖祖父 小功 五月		
	姑 齐衰 九月	父 斩衰 廿五月	伯父 齐衰 九月?	从祖父 小功 五月	
姑之子 缌 三月	姊妹 齐衰 九月	己	昆弟 齐衰 九月?	从父昆弟 大功 七月?	从祖昆弟 小功 五月
姊妹之子 缌 三月	女子子 齐衰 九月	嫡子斩衰廿五月 庶子齐衰十三月	昆弟之子 齐衰 九月?	从父昆弟之子 小功 五月	
	外孙 缌 三月	嫡孙齐衰十三月 庶孙大功九月?	昆弟之孙 小功 五月		
		曾孙 小功 五月?			

图三 本文的修正复原图

（据现有证据可以复原的残图）

四），程少轩在他的文章中已经指出其谬，此不赘述①。程少轩的复原图（图五），由于也误信了胡平生的断读，也没有从丧服制度的内在逻辑（"本位"加"服术"）去理解《丧服图》。在亲属关系的复原上，程少轩认同了笔者的复原。但在服制与丧期的复原上，他一是根据胡平生的断读，把为"祖父、伯父、昆弟、昆弟之子、子、孙"所服的"齐衰"改为"斩衰"；二是把题记文字中提到的几个服制与丧期填充到方格中去，其他则是根据传世文献和自己的推测拟补。他试图做到的是，使题记文字与图示之间的内容保持相对一致。

但是，这次复旦重新整理新发现的残片，已经证明题记文字与图示之间并不是完全一致的。图示上有更多的信息，是题记文字中所没有提到的。复旦的整理者在帛书残片中发现了三块有墨书痕迹的深黑色碎帛，应该就是《丧服图》的碎片。其中第一

---

① 程少轩：《马王堆汉墓〈丧服图〉新探》，载《出土文献与古文字研究》第六辑，上海古籍出版社，2015年，623~625页。

		曾祖			
	从祖祖姑	祖父 斩衰 十三月	从祖祖父		
	姑 齐衰 九月	父 斩衰 廿五月	伯父叔父 斩衰 十三月	从祖父	
姑之子	姊妹 齐衰 九月	己身	昆弟 斩衰 十三月	从父昆弟	从祖昆弟
甥	女子子 齐衰 九月	嫡子 斩衰 十三月	庶子	从父昆弟之子	
	外孙女	孙 斩衰 十三月	庶孙		

图四　董珊的复原图
（标"？"者表示怀疑该位置存在方格）

片字迹仍较清晰，写有"衰　廿五月"的字样（图六）。该残片约有《丧服图》方格的四分之一大小。程少轩推测应为"己"正下方的"子"的方格残片。据此可推知，"子"方格内的说明文字，将"子"分为嫡子与庶子，推测这"衰廿五月"指的是嫡子斩衰廿五月。我觉得程少轩的这一推测是有道理的。看来题记文字记录的只是丧服制度的基本核心原则，而方格中所列更多的信息已经把一些原则（"服术"）运用到丧服丧期的计算中去。"子"这一方格的文字就体现了"尊尊""亲亲"原则中对"嫡长子"的尊崇，父为嫡长子服丧也是"斩衰二十五月"。

但是也要认识到，由于其他方格中的文字缺如，我们不知道到底哪些原则在马王堆《丧服图》中体现出来。比如，程少轩的复原图中"姑、姐妹、女子子"（齐衰九月）与"伯父、昆弟、昆弟之子"（斩衰十三月）的不同，正是反映了传统丧服制度中的"出入"原则（虽然丧服等差并不正确），即女子在室与其兄弟所服的丧服是一样的，出嫁以后要减降一等。但是，是否马王堆《丧服图》反映了这样的原则呢？现在看来，我们还没有在《丧服图》本身发现这样的证据。因此，笔者对自己2003年复原图的修正，就是根据这块新发现的材料，在"子"与"孙"两格内增加丧服制度中的"嫡庶"的区别，即"嫡子斩衰廿五月，庶子齐衰十三月"，"嫡孙齐衰十三月，

姑之子	从祖祖姑	曾祖	从祖父	从父昆弟	从祖昆弟
		曾祖 缌 三月**			
	从祖祖姑 缌 三月**	祖父 斩衰 十三月	从祖父 小功 五月*		
	姑 齐衰 九月	父 斩衰 廿五月	伯父 斩衰 十三月	从祖父 小功 五月*	
姑之子 缌 三月*	姊妹 齐衰 九月	己身	昆弟 斩衰 十三月	从父昆弟 小功 七月*	从祖昆弟 小功 五月*
姊妹之子 缌 三月*	女子子 齐衰 九月	子斩衰 嫡廿五月 庶十三月	昆弟之子 斩衰 十三月	从父昆弟之子 小功 五月*	
	外孙 缌 三月*	孙 斩衰 十三月	族孙 小功 五月*		
		曾孙 缌 三月*			

图五　程少轩的复原图
（标*者为据文献补，标**者为作者拟补）

图六　《丧服图》残片
（左边第一片上有"衰廿五日"字样）

庶孙大功九月"（图三）。这与传统礼书记载丧服制度中的区分嫡庶之别的原则是一致的。

复旦这次重新整理的另一个新发现，是右数第三竖行最下面一个方格上有"〔族〕孙"的字样（图七）。"孙"字较清晰，前一字董珊根据传世文献推测以为

图七 残存"（族）孙"字迹的方格

"庶"字，程少轩已经指出其谬，并认为是"族"字。笔者还没有机会目验原物，但是在程少轩所提供的图片上，此字并不清晰。更重要的是，从学理上来说，其实在汉初什么是"族"，"族"到底包括哪些亲属，还是一个有争议的问题。比如，古文学家认为，"九族"是"同姓九代"；而今文学派认为，"九族"包括"父族四、母族三、妻族二"。笔者在2001年法国法兰西学院的会议论文中，讨论了这一问题，并推测马王堆《丧服图》上的亲属关系，可能间接印证了今文学家的"九族"观念。今文学家的"九族"观念，除了母族与妻族，还是包括姑之子、姊妹之子、女子之子等与父族相关的异姓亲属。而后来修改论文发表时，因为有一位审查者坚决反对，笔者把这一部分讨论删掉了。但是陆威仪（Mark Lewis）很敏锐地注意到这个问题，在他的《早期中国空间的构造》一书中引到这篇法兰西学院的会议论文时引用了这一点①。因此，笔者觉得这一方格残文中的字，可能还有讨论的余地。

徐渊的复原图（图八），把《丧服图》题记看做是"本服"（"本位"）观念的反映，再从"服术"隆降的角度来复原。这在方法上是完全正确的。但是，他认为《丧服图》图表方格中的内容与《仪礼·丧服》的记述应该是完全一致的。他认为"《丧服图》是严格按照《仪礼·丧服》所述绘制的"。对于这一结论，笔者认为至少现在还证据不足。除了丧服制度的最基本的一般原则，我们现有的图表内文字的唯一证据，就是这次复旦重新整理时发现的残片。的确和《仪礼·丧服》一样，马王堆《丧服图》反映的丧服制度也是在"至亲以期断"的"本位"的基础之上，再根据"服术"隆降而成。但是根据现有的证据，这些"服术"要调整到什么程度，是否就一定与《仪礼·丧服》的记载相合，还是一个可以再讨论的问题。将来有一天，进一步的科学检测，如能发现《丧服图》上更多的文字，或许可以证实徐渊的复原，但是至少现有的证据还不足以下这个结论②。

---

① Mark Lewis. *The Construction of Space in Early China*. Albany: State University of New York Press, 2006: 101.

② 徐渊为了证明他的观点，还引用胡平生在"纪念马王堆汉墓发掘四十周年国际学术研讨会"上的文章。胡先生说："2003年（龙按：这是胡先生误记，应为2004年）会后曹学群带着我和来国龙先生于观察帛画原物时，看到墨色方块里有'大功×月''小功×月'字样。"（龙按：这两句也见于《胡平生简牍文物论稿》，收在《马王堆帛书〈丧制图〉所记丧服制度考论》后的"编校注"中，中西书局，2012年，287页。）徐渊接着说："如果现实情况真如胡平生所说，那题记'书大功皆为七月'岂不是与图示中'大功×月'相重复了吗，这也从一个侧面说明……"事实上，2004年会后查看原物，不止我们三人，还有其他观众。当时人头攒动，挤在一张小小的帛图上方。我们用小电筒左照、右照、前照、后照，似乎都没看清楚什么。胡先生说他看到了墨色方块里有"大功×月""小功×月"的字样。当轮到我看时，我没有看到。这次复旦重新整理，也没有发现类似的字迹。因此，需要对《丧服图》再做进一步的观察与检测。

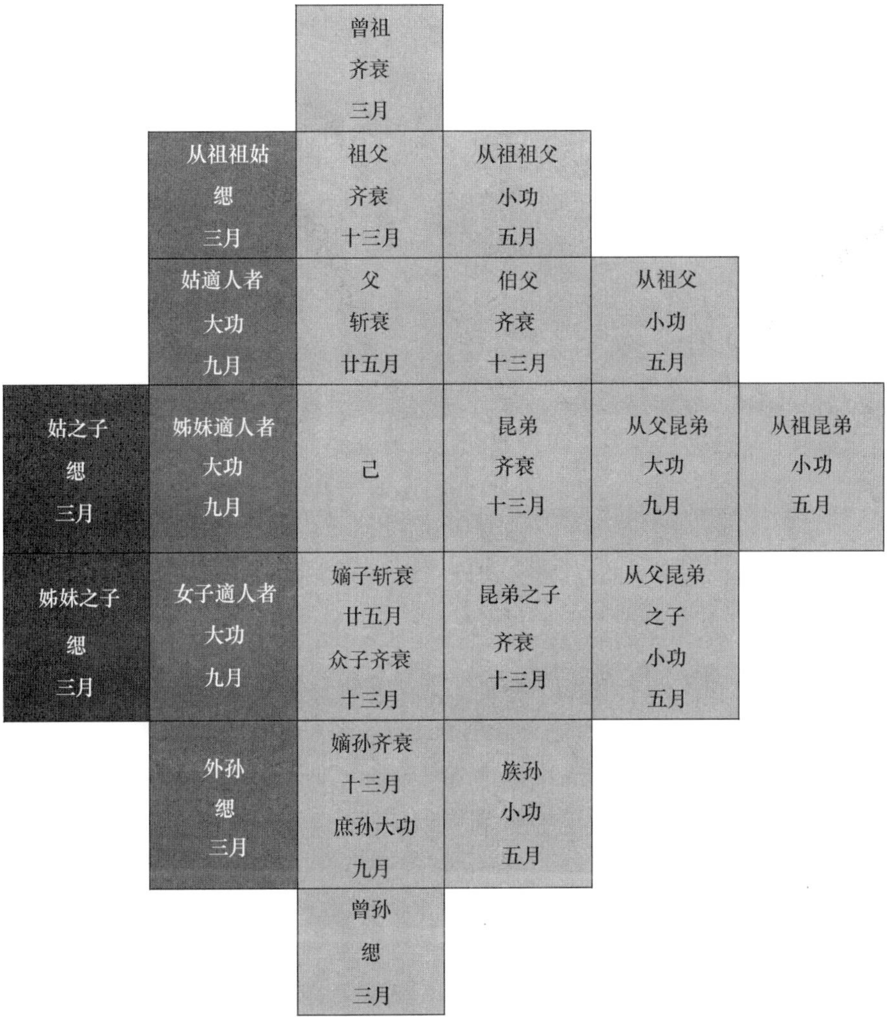

		曾祖 齐衰 三月			
	从祖祖姑 缌 三月	祖父 齐衰 十三月	从祖祖父 小功 五月		
	姑適人者 大功 九月	父 斩衰 廿五月	伯父 齐衰 十三月	从祖父 小功 五月	
姑之子 缌 三月	姊妹適人者 大功 九月	己	昆弟 齐衰 十三月	从父昆弟 大功 九月	从祖昆弟 小功 五月
姊妹之子 缌 三月	女子適人者 大功 九月	嫡子斩衰 廿五月 众子齐衰 十三月	昆弟之子 齐衰 十三月	从父昆弟 之子 小功 五月	
	外孙 缌 三月	嫡孙齐衰 十三月 庶孙大功 九月	族孙 小功 五月		
		曾孙 缌 三月			

图八　徐渊的复原图

因此，根据现有的证据，我们还不能完全恢复马王堆《丧服图》的原貌。我们不应该在没有全部证据之前，就直接把马王堆《丧服图》与《仪礼·丧服》的记载直接等同起来。我认为，现在我们应该坚持胡适所说治学的基本原则，即"有几分证据，说几分话。有一分证据，只可说一分话。有七分证据，只可说七分话，不可说八分话，更不可说十分话"。

以上是笔者对马王堆《丧服图》的认识。总之，笔者十年前对丧服制度的分析方法以及对《丧服图》题记的断读与理解，还是对的。只是现在有了这次复旦重新整理时新公布的残片，使我认识到，华盖下亲属关系图示的内容比题记的内容要多，图示和题记在字面上不是完全一一对应的关系。但是到底多多少，由于材料缺乏，我们现在还没法完全复原马王堆《丧服图》的原貌。在这个研究中，重要的是要分清楚什么是考古材料本身所能提供给我们的信息，什么是我们根据传世文献可以补足的信息。

从这个例子来看，所谓"二重证据法"的运用，至少要注意以下两点：一是不要把传世文献与出土材料简单、机械地等同起来，而是先要厘清两者的性质与系统，然后才可能进行对比研究，找出它们之间可能的联系；二是传世文献与出土材料能结合到什么程度，还要具体看我们掌握的具体证据，有一分证据只可说一分话，有七分证据，不可说八分话。

附记一：对于马王堆《丧服图》的关注，始于20世纪90年代初在北大考古系跟高明先生念研究生时。高先生把我送到中华书局王文锦先生那里学三礼，还亲自带我搭公车辗转往北京城西南的六里桥，到王先生家里登门拜师。王先生当时教我们几个北大考古系的研究生读礼，因为希望我们将礼书与考古材料相结合，读的主要就是丧服与士丧礼。谨以此小文恭祝高先生九十大寿，并记高先生与王先生惺惺相惜的高情厚谊。感谢他们的教诲之恩。

附记二：本文曾在香港大学、南京大学、Academia Sinica 历史语言研究所、武汉大学的会议或讲座等不同场合讲过，感谢邓佩玲女士、张良仁兄、邢义田先生、刘增贵先生、杨华兄、薛梦潇女士等的指点与帮助，及复旦大学程少轩兄、徐渊兄的鱼雁往还、反复讨论。

帛书《经法·道法》笺证

连劭名

（北京教育学院）

1973年湖南长沙马王堆三号墓出土的《老子》乙本卷前古佚书，唐兰先生考证为《黄帝四经》。古佚书的第一种《经法》共九章，第一章《道法》是全文总纲，叙述"道生法"的理论，主张形名学说，强调以法治国。《鹖冠子·兵政》云："贤生圣，圣生道，道生法。"道为无，法为有，自无生有。《周易·系辞上》云："形而上者谓之道，形而下者谓之器。"《庄子·胠箧》云："彼圣人者，天下之利器也。"郭象注："可执而用曰器。"本文拟对《经法·道法》作一笺证，征引有关资料，相互参证，分节论证如下。

（1）道生法。法者，引得失以绳，而明曲直也。故执道者生法而弗敢犯也，法立而弗敢废也。□能自引以绳，然后见知天下而不惑也。

"道生法。"《礼记·中庸》云："天命之谓性，率性之谓道，修道之谓教。"《孟子·公孙丑上》云："其为气也，配义与道，无是，馁也。"赵岐注："道谓阴阳大道，无形而生有形，舒之弥六合，卷之不盈握，包落天地，禀授群生者也。"《周易·系辞下》云："天地之大德曰生。"道以至德为本。《周礼·师氏》云："一曰至德，以为道本。"郑玄注："至德，中和之德。覆焘持载，含容者也。孔子曰：中庸之为德，其至矣乎。"

《鹖冠子·兵政》云："昔之知时者与道证。弗知者危神明。道之所亡，神明之败。何物可以留其创，故曰道乎道乎，与神明相保乎。庞子曰：何如而相保？鹖冠子曰：贤生圣，圣生道，道生法，法生神，神生明，正之末也。末受之本，是故相保。"《礼记·大学》云："物有本末，事有终始，知所先后，则近道矣。"《荀子·哀公》云："孔子对曰：所谓大圣者，知通乎大道，应变而不穷，辨乎万物之情性者也。……情性者，所以理然不取舍。是故其事大辨乎天地，明察乎日月，总要万物于风雨，缪缪肫肫，其事不可循，若天之嗣，其事不可识，百姓浅然，不识其邻，若此则可谓大圣矣。"

《鹖冠子·博选》云："道凡四稽。一曰天，二曰地，三曰人，四曰命。"又云："所谓天者，物理情者也。所谓地者，常弗去者也。所谓人者，恶死乐生者也。

神明者，以人为本者也。人者，以贤圣为本者也。贤圣者，以博选为本者也。博选者，以五至为本者也。"神明以人为本，人以贤圣为本，贤圣生道法，道法生神明，终始相应，本末相保。《说文》云："人，天地之性最贵者也。"人有自然与社会两面，合天人之道。郭店楚简《性自命出》云："喜怒哀悲之气，性也。及其见于外，则物取之也。性自命出，命自天降。道始于情，情生于性。始者近情，终者近义。"道始于情性而终于义，其说即"道生法"。

《周易·系辞上》云："易与天地准，故能弥纶天地之道，仰以观于天文，俯以察于地理。是故知幽明之故，原始反终，故知死生之说。精气为物，游魂为变，是故知鬼神之情状。"道为幽明之故，法为死生之说。神明即鬼神之情状。《周易·系辞上》又云："是故阖户谓之坤，辟户谓之乾，一阖一辟谓之变，往来不穷谓之通。见乃谓之象，形乃谓之器，制而用之谓之法，利用出入，民咸用之谓之神。"乾坤为道，制度为法，百姓用之为神。《淮南子·精神》云："天静以清，地定以宁，万物失之者死，法之者生。"

《说文》云："一，惟初大始，道立于一，造分天地，化生万物。"《鹖冠子·度万》云："守一道，制万物者，法也。"道为一。《老子》第三十九章云："昔之得一者，天得一以清，地得一以宁，神得一以灵，谷得一以盈，万物得一以生，侯王得一以为天下贞。"法亦为一。《管子·任法》云："法者，上之所以一民使下也。"《说文》云："法，刑也。"《尚书·吕刑》云："惟作五虐之刑曰法。"法与刑皆本于义。《逸周书·本典》云："能收民狱者，义也。"《鹖冠子·学问》云："所谓义者，同恶者也。"《周易·系辞下》云："理财正辞，禁民为非，曰义。"

《韩非子·饰邪》云："故镜执清而无事，美恶从而比焉。衡执正而无事，轻重从而载焉。夫摇镜则不得为明，摇衡则不得为正，法之谓也。故先王以道为常，以法为本，本治者名尊，本乱者名绝。凡智能明通，有以则行，无以则止，故智能单道，不可传于人，而道法万全，智能多失。夫悬衡而知平，设规而知圆，万全之道也。明主使民饰于道之故，故佚而有功。释规而任巧，释法而任智，惑乱之道也。乱主使民饰于智，不知道之故，故劳而无功。"

"法者，引得失以绳，而明曲直者也。"法生于道。《论语·里仁》云："富与贵，是人之所欲也，不以其道得之，不处也。贫与贱，是人之所恶也，不以其道得之，不去也。"《论语·季氏》云："君子有九思。"其九曰："见得思义。"义同宜，得失之本。《老子》第二十五章云："人法地，地法天，天法道，道法自然。"《春秋繁露·楚庄王》云："故圣者法天，贤者法圣，此其大数也。得大数而治，失大数而乱，此治乱之分也。"《荀子·劝学》云："礼者，法之大分，群类之纲纪也。"《管子·心术》云："礼者，因人之情，缘义之理，而为之节文者也。"《韩非子·大体》云："古之全大体者，……不以智累心，不以私累己，寄治乱于法术，诧是非于赏罚，属轻重于权衡，不逆天理，不伤情性，不吹毛而求小疵，不洗垢而察难知，不引绳之外，不推绳之内，不急法之外，不缓法之内，守成理，因自然，祸福生乎道法而不出乎爱恶，荣辱之责在乎己而不在乎人。"又云："因道全法，君子乐而大奸止，澹然闲静。因天命，持大体，故使人无离法之罪，鱼无失水之祸。如此，故天下少不可。"

《周易·系辞上》云："是故吉凶者，失得之象也。"《鹖冠子·环流》云："有一而有气，有气而有意，有意而有图，有图而有名，有名而有形，有形而有事，有事而有约。约决而时立，时立而物生。故气相加而为时，约相加而为期，期相加而为功，功相加而为得失，得失相加而为吉凶，万物相加而为胜败，莫不发于气，通于道，约于事，正于时，离于名，成于法者也。法之在此者，谓之近。其出化彼，谓之远。近而至，故谓之神。远而反，故谓之明。明者在此，其光照彼，其事形此，其功成彼，从此化彼者，法也。生法者，我也。成法者彼也，生法者日在而不厌者也。生成在己，谓之圣人。"

宋薛尚功《历代钟鼎款识》卷一战国带钩鸟虫书箴铭云："宜曲则曲，宜直则直。"《荀子·不苟》云："与时屈伸，柔从若蒲苇，非慑怯也，刚强猛毅，靡听不信，非骄暴也。以义应变，知当曲直故也。诗曰：左之左之，君子宜之。右之右之，君子有之。此言君子能以屈信应变故也。"静为曲直，动为屈信。《周易·系辞下》云："往者屈也。来者信也。屈信相感，而利生焉。"法有曲直，理直气壮，理屈辞穷。《礼记·丧服四制》云："理者，义也。"《韩非子·有度》云："故当今之时，能去私曲、就公法者，民安而国治。能去私行行公法者，则兵强而敌弱。故审得失有法度之制者，加以群臣之上，则主不可欺以诈伪。审得失，有权衡之称者以听远事，则主不可欺以天下之轻重。"

"故执道者生法而弗敢犯也，法立而弗敢废也。口能自引以绳，然后见知天下而不惑矣。"执道者为圣人。《韩非子·主道》云："道者，万物之始，是非之纪也。是以明君守始以知万物之源，治纪以知善败之端。"《韩非子·有度》云："夫为人主而身察百官则日不足、力不给。且上用目则下饰观，上用耳则下饰声，上用虑则下繁辞。先王以三者为不足，故舍己能，而因法数，审赏罚，先王之所守要。故法省而不侵，独制四海之内，聪智不得用其诈，险躁不得关其佞，奸邪无所依。远在千里外，不敢易其辞，势在郎中，不敢蔽善饰非。朝廷群下，直凑单微，不敢相逾越。"《周礼·太宰》云："二曰法则，以驭其官。"郑玄注："法则，其官之制度。"

《管子·七臣七主》云："法令者，君臣之所共立也。"《汉书·张释之传》云："法者，天子所与天下公共也。"《礼记·礼运》云："大道之行也，天下为公。"郑玄注："公，犹共也。"《贾子·道术》云："兼覆无私谓之公。"《释名·释言语》云："公，广也。可广施也。"《逸周书·命训》云："天生民而成大命，命司德正之以祸福，立明王以顺之。曰大命有常，小命日成。成则敬，有常则广，广以敬命，则度至于极。"

法体现义。《春秋繁露·仁义法》云："义者，谓宜在我者。"《孟子·离娄上》云："义，人之正路也。"故云"自引以绳"。圣人为"见知天下"者。《周易·系辞上》云："圣人有以见天下之赜，而拟诸其形容，象其物宜，是故谓之象。圣人有以见天下之动，而观其会通，以行其典礼，系辞焉以断其吉凶，是故谓之爻。言天下之至赜而不可恶也，言天下之至动而不可乱也。拟之而后言，议之而后动，拟议以成其变化。"

明德故不惑。《礼记·大学》云："《康诰》曰：克明德。《大甲》曰：顾諟天之明命。《帝典》曰：克明峻德。皆自明也。"圣人明德则百姓不惑。《礼记·缁衣》云："子曰：有国家者，章善瘅恶以示民厚，则民情不贰。《诗》云：靖共尔位，好是正直。子曰：上人疑则百姓惑，下难知则君长劳。故君民者，章好以示民俗，慎恶以御民淫，则民不惑矣。"《商君书·错法》云："度数已立，而法可修，故人君者不可不慎己也。夫离朱见秋毫百步之外，而不能以明目易人，乌获举千钧之重，而不能以多力易人，夫圣人之存体性，不可以易人，然而功可得者，法之谓也。"

（2）虚无形，其裻冥冥，万物之所以生。生有害，曰不时，曰时而□。动有事，事有害，曰逆，曰不称，不知所为用。事必有言，言有害，曰不信，曰不知畏人，曰自诬，曰虚夸，以不足为有余。故同出冥冥，或以死，或以生，或以败，或以成。祸福同道，莫知其所从生。

"虚无形。"马王堆帛书《道原》云："恒无之初，迥同大虚，虚同为一。恒一而止，湿湿梦梦，未有明晦，神微周盈，精静不熙，古未有以，万物莫以。故无有形，大通无名。"一无形，《庄子·天地》云："一之所起，有一而未形。"郭象注："一者，有之初，至妙者也。"《淮南子·原道》云："所谓无形者，一之谓也。"高诱注："一者，道之本。"《文子·道原》云："老子曰：有物混成，先天地生，惟象无形，窈窈冥冥，寂寥淡漠，不闻其声，吾强为之名，字之曰道。"

"其裻冥冥。"裻，原字从衣、叔声。整理小组注释："衣背之中缝，这里引申为中枢。"不确。《说文》云"裻，始也。"《淮南子·俶真》云："所谓有始者，繁愤未发，萌兆牙蘖，未有形埒垠堮，无无蠕蠕，将欲生兴而未成物类。有未始有有始者，天气始下，地气始上，阴阳错合，相与优游竞畅于宇宙之间，被德含和，缤纷茏苁，欲与物接而未成兆朕。有未始有夫未始有有始者，天含和而未降，地怀气而未扬，虚无寂寞，萧条霄窕，无有仿佛，气遂而大通冥冥者也。"

《周易·序卦》云："有天地然后万物生焉，盈天地之间者唯万物。"《说文》云："神，天神引出万物者也。祇，地祇，提出万物者也。"《老子》第一章云："无名，天地之始，有名，万物之母。"河上公注："无名者谓道，道无形，故不可名也。始者道本也，吐气布化，出于虚无，为天地本始也。有名谓天地。天地有形位，阴阳有柔刚，是其有名也。万物母者，天地含气生万物，长大成熟，如母之养子也。"

"生有害，曰欲，曰不知足。"《墨子·经上》云："害，所得而恶也。"《荀子·性恶》云："古者圣王以人之性恶，以为偏险而不正，悖乱而不治，是以为之起礼义，制法度，以矫饰人之情性而正之。"《说文》云："欲，贪欲也。"《荀子·正名》云："性者，天之就也。情者，性之质也。欲者，情之应也。以所欲为可得而求之，情之所必不可免也。"《荀子·礼论》云："人生而有欲，欲而不得，则不能无求，求而无度量分界，则不能不争。争则乱，乱则穷。"《老子》第四十六章云："罪莫大于可欲，祸莫大于不知足，咎莫大于欲得。"《荀子·性恶》云："人之性恶，其为善者伪也。今人之性，生而有好利焉，顺是，故争夺生而辞让亡焉。生而有疾恶焉，顺是，故残贼生而忠信亡焉。生而有耳目之欲，有好声色焉，顺是，故淫乱生而礼义文理亡焉。然则从人之性，顺人之情，必出于争夺，合于犯分乱理而归于暴。"

"生必动，动有害，曰不时，曰时而囗。"《大戴礼记·本命》云："化于阴阳，象形而发谓之生。"《周易·观》上九云："观其生。"王弼注："生，犹动出也。"《说文》云："生，进也。象草木生出土上。"《孝经》云："进退可度。"郑玄注："进退，动静也。"《周易·系辞上》云："动静有常，刚柔断矣。"

《韩非子·六反》云："害者，利之反也。"《墨子·经上》云："害，所得而恶也。"不义则害，害则不和，《周易·乾·文言》云："利者，义之和也。"《礼记·乐记》云："人生而静，天之性也，感于物而动，性之欲也。物至知知，然后好恶形焉，好恶无节于内，知诱于外，不能反躬，天理灭矣。夫物之感人无穷，而人之好恶无节，则是物至而人化物也。人化物也者，灭天理而穷人欲者也。于是有悖逆诈伪之心，有淫佚作乱之事。是故强者胁弱，众者暴寡，知者诈愚，勇者苦怯，疾病不养，老幼孤独不得其所，此大乱之道也。"

生命处于变化之中，故必动。《吕氏春秋·知士》云："宣王太息，动于颜色。"高诱注："动，变也。"《淮南子·览冥》云："阴阳同气相动。"高诱注："动犹化也。"《周易·系辞上》云："变化者，进退之象也。"又云："变通配四时。"变即易道，《周易·系辞上》云："在天成象，在地成形，变化见矣。"《春秋繁露·重政》云："人始生有大命，是其体也。有变命存其间者，其政也。政不齐则人有忿怒之志，若将施危难之中，而时有随遭者，神明之所接，绝属之符也。"《论语·为政》云："道之以政，齐之以刑，民免而无耻。"皇侃疏："政谓法制也。"《管子·法法》云："正也者，所以正定万物之命也。"《左传·成公十三年》云："民受天地之中以生，所谓命也，是以有动作礼义威仪之则，以定命也。"

《老子》第八章云："动善时。"河上公注："夏散冬凝，应期而动，不失天时。"《荀子·王制》云:"政令时。"杨倞注:"时谓有常。"《论语·乡党》云:"曰:山梁雌雄,时哉时哉。"皇侃疏引虞氏赞云:"时者,是也。"时与不时,犹是与非。《鹖冠子·环流》云:"一为之法,以成其业,故莫不道。一之法立,而万物皆来属。法贵如言,言者,万物之宗也。是者,法之所与亲也。非者,法之所与离也。是与法亲,故强,非与法离,故亡。法不如言,故乱其宗。故生法者命也,生于法者,亦命也。命者,自然者也。"

"动有事,事有害,曰逆,曰不称,不知所为用。"《荀子·正名》云:"故欲过之而动不及。"杨倞注:"动,谓作为也。"《淮南子·诠言》云:"动之为物。"高诱注:"动,有为也。"《庄子·庚桑楚》云:"性者,生之质也。性之动谓之为。为之伪谓之失。"《周易·系辞上》云:"通变之谓事。"《荀子·正名》云:"正利而为谓之事。"《庄子·在宥》云:"贱而不可不任者,物也。卑而不可不因者,民也。匿而不可不为者,事也。"

《荀子·非十二子》云:"言辩而逆。"杨倞注:"逆者,乖于常理。"《贾子·道术》云:"行归而过谓之顺,反顺为逆。"《广雅·释诂一》云:"称,度也。"《左传·隐公元年》云:"今京不度,非制也。"《荀子·礼论》云:"贫富轻重皆有称者。"杨倞注:"称,谓各当其宜。"整理小组注释:"不称,不平衡。"可商。

《说文》云:"用,可施行也。"《老子》第十一章云:"故有之以为利,无之以为用。"《庄子·齐物论》云:"唯达者知通为一,为是不用而寓诸庸,庸也者用也,用也者通也,通也者得也。"今按:"不知所为用"者,《周易·系辞上》云:"百姓日用而不知,故君子之道鲜矣。显诸仁,藏诸用,鼓万物而不与圣人同忧,盛德大业至矣哉。"《尚书·吕刑》云:"苗民弗用灵,制以刑。"《论语·季氏》云:"孔子曰:君子有三畏,畏天命,畏大人,畏圣人之言。小人不知天命而不畏也,狎大人,侮圣人之言。"

"事必有言,言有害,曰不信,曰不知畏人,曰自诬,曰虚夸,以不足为有余。"《释名·释言语》云:"言,宣也,宣彼此之意也。"《周易·困》云:"有言不信。"《周易·决》九四云:"闻言不信。"《墨子·经上》云:"信,言合于意也。"《白虎通·情性》云:"信者,诚也。专一不移也。"《释名·释言语》云:"信,申也,言以相申束,使不相违也。"《左传·桓公六年》云:"而信于神也。"疏云:"人言为信,谓言不虚妄也。"

不知畏人者,随意胡言。云梦秦简《为吏之道》云:"慎之慎之,言不可追。"又云:"戒之戒之,言不可追。"又云:"口,关也。舌,机也。一曙失言,驷马弗能追也。"《周易·系辞上》云:"子曰:君子居其室,出其言善,则千里之外应之,况其迩者乎。居其室,出其言不善,则千里之外违之,况其迩者乎。言出乎身加乎民,行发乎迩见乎远。言行,君子之枢机,枢机之发,荣辱之主也。言行,君子之所以动天地也，可不慎乎。"

整理小组注释："自己做不到的事，却声称能够做到。《大戴礼记·曾子立事》云：不能行而言之，诬也。"今按：凡不实之辞皆为诬。《国语·晋语》云："且夫栾氏之诬晋国也久矣。"韦昭注："诬，罔也。以恶取善曰诬。"《管子·重令》云："不诬于上。"尹知章注："无能受官谓之诬上。"《吕氏春秋·务本》云："今功伐甚薄而所望厚，诬也。"《左传·襄公十四年》云："不可诬也。"杜预注："诬，欺也。"《说文》注："诬，加也。"《左传·庄公十年》云："公曰：牺牲玉帛，弗敢加也。必以信。"虚、夸同义。《吕氏春秋·本生》云："非夸以为名。"高诱注："夸，虚也。"《吕氏春秋·下贤》云："富有天下而不骋夸。"高诱注："夸，诧而自大也。"

"故同出冥冥，或以死，或以生，或以败，或以成。"天命为冥，《左传·成公十三年》云："民受天地之中以生，所谓命也。"疏引刘炫说："命者冥也。言其生育之性得之于冥兆也。"《素问·征四失论》云："窈窈冥冥，孰知其道。"王冰注："冥冥，言玄远也。"《韩非子·解老》云："凡道之情，不制不形，柔弱随时，与理相应。万物得之以死，得之以生。万事得之以败，得之以成。道譬诸若水，溺者多饮之即死，渴者适饮之即生。譬之若剑戟，愚人以行忿则祸生，圣人以诛暴则福成。故得之以死，得之以生，得之以败，得之以成。"又云："道者，万物之所然也，万理之所稽也。理者，成物之文也。道者，万物之所以成也。故曰：道，理之者也。"有云："故定理有存亡，有死生，有盛衰。"

"祸福同道，莫知所以生。"《老子》第五十八章云："祸兮福之所倚，福兮祸之所伏。孰知其极。"河上公注："倚，因也。夫福因祸而生，人遭祸而能悔过责己，修道行善，则祸去福来，祸伏匿于福中。人得福而为骄恣，则福去祸来。祸福更相生，谁能知其穷极时。"《韩非子·解老》云："夫弃道理而妄举动者，虽上有天子诸侯之势尊，而下有猗顿、陶朱、卜祝之富，犹失其民人而亡其资财也。众人之轻弃道理而易忘举动者，不知其祸福之深大而道阔远若是也。故谕人曰：孰知其极。"《淮南子·人间》云："夫祸之来也，人自生之，福之来也，人自成之。祸福同门，利与害为邻，非神圣人莫之能分。"

（3）见知之道，唯虚无有。虚无有，秋毫成之，必有刑名。刑名立，则黑白之分已。故执道者之观于天下也，无执也，无处也，无为也，无私也。是故天下有事，无不自为刑名声号矣。刑名已立，声号已建，则无所逃匿正矣。

"见知之道，唯虚无有。"《淮南子·览冥》云："昔雍门子以哭见于孟尝君。"高诱注："见，犹感也。"《周易·系辞上》云："易无思也，无为也，寂然不动，感而遂通天下之故。"《周易·咸·彖》云："咸，感也。"《象》云："咸，君子以虚受人。"《春秋繁露·王道》云："故明王视于冥冥，听于无声，天覆地载，天下万国莫敢不悉靖其职受命者，不示臣下以知之至也。"

"虚无有"为天门，亦即老子所言众妙之门。《庄子·庚桑楚》云："有乎生，有乎死，有乎出，有乎入。入出而无见其形，是谓天门。天门者，无有也。万物出乎无有，有不能以有为有，必出乎无有，而无有一无有，圣人藏乎是。"《老子》第一章云："常无欲，以观其妙。常有欲，以观其徼。此两者同出而异名，同谓之玄，玄之又玄，众妙之门。"《荀子·解蔽》云："人生而有知，知而有志。志也者臧也，然而有所谓虚，不以所已臧害所将受谓之虚。心生而有知，知而有异。异也者，同时兼知之。同时兼知之，两也。然而有所谓一，不以夫一害此一谓之壹。心卧则梦，偷则自行，使之则谋。故心未尝不动也，然而有所谓静，不以梦剧乱知谓之静。未得道而求道者，谓之虚壹而静。作之，则将须道者之虚，则人。将事道者之壹，则尽。尽将思道者静，则察。知道察，知道行，体道者也。虚壹而静，谓之大清明。"

"虚无有，秋毫成之，必有刑名。"马王堆帛书《黄帝·立命》云："吾畏天爱地亲〔民〕。□无命，执虚信。吾畏天爱〔地〕亲民，立有命，执虚信。"《老子》第十六章云："致虚极，守靖笃，万物并作，吾以观其复。凡物云云，各归其根。归根曰靖，靖曰复命，复命曰常，知常曰明。不知常，妄作，凶。知常容，容乃公，公乃王，王乃天，天乃道，道乃久，殁身不殆。"虚无有即虚极，同于密。《尔雅·释诂》云："密，静也。"《释名·释言语》云："密，蜜也。如蜜所涂，无不满也。"《贾子·道德说》云："有密，德之美也。"《说文》云："密，如山堂者。"《论语·雍也》云："子曰：知者乐水，仁者乐山。知者动，仁者静。知者乐，仁者寿。"《周易·系辞上》云："圣人以此洗心，退藏于密，吉凶与民同患，神以知来，知以藏往，其孰能与于此哉？古之聪明睿知，神武而不杀者夫，是以明于天之道，而察于民之故，是兴神物，以前民用。圣人以此斋戒，以神明其德夫。"

秋毫如一。《老子》第二十二章云："圣人抱一以为天下式。"王弼注："一，少之极也。"秋毫喻精微。《素问·异法方宜论》云："其治宜微鍼。"王冰注："微，细小也。"《礼记·中庸》云："致广大而尽精微。"又云："诗曰：神之格思，不可度思，矧可射思。夫微之显，诚之不可掩如此。"《鹖冠子·泰鸿》云："精微者，天地之始也。"《老子》第一章云："无名，天地之始。有名，万物之母。"故精微喻无名，与一同义。《淮南子·原道》云："所谓无形者，一之谓也。"秋毫喻慎独，《礼记·礼器》云："礼之以少为贵者，以其内心者也。德产之致也精微，观天下之物无可以称其德者，如此则得不以少为贵乎？是故君子慎其独也。"《春秋繁露·立元神》云："故为人君者，谨本详始，敬小慎微，志如死灰，形如委衣，安静养神，寂寞无为。"

整理小组注释云："秋毫，禽兽秋季所生的细毛，用以比喻极细小的事物。这句话的意思是，细微事物的出现，也必定有形有名。秋毫成之，疑为秋毫之成之误。"不确。《荀子·强国》云："积微，月不胜日，时不胜月，岁不胜时。凡人好傲慢小事，大事至然后兴之务之，如是常不胜夫敦比于小事者矣。是何也？则小事之至也数，其县日也博，其为积也大。大事之至也希，其县日也浅，其为积也小。故善日者王，善时者霸，补漏者危，大荒者亡。故王者敬日，霸者敬时，仅存之国危而后戚之，亡国至亡而后知亡，至死而后知死，亡国之祸败不可胜悔也。霸者之善箸焉，可以时托也，王者之功名，不可胜日志也。财物货宝以大为重，政教功名反是，能积微者速成。诗曰：德輶如毛，民鲜克举之。此之谓也。"《逸周书·命训》云："天生民而成大命，命司德正之以祸福，立明王以顺之。曰：大命有常，小命日成。成则敬，有常则广，广以敬命，则度至于极。"《淮南子·主术》云："故古之王者，冕而前旒，所以蔽明也。黄扩塞耳，所以掩聪。天子外屏，所以自障。故所理者远，则所在者迩，所治者大，则所守者小。"

《国语·周语》云："成，德之终也。"马王堆帛书《黄帝·立命》云："吾受命于天，定立于地，成名于人。"《春秋繁露·立元神》云："何谓本？曰天地人，万物之本也。天生之，地养之，人成之，天生之以孝悌，地养之以衣食，人成之以礼乐，王者相为手足，合以成体，不可一无也。无孝悌则亡其所以生，无衣食则亡其所以养，无礼乐则亡其所以成。"《春秋繁露·玉杯》云："志为质，物为文。文著于质，质不居文，文安施质，质文两备，然后其礼成。"《礼记·中庸》云："诚者自成也，而道自道也。诚者物之终始，不诚无物，是故君子诚之为贵。诚者非自成己而已也，所以成物也。成己，仁也。成物，知也。性之德也。合外内之道也，故时措之宜也。"《周易·系辞上》云："成性存存，道义之门。"

秋毫为无，刑名为有。秋毫为小，万物为大。《老子》第三十四章云："大道氾兮，其可左右，万物恃之以生，而不辞。功成而不有，衣养万物而不为主，常无欲，可名于小。万物归焉而不为主，可名为大。是以圣人终不为大，故能成其大。"河上公注："道匿德藏名，怕然无为，似若微小也。"又云："万物横来横去，使名自在，故可名于大也。"《文子·精诚》云："故君子小者，于此毫末。于彼寻丈矣。故理人者，慎所以感之。"《春秋繁露·深察名号》云："《春秋》辨物之理，以正其名，名物如其真，不失秋毫之末。"《淮南子·原道》云："神托于秋毫之末，而大宇宙之总。"《楚辞·远游》云："道可受兮不可传，其小无内兮，其大无垠，无滑而魂兮，彼将自然。一气孔神兮，于中夜存，虚以待之兮，无为之先。庶类以成兮，此德之门。"

《春秋繁露·二端》云："《春秋》至意有二端，不本二端之所从起，亦未可与论灾异也，小大微著之分也。夫览求微细于无端之处，诚知小之将为大也，微之将为著也。吉凶未形，圣人所独立也，虽欲从之，末由也已，此之谓也。……故圣人能系心于微而致之著也。"秋毫为微，刑名为著。秋毫成之者，得于己。必有刑名者，得万物。《文子·九守》云："所以然者，因天下而为天下之要也，不在于彼而在于我，不在于人而在于身，身得则万物备矣。"《管子·心术下》云："正形饰德，万物毕得，翼然自来。神莫知其极。"《孟子·尽心上》云："万物皆备于我矣，反身而诚，乐莫大焉。"《礼记·祭法》云："黄帝正名百物以明民共财。"《老子》第三十二章云："道常无名，朴虽小，天下莫能臣，侯王若能守之，万物将自宾。天地相合，以降甘露，民莫之令而自均。始制有名，名亦既有，夫亦将知之，知止所以不殆，譬道之在天下，犹川谷之与江海也。"《荀子·正名》云："故王者之制名，名定而实辨，道行而志通，则慎率民而一焉。故析辞擅作名以乱正名，使民疑惑，人多辨讼，则谓之大奸，其罪犹为符节、度量之罪也。故其民莫敢托为奇辞以乱正名，故其民悫，悫则易使，易使则公。其民莫敢托为奇辞以乱正名，故壹于道法而谨于循令矣。如是则其迹长矣。迹长功成，治之极也，是谨于守名约之功也。"《韩非子·扬权》云："用一之道，以名为首，名正物定，名倚物徙。故圣人执一以静，使名自命，令事自定，不见其采，下故素正，因而任之，使自事之，因而予之，彼将自举之，正与处之，使皆自定之，上以名举之。不知其名，复修其形，形名参同，用其所生。二者诚信，下乃贡情，谨修所事，待命于天，毋失其要，乃为圣人。"

"刑名立，则黑白之分已。"《礼记·丧服传》云："名者，人治之大者也。"《尹文子·大道》云："形以定名，名以定事，事以检名，察其所以然，则形名之与事物无所隐其理矣。名有三科，法有四呈，一曰命物之名，方圆白黑是也。二曰毁誉之名，善恶贵贱是也。三曰况谓之名，贤愚爱憎是也。"《春秋繁露·深察名号》云："治天下之端，在审辨大。辨大之端，在深察名号。名者，大理之首章也。録其首章之意，以窥其中之事，则是非可知，逆顺自著，其几通于天地矣。是非之正，取之逆顺，逆顺之正，取之名号。名号之正，取之天地。天地为名号之大义也。"又云："鸣而命施谓之名，名之为言鸣与命也。"又云："天不言，使人发其意，弗为，使人行其中。名则圣人所发天意，不可不深观也。受命之君，天意之所予也，故号为天子者，宜视天如父，事天以孝道也。号为诸侯者，宜谨视所候奉之天子也。号为大夫者，宜厚其忠信，敦其礼义，使善大于匹夫之义，足以化也。士者事也，民者瞑也。士不及化，可使守事从上而已。"

《释名·释言语》云："名，明也。名实使分明也。"《春秋繁露·五行五事》："视曰明，明者知贤不宵，分明黑白也。"又云："明作哲，哲者知也。王者明则贤者进，不肖者退，天下知善而劝之，知恶而耻之矣。"《荀子·儒效》云："修百王之法，若辨黑白。"《春秋繁露·保位权》云："不以著蔽微，不以众掩寡，各应其事以致其极，黑白分明，然后民知所去就。民知所去就，然后可以致治，是为象则。"《春秋繁露·深察名号》云："名生于真，非其真，弗以为名。名者，圣人之所以真物也。名之为言真也。"又云："欲审曲直，莫如引绳，欲审是非，莫如引名。名之审于是非也，犹绳之审于曲直也。"《韩非子·用人》云："闻古之善用人者，必循天顺人而明赏罚。循天则用力寡而功立，顺人则刑罚省而令行。明赏罚则伯夷、盗跖不乱。如此，则白黑分矣。"《韩非子·解老》云："凡物之有形者易裁也，易割也。何以论之？有形则有短长，有短长则有大小，有大小则有方圆，有方圆则有坚脆，有坚脆则有轻重，有轻重则有白黑。短长、大小、方圆、坚脆、轻重、白黑之谓理。理定而物易割也，故议于大庭而后言则立，权议之士知之矣。故欲成方圆而随其规矩，则万事之功形矣。议言之士，计会规矩也。圣人尽随于万物之规矩。故曰：不敢为天下先。"

《论语·子路》云："子路曰：卫君待子而为政，子将奚先？子曰：必也正名乎。子路曰：有是哉？子之迂也。奚其正？子曰：野哉由也。君子于其不知，盖阙如也。名不正则言不顺，言不顺则事不成，事不成则礼乐不兴，礼乐不兴则刑罚不中，刑罚不中则民无所措手足。故君子于其言，无所苟而已矣。"《论语·颜渊》："齐景公问政于孔子。孔子对曰：君君、臣臣、父父、子子。公曰：善哉。信如君不君、臣不臣、父不父、子不子，虽有粟，吾得而食诸？"郭店楚简《六德》云："男女卞生言，父子亲生言，君臣义生言。父圣子仁，夫智妇信，君义臣忠。圣生仁，智率信，义使忠。故夫夫、妇妇、父父、子子、君君、臣臣、此六者各行其职，而狱讼蔑由作也。"《鹖冠子·博选》云："君也者，端神明者也。"端神明者，首先要正名。《春秋繁露·郊语》云："圣人正名，名不虚生。天子者，则天之子也。以身度天，独何为不欲其子之有子礼也。今为其天子，而阙然无祭于天，天何必善之。"

"故执道者之观于天下也，无执也、无处也、无为也、无私也。"《老子》第六十四章云："合抱之木生于毫末，九层之台起于累土，千里之行始于足下，为者败之，执者失之。是以圣人无为故无败，无执故无失，民之从事，常于其几成而败之，慎终如始，则无败事矣。"何上公注："圣人有德以教愚，有财以与贫，无所执藏，故无所失于人也。"《文子·符言》云："得在时，不在争，治在道，不在圣，土处下，不争高，故安而不危，水流下，不争疾，故去而不迟。是以圣人无执故无失，无为故无败。"《吕氏春秋·至忠》云："将以忠于君王之身而千岁之寿也。"高诱注："持，犹得也。"得同德，无执则不德，《老子》第三十八章云："上德不德，是以有德，下德不失德，是以无德。上德无为而无以为也。"《老子》第九章云："持而盈之，不若其已。"

与时俱行，故"无处"。《周易·乾·文言》云："终日乾乾，与时偕行。"《国语·越语下》云："上帝不考，时反是守。"马王堆帛书《老子》乙本云："果而毋得已居，是谓果而不强。"毋得已，又作不得已，是天道的别名。《大戴礼记·哀公问孔子》云："公曰：敢问君子何贵于天道也？孔子对曰：贵其不已，如·日月西东相从而不已也，是天道也。……已成而明，是天道也。"《庄子·人间世》云："夫子曰：尽矣，吾语若，若能入游其樊，而无感其名，入则鸣，不入则止，无门无毒，一宅而寓于不得已，则几矣。绝迹易，无行地难。"《庄子·齐物论》云："是故滑疑之耀，圣人之所图也。为是不用而寓诸庸，此之谓以明。"《庄子·知北游》云："黄帝曰：无思无虑始知道，无处无服始安道，无从无道始得道。"

"无为"者，马王堆帛书《老子》乙本云："上德无为而无以为也，上仁为之而无以为也。"《淮南子·氾论》云："善者，静而无为者也。"马王堆帛书《老子》乙本云："善者，果而已矣，毋以取强焉，果而无骄，果而毋矜，果而毋伐，果而毋得已居，是谓果而强，物壮则老，谓之不道，不道早已。"《礼记·大学》云："大学之道，在明明德，在亲民，在止于至善。知止而后有定，定而后能静，静而后能安，安而后能虑，虑而后能得。"

"无私"者，《邓析子·转辞》云："夫治之法，莫大于使私不行。君之功，莫大于使民不争。今也立法而行私，与法争，其乱也甚于无法。立君而尊贤，与君争，其乱也甚于无君。故有道之国，法立则私善不行，君立则贤者不尊。民一于君，事断于法，此国之大道也。明君之督大臣，缘身而责名，缘名而责形，缘形而责实，臣惧其众诛之至，于是不敢行其私矣。"《春秋繁露·离合根》云："汎爱群生，不以喜怒赏罚，所以为仁也。故为人主者，以无为为道，以不私为宝，立无为之位而乘备具之官，足不自动而相者导进，口不自言而摈者赞辞，心不自虑而群臣效当，故莫见其为之而功成矣。"

"是故天下有事，无不自为刑名声矣。"《汉书·元帝纪》颜师古《集注》引刘向《别录》云："申子学号刑名，刑名者，以名责实，尊君卑臣，崇上抑下。"《群书治要》卷三十六引《申子·大体》云："明君如身，臣如手，君若号，臣若响。君设其本，臣操其末，君治其要，臣行其详，君操其柄，臣事其常。为人君者，操契以责其名。"《韩非子·定法》云："今申不害言术，而公孙鞅为法。术者，因任而授官，循名而责实，操杀生之柄，课群臣之能者也。此人主之所执也。法者，宪令著于官府，刑罚必于民心，赏存乎慎法，而罚加乎奸令者也。此臣之所施也。君无术则弊于上，臣无法则乱于下，此不可一无，皆帝王之具也。"《韩非子·主道》云："令名自命也，令事自定也。虚则知实之情，静则知动者正。有言者自为名，有事者自为形，形名参同，君乃无事焉，归之其情。"《韩非子·扬权》云："君操其名，臣效其形，形名参同，上下和调也。"又云："故审名以定位，明分以辨类。"《邓析子·无厚》云："循名责实，君之事也。奉法宣令，臣之职也。下不得自擅，上操其柄而不理者，未之有也。"又云："夫达道者，无知之道也，无能之道也，是知大道。不知而中，不能而成，无有而足，守虚责实而万事毕。忠生于不忠，义生于不义。音而不收谓之放，言出而不督谓之暗。故见其象，致其形，循其理，正其名。得其端，知其情。若此，何往而不复。何事不成。"《邓析子·转辞》云："不以人用人，故谓之神。怒出于不怒，为出于不为。视于无有则得其所见，听于无声则得其所闻，故无形者有形之本，无声者有声之母。循名责实，实之极也。按实定名，名之极也。参以相平，转而相成，故得之形名。"马王堆帛书《黄帝·十大经》云："欲知得失情，必审名察形。形恒自定，是我愈静。事恒自施，是我无为。"

"刑名已立，声号已建，则无所逃匿正矣。"《商君书·君臣》云："古者未有君臣上下之时，民乱而不治。是以圣人列贵贱，制爵位，立名号，以别君臣上下之义。"《韩非子·难二》云："使人又非所恃也。人主虽使人必以度量准之，以刑名参之。以事，遇于法则行，不遇于法则止。功当其言则赏，不赏则诛。以刑名收臣，以度量准下，此不可释也。"

整理小组注释："匿正，隐藏目标。"可商。《群书治要》卷三十六引《申子·大体》云："名者，天地之纲，圣人之符。张天地之纲，用圣人之符，则万物之情无所逃之矣。"《邓析子·无厚》云："循名责实，察法立威，是明王也。夫明于形者，分不遇于事，察于动者，用不失其利。故明君审一，万物自定，名不可以外务，智不可以从他，求诸己之谓也。治世，位不可越，职不可乱，百官有司，各务其刑，上循名以督实，下奉教而不违，所美观其所终，所恶计其所穷。喜不以赏，怒不以罚，可谓治世。"《韩非子·二柄》云："人主将欲禁奸，则审合刑名者，言异事也。为人臣者陈而言，君以其言授之事。专以其事责其功，功当其事，事当其言，则赏，功不当其事，事不当其言，则罚。故群臣其言大而功小者，则罚，非罚小功也，罚功不当名也。群臣其言小而功大者亦罚，非不说于大功也，以为不当名也害甚于有大功，故罚。"《春秋繁露·考功名》云："考绩绌陟，计事除废，有益者谓之公，无益者谓之烦。挈名责实，不得虚言，有功者赏，有罪者罚，功盛者赏显，罪多者罚重。不能致功，虽有贤名，不予之赏。官职不废，虽有愚名，不加之罚。赏罚用于实，不用于名。贤愚在于质，不在于文。故是非不能混，喜怒不能倾，奸轨不能弄，万物各得其冥，则百官劝职，争进其功。"有云："考试之法，合其爵禄，并其秩，积其日，陈其实，计功量罪，以多除少，以名定实，先内第之。"

（4）公者明，至明者有功，至正者静，至静者圣。无私者知，至知者为天下稽。称以权衡，参以天当，天下有事，必有巧验，事如直木，多如仓粟，斗石已具，尺寸已陈，则无所逃其神。故曰：度量已具，则治而制之矣。

"公者明。"《贾子·道术》云："兼覆无私谓之公。"《白虎通·爵》云："公之为言公正无私也。"《说文》云："公，平分也。从八从厶，八犹背也。韩非曰：背私为公。"《春秋繁露·仁义法》云："自责以备谓之明。"《逸周书·本典》云："智能亲智，仁能亲仁，义能亲义，德能亲德，武能亲武，五者昌于国，曰明。"《白虎通·说丛》云："心如天地者明。"《管子·心术上》云："去欲则宣，宣则静矣，静则精，精则独立矣。独则明，明则神矣。"《鹖冠子·环流》云："法之在此者谓之近，其出化彼谓之远。近而至故谓之神，远而反故谓之明。明者在此，其光照彼，其事形此，其功成彼。从此化彼者法也，生法者我也，成法者彼也。"陆佃注："明之在道者为神，神之在器者为明。"

"至明者有功。"至明如至诚。《礼记·中庸》云："自诚明，谓之性。自明诚，谓之教。诚则明矣，明则诚矣。唯天下之至诚，为能尽其性，能尽其性，则能尽人之性，能尽人之性，则能尽物之性，能尽物之性则可以赞天地之化育，赞天地之化育，则可以与天地参矣。"有功如有成。《大戴礼记·盛德》云："能成德法者为有功。"《贾子·数宁》云："始取天下为功。"《逸周书·谥法》云："安民立政曰成。"《国语·晋语》云："昔少典娶于有蟜氏，生黄帝、炎帝。黄帝以姬水成，炎帝以姜水成。"上海博物馆藏楚竹书《融师》云："融师有成，氏状若生。"

"至正者静。"《论语·为政》云："子曰：为政以德，譬如北辰，居其所而众星共之。"《论语·子路》云："子曰：其身正，不令而行，其身不正，虽令不从。"又云："子曰：苟正其身矣，于从政乎何有？不能正其身，如正人何？"马王堆帛书《黄帝·立命》云："昔者黄宗质始好信，作自为象，方四面，付一心，四达自中，前参后参，左参右参，践位履参，是以能为天下宗。"至正者心正，《礼记·大学》云："所谓修身在正其心者，身有所忿懥，则不得其正，有所恐惧，则不得其正，有所好乐，则不得其正，有所忧患，则不得其正，心不在焉。视而不见，听而不闻，食而不知其味，此谓修身在正其心。"《庄子·天道》云："圣人之静也，非曰静也善，故静也，万物无足以铙心者，故静也。水静则明烛鬚眉，平中准，大匠取法焉，水静犹明，而况精神。圣人之心，静乎天地之鑑也，万物之镜也，而鑑于止水。唯止能止众止。受命于地，唯松柏独也正，在冬夏青青。受命于天，唯尧舜独也正，在万物之首，幸能正生，以正众生。"

"至静者圣。"《逸周书·谥法》云："柔德考众曰静。"《释名·释言语》云："静，整也。"《礼记·月令》云："整设于屏外。"郑玄注："整，正列也。"《淮南子·精神》云："夫静漠者，神明之宅也。"马王堆帛书《称》云："诸阴者法地，地之德安徐正静，柔节先进，善予不争，此地之度而雌之节也。"《文子·道原》云："守清道，抱雌节，因循而应变，常后而不先，柔弱以静，安徐以定，功大糜坚，不能与争也。"马王堆帛书《老子》甲本云："上善治水，水善利万物而有静，居众之所恶，故几于道矣。"《礼记·乡饮酒义》云："产万物者，圣也。"郑玄注："圣之言生也。"《大戴礼记·哀公问五义》云："所谓圣人者，知通乎大道，应变而不穷，能测万物之情性者也。"《春秋繁露·五行五事》云："圣者设也，王者心宽大，无不容。则圣能施设，事各得其宜也。"

"无私者知，至知者为天下稽。"公者无私，明则知。《白虎通·情性》云："智者知也，独见前闻，不惑于事，见微知著者也。"《荀子·修身》云："是是非非谓之智。"《贾子·道术》云："深知祸福谓之知。"《礼记·大学》云："古之欲明明德于天下者，先治其国，欲治其国者，先齐其家，欲齐其家者，先修其身，欲修其身者，先正其心，欲正其心者，先诚其意，欲诚其意者，先致其知，致知在格物。"马王堆帛书《经法·名理》云："神明者，见知之稽也。"

"称以权衡，参以天当。"《广雅·释诂一》云："称，度也。"《楚辞·惜誓》云："苦称量之不审兮。"王逸注："称，所以知轻重。"《楚辞·思古》云："错权衡而任意。"王逸注："衡，称也。所以铨物轻重也。"《公羊传·桓公十一年》云："以为知权也。"何休注："权者，称也。所以知轻重也。"帛书《经法·四度》云："内外皆顺，命曰天当。"帛书《经法·国次》云："故唯圣人能尽天极，能用天当。"《管子·宙合》云："应变不失，之谓当。"《韩非子·用人》云："闻古之善用人者，必循天顺人而明赏罚。循天则用力寡而功立，顺人则刑罚省而令行。明赏罚则伯夷盗跖不乱，如此则白黑分矣。尽力于权衡以任事。人臣皆宜其能，胜其官，轻其任，而莫怀余力于心，莫负兼官之责于君，故内无伏怨之乱，外无马服之患。明君使事不相干，故莫讼。使士不兼官，故技长。使人不同功，故莫争。争讼止，技长立，则强弱不觳力，冰炭不合形，天下莫能相伤，治之至也。"

"天下有事，必有巧验，事如直木，多如仓粟，斗石已具，尺寸已陈，则无所逃其神矣。"巧读如考。《周礼·大司马》云："以待考而赏诛。"郑玄注："考谓考校其功。"如正木以尺寸，量粟以石斗，知轻重多少，故无所逃其神。《鹖冠子·世兵》云："道有度数，故神明可交也。"《韩非子·扬权》云："下匿其私，用试其上，上操度量，以割其下，故度量之立，主之宝也。"《逸周书·度训》云："天生民而制其度，度小大以整，权轻重以极，明本末以立中，立中以补损，补损以知足，□爵以明等级。极以正民，正中外以成命，正上下一顺正。"帛书《经法·四度》云："规之内曰员，矩之内曰方。□之内曰正，水之曰平。尺寸之度曰小大短长，权衡之称曰轻重不爽，斗石之量曰少多有数。八度者，用之稽也。"

"故曰度量已具，则治而制之矣。"《说文》云："度，法制也。"又云："量，称轻重也。"《礼记·王制》云："凡居民，量地以制邑，度地以居民，地邑民居，必相的也。"又云："司徒修六礼以节民性，明七教以兴民德，其八政以防淫，一道德以同俗。"又云："八政：饮食、衣服、事为、异别、度、量、数、制。"《周易·节·象》云："君子以制数度，议德行。"《礼记·大传》云："立权度量，考文章，改正朔，易服色，殊徽号，异器械，别衣服，此其所得与民变革者也。"《礼记·经解》云："礼之于正国也，犹衡之于轻重也，绳墨之于曲直也，规矩之于方圜也。故衡诚悬，不可欺以轻重，绳墨诚陈，不可欺以曲直，规矩诚设，不可欺以方圜。君子审礼，不可诬以奸诈。"度量权衡属古人所说的制度。《礼记·中庸》云："非天子，不议礼，不制度，不考文。"《管子·七法》云："尺寸也，绳墨也，规矩也，衡石也，斗斛也，角量也，谓之法。"《礼记·少仪》云："工依于法。"郑玄注："法谓规矩尺寸之数也。"《商君书·算地》云："主操名利之柄而能致功名者，数也。圣人审权以操柄，审数以使民。数者，臣主之术而国之要也，故万乘失数而不危，臣主失术而不乱者，未之有也。"《商君书·君臣》云："民众而奸邪生，故立法制，为度量以禁之。是故有君臣之义，五官之分，法制之禁，不可不慎也。"

（5）绝而复属，亡而复存，孰知其神。死而复生，以祸为福，孰知其极。反索之无刑，故知祸福所以生。应化之道，平衡而止，轻重不称，是谓失道。

"绝而复属，亡而复存，孰知其神。"《老子》第六章云："谷神不死，是谓玄牝。玄牝之门，是谓天地之根，绵绵若存，用之不勤。"不绝不亡，天长地久，《老子》第七章云："天长地久，天地所以能长且久者，以其不自生，故能长生。是以圣人后其身而身先，外其身而身存，非以其无私邪，故能成其私。"《周易·系辞上》云："生生之谓易。"生而又生，故能"绝而复属，亡而复存。"运用于政治学说，《礼记·中庸》云："继绝世，举废国，治乱持危，朝聘以时，厚往而薄来，所以怀诸侯也。"《鹖冠子·道端》云："莫不受命，不可为名，故谓之神。"《逸周书·谥法》云："民无能名曰神。"《周易·系辞上》云："一阴一阳之谓道，继之者善也，成之者性也。仁者见之谓之仁，知者见之谓之知，百姓日用而不知，故君子之道鲜矣。显诸仁，藏诸用，鼓万物而不与圣人同忧，盛德大业至矣哉，富有之谓大业，日新之谓盛德，生生之谓易，成象之谓乾，效法之谓坤，极数知来之谓占，通变之谓事，阴阳不测之谓神。"

"死而复生，以祸为福，孰知其极。"《逸周书·命训》云："通道通天以正人，正人莫如有极，道天莫如无极，道天有极则不威，不威则不昭，正人无极则不信，不信则不行。"孔晁注："道生天，天生人，其本一也。然天道微妙难明，人道昭显而罔外，故民可使由，不可使知，尽性至命，必俟其人，礼乐刑政，亘古不易。"《老子》第二十八章云："知其雄，守其雌，为天下谿，为天下谿，常德不离，复归于婴儿。知其白，守其黑，为天下式，为天下式，常德不忒，复归于无极。知其荣，守其辱，为天下谷，为天下谷，常德乃足，复归于朴。"河上公注："德不差忒，则长生久寿，归身于无穷极也。"《老子》第五十九章云："治人事天莫若啬，夫惟啬，是以早服。早服是谓重积德，重积德则无不克，无不克则莫知其极，莫知其极，可以有国，有国之母，可以长久，是谓深根固柢，长生久视之道。"河上公注："无不尅胜，则莫有知己德之穷极也。莫知己德者有极，则可以有社稷，为民致福。"

"反索之无刑，故知祸福所从生。"无形则无名。《老子》第一章云："无名，天地之始。"河上公注："无名者谓道，道无形，故不可名也。始者，道本也，吐气布化，出于虚无，为天地本始也。"前文云："故同出冥冥，或以死，或以生，或以败，或以成。祸福同道，莫知其所以生。"《逸周书·命训》云："夫天道三，人道三。天有命、有祸、有福。人有醜、有绋絻、有斧钺。以人之醜当天之命，以绋絻当天之福，以斧钺当天之祸。六方三述，其极一也，不知则不行。"

"应化之道，平衡而止，轻重不称，是谓失道。"《庄子·大宗师》云："仲尼曰：同则无好也，化则无常也。"《周易·系辞上》云："在天成象，在地成形，变化见矣。"《周礼·大宗伯》云："以礼乐合天地之化。"郑玄注："能生非类曰化。"《礼记·乐记》云："天高地下，万物散殊，而礼制行矣。流而不息，合同而化，而乐兴焉。春作夏长，仁也。秋敛冬藏，义也。仁近于乐，义近于礼，乐者敦和，率神而从天，礼者别宜，居鬼而从地。故圣人作乐以应天，制礼以配地。礼乐明备，天地官矣。"马王堆帛书《称》云："道无始而有应，其未来也，无之，其已来也，如之。"

《鹖冠子·天则》云："变而后可以见时，化而后可以见道。"《说文》云："化，教行也。"《礼记·中庸》云："修道之谓教。"《荀子·七法》云："渐也，顺也，靡也，久也，服也，习也，谓之化。"《华严经音义上》引《珠丛》云："教成于上而易俗于下，谓之化也。"《荀子·不苟》云："变化代兴，谓之天德。"杨倞注："驯至于善谓之化。"变、化同义。《尚书·尧典》云："黎民于变时雍。"

平、衡同义。《尚书·君奭》云："时则有若保衡。"郑玄注："衡，平也。"《墨子·经上》云："平，知无欲恶也。"《墨子·经说上》云："平，惔然。"惔同澹，《广雅·释诂四》云："澹，静也。"《老子》第二十章云："澹兮其若海。"第三十五章云："道之出言，淡兮其无味。"平衡则中正，《吕氏春秋·适音》云："将以教民平好恶。"高诱注："平，正也。"《谷梁传·隐公六年》云："平之为言以道成也。"《淮南子·诠言》云："平者，道之素也。"

前文云："动有事，事有害，曰逆，曰不称，不知所为用。"

（6）天地有恒常，万民有恒事，贵贱有恒立，畜臣有恒道，使民有恒度。天地之恒常，四时、晦明、生杀、柔刚。万民之恒事，男农、女工。贵贱之恒立，贤不肖不相放。畜臣有恒道，任能毋过其所长。使民之恒度，去私而立公。变恒过度，以奇相御。正奇有位，而名［常］弗去。

《说文》云："恒，常也。从心从舟，在二之间，上下一心，以舟施，恒也。恒，古文恒从月。《诗》曰：如月之恒。"《鹖冠子·泰鸿》云："月，信生信死，进退有常，数之稽也。"《鹖冠子·王鈇》云："月，信生信死，终则有始，故莫弗以为政。"故恒者，死生之说。《周易·系辞上》云："易与天地准，故能弥纶天地之道，仰以观于天文，俯以察于地理，是故知幽明之故，原始反终，故知死生之说。精气为物，游魂为变，是故知鬼神之情状。"

"天地之恒常，四时，晦明，生杀，柔刚。"《尔雅·释诂》云："恒，常也。"《国语·周语》云："夫天事恒象。"《国语·越语》云："必有以知天地之恒制。"《周易·恒·象》云："天地之道，恒久而不已也。利有攸往，终则有始也。日月得天而能久照，四时变化而能久成，圣人久于其道而天下化成，观天下化成，观其所恒，而天地万物之情可见矣。"《释名·释兵》云："日月为常，谓画日月于其端，天子所建，言常明也。"

《淮南子·天文》："四时者，天之吏也。"又云："阴阳之专精为四时。"《周易·系辞上》云："是故法象莫大乎天地，变通莫大乎四时，悬象著明莫大乎日月。"日为昼，月为夜。马王堆帛书《称》云："日为明，月为晦。昏而休，明而起。毋失天极，厩数而止。"《周易·象·明夷卦》云："明入地中，明夷，君子以莅众，用晦用明。"《周易·系辞下》云："日往则月来，月往则日来，日月相推而明生焉，寒往则暑来，暑往则寒来，寒暑相推而岁成焉。"生杀配四时，《鹖冠子·泰鸿》云："三时生长，一时煞刑，四时而定，天地尽矣。"《春秋繁露·阴阳义》云："是故天之道，以三时成生，以一时杀死。"马王堆帛书《经法·论约》云："一立一废，一生一死，四时代正，终而复始。"《周易·系辞上》云："动静有常，刚柔断矣。"《老子》第一章云："有名，万物之母。"河上公注："有名谓天地。天地有形位，有阴阳有柔刚，是其有名也。"

"万民之恒事，男农女工。"《贾子·大政下》云："夫民之为言萌也，萌之为言也盲也。"《庄子·在宥》云："卑而不可不因者，民也。"《说文》云："事，职也。"《周礼·大宰》云："以九职任万民。一曰三农，生九谷。……七曰嫔妇，化治丝枲。"《文选·长杨赋》云："工不下机。"李善注："工，女功也。"《六韬·文启》云："文王曰：静之奈何？太公曰：天有常形，民有常性，与天下共其生，而天下静矣。太上因之，其次化之。夫民化而从政，是以天无为而成事，民无与而自富，此圣人之德也。文王曰：公言乃协予怀，夙夜念之不忘，以用为常。"

"贵贱之恒立，贤不肖不相放。"《周易·系辞上》云："卑高以陈，贵贱位矣。"《周礼·小司徒》云："掌建邦之教法，以稽国中及四郊都鄙之夫家九比之数，以辨其贵贱老幼废疾。"郑玄注："贵谓为卿大夫，贱谓占会贩卖者。"

《礼记·祭义》又云："有虞氏贵德而尚齿。"《礼记·礼运》云："大道之行也，天下为公，选贤与能，讲信修睦。"儒家尚贤，贵贤而贱不肖。马王堆帛书《经法·四度》云："君臣易位谓之逆，贤不肖并立谓之正。"《鹖冠子·博选》云："君也者，端神明者也。神明者，以人为本者也。人者以贤圣为本者也。贤圣者以博选为本者也。"又云："德万人者谓之隽，德千人者谓之豪，德百人者谓之英。德音者，所谓声也。未闻音出而响过其声者也。贵者有知，富者有财，贫者有身。信符不合，事举不成，不死不生，不断不成，计功而偿，权德而言，王鈇在此，孰能使营。"陆佃注："无知也故贱，无财也故贫，所有者特天地之委形而已。总括百骸谓之身，众象备见谓之形。"道家反对尚贤，《老子》第三章云："不尚贤，使民不争。"河上公注："贤谓世俗之贤，辩口明文，离道行权，去质为文也。不尚者，不贵之以禄，不尊之以官也。"

"畜臣之恒道，任能毋过其所长。"《韩非子·外储说上》云："韩昭侯谓申子曰：法度甚不易行也。申子曰：法者，见功而与赏，因能而授官，今君设法度，而听左右之请，此所以难行也。"郭店楚简《六德》云："子弟大材艺者大官，小材艺者小官，因而施禄焉，使之足以生，足以死，谓之君，以义使人多。义者，君德也。"而读为能。《春秋繁露·爵国》云："大材者执大官位，小材者受小官位，如其能，宣治之至也。"《春秋繁露·精华》云："所任非其人，谓之主卑国危。万世必然无所疑也。其在《易》曰：鼎折足，覆公餗。夫鼎折足者，任非其人也。覆公餗者，国家倾也。是故任非其人而国家不倾者，自古及今未尝闻也。"

"使民之恒度，去私而立公。"《论语·公冶长》云："子谓子产，有君子之道四焉，其行己也恭，其事上也敬，其养民也惠，其使民也义。"《论语·学而》云："子曰：道千乘之国，敬事而信，节用而爱人，使民以时。"义生于时。《老子》第八章云："事善能，动善时。"河上公注："夏散冬凝，应期而动，不失天时。"《礼记·学记》云："当其可之谓时。"

《左传·昭公二十八年》云："心能制义曰度。"《左传·昭公四年》云："度不可改。"杜预注："度，法也。"《吕氏春秋·有度》云："贤主有度而听。"高诱注："度，法也。"马王堆帛书《经法·四度》云："君臣不失其立，士不失其处，任能毋过其所长，去私立公，人之稽也。"

"变恒过度，以奇相御，正奇有立，而名［常］弗去。"《老子》第五十七章云："以正治国，以奇用兵。"银雀山汉简《孙膑兵法》云："形以应形，正也。无形而制形，奇也。奇正无穷，分也。分之以奇数，制之以五行，斗之以口口。分定则有形矣，形定则有名矣。"

（7）凡事无小大，物自为舍。逆顺死生，物自为名。名刑已定，物自为正。故唯执［道］者能上明于天之反，而中达君臣之半，富密察于万物之所终始，而弗为主，故能至素至精，浩弥无刑，然后可以为天下正。

"凡事无小大，物自为舍。"《素问·疟论》云："而皆安舍。"王冰注："舍，居止也。"《礼记·大学》云："知止而后有定。"《史记·晋世家》云："物，自定也。"《国语·晋语》云："官方定物。"《诗经·烝民》云："有物有则。"逆顺或称若否，西周青铜器《毛公鼎》铭文云："上下若否与四方死。"《荀子·天论》云："顺其者谓之福，逆其类者谓之祸。"

前文云："是故天下有事，无不自为刑名声号矣，刑名已立，声号已建，则无所逃匿正矣。"《管子·法法》云："政者正也，正也者，所以正定万物之命也。是故圣人精德立中以生正，明正以治国。"

"故唯执道者能上明于天之反。"《老子》第四十章云："反者道之动。"河上公注："反本也。本者道所以动，动生万物，背之则亡。"《春秋繁露·三代改制质文》云："示天之变反命。"《周易·复·象》云："复亨，刚反，动而以顺行，是以出入无疾，朋来无咎，反复其道，七日来复，天行也。利有攸往，刚长也，复其见天地之心乎。"

"而中达君臣之半。"《说文》："半，物中分也。"《礼记·礼运》云："故礼达而分定。"《韩非子·解老》云："礼者，所以情貌也，群义之文章也，君臣父子之交也，贵贱贤不肖之所以别也。"《白虎通·情性》云："礼义者，有分理。"《管子·心术》云："理也者，明分以谕义之意也。"

"富密察于万物之所终始一，而弗为主。"整理小组注释："富字是误写，应删去。"不确。《说文》云："富，备也。"《礼记·祭统》云："备者，百顺之名也，无所不顺者之谓备。"又云："上则顺于鬼神，外则顺于君长，内则以孝于亲，如此之谓备。"《礼记·月令》云："农事备收。"郑玄注："备，犹尽也。"《孟子·尽心上》云："孟子曰：尽其心者，知其性也。知其性，则知天矣。"《礼记·中庸》云："唯天下之至诚为能尽其性，能尽其性则能尽人之性，能尽人之性则能尽物之性，能尽物之性，则可以赞天地之化育，可以赞天地之化育，则可以与天地参矣。"

《孟子·尽心上》云："孟子曰：万物皆备于我矣。"身得万物故为富。《庄子·天地》云："有万不同之谓富。"《礼记·郊特牲》云："富也者，福也。"《老子》三十三章云："知足者，富也。"知足则知止，《礼记·大学》云："知止而后有定，定而后能静，静而后能安，安而后能虑，虑而后能得。"

《尔雅·释诂》云："密，静也。"《周易·系辞上》云："圣人以此洗心，退藏于密，吉凶与民同患，神以知来，知以藏往，其孰能与于此哉。古之聪明睿知，神武而不杀者夫。是以明于天之道，而察于民之故，是兴神物，以前民用，圣人以此斋戒，以神明其德夫。"

《淮南子·修务》云："察分秋毫。"高诱注："察，明也。"《管子·宙合》云："见察之谓明。"《礼记·大学》云："物有本末，事有终始，知所先后，则近道矣。"《周易·说卦》云："艮，东北之卦也。万物之所成终而所成始也，故曰成言乎艮。"《老子》第十六章云："凡物云云，各复归其根，归根曰静，静曰复命，复命曰常，知常曰明。"河上公注："言万物无不枯落，各复反其根而更生也。静谓根也。根安静柔弱，谦卑处下，故不复死也。"《老子》第六章云："谷神不死，是谓玄牝。玄牝之门，是谓天地之根，绵绵若存，用之不勤。"根、本同义，《礼记·中庸》注："中也者，天下之大本也，和也者，天下之达道也。致中和，天地位焉，万物育焉。"

《老子》第三十四章云："大道泛泛兮其可左右，万物恃之以生而不辞，功成而不有，衣养万物而不为主，故常无欲，可名于小矣。万物归之而不知主，可名于大矣。是以圣人能成其大也，以其终不自大，故能成其大。"

"故能至素至精。"《吕氏春秋·勿躬》云："不雕其素。"高诱注："素，朴也。"《老子》第十五章云："敦兮其若朴。"河上公注："敦者质厚，朴者形未分也。内守精神，外无文彩也。"《吕氏春秋·论人》云："故知知一，则复归于朴。"高诱注："朴，本也。"《管子·内业》云："凡物之精，此则为生。"尹知章注："精，谓神之至灵者也。"《管子·心术》云："中不精者心不治。"尹知章注："精，诚至之谓也。"《庄子·天地》云："视乎冥冥。听乎无声。冥冥之中，独见晓焉，无声之中，独闻和焉。故深之又深而能物焉，神之又神，而能精焉。"《淮南子·俶真》云："是故圣人托其神于灵府，而归于万物之初，视于冥冥，听于无声，冥冥之中，独见晓焉，寂寞之中，独有照焉。其用之也，不以用，其不用也，而后能用之。其知也乃不知，其不知也而后能知之也。"

"浩弥无形。"《后汉书·付燮传》李贤注："浩然，大气也。"《孟子·公孙丑下》云："曰：我知言，我善养吾浩然之气。敢问何谓浩然之气？曰：难言也。其为气也，至大至刚，以直养而无害，则塞于天地之间，其为气也，配义与道，无是，馁也。"《周易·系辞上》云："易与天地准，故能弥纶天地之道。"道无刑，故曰冥冥。《春秋繁露·王道》云："故明王视于冥冥，听于无声，天覆地载，天下万国，莫敢不悉靖其职受命者，不示臣下以知之至也。"《春秋繁露·立元神》云："为人君者，以要贵神。神者不可得而视也，不可得而听也，是故视而不见其形，听而不闻其声，声之不闻，故莫得其响，不见其形，故莫得其影，则无以曲直也，莫得其响，则无以清瘗也，无以曲直则功不可得而败，无以清瘗则名不可得而度也。所谓不见其形者，非不见其进止之形也，言其所以进止不可得而见也。所谓不闻其声者，非不闻其号令之声也，言其所以号令不可得而闻也。不见不闻，是谓冥昏，能冥则明，能昏则彰，能冥能昏，是谓神人。人君贵居冥而明其位，处阴而向阳。恶人见其情而欲知人之心，是故为人君者执无源之虑，行无端之事，以不求夺，以不问问。吾以不求夺则我利矣，彼以不出出则彼费矣。吾以不问问则我神矣，彼以不对对则彼情矣。故终日问之，彼不知其所对，终日夺之，彼不知其所出。吾则以明而彼不知其所亡。故人臣居阳而为阴，人君居阴而为阳。阴道尚形而露情，阳道无端而贵神。"

"然后可以为天下正。"《诗经·玄鸟》云："古帝命武汤，正域彼四方，方命厥后，奄有九有。"郑玄注："古帝，天也。天帝命有威武之德者成汤，使之长有邦域，为政于天下。方命其君，谓徧告诸侯也。汤有是德，故覆有九州，为之王也。"马王堆帛书《黄帝·立命》云："昔者黄宗质始好信，作自为象，方四面，傅一心。四达自中，前参后参，左参右参，践位履参，是以能为天下宗。"

说 骰

——从满城汉墓出土的酒骰和"宫中行乐钱"说起

李 零

（北京大学中文系）

骰子是赌具，古今中外，样子都差不多[①]。古人呼为骰子者，宋以来也叫色子。色子是取其用不同点色标志骰子的各面，如六面体以红一对黑六，黑二对黑五，黑三对红四；骰子则取其投掷之义，赌博时，以骰子投于骰盆，视其点色定彩头。

这种赌具，有四面体（每面为三角形）、六面体（每面为正方形）和增加切削面因而近似球形的多面体。四面体少见，六面体最多。出土发现，战国秦汉的骰子多作十四面体或二十六面体，属球形多面体。增加切削面，目的是增加选择的机遇。

出土骰子，按用途分，可以分为两类：一类是博茕，用于博塞（六博棋和塞棋）类的棋戏；一类是酒骰，用于喝酒行令。

1968年，满城汉墓二号墓（窦绾墓）出土过一件迄今所见最漂亮的骰子（图一）和40枚带铭文的"宫中行乐钱"（图二）[②]。两者是什么关系，耐人寻味。

图一 满城汉墓出土铜骰及其线图

[①] Colin Mackenzie and Irving Finkel (ed.). *Asian Games: The Art of Contest*. Asian Society, 2004.

[②] 中国社会科学院考古研究所、河北省文物管理处：《满城汉墓发掘报告》，文物出版社，1980年，271~273页。

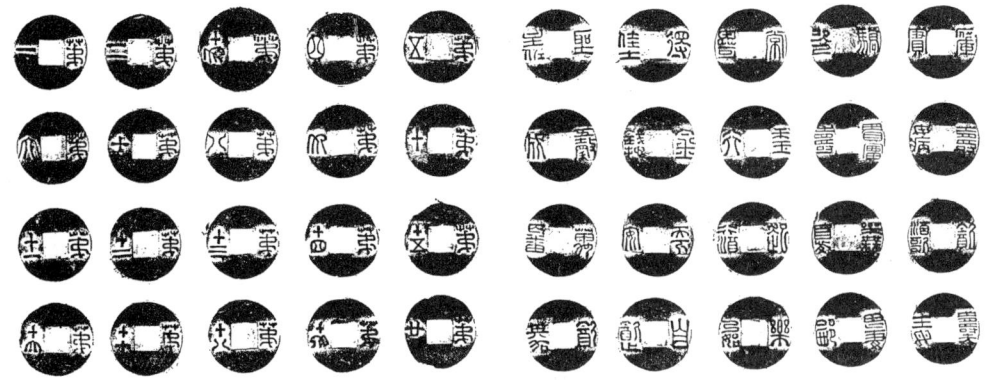

图二　满城汉墓出土"宫中行乐钱"拓本
（从上到下横读）

我们先说墓中出土的骰子，然后再讲同出的"宫中行乐钱"。

（一）酒骰

报告的描述是：

> 铜骰　1件（2：3064），与"宫中行乐钱"同出。通体错金银。共十八面，分别错出篆书或隶书"一"至"十六"以及"酒来"和"骄"字（后二面对称）。"一、三、七、十、骄、酒来"等六面为错金地错银一周，另十二面为嵌银地错金一周。在各面孔隙间，用金丝错出三角卷云纹，中心镶嵌绿松石或红玛瑙。骰径2.2厘米（图一八五；图版一八六，2）。
>
> 骰子见于著录和出土还有五件，既有铜制的，也有木制的。这件铜骰可能是和"宫中行乐钱"配合使用的，应是一套行酒令的玩物[①]。

这里举五个例子，做一点比较。

---

① 这五件骰子见《满城汉墓发掘报告》273页注①。它们是：①《陶斋吉金录》卷七第十一页著录的铜骰；②《奇觚室吉金文述》卷十一第二十八页至二十九页著录的铜骰；③1948年西汉汉城遗址内出土的骰子（见陈直《两汉经济史料论丛》140页）；④1973年江陵凤凰山十号墓出土的木骰；⑤1973年长沙马王堆三号墓出土的木骰。案：报告所说铭文应属篆书。福开森《历代吉金著录目》（中国书店，1991年）1169页著录过四件这类器物，除《陶斋吉金录》和《奇觚室吉金文述》著录的两件，还有《小校经阁金文》卷十三第三十七页和《汉金文录》卷四第二十五页著录的两件，或称弹丸，或称鞠，或称博局，并且江陵凤凰山八号墓也出土过这种器物。

1. 西辛大墓出土战国骨骰[①]

2004年，山东青州西辛战国大墓出土。这件骨骰（P2:5），简报说是牙质。它有14个切削面（图三）。顶、底两面为六边形，无字。腹部十二面分两层，六个六边形，六个正方形，两两相错，分别标注两套数字"一"至"六"。同出有所谓"博具"21件（P2:6），作方形小木块，每件上面有数字[②]。这件骨骰，可能是一件博荨。两套数字可能与六博十二棋黑白各六相应。

图三　西辛大墓出土骨骰及其线图

2. 秦始皇陵园出土秦代石骰[③]

1977年，秦始皇陵园北秦建筑遗址内出土（图四），系用青灰色砂石雕刻打磨而成，和前者类似，也是十四面体，只不过把刻写铭文的十二面一律改造成略凹的圆形。摹本上的文字，是由"骄""男妻"和数字"一"至"十二"组成。这件石骰，估计也是一件博荨。数字十二等于两套六。

[①] 山东省文物考古研究所、青州市博物馆：《山东青州西辛战国墓发掘简报》，《文物》2014年9期，4~32页，27页图五八，29页图六七。

[②] 承青州市博物馆王瑞霞馆长提供照片，这些小木块，三枚标数字"一"，两枚标数字"二"，四枚标数字"六"，三枚标数字"八"，五枚标数字"十"，还有四枚无字。

[③] 程学华：《秦始皇陵园发现的"明琼"》，《文博》1986年2期，66页。案：最近，秦始皇帝陵博物院的杨欢同志对这件博荨的制作工艺进行了分析，写成《秦始皇帝陵园出土石博荨制作工艺之蠡测》（作者所赠待刊电子文稿）。

图四　秦始皇陵园出土石骰及其线图

3. 临淄大武齐王墓随葬坑出土西汉铜骰[①]

1978年，山东淄博市临淄区大武乡窝托村齐王墓随葬坑五号坑出土，两件，简报发表的线图是其中一件（5∶27）（图五）。器物中空，有二十六个切削面。上下各有两个圆形面。腹部二十四面分三层，每层各八面。上下两层分别由四个圆形面和四个三角形面构成，中间一层由八个圆形面构成。圆形面是由方形面改制。学者把这种形制称为十八面体。所谓十八面体仅指带字的圆形面，没算不带字的三角形面。若加上三角形面，其实是二十六面体。带字的十八面，顶铭"骄"，底铭"畏妻"，腹部十六面分别标数字"一"至"十六"。无字的三角形面铸"Y"形镂孔。

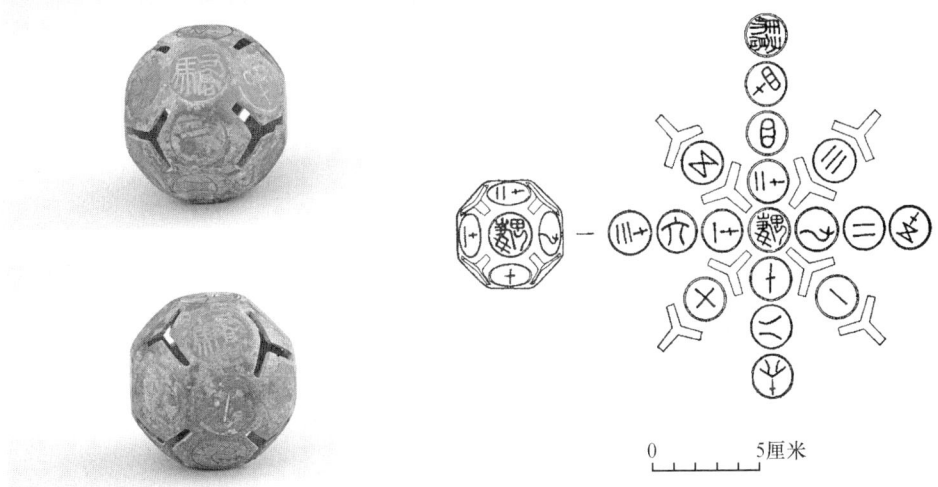

图五　大武齐王墓出土铜骰及其线图

---

① 山东省淄博市博物馆：《西汉齐王墓随葬器物坑》，《考古学报》1985年2期，223～266页，线图见241页图一七。

4. 山东博物馆藏西汉铜骰①

图六　山东博物馆藏铜骰

此器为陈介祺旧藏②，亦中空，二十六面，形制与上同（图六）。唯一不同，是把三角形面的三个角各镂一孔。铭文也大体相同，只是数字排列不尽相同。

5. 海外收藏的错金银西汉铜骰③

与满城汉墓所出最相似，也是二十六面，也是错金银、镶嵌宝石，顶铭也是"骄"，底铭也是"酒来"（图七）。但有一点不同，它除了在三角形面的中央镶嵌一粒红宝石，还在它的三个角，即例4镂孔处，各镶一粒绿松石。

图七　海外收藏的铜骰

6. 马王堆三号汉墓出土西汉漆木骰

出于一件漆木盒内，盒内还有博局一，直食棋20枚，博棋黑白各6枚，博筹42枚，象牙削和裁刀各一，可见这是一枚博茕（图八）。其"畏妻"二字，"畏"字的写法类似"男"。

二十六面体怎样切削，可参看独孤信二十六面体煤精印（图九）④。

上述各例，数字排列不尽相同，似乎没有固定规律。铭文可分两个系统，凡带"骄"字和"酒来"者显然是酒骰，带"骄"字和"畏妻"者有两种可能，既可能是博茕，也可能是酒骰，如下"宫中行乐钱"有"畏妻"，就是属于酒令中的话，而例

---

① 承山东博物馆卫松涛同志提供材料和信息。
② 此器即上《奇觚室吉金文述》所著录。
③ Colin Mackenzie and Irving Finkel (ed.). *Asian Games: The Art of Contest*. Asian Society, 2004: 43, fig.2:8, a-b; 2:9.
④ 旬阳县博物馆：《旬阳出土的独孤信多面体煤精组印》，《文博》1985年2期，95～96页。

图八　马王堆三号墓出土的漆木骰　　　图九　独孤信煤精印的二十六面

6与博具同出，则显然是博荣。"畏妻"，秦始皇陵园所出，摹本作"男妻"，比较奇怪，我请秦始皇帝陵博物院的杨欢同志替我到库房核验，这两个字已看不清。我怀疑，摹本失真，原本作"畏妻"。观图八可知，"畏"字比较草率的写法，确实与"男"相似。

（二）"宫中行乐钱"

报告的描述是：

> "宫中行乐钱"共40枚（2：3023）。出于中室南区中部。方孔无廓，正面铸篆体阳文，背面平。直径3.3厘米。其中20枚分别铸"第一"至"廿"字样（缺"第三"，但多一枚"第十九"，钱样较大，直径3.7厘米，用以补"第三"之缺，可见当时此类铜钱不只一套）；另二十枚，铸韵语一首，二十句，每钱铸一句，句三字或四字（图一八三、一八四；图版一八六，1）。出土时已经散乱，依韵脚和文义整理，录文如下：
>
> 第一，圣主佐，第二，得佳士，第三，常毋苛，第四，骄次已，第五，府库实，第六，五谷成，第七，金钱扡，第八，珠玉行，第九，贵富寿，第十，寿毋病，第十一，万民番，第十二，天下安，第十三，起行酒，第十四，乐毋忧，第十五，饮酒歌，第十六，饮其加，第十七，自饮止，第十八，乐乃始，第十九，田田妻鄙，第廿，寿夫王母（"骄次已"疑读骄次已，扡疑读为施，"番"假为"蕃"，"乐乃始"谓奏乐开始，"妻鄙"犹言妻党、妻族，"田田"蕃盛貌）。

这40枚铜钱的前一半是数字，释文准确；后一半是酒令，释文不够准确，特别是排列顺序有问题，我请梁鉴同志代为摄影（图一〇），重新排序（从上到下、从右到左读），今据新排顺序，把酒令部分改释如下：

　　骄次（恣）己（忌），常毋苛。
　　得佳士，圣主佐。
　　五谷成，万民番（蕃）。
　　府库实，天下安。
　　朱（珠）玉行，金钱扡（施）。
　　贵富寿，□（饮）酒歌。
　　寿毋病，□（饮）其加。
　　起行酒，乐乃始。
　　乐毋忧，自饮止。
　　寿夫王母畏妻鄙（副）。

图一〇　重新排列顺序的满城汉墓"宫中行乐钱"照片
（从右到左竖读）

　　这篇铭文是行酒的酒令，前十八句皆三字句，只有尾句是七字句[①]。现在的排列是参考了韵脚，苛、佐是歌部，蕃、安是元部，扡、歌是歌部，始、止、鄙是之部。
　　铭文前一半讲盛世，后一半讲喝酒，意思大体清楚。"骄恣忌，常毋苛"云云，是说圣明的君主切忌傲慢放纵，毋施苛政于下，这样才能得良士为佐，五谷丰登，万民蕃息，府库充盈，天下安定，财货流通。"贵富寿，饮酒歌"云云，是说对酒当歌，彼此祝福，祝大富大贵，祝长寿无病，喝酒是行乐，但不要乐极生悲，要自知酒

---

① 西汉韵语流行三字句、四字句和七字句，五字句流行比较晚。

量，有所节制。最后一句，比较难懂，可能是祝自己的妻子寿比王母。"寿夫王母"犹"寿彼王母"。"畏妻"不一定是可怕的老婆，而是可敬的太太。"鄙"疑读副，意思是相称。鄙是帮母之部字，副是滂母职部字，古音相近可通假。过去，李学勤先生把"畏妻"当一个字，以为相当"媿"字，与"骄"字相反[①]，但从钱铭看，显然是两个字。

我理解，上述钱铭，头两句以"骄"字开头，是对应于酒骰的"骄"字；最后一句的"畏妻"二字，是对应于酒骰的"畏妻"；中间16句，是对应于酒骰的16个数字。

这也就是说，上述酒骰和酒令是配套使用。

2015年11月5日写于北京蓝旗营寓所

---

① 熊传新《谈马王堆三号西汉墓出土的陆博》（《文物》1979年4期，35～39页）引李学勤说。

记《鲁阳都乡正卫弹碑》

胡海帆

(北京大学图书馆)

东汉《鲁阳都乡正卫弹碑》原立于南阳郡鲁阳县。北魏郦道元《水经注》曾提及此碑："鲁阳县故城……内有南阳都乡正卫为碑。"①之后千余年是碑销声匿迹。1934年该碑残石在河南鲁山县出土，重新面世。因拓片和最早发表的文章传播极少，故世人对此碑仍很陌生。直至1988年俞伟超详细介绍，此碑信息才传播开来②。

一、残碑的出土

鲁山县位于河南省中部偏西南，此地秦汉时属南阳郡，西汉置鲁阳县，北魏改名山北县，唐始名鲁山，现属平顶山市辖。鲁山县城北有琴台一座，据说是唐开元间鲁山县令元德秀所修筑，经历代修葺，后被誉为"鲁山八景"之一。1934年10月3日县人徐玉诺偕友人登琴台，在琴台后寨壕土中发现有碑石显露地面，雇工发掘，挖出一块汉代残碑。"几经拂拭，知为久佚之《汉都乡正卫弹碑》。"③"命工起运，以车运至文庙保存，行经城北门下，震断为二。"后存文庙《元次山碑》碑亭内，新中国成立后，残碑先存鲁山县文化馆④，再存南阳汉画馆⑤。此碑1997年收录在《河南碑志叙录

---

① (北魏)郦道元《水经注》卷31"滍水"。"为碑"系"弹碑"之讹。
② 俞伟超：《中国古代公社组织的考察——论先秦两汉的"单—僤—弹"》，文物出版社，1988年，135~139页。
③ 许敬参：《鲁山县新出二石记》，载《北平燕京大学考古学社社刊》第四期，85~93页。
④ 运碑过程及存县文化馆见周采泉：《杨遇夫(树达)先生遗墨题记——兼论汉〈都乡正卫弹碑〉》，《浙江大学学报》1980年2期，92~93页。
⑤ 同②，138页。笔者按：南阳汉画馆曾与南阳市博物馆为同一单位，后分家迁出，此碑今归属不详。

（二）》①。2000年又收入《中国文物地图集·河南分册》②。记载云，仅剩碑文102字尚清晰。

此碑出土已是竖方形残石，漫漶模糊，年款缺失。残碑石高140、宽45厘米。碑中部斜向断为两截。下半有束腰形缺口，缺口石面十分光滑，碑根部插入土中的部分，留有未打磨的粗凿痕。碑文隶书，存10行，行存23字，可辨识约160字。存文如下：

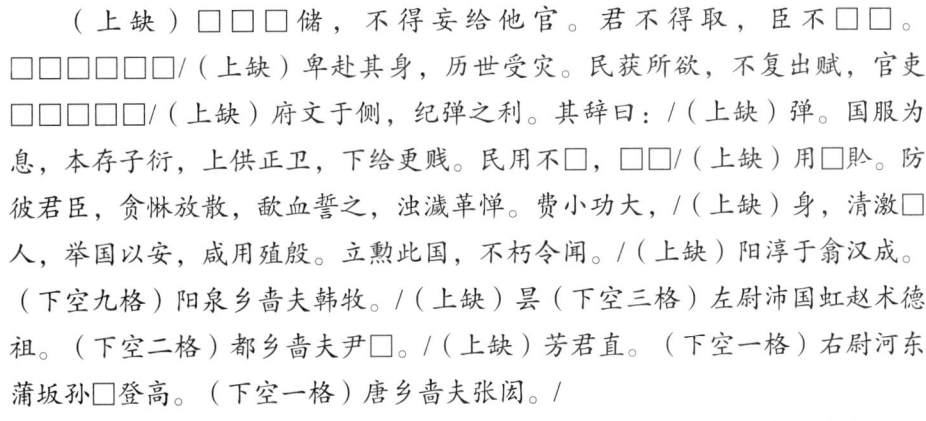

（上缺）□□□储，不得妄给他官。君不得取，臣不□□。□□□□□/（上缺）卑赴其身，历世受灾。民获所欲，不复出赋，官吏□□□□/（上缺）府文于侧，纪弹之利。其辞曰：/（上缺）弹。国服为息，本存子衍，上供正卫，下给更贱。民用不□，□□/（上缺）用□贶。防彼君臣，贪惏放散，歃血誓之，浊灭革悍。费小功大，/（上缺）身，清激□人，举国以安，咸用殖殷。立勋此国，不朽令闻。/（上缺）阳淳于翕汉成。（下空九格）阳泉乡啬夫韩牧。/（上缺）景（下空三格）左尉沛国虹赵术德祖。（下空二格）都乡啬夫尹□。/（上缺）芳君直。（下空一格）右尉河东蒲坂孙□登高。（下空一格）唐乡啬夫张闵。/

（上缺）陈。（下空三格）别治掾赵存。（下空六格）瞿乡啬夫庞（下缺）

遗留碑文显示，此残石应位于原整碑的左下，即碑文的最后部分。

此碑出土后，河南博物馆馆长关百益闻讯请拓工宗怀璞往拓数纸。《北平燕京大学考古学社社刊》第四期上，考古学社社员、后任河南省立博物馆研究员许敬参撰文《鲁山县新出二石记》予以介绍，文中还录下其父许钧（字平石）的题跋，此碑定名为《汉鲁阳县都乡正卫弹碑》便是许钧最早提出的。关于碑的残损及缺口的光滑，发现者徐玉诺谓："似为后人用作故城限（门槛），缺处光滑者，即限上车轨。"拓工宗怀璞云："邑人谓系先被人改凿门楣户枢，旧痕今尚完然。后坠埋土中。徐君所谓缺口，即户枢处，非车轨也。"许敬参认为："是碑上端廓形，似在右面已损去四五寸，或因作门限以其高大不适，由隋人修鲁阳故城时斫去。碑左上角有陈字，颇似后代楷书，当系玩刻者。所去正当首行标题及年月。"③

---

① 中原石刻艺术馆编：《河南碑志叙录（二）》，河南美术出版社，1997年。记云："汉都乡正卫弹碑。位于鲁山县县城北关琴台附近。东汉中平年间（184～189年）刻。碑已断为两截，鲁阳四乡啬夫所立。今仅剩碑文102字尚清晰，隶书。内容记述恢复鲁阳生产的情况。"笔者按：中原石刻艺术馆1997年7月与河南省博物馆合并成立河南博物院。

② 河南省文物局编制：《中国文物地图集·河南分册》，中国地图出版社，1991年，图88～89页，A5；文94页，105-D1。

③ 许敬参：《鲁山县新出二石记》，载《北平燕京大学考古学社社刊》第四期，89～91页；许敬参文云："楳溪张先生及家大人平石公皆有题跋，考证精详，足为是石生色。"许敬参文录下许平石跋，张楳溪跋所在不详。

残碑形态表明，无论是被人改凿门楣户枢还是门限。都是被后人改作他用，后废弃埋地下。此系再次出土，因此出土地不是最初立碑处。这种利用前朝碑石改做建筑材料的情况，在历史上很常见（图一、图二）。

图一　《鲁阳都乡正卫弹碑》全图
（北大图书馆藏拓片）

图二　《鲁阳都乡正卫弹碑》局部

二、碑的性质和内容

《鲁阳都乡正卫弹碑》记录了民间"正卫弹"组织的存在、发展情况，对了解汉代基层民间组织形态很有价值。

"单"是中国古代社会的一种具有互助合作性质的民间组织（团体）的称谓，因读音相近，后来又逐渐称作"僤"和"弹"[①]。这种组织形式早在商代时已出现，早

---

① 俞伟超：《中国古代公社组织的考察——论先秦两汉的"单—僤—弹"》，文物出版社，1988年，157～181页。俞伟超认为，先秦两汉的单、僤、弹，汉代以后又演变成菫、团、瞳。

期曾是具公有制性质的原始公社组织。经过长时期的发展，随着社会走向土地私有制，经历了从血缘到地缘、从原生态民间组织到为各种目的不同人群结社、结单的演进，秦汉时这种组织形式和称谓还存在，但其性质较最初已发生了质的变化，只有经济上互助合作这一性质没有变。俞伟超《中国古代公社组织的考察——论先秦两汉的"单—僤—弹"》列举了商周至秦汉单组织遗留的大量青铜器铭文、印章等文物，显示当时称为单（僤和弹）这类组织曾广泛存在。

从现存文物来看，秦汉时期有各种性质的单组织，其成员出资互助的目的也不一样。它的成立，有的为了保障宗族祭祀而筹资，有的为保障社区管理而敛钱，也有行业经济互助合作，还有为均负徭役成立自卫、保安的武装团体，凡此种种，既有宗族、居民私人结社，也有官府支持、甚至出面控制的组织。

2013年公布的《岳麓书院藏秦简（叁）》中，一批秦简记载了官府审结发生在南郡的一宗恐吓劫财案"识劫婉案"①。案情披露了涉案人所在地有"里单"，这个单便是居住在同里的、以宗族关系为纽带结合起来的民间组织。结单人有参加社祭"与里人通饮食"和"里人不幸死者出单赋"的权利和义务。这种筹措祭款、出钱助丧的里人结社，便有互助性质。

1955年发掘的四川宜宾市翠屏村三号墓东汉永元六年（94年）八月宗休之墓砖，也证实了里单组织的存在。宗休之生前是宣化乡宜世里人，墓砖显示他同时也是宜世里单的单内成员②。

1973年，在河南偃师县缑氏公社郑瑶大队南村出土了石碑《汉侍廷里父老僤买田约束石券》③。石券内容记载了侍廷里的居民廿五人，在东汉永平十五年（72年）组织了一个名为"父老僤"的团体，僤成员共同出资六万一千五百钱，买田八十二亩。有家产的僤成员可轮次担任该里的父老，担任里父老时借与此田，以田地收获补贴充任

---

① 朱汉民、陈松长编：《岳麓书院藏秦简（叁）》，上海辞书出版社，2013年，彩图32～36，黑白图153～165。〇七"识劫婉案"。

② 俞伟超：《中国古代公社组织的考察——论先秦两汉的"单—僤—弹"》，文物出版社，1988年，77页；匡远滢：《四川宜宾市翠屏村汉墓清理简报》，《考古通讯》1957年3期，20～25页；《四川宜宾市郊发现东汉砖墓九座》，《文物参考资料》1955年10期，134～135页。

③ 黄士斌：《河南偃师县发现汉代买田约束石券》，《文物》1982年12期，17～20页；宁可：《关于〈汉侍廷里父老僤买田约束石券〉》，《文物》1982年12期，21～27页。

石券全文："建初二年正月十五日，侍廷里父老、僤祭尊/于季主疏，左巨等廿五人，共为约束石券。里治中/乃以永平十五年六月中造起僤，敛钱共有六万/一千五百，买田八十二亩。僤中其有訾次/当给为里父老者，共以容田借与，得收田/上毛物谷实自给。即訾下不中，还田/转与当为父老者，传后子孙以为常。其有物故，得传后代户者一人。即僤/中皆訾下不中父老，季、巨等共假赁/田也。如约束。单侯、单子阳、尹伯通、锜中都、周平、周兰、/□□周伟、于中山、于中程、于季、于孝卿、于程、于伯先、于孝、/左巨、单力、于稚、锜初卿、左中、[文]□、于思、锜季卿、尹太孙、于伯和、尹明功。"

里父老的用度。因此父老这个职务既为里内居民服务,同时也享有获益的特权。如果就任者家产减少,不够规定数量时,须将田退还,转给僤中里父老继任者。僤成员的这些权利,死后可由后代继承。从石券记载知,这个"父老僤"即是一种以敛钱补偿那些为集体服务的父老而成立的经济互助民间组织。

汉代弹组织中,还有居民为保护地方安全而成立的民间自卫组织,称之为正卫弹,简称为"正弹"或"卫弹"。据研究,这是黄巾起义风暴扫荡以后,政府治安力量不足,为重建统治秩序,维护地方安全,"由县廷主持建立的、以县城为单位的、并以城内居民为成员的一种组织"[①]。这支武装力量由居民共同出资,官府招募兵卒充任(或由单内的成员轮流出任"更卒"和"正卫")。东汉后期在洛阳东南一些郡县中有这种组织,其发展活动情况被一些称为"都乡正卫弹碑"的碑刻记录下来。

历史文献记载了南阳郡的"都乡正卫弹碑",最早见于北魏郦道元《水经注》。《水经注》卷29"沘水"记载:"沘水又南与澧水会……澧水西北流迳平氏县故城东北……城内有南阳都乡正卫弹劝碑。"[②]《水经注》卷31"滍水"记载:"滍水又东迳鲁阳县故城南……城内有南阳都乡正卫为碑。"[③]这是两段珍贵的记录,但记述太简,没有提及碑上的内容和年代。所幸滍水流域鲁阳县那块都乡正卫弹碑,1934年重新面世,也就是本文介绍的《鲁阳都乡正卫弹碑》,让后人能了解其部分内容。

在金石学大兴的宋代,士大夫对寻获古碑的努力,让另一块都乡正卫弹碑面世。北宋赵明诚《金石录》最先著录了在昆阳城中的正卫弹碑[④],载云:"右《汉都乡正街弹碑》,在汝州界故昆阳城中。文字磨灭,不可考究,其岁月略可见,盖中平二年正月。而其额题'都乡正街弹碑'莫知其为何碑也。"其后,南宋洪适《隶释》录下是

---

① 俞伟超:《中国古代公社组织的考察——论先秦两汉的"单—僤—弹"》,文物出版社,1988年,131页。
② (北魏)郦道元《水经注》卷29"沘水"。
③ (北魏)郦道元《水经注》卷31"滍水"。
④ 赵明诚撰,金文明校证:《金石录校证》卷18,广西师范大学出版社,2005年,308页。

碑全文①。从《隶释》的描述，可知此碑额题"都乡正卫弹碑"六字隶书。碑文11行，颂4行，题名2行。灵帝中平二年（185年）立在汝州昆阳城中。洪适得到此碑拓片，《隶释》跋云："赵氏误认卫为街，遂云莫晓其为何碑。予初得已剪贴本，续后始获全碑。考其文，则县令宁陵君承昆阳丧乱之余，愍徭役之害，结单言府斑董科例，收其旧直，临时募顾，不烦居民，太守东郡王瓘……优恤民隐，为之立约，自是之后，吏无苛扰之烦，野无愁痛之声，其大略如此。"

人们注意到《金石录》与《隶释》在定名上是有区别的，《金石录》作街弹，《隶释》改为卫弹，并认为街弹是卫弹之讹（笔者按：篆书卫、街二字近似，残泐时可能难辨彼此）。柯昌泗《语石异同评》就指出"佚碑近年复出……鲁山汉鲁阳县，碑文卫弹，与水经注相合，可证校者改为街弹之非"②。但有学者论证街弹是存在的，是维持街道治安的组织。也有学者引《周礼·地官·里宰》郑玄注文，认为街弹是与耦耕有关的组织。窃以为，洪适据原碑拓片录文，并云"赵氏误认卫为街"。可知"街"字有误明确无疑。至于有无"街弹"组织与《金石录》是否记错是两码事，况且可能《金石录》最初是对的，错字是传抄时出现的讹误。

上述三碑的名称，各种文献记载不一，为能清晰所指，俞伟超根据三碑所在位置和性质，分别冠名为：昆阳、平氏、鲁阳都乡正卫弹碑③。关于《水经注》将平氏、

---

① 洪适：《隶释》，中华书局，12003年；《隶释、隶续》（合印本），卷15/13《（昆阳）都乡正卫弹碑》163页，卷25/23《（昆阳）都乡正卫弹碑》274页。

《（昆阳）都乡正卫弹碑》全文："□□□国□□□□公□伯子□吕□□□□□□□□□□□□□□□□□□□其□□□□□□□□□□□□□□国□劳用民□□□□□□□□于一□□□□□□□相扶助卒□曰□□□□□□□□□□□□□□□□□不疆迄于中平二年正月县（《隶释》跋作县）令□国宁陵□君讳修字□□□□□□□□中□以府丞董察□□抚昆阳承丧（《隶释》跋作丧）乱之余□称圣烈□有林官凡处□循□□□□轸既到庶□于□愍夫徭役之不□，乃□惟□□圣之□□□于有以□□忠于是乎轻赋□敛，调□□□富，结单言府，斑董科例，收其旧直（《隶释》跋作旧直），□□之目，临时慕（募）顾（雇），不烦居民。时太守东郡王（《隶释》跋作王）瓘、丞济阴华林，优恤民隐，钦若是由，□□□□□，郡校刘，为民约□，□□乎无穷。自是之后，黎民用宁。吏无荷（苛）扰之烦，野无愁痛之声（《隶释》跋作声），□因民所利，斯所谓惠康之荣□，景均之□□□也。政之□□于是乎成，役之艰苦于是［乎］□。颂曰：□□□命，猗歟我君。敦诗说礼，宁德于民。底□轻赋，帅约孔均。徭役以□，□士不□，□我好爵。聿怀多□，明德惟馨。民以本？□，□耕千耦。梵梵黍稷，于胥□□永□不□□□□□中明慧通□若五，大夫服厉，□□□□为□掌领□书□□单钱复不□吏□□□若其□，劝导有功。时□□范秩字符睢，尉曹掾都□字汉宾，史张芭字子才，有秩定陵杜则字孝□，□□□□□守字国宝，陈□□□□。"

② 柯昌泗：《语石异同评》，中华书局，1994年，544页。

③ 俞伟超：《中国古代公社组织的考察——论先秦两汉的"单—僤—弹"》，文物出版社，1988年，133页。笔者按：《昆阳都乡正卫弹碑》在汝州昆阳城内（今河南叶县），属颍川郡；《平氏都乡正卫弹碑》在平氏县城内（今河南桐柏县西北），属南阳郡；《鲁阳都乡正卫弹碑》在鲁阳县城内（今河南鲁山县），属南阳郡。《刘熊碑》在今河南延津，属陈留郡。

鲁阳二碑都叫做《南阳都乡正卫弹碑》，俞伟超认为："这是（为南阳郡府制定正卫弹制度并）推行于全郡的政策作旁证。因为郦道元如不是在南阳郡的很多县都见过这种在当地建立'都乡正卫弹'的纪事石碑，大概不会对这两块石碑不记县名而统以郡名来称呼。""郦氏把此（平氏）碑与《鲁阳碑》的碑名，叫得几乎完全一样，必因所见南阳诸县往往有这种《正卫弹碑》，所述又皆为建立'正卫弹'事，故一概名为《南阳都乡正卫弹碑》。……其'弹'下'劝'字……如果这不是今本《水经注》的衍字，必郦氏见其内容比其他各《正卫弹碑》有更多的劝告众人实行相互扶助、平均劳苦的文句而加上去，用以强调此碑有劝勉百姓之意。"①

三碑立碑时间，只有《昆阳都乡正卫弹碑》有中平二年正月年号。其余二碑则无。俞伟超认为，中平元年爆发黄巾起义，而后被镇压。这些弹碑是在镇压黄巾起义后地方县廷重建地方保安组织时所立。因而将平乡、鲁阳正卫弹碑时间定在东汉中平年间（184~188年）。笔者以为这种推断是可信的，因迄今证据显示正卫弹组织都出现在黄巾起义后（其他弹组织除外）。除了上述三碑外，还有著名的《刘熊碑》，记载了酸枣令刘熊倡建正弹组织。《刘熊碑》年月亦缺，酸枣县地处陈留郡，与南阳郡不远，又涉及正卫弹组织，因此此碑也应是东汉后期所立。

《鲁阳都乡正卫弹碑》和已知其他正卫弹碑，文字虽都已漫漶，残泐不清，但残文中透露的信息，为后人了解这种不载于正史、目前仅见于河南地区的正卫弹组织提供了宝贵资料。

东汉后期正卫弹组织的发展，可归纳出几个特点：

（1）正卫弹成立初衷，当是为缓和《后汉书》所云"戎事不息，百姓匮乏，疲于征发"引发的社会矛盾，解决地方治安问题。东汉后期政治腐败，社会、阶级矛盾尖锐，汉灵帝时终于爆发了"八州并发、烟炎绛天"的黄巾起义。之后战乱虽平息，但经济萧瑟凋敝，社会动荡不安，政府无力顾及地方安全，导致各地自保维持。因此各种徭役征发频频，民众疲敝无宁日。作为黄巾起义核心区之一的南阳地区尤为明显。鲁阳碑描述的"卑赴其身，历世受灾"。正是当时天灾人祸、徭役不断的苦状。为避免社会矛盾爆发，于是，在地方成立（或恢复）互助性的、减轻兵役负担的自卫组织，补充"官兵"不足，保一方平安，便成为地方官员重视的一件大事。这是官府推动民间成立"正卫弹"组织的主要原因。

（2）成立弹组织的过程。一，与民立约，如昆阳碑"郡校刘□，为民约□"即是郡校刘君制订了组织章程；二，要得到官府的允许，如昆阳碑中的"结单言府"，就是得到了地方政府的批准，因此正卫弹是合法的民间组织；三，结弹并敛钱代役，民赖以安，用结弹钱"上供正卫，下给更贱"，"临时慕（募）顾（雇），不烦居

---

① 俞伟超：《中国古代公社组织的考察——论先秦两汉的"单—僤—弹"》，文物出版社，1988年，153、139页。

民"。正如林甘泉所云:"这种'正卫弹'是……有些地方官为减轻人民兵役负担而敛钱募兵的组织。《汉旧仪》说:'民年二十三为正,一岁为卫士'……'正卫',即指傅籍当服兵役为正卒和卫士的男子。加入'正卫弹'的农民,只需缴纳一定数量的代役钱,就可以不必亲身服役,而由官府'临时慕(募)顾(雇)'代役。有的地方还把结'弹'收集的钱存储起来,由官府放贷取息,'国服为息,本存子衍,上供正卫,下给更贱(践)'。实行这种结'弹'敛钱代役的地方,减免了应服兵役的居民的烦劳,因而成为地方官的一项政绩,有的还被乡官属吏立碑歌颂一番。"①结单免役,民众可获一定的安宁,即鲁阳碑所云"民获所欲,不复出赋"。而且极有这种可能,富人大户要多出一点,以缓解《刘熊碑》所云"劳苦不均"的阶级矛盾,使"富者不独逸乐,贫者不独(困苦)"。这种"相扶助卒"确实有一定的互助内涵。

(3)与民立约并出具告示,除了为防止出钱人反悔,有"歃血誓之"警示作用外,还应有表明结弹钱专款专用,他人不得掠夺之意,目的是为了制止从中央到地方借机横征暴敛。故鲁阳碑有"(上缺)□储,不得妄给他官;君不得取,臣不[得获]"之语。

(4)成立正卫弹毕竟是在百姓身上敛钱,百姓是否自愿都要出,因此结弹主要由地方官员发起,靠官府大力推动、劝导。正卫弹碑也成为下属官吏歌颂地方官倡导结弹、造福百姓的功德之碑。譬如,昆阳碑,称颂县令□修、府丞董察,战乱后上任昆阳,愍徭役之害,组织民间成立弹。"于是乎轻赋□敛,调□□富,结单言府,斑董科例,收其旧直……临时慕顾,不烦居民。"又称颂了太守王瓘、丞华林"优恤民隐"。郡校刘□"为民约□"。"自是之后,黎民用宁。吏无苛扰之烦,野无愁痛之声……政之[伟绩]于是乎成,役之艰苦于是[乎减]。"颂曰:宁德于民、明德惟馨、劝导有功。《刘熊碑》赞颂酸枣县令刘熊"愍念烝民,劳苦不均,为作正弹,造设门更,富者不独逸乐,贫者不独(困苦)"。鲁阳碑虽没有称颂某人,但立碑之意更明确,就是要布告百姓,宣扬赞颂"弹"的好处。"□府文于侧,纪弹之利。"府文或许指此碑"铭曰"之前记载的内容,或许指另一块有具体条文的郡府告示,但无论哪样,府文显然已成为呼吁百姓结单的"劝碑"。

总之,结弹被官府称为"费小功大"利国利民之举。鲁阳碑赞曰:"(上缺)弹。国服为息,本存子衍,上供正卫,下给更贱。……防彼君臣,贪惏放散,歃血誓之,浊滥革悛。费小功大……举国以安,咸用殖殷。立勳此国,不朽令闻。"

在官府大力推动下成立的正卫弹,必定成为维护地方政权和治安的力量,而且也"已经变成主要是官府部曲一类的组织"②。

---

① 林甘泉:《秦汉帝国的民间社区和民间组织》,载《燕京学报》新八期,北京大学出版社,2000年,73~74页。

② 俞伟超:《中国古代公社组织的考察——论先秦两汉的"单—僤—弹"》,文物出版社,1988年,155页。

（5）正卫弹地域范围。历史上已知的正卫弹碑都在今河南洛阳周边，位于相连的汉南阳、颍川、陈留三郡中，相距最近的昆阳、鲁阳二碑，仅隔几十公里。其他地方或许也有正卫弹，但不会多，建立正卫弹的地域也不会很大，原因在于，当张角起义被镇压下去以后，河南、河北许多地区并没有安定下来，一波又一波新的起义层出不穷，根本没有条件让官府去建立正卫弹[①]。

现存文物显示，正卫弹实行于东汉晚期，若始于黄巾起义之后，其发展大概只有三十余年的光景，在天下纷乱的形势下，可能只有秩序相对稳定的京畿周边数郡建立了正卫弹组织。但之后不久，这些地方也陷入新的起义浪潮，正卫弹在这种大环境中难以为继，更谈不上推广，而此时距汉代结束已经不远了。

还需要指出，还有些汉碑文中，也能找到涉及"弹"的记载，揣摩其意，有些石刻因上下文残缺，是否指"弹"组织，尚难确定。如"有豪民目吏……非□造？弹人"（《辟易深藏等字残石》）；"大和乃……弹约束时"（《诏？书等字残石》）；"还复弹子弟后世……在弹"（《官吏五百等字残石》）。而更多的则与"弹"组织无关。如"弹枉纠邪，贪暴洗心"（《曹全碑》）；"举直错枉，谭思旧制，弹饕纠贪，务鉏民秽"（《樊敏碑》）；"民诵其惠，吏怀其威……弹贬贪枉，清风流射"（《鲜于璜碑》）；"于是，操绳墨以弹邪枉，援规矩以分方员"（《袁博碑》）；"弹群司，清公□，缓薄赋"（《张寿碑》）；"所在执宪，弹绳纠枉，忠絜清肃"（《夏承碑》），等等。当是颂扬贤臣为政肃贪、弹贬枉法的内容。

三、原碑行款尺寸

《鲁阳都乡正卫弹碑》铭文残存10行，因前方、上方石缺较多，原石行数及碑首情况、有无碑额已不可考。然而碑文的行字数却有考证出来的可能，因为碑根部尚存，可知文字下限。上方虽不全，但从四行"辞曰"可以推算出缺失的字数。在《鲁山县新出二石记》一文中，许敬参已做了推算，他指出："辞第一行弹上当缺七字，文为四言，间句用韵。"[②]由实际情况看，他的推算是正确的。辞共22句，先an韵，后en韵。因此原碑应是每行30字。残碑石高140厘米，由尚存部分可推知7字高为31厘米。若不计碑额，存佚合计，可知原碑高171厘米（含埋入土部分）。

残碑文行款复原如下：

---

① 俞伟超：《中国古代公社组织的考察——论先秦两汉的"单—僤—弹"》，文物出版社，1988年，154~155页。

② 许敬参：《鲁山县新出二石记》，载《北平燕京大学考古学社社刊》第四期，92页。

记《鲁阳都乡正卫弹碑》

■	■	■	■	■	■	■	■	■	■
■	■	■	■	■	■	■	■	■	■
■	■	■	■	■	■	■	■	■	■
■	■	■	■	■	■	■	■	■	■
■	■	■	■	■	■	■	■	■	■
■	■	■	■	■	■	■	■	■	■
陈	芳	昙	阳	身	用	弹	府	卑	□
○	君	○	淳	，	□③	。	文	赴	□
○	直	○	于	清	贮	国	于	其	储
○	○	左	翕	激	。	服	侧	身	，
别	右	尉	汉	□④	防	为	，	，	不
治	尉	沛	成	人	彼	息	纪	历	得
掾	河	国	○	。	君	，	弹	世	妄
赵	东	虹	○	举	臣	本	之	受	给
存	蒲	赵	○	国	，	存	利	灾	他
○	坂	术	○	以	贪	子	。	。	官
○	孙	德	○	安	懒	衍	其	民	。
○	□	祖	○	，	放	。	辞	获	君
○	登	○	○	咸	散	上	曰	所	不
○	高	都	阳	用	。	供	：	欲	得
○	○	乡	泉	殖	歃	正		，	取
○	唐	啬	乡	殷	血	卫		不	，
瞿	乡	夫	啬	。	誓	，		复	臣
乡	啬	尹	夫	立	之	下		出	不
啬	夫	□	韩	勋	，	给		赋	■①
夫	张		牧	此	浊	更		，	■②。
庞	闳			国	溅	贱		官	
■				，	革	。		吏	
				不	悍	民		□	
				朽	。	用		■	
				令	费	不		■	
				闻	小	■		■	
				。	功	■		■	
					大				
					，				

注：□为泐一字；■为缺一字；○为空一格；①俞伟超据文意补作"得"；②俞伟超据文意补作"获"；③许敬参释作"晓"；④许敬参释作"彼"

四、碑文出现的官职与地名

碑文最后四行是县乡官员题名，以示由官方颁布。题名包括官职、籍贯郡县、姓名和字。按官职高低分为三截，每截四人，第一截石残不全，官职全无，但第一人显然是官职最高的县官，占了两截；第二截是左尉、右尉、别治掾三人；第三截是乡啬夫四人，因身份低，只记录了是某乡啬夫及姓名。

左尉和右尉是地方上负责军事的官员。汉代郡、县皆设尉。县尉有左、右尉之称。如汉《三公山碑》题名中有"元氏左尉上郡白土樊玮，字子义"，即元氏县左尉樊玮。《后汉书·百官志五》注引应劭《汉官》曰："大县丞左、右尉，所谓命卿三人。小县一尉一丞，命卿二人。"郡尉则有左部和右部尉，也有一郡分设几尉，称东、西、南、北部尉的。从此碑内容及立于县乡来看，题名的左、右尉当是县尉。

别治掾是掾吏。汉时长官手下（或门下）皆有自行选任的属官，分曹办事，这些办事官吏通称掾吏，简称掾。一般负责什么叫什么掾，在汉碑题名中可以见到形形色色的"掾"，如将作掾、廷掾、行亭市掾、五官掾、文学掾、持事掾、衙主记掾、集曹掾、仓曹掾、奏曹掾、邮书掾、门下掾、门下议掾，等等。2013年《湖南长沙五一广场东汉简牍发掘简报》，内有一简记"元兴元年六月癸未朔六日戊子，沮乡别治掾伦叩头死罪敢言之……"《发掘简报》解释为："乡别治掾，或指县廷派驻诸乡的掾职。"①但也有学者认为："沮乡亦应是临湘县的属乡。……此处的'别治'为动词，表示离开通常的治所，在别处办公。《续汉书·百官志三》'大司农'条下刘昭在解释'雒阳市长'时引《汉官》提到有'别治中水官，主水渠，在马市东，有员吏六人'，亦是此类。'别治掾'的含义亦应是由此而生，指离开沮乡治所，在该乡界内别处办公的掾。"②此碑"别治掾"出现在县尉之后、乡啬夫之前，当是县乡官掾属。没录籍贯，故可能是乡官掾吏。

乡啬夫是乡官名。汉沿袭秦制，乡置啬夫，掌诉讼和赋税。《汉书·百官公卿表》："乡有三老，有秩啬夫、游徼。三老掌教化，啬夫职听讼、收赋税，游徼徼循禁贼盗……皆秦制也。"《后汉书·百官志》："其乡小者，县置啬夫一人，皆主知民善恶，为役先后，知民贫富，为赋多少，平其差品。"汉书人物传中不少人担任过乡啬夫。如《后汉书》卷51："任光，字伯卿，南阳宛人也。少忠厚，为乡里所爱，初为乡啬夫。"

题名中位居第一的县官淳于翕，字汉成。籍贯只存"阳"，郡望不可考。县尉籍贯有沛国虹（县）和河东蒲坂。沛国，东汉改沛郡置，治所在相县（今安徽濉西县西北）。虹县，东汉改㠉县作虹县，治所在今安徽五河县西。河东，秦汉时称今山西西南部为河东。蒲坂，秦置，治所即今山西永济县西南蒲州镇，西汉改为蒲反县，东汉复为蒲坂县。由此知二县尉皆非鲁阳人。从乡啬夫题名知，"阳泉乡、唐乡、瞿乡"属鲁阳县所辖之乡，而都乡当指鲁阳县廷所在乡。四乡啬夫未署籍贯，大概是当地绅民所任。

---

① 长沙市文物考古研究所：《湖南长沙五一广场东汉简牍发掘简报》，《文物》2013年6期，23页，例八。
② 侯旭东：《湖南长沙五一广场东汉简J1③:264～294考释》，载《田余庆先生九十华诞颂寿论文集》，中华书局，2014年，114～115页。

五、碑文书法

《鲁阳都乡正卫弹碑》镌刻于东汉晚期，即灵帝中平二年以后的若干年内（182～188年）。书体是成熟的汉隶，碑字结体宽扁，波磔分明，用笔平正，端庄自然。书法属于隽永、秀劲一派，介于秀丽、雄浑之间。其风格、结体与1959年河南南阳市南城门内出土的东汉延熹二年（159年）《张景造土牛碑》、清乾隆年间出土，现存南阳市卧龙岗汉碑亭的东汉永兴二年（154年）《李孟初神祠碑》都十分相像，甚至与出自陕西长安的《朝侯小子碑》、中平二年（185年）立于陕西合阳的《曹全碑》也有些仿佛。它们与鲁阳地理接近，时间也相去不远，地域风格影响下，书风自会有相近之处。

《鲁阳都乡正卫弹碑》虽可称是一方不错的汉隶作品，但所存残石铭文镌刻较浅，又风化严重，使字迹变得十分纤细、孱弱。加之捶拓不佳，以致模糊不清，难睹真容，很是遗憾。相对而言，第二行"卑赴其身，历世受灾，民获所欲"句侵蚀稍轻，还多少能窥出一点原作的风采。

《鲁阳都乡正卫弹碑》虽残缺不全，字迹漫漶，然而它是古代有记载的三块都乡正卫弹碑中的唯一幸存者，是记录汉代"正卫弹"这一民间社会组织的实物见证。由于以往正史对这类民间组织鲜有记载，存世史料十分有限，因此它在有关历史研究中具有特别的价值，加之又是珍贵的汉石遗存，故值得人们重视。

2008年4月初稿
2016年元月修订

六书研究

冯 时

（中国社会科学院考古研究所）

六书学作为传统小学的基本理论，虽历经两千年的争论，至今仍有很多问题未能解决。正确地认识六书理论不仅关系到我们对中国文字形成和发展的理解，也决定着对传统文化及宇宙观的判断，因而具有重要的意义。

一、六书之师法与家法

有关六书的记载最早见于《周礼·地官·保氏》，其文云：

> 保氏掌谏王恶，而养国子以道，乃教之六艺，一曰五礼，二曰六乐，三曰五射，四曰五驭，五曰六书，六曰九数。

这则记载但及六书之名，而对六书具体内容的解释则始见于西汉。刘向于其《别录》对六书阐释云：

> 凡书有六本，谓象形、象事、象意、象声、转注、假借也（荀悦《汉纪》卷二十五引）。

其后刘歆承父学，将刘向关于六书的这一说法录于其所作之《七略》。东汉班固著《汉书·艺文志》，直袭《七略》以成文，所说与刘向之论全同，显示了汉代六书学的师法传统。

六书的这一师法传承至东汉产生了家法的分歧。郑众于《周礼注》中对六书的名目和次序都提出了不同看法，其云：

> 六书：象形、会意、转注、处事、假借、谐声也（《周礼》郑玄《注》引）。

而许慎在其《说文解字叙》中则对六书另有主张，他所定立的六书名目与次序是：

> 一曰指事，二曰象形，三曰形声，四曰会意，五曰转注，六曰假借。

郑、许的六书说虽与刘歆不同，但二氏的学术传承却皆与刘歆有关。郑众之父郑兴为刘歆门人①，而许慎为贾逵弟子，贾逵之父贾徽也为刘歆门人②，可知郑、许的六书学皆当本自刘歆。至于二氏之说异于刘歆，自应体现了东汉经学家法兴盛之后，郑、许二氏根据各自对六书的研究与不同理解所建立的学说，其与刘向、刘歆、班固一脉的六书学呈现出不同的家法是显而易见的。

汉代六书学家法的歧议无疑反映了学者对于文字产生及其发展历史的深刻思考。三家六书说不仅于六书的名目各异，六书次序也互有不同，这些差异当然体现了刘向、郑众、许慎三人对文字的创造，特别是文字发展历史的不同认识。其一，就六书名目论，除象形、转注、假借三名于三家无异外，刘向所谓的象事，郑众谓之处事，许慎则称为指事；刘向所谓的象意，郑众、许慎则称为会意；刘向所谓的象声，于郑众谓之谐声，于许慎则称为形声。其二，就六书本质论，象形、会意、指事、形声四法属于造字之法，转注、假借二法则属于造词之法。其三，就六书次序论，刘向与许慎虽有不同，但均将造字四法与造词二法分隔，切断了字形创造与词意发展之间的内在联系，使六书体系呈现为一种各种方法相对独立的机械形式；而郑众的六书学则独树一帜，他将转注、假借之造词二法融入造字四法之中，客观地再现了文字从字形的创造到词意的发展的历史过程，揭示了语言与文字之间、字形与字意之间的相互关系，将文字纳入到语言的框架下，使六书体系成为可以描述文字发展的完整理论。因此就汉代三家六书学的价值而言，刘向、许慎二家学说虽在六书名目上对探索文字的形成颇有助益，但就六书理论的整体而言，郑众的六书学说实最具意义。

二、人神交通与早期文字

文字起源于人神沟通，这决定了文字的创造必须采用象形的方法，如此才可能建立起人神共知的文字系统，并借此完成人神意志的交流③。很明显，文字起源于象形的做法绝不是毫无意义的，它揭示了文字的创造乃在于服务原始宗教需要的本质特征。

许慎在《说文解字叙》中对象形造字法给出了如下的定义和字例：

> 象形者，画成其物，随体诘诎。日、月是也。

古人为通神的需要而创造文字，唯一可行的方法就是通过对事物形象特征的客观描写使神灵不教而识，从而建立起人神交通的渠道。显然，为实现人神交流的目的，

---

① 《后汉书·郑兴传》："郑兴字少赣，河南开封人也。少学《公羊春秋》。晚善《左氏传》，遂积精深思，通达其旨，同学者皆师之。天凤中，将门人从刘歆讲正大义，歆美兴才，使撰条例、章句、传诂，及校《三统历》。"

② 《后汉书·贾逵传》：贾逵"父徽，从刘歆受《左氏春秋》，兼习《国语》《周官》。……逵悉传父业"。又《郑兴传》："世言《左氏》者多祖于兴，而贾逵自传其父业，故有郑、贾之学。"

③ 冯时：《试论中国文字的起源》，《韩国古代史研究》创刊号，2009年4月。

运用象形造字法创造文字必须要能准确地表现物象的特征。由于很多物象具有相似的形貌，文字的创造则必须将这些相似的物象加以区分，这意味着古人运用象形之法造字一定体现着一些足以揭示物象特征的基本原则。这些原则应该可以归纳为两点：

其一，描写物象的常态，如"日""月"二字。日、月作为星象都呈现为圆形，形貌相似，但日以圆形为常态，故写为圆形，训为实满之实；而月则以阙为常态，遂写为阙形，训为圆阙之阙。

其二，描写物象最具特征的部分，如动物的象形文，以犬扬其尾，象长其鼻，马写其鬃，鹿丽其角等；而植物于成熟阶段方才表现出不同品种的特征，故凡作物之象形文皆取这一阶段之形象。

古人以象形之法造字，所取之象不出六类，即天文、地理、动物、植物、人身与器物。取象天文者如日、月、龙①、云，取象地理者如山、丘、水、川，取象动物者如犬、豕、虎、象，取象植物者如艸、木、禾、黍，取象人身者如目、齿、心、止，取象器物者如鼎、戈、宀、墉。《周易·系辞下》："古者包牺氏之王天下也，仰则观象于天，俯则观法于地，观鸟兽之文与地之宜，近取诸身，远取诸物，于是始作八卦，以通神明之德，以类万物之情。"以史传所谓伏羲取六象以制卦的观点比观文字的创造，其与古人创造文字的取象基础完全相同。

象形造字法只能创造名词，如果不考虑晚出的引申之意，那么这种只具名词的文字显然是不可能用于记录语言的。这不仅证明原始文字并不是为记录语言的目的而创造，当然也决定着早期书面语的独特形式。事实很清楚，原始文字既然无法记录语言，那么仅由名词所构成的书面语形式自然与后世不同，其只能呈现为若干名词的堆砌，甚至文字的位置也变化不定。商周族氏铭文常以极为象形的文字作为族氏之名，并与祖先之庙号组合为书面语，且行款不定，如"鱼父乙"（《集成》1553）可以写作"父乙鱼"（《集成》1551），也可以写作"乙父鱼"（《集成》4917）；"亚疑"可以写为内外结构（《集成》1429），也可以写为上下结构（《集成》1431）；"妇好"之名则可以呈现出不同的结构变化（《殷墟妇好墓》）。这些材料不仅是原始文字的孑遗，当然更是原始书面语的孑遗。

由于文字起源于通神的需要，这决定了最早的造字方法只能是象形，而象形造字法又唯能创造名词，这些事实使得我们对原始文字必须给予重新的定义。准确地说，原始文字必须具有三个基本特征：其一，文字必须有其固定的字形、字义和读音；其二，文字必须以书面语的形式呈现；其三，文字必须具有超时空与超方言的特点。很明显，传统以文字作为记录语言的符号，这一定义并不符合初创时期的文字特点，对于文字起源的研究是没有帮助的。

---

① 冯时：《中国天文考古学》第六章第五节，社会科学文献出版社，2001年；冯时：《龙的来源——一个古老文化现象的考古学观察》，《史学研究》第101号，韩国史学会，2011年3月。

三、文字从通神到记录语言

古人以象形造字法创造名词，尽管随着文字的发展，有些名词可以引申用为形容词或动词，但这显然不是象形造字法所造文字的主流。然而当文字逐渐由通神的需要转而服务于人们交流需要的时候，古人就必须运用其他的方法在名词之外创造出更多词性的词。在这些词性中，最重要的显然是动词，于是会意造字法应运而生。

许慎《说文解字叙》给出的会意造字法的定义及字例是：

> 会意者，比类合谊，以见指㧑。武、信是也。

"武""信"二字分别以"止""戈"及"人""言"比类，此乃以意会意。古文字"秉"作以手持禾，"获"作以手获鸟，此乃以形会意。会意字所比合的不同文字其实并不止于两类，古文字"宝"本作室中藏贝玉之形，即以宀、贝、玉三类相比合，"寤"本作室中卧眠者开口说话之形，则以宀、爿、人、口四类相比合。因此可以明了，会意字的特点乃在于将两个甚至两个以上的象形文比合在一起表意，因此其字形结构一定是复体的。

刘向本以会意为象意，在这个意义上，象意之"象"可以理解为类同于象形之"象"，是知象意字本当借字形的形象以表意。象意之称如果从其名称考虑，应该不会具有复体的结构，这意味着象意文字之所以区别于会意文字，其重要特征就是在形体上呈现为独体的结构。

象意字与象形文同取"象"以表意，其区别实在于象形重形，而象意重意，从而构成象形与象意的畛界。准确地说，象形之文是通过所象物象表现其自身所具有的概念，但象意文字却不在表现物象自身，而是要通过所象的物象表现其形象喻指的概念。如"首"本写人首之形，作"👤"为象形文；但"天"作"👤"，象人正面站立而特大其首，则为象意文字。"首""天"二字的区别就在于，"天"虽写人形而独大其首，但其并不具有人首的意义，而是要借助人们对于天的理解，以人首之形喻天。古人以为，天为圆形，其位于宇宙之巅，而人首也为圆形，且居人体之巅，二者的相似性足以使古人可以放心地借人首喻指天宇，这便是象意字。而甲骨文"天"字又有一形作"👤"，从"上"从"大"，其以"大""上"二字比合，表示人之上即为天，从而构成了会意文字。很明显，象意文字不仅不同于象形文，而且与会意字的区别也十分明显。

独体象意字存在的事实是清楚的。如古文字"交"作人交其胫髀之形，但古人创造"交"字的目的却并不是仅想借其字形表达交髀的姿态，而是要通过古人以髀为测影槷表，而揆影的本质实在于定气这样一种固有的认知，借左右二髀的叠交之姿传达阴阳交泰的思想[①]。甲骨文"者"本作"❀"[②]，本象树木之形，但又与"木"本作"❋"不同，其关键区别即在于除树根之外，可见的干枝部分并不像"木"字那样清晰分明，而呈现出朦胧之象。甲骨文"者"实作为时称用字，当读为"睹"。《说文》训"睹"为旦明昧爽之时，其时天光暗昧，物影朦胧，殷人正是以朦胧中所见之树木形貌区别于天光明媚时所见之木，以此表现昧爽时称[③]。而像"见""视""望"诸字，则本是根据人目的平竖与人形的坐立变化以完成表意。由此观之，象意文字与象形文的区别至为明显。

尽管象意字与象形文有着显著区别，但其与会意字的联系却十分密切。金文"眉"字有二体，同见于前掌大史氏墓地所出铜器，一作"❀"，为独体之象意字，可隶定为"眉"；另一作"❀"，则为合体之会意字，后起作"䚩"。其皆象人卧息意，前一形原始，鼻与人尚合为一体；后一形则为前一形的发展，人与鼻分别成文，且鼻中尚绘有因卧息之气强劲而喷出之毛[④]。据此可明，象意字应是在会意字出现之前的更为原始的文字。因此，会意字的发展事实上经历了从象意到会意的结构变化的过程。假如根据象意字与会意字的联系而从同不从分，则象意之称似乎也可以视为兼括独体象意文字与合体会意文字的总名。

无论象意字抑或会意字，最初都应以字形表意，其结构中并不存在专为表音的成分。然而随着文字从原始通神的需要向记录人们语言的转变，文字的结构也必应随之为适合语言的特点而加入表音的部分，从而产生出会意兼声之字。《说文》收有所谓"亦声"字，即是这一现象的反映。

古人以象形之法创造名词，又以会意之法创造动词，但有些概念并不方便用象形的方法表现，于是又有指事造字法的产生。许慎《说文解字叙》对指事造字法的定义与字例是：

> 指事者，视而可识，察而见意。上、下是也。

段玉裁《注》："见意，各本作可见。今依颜氏《艺文志注》正。"推敲文旨，即"视而可识"，知指事字必具有象形文的特征，而"察而见意"，则又知其与象形文必相区隔。根据许慎所举指事字的特点，并归纳今见古文字中指事字的共同特征，可以确立指事字的基本原则。其一，指事字必以象形文为表意的基础；其二，指事字必借助指事符号完成表意。如"上""下"二字，甲骨文乃作于一横画之上下位置添

[①] 冯时：《天地交泰观的考古学研究》，载《出土文献研究方法论文集初集》，台湾大学出版中心，2005年。
[②] 郭沫若：《卜辞通纂考释》，载《郭沫若全集·考古编》第二卷，科学出版社，1983年，13页眉批。
[③] 冯时：《殷代纪时制度研究》，载《考古学集刊》第16集，科学出版社，2006年。
[④] 冯时：《前掌大墓地出土铜器铭文汇释》，载《滕州前掌大墓地》，文物出版社，2005年。

加指事符号,分别指为横画之上下。此横画或即平地之象,古文字"立"即作一人站立于平地之上,故"上""下"之本义实即地上地下。又"本""末"皆以"木"为象形的基础,再分别于根、梢添加指事符号以明其义,皆可明指事字之特点。需要注意的是,指事符号的添加唯以表意的需要为原则,而并不具有固定的数量或固定的形状。如"本""末"的指事符号只有一个,而"亦"作"󰀀",指事符号则为两个;"周"作"󰀀",指事符号已增为四个。"刃"作"󰀀",指事符号以一点指明相对于刀柄刀背的刃部;而"亡"作"󰀀",则以圆圈作为指事符号以表刃之锋芒①。"肘"本作"󰀀",以一点为指事符号标于臂节,而"厷"作"󰀀"或"󰀀",则以线段或弧线作为指事符号标于肱部,形式丰富。

指事字是通过指事符号表意的文字,在其字形结构中同样没有表音的成分,这一点应该非常清楚。然而随着文字开始服务于记录语言的需要,文字必须能够更好地与语言相适应,这使原有的据字形表意的文字必须改变其传统的结构,而逐渐注入表音的成分。会意字中的亦声字开始体现出这种变化,而指事字的结构变化也同样明显。甲骨文中已开始出现一种以音符指事的文字,使固有的指事符号在表意的同时,更增加了表音的功能。甲骨文"咙"作"󰀀",将音符"东"固定地置于人口之中,意在以音符指明喉咙的位置,即在以音符指事。古文字"腹"作"󰀀",音符"复"也固定地置于人腹的位置,同属此例。

以音符指事的文字之所以区别于形声字,唯在于作为指事符号的音符在字形中具有固定的位置,而不像形声字那样富于变化。在这类文字中,指事符号兼有指事与表音的双重作用,这一功能是一般指事字中的指事符号所不曾具备的。

指事字的发展同样经历了自单纯地以符号指事到以音符指事的发展,即从表意逐渐转为表音。金文"備"或作"󰀀",即可明其变化。"󰀀"当为后背之背的指事字,之后则在这个字形的基础上增添了声符"葡"用以指事,发展为以声符指事的表音结构。

许慎所谓的指事,于刘向称为象事,郑众则称为处事。象事之名近于象形,不仅重在强调字形表意的"视而可识",而且很难包括字音的指事,局限是明显的。指事之名虽长于象事,但也未能清晰地阐明指事字必须"察而见意"的深旨。而郑众名其为处事,以"处"训辨察,则是对这类借指事符号表意的文字的绝好诠释。

原始文字的宗教性向世俗化的转变事实上成为文字发展的主要动因。古人于会意字与指事字中注入表音符号这一事实已显示出文字开始出现的表音倾向,这意味着当时的文字已经摆脱了单纯以形表意的原始阶段,而开始从表意走向表音。重视文字的表音功能当然是文字由最初的通神需要转为服务于人们记录语言的发展所决定的,这无疑为形声字的出现奠定了基础。

许慎《说文解字叙》所给予的形声造字法的定义与字例是明确的:

---

① 裘锡圭:《释"无终"》,载《裘锡圭学术文集》第三卷,复旦大学出版社,2012年。

> 形声者，以事为名，取譬相成。江、河是也。

段玉裁《注》："以事为名，谓半义也。取譬相成，谓半声也。"这个原则确定之后，所造文字以一半表意，一半表音，创造一切文字都不成问题了。

许慎所称的形声，于刘向称为象声，郑众则称为谐声。象声之"象"亦近象形之"象"，故象声文字应指那些以声为意，或取自所象之声的文字。如"彭"之形构乃作鼓鸣之形，而甲骨文作为祭名的"彡"即应取自"彭"字所象的鼓声。显然，这类文字与后起的形声字不同，可以名之为象声。而如"羋"为羊鸣，"牟"为牛鸣，虽基于羊、牛象形文而形成象声字，却也与形声所表现的形、声二体相互独立的结构具有明显差异。因此，象声字应该是指那些结构相对简单的表音文字。许慎的形声定义以这类文字的结构必须兼具形符与声符，这显然无法涵盖结构简单的象声文字。况且传统的形声字常见省形或省声的现象，甚至表音的符号相当简单。很明显，从古文字所呈现的表音文字的复杂情况分析，郑众主张的谐声一名更具有包涵象声与形声的特点。

四、文字的创造与词汇的发展

六书以象形、会意、指事、形声为造字之法，所谓造字之法，即以相应的方法创造出具有形、音、义特点的新字形。与此相比，六书中的转注、假借二法却与创造字形的工作无关，应属造词之法。

许慎《说文解字叙》给出的转注法的定义及字例是：

> 转注者，建类一首，同意相受。考、老是也。

对于许慎转注定义的"建类一首"，学者向有不同理解。南唐徐锴《说文解字系传》以形为建类之标准，凡同形旁的字，其字意可互为转注。清代学者戴震、段玉裁以意为建类标准，认为转注则为字义的互训[①]。章炳麟则主张以声为建类的标准，"建类一首"即以声类归意[②]。这些对于转注的争论其实涉及了两个层面的问题：其一，许慎的转注定义究竟为什么？其二，许慎转注的定义是否符合六书的本义。而上述三派在讨论转注的问题时多将许慎定义的本义与这个定义的是非混为一谈，是需要澄清的。

许慎对于转注的定义在其《说文解字叙》中阐述得很清楚，因此我们讨论许慎的转注定义，不应抛弃《说文》而作任意的想象。《说文解字叙》云："其建首也，立一为耑……毕终于亥。"显然，许慎的"建类一首"是以其所建立的五百四十个部首

---

① 戴震：《答江慎修先生论小学》，载《戴震文集》卷三，中华书局，1980年；段玉裁：《说文解字注》，上海古籍出版社，1981年影印经韵楼刻本。

② 章炳麟：《转注假借说》，载《国故论衡》，上海古籍出版社，2003年。

系统为原则的，"同意相受"则是同一形旁文字的意义转受，其与文字的字意和字音都没有关系。因此，徐锴的说法比较符合许氏的原意。

六书转注的本质究竟是什么？它究竟属于一种造字方法，还是仅仅体现着古人的用字习俗？戴震注意到，《说文》解"老"为会意字，解"考"为形声字，而《叙》中又以"考""老"为转注，似彼此矛盾。因此他认为许慎其实并不以转注为造字之法，从而指出，凡指事、象形、形声、会意为造字之法，而转注与假借则为用字之法[①]。然而事实并不这么简单，根据对古文字资料的分析，六书中的假借与一般用字法的同音假借完全不同，它同样是一种造字方法，而与象形诸法不同的是，六书的假借尽管没有创造出新的字形，但却创造了新的词汇。显然，我们没有理由独将转注摒除于造字之法之外。因此，六书中的转注同样不宜视为与造字之法无关的用字方法，这一点章炳麟已经指出。

转注虽然作为造字之法，但它显然不同于象形诸法那样创造出了新字，而应与假借之法一样只创造了新词。《说文》释"老"的字形为"从人毛匕，言须发变白也"，又释"考"的字形为"从老省，丂声"，显然其字形的创造都与转注无关。根据许慎"同意相受"的原则分析，所谓转注事实上是一种以相同形符为基础而创造同义词的方法。由这种方法创造的新词并不表现为新的字形，而是在既有字形的基础上使本字注入了新的词意。如甲、乙二字具有相同的形符，而转注则是将甲字的意义转注于乙字，从而使乙字在其本义之外又获得了与甲字相同的意义。许慎以转注之"意"区别于文字本义之"谊"，即在借此阐明字意的发展。只是按照许慎所建立的原则，转注法所创造的同义词必须是形符相同的文字。

转注的这种使文字字意扩大的方法无疑是文字发展的重要内容。我们知道，古人造字，每造一字只能具有一个本义，但文字却不可能永远停留在一字仅具一义的阶段，转注法的应用则使同一字形具有了不同的意义，终使早期文字一字只有一义的现象发生了根本改变。因此，转注法虽然并未创造出新的字形，但却通过文字字义的互注丰富了字意，使文字从一字一义走向了一字多意。显然，转注作为古人丰富字意的重要方法，同样应该视之为造词之法。很明显，这种扩大字意的做法应首先出现在具有相同或义近形符的文字之中，其通过文字意符所传达的字义而完成转注。郑众六书说将转注厕于象形与会意之后，暗示这种方法出现在表意文字的创造之后，也可证明其法本与语音无关。不过必须指出的是，由于先秦古文字并不具有严格意义的部首划分，义近之形旁常可互用[②]，所以许慎以所谓"建类一首"确定转注的标准，其实是以晚期的规范文字臆说先秦尚未规范的文字系统，不甚符合六书的转注本义。

文字的创造与字意的发展是相伴而行的，不能想象字意的扩大必须等到所有文字

---

① 戴震：《答江慎修先生论小学》，载《戴震文集》卷三，中华书局，1980年。
② 高明：《中国古文字学通论》第三章第三节，文物出版社，1987年。

创造完成之后才发生。事实上，从郑众的六书说中可以看出，古人以转注之法创造新词，这种做法远在表意文字创造之后就已经出现了。这与刘向、许慎将文字的创造与词意的发展截然分开的做法相比，显然更能客观地反映文字产生及其演进的历史。

创造新词的另一种方法则是假借。许慎《说文解字叙》给出了假借法的定义及相应字例：

> 假借者，本无其字，依声托事。令、长是也。

许慎所立"依声托事"的假借与"令""长"二字显然不合。"令"由命令的本义而为发号施令的人，"长"由长短之长而为长幼之长，又因长幼之身份而为官长，其实都属于字义的引申，而与"依声托事"无关。戴震《答江慎修先生论小学》虽以假借为用字之法不尽可取，但其以"依于义以引申，依于声而旁寄"而分假借为因义之引申与因声而假借两类，则是客观的认识。因此，假借实有因义而借与无义而借两种，因义而借重在字义的引申与借用，可谓"依义托事"；而无义而借则唯重字音的相同，可谓"依声托事"。这两种方法应该共同构成了六书假借的本义。

六书假借与用字法的假借不同是显而易见的。很明显，文字一旦用于记录语言，便不仅要有实词，更必须有足以联络实词的虚词，而如代词、语气词等词性的词也同样不可或缺，甚至一些运用象形诸法所不易表达的概念也需要借助假借的方法创造。因此，假借之法虽然并没有创造出新的字形，但却创造了新的词汇。如《说文》以"西"本为鸟巢之象形文，因日在西则鸟归巢而栖，故借为方位名词。"甲"本为立表致日所定二绳五方之象形文，因中国古人对于时空关系的认识为空间决定时间，遂以这一表现空间的图形移用于纪时①。"禽"本罕毕之象形文，故借为擒获字。"来"本瑞麦之象形文，其非本土作物，乃自西方传入而来，故借为归来字。这些由本字引申其义而创造的新词都体现了因义而借的依义托事。而"其"本簸箕之象形文，"丝"本束丝之象形文，后皆假借为代词。"自"本鼻之象形文，后假借为介词。"气"本空气之指事字，后假借为介词或副词。"翼"本蝉翼之象形文，后假借为"翌"。这种因假借而产生的新词新义与本字的字义毫无关系，显然属于无义而借的依声托事。依义与依声假借可以根据需要而同时运用，如"之"本足趾之象形文，其既可依义引申为动词，也可依声假借为代词和语气词。而如"隹"本飞鸟之象形文，后假借为语气词；"女"本妇人之象形文，后假借为代词；"万"本蝎之象形文，后假借为数词，或又兼有依义依声的双重意义。毋庸置疑，这些新词的创造虽然没有以一种新的字形呈现出来，但却具有了新的字意，当然也应视为造字之法，或者更准确地说应该称之为造词之法。

假借与转注一样，都使同一文字在其本义之外获得了新的字意甚至新的用法；但

---

① 冯时：《中国古代的天文与人文》第一章，中国社会科学出版社，2009年。

假借又与转注不同，转注旨在同意相受，终使一字而兼具数意，而假借则通过字义引申或依声托事的方法创造了更多的新词，这不仅是对表意造字法的有效补充，而且对于丰富汉语的词汇，使文字更方便地记录语言，都具有非常重要的作用。古人运用象形、指事的方法创造的文字一般多为名词，这决定了早期的书面语形式只能呈现为若干名词的堆砌。而当人们学会以会意的方法创造动词，又以假借的方法创造用以联络实词的虚词之后，文字才可能真正具有记录语言的功能，从而使原始的文字观以及书面语形式发生根本的改变。

必须指出的是，古人运用假借的方法所创造的新词虽然是象形、会意、指事诸种表意的方法不便创造的，但却不是形声造字法所不能创造的，这意味着以假借创造新词的方法一定出现在形声造字法形成之前。纵观汉代的三家六书学说，唯郑众的六书次序以假借之法先于谐声，这种观念无疑客观地反映了文字发生与发展的历史。因此，郑众的六书理论不仅体现了他对六书的深刻理解，而且也是古今诸种六书学说中最近事实的一种。

五、结　论

六书之象形、会意、指事、形声为造字之法，转注、假借为造词之法，刘向、许慎将二法分类，厘清了创造新字与创造新词的区别。郑众则使造词之法与造字之法相互融合，将文字的创造及词汇的丰富纳入到语言的框架之下，以发展的眼光描述六书所体现的古人创造文字的工作，准确地反映了文字与语言的关系，因此具有特殊的价值。

2015年4月20日据旧札写定于尚朴堂

谈谈汉唐之间的石刻线画

赵 超

（中国社会科学院考古研究所）

在中国考古学的研究内容中，有关美术考古的材料往往是最引人注目的。从古代雕刻、绘画及冶铸、陶瓷、漆木、织绣、金银器等众多工艺品，都以其精美的艺术造型表现着我们祖先惊人的艺术成就与美学水平。这些美轮美奂的古代文物发现，是我们了解古代社会物质生产与精神意识的重要资源。特别是在建构中国古代美术史的工作中，美术考古的资料更是无比重要的建史基础。对于新发现的古代美术资料加以综合研究，往往会改变或加深我们对古代社会与古代文化艺术的认识。

在人类的发展历程中，艺术的起源应该极其悠久，可以一直追溯到旧石器时期。但在中国以往历代的多种画论内，对于汉代以前的绘画总是语焉不详，更遑论目睹实际的绘画情况。这种状况的改变，完全要归功于近代以来考古发现中发现的大量战国秦汉艺术品，如陶俑、墓室壁画、帛画、玉雕、青铜器、画像石等。而要了解当时的绘画艺术水平，除去壁画以外，画像石，尤其石刻线画，则是重要的图像资源。它们对于探究中国古代艺术的文化渊源、艺术特点与发展变化等重大课题都起着重要的作用。尤其是从汉代开始出现的石刻线画制作，从现有资料中可见，有关技法与制作一直延续到明清时期，特别是在汉代至唐代期间广泛应用，有大量精美作品存世，现存材料即不下千件，并且表现出丰富多彩的多种基本技法，与各时代流行过的不同画派互相印证。因而，石刻线画在了解汉唐之间绘画艺术的发展演变上，具有独特的史料价值。

历来的中国绘画作品与世界上其他地区的艺术作品，尤其是与以希腊罗马艺术为代表的西方绘画具有根本性的区别。这一区别表现在哪里呢？除去强调神似、意境、气韵等绘画思想理论上的不同之外，从绘画技法上来说，恐怕最主要的就是中国绘画善于使用丰富多样的线条来表现事物形象。古代西方绘画也有使用线条表现形体的做法，如著名的希腊瓶画等。但是西方绘画主要用线条来勾画造型，并没有给线条本身赋予内在的表现力。他们更强调造型的写实、逼真、准确，而没有关注线条自身可以表达的意境、气韵与艺术感染力。

从现存的中国早期绘画作品中可以看出，中国古代绘画都是以毛笔绘制的线条作为主要表现方式，通过勾勒所要描绘对象的外部轮廓完成造型，并且逐渐发展成以强调笔墨韵味为主的独特绘画艺术。也就是说，中国古代绘画技法的重点就在于线条的运用，在于熟练地掌握运笔与用墨。我们可以看到，在战国秦汉时期的绘画作品中，毛笔线条的运用已经十分熟练了。起笔、收笔时笔锋的挥洒，线条的粗细与深浅虚实等都有所运用，极大地丰富了绘画的表现力。如在湖南长沙出土的战国帛画御龙图、妇女凤鸟图等[①]，其人物形体与动态描写全部是通过运用毛笔线条的走势来表现的。在御龙图上，通过飘逸的墨线绘出人物衣带舞动，营造乘风疾驰的艺术感觉。妇女凤鸟图上，又是以准确凝重的线条表现出妇女端庄的祈祷姿态，传达严肃凝重的气氛与意境。又如近五十年间发现的河南洛阳西汉卜千秋墓壁画、河北望都汉墓壁画[②]、内蒙古和林格尔汉墓壁画[③]、河南偃师杏园汉墓壁画[④]等不同风格的汉代绘画，在它们的绘制中都充分反映出绘画者熟练运用毛笔线条的表现技法。从考古资料中所见，将这种技法予以充分发挥的作品还有十六国墓葬壁画等[⑤]。这些在甘肃酒泉、嘉峪关一带发现的壁画，造型准确简练，线条精炼，往往寥寥几笔就勾画出一个人物或动物形象。这种画法特别在抓住所描绘对象的关键特征上下工夫，追求神似，不注重具体细节的完全复制，可以说是中国绘画艺术中特有的造型方法。南北朝时期谢赫的《画品》中就着重强调了这种美术观点。而后六朝、隋唐直至明清的一千多年间，中国绘画都是以使用线条勾勒的绘画技法为主，特别是人物形象，几乎完全采用线描。即使是隋唐时期有所引入的"凸凹画法"，即加入明暗关系的涂色层次，也没有脱离线条勾勒的外部轮廓。我们从现在可以见到的历代传世作品与出土文物，如传为东晋名家顾恺之所绘的《女史箴图》《洛神赋图》、北魏司马金龙墓中出土的漆画屏风《列女图》、北齐徐显秀墓中壁画《墓主图》、传为唐代阎立本所作《历代帝王图》、唐章怀太子墓中壁画、五代顾闳中绘《韩熙载夜宴图》、北宋武宗元的《朝天仙仗图》以及大量敦煌壁画等画作上，都可以清楚地看到中国古代绘画大家们高度纯熟的线描技巧。

很明显，纯粹运用线条勾勒来表现形体，并通过线条的疏密、粗细变化形成构图，从而表达出丰富的艺术韵味，是中国古代绘画长期秉持的独特技法。

中国古代的绘画理论家很早就认识到中国绘画与中国书法之间的密切关系。中国画之所以始终采用以勾勒线条为主的绘画技法，就在于它与中国古代书法同出一门。唐代张彦远《历代名画记》卷一《叙画之源流》中曾指出："是时也（按：指仓颉造字之时），书画同体而未分，象制肇创而犹略。无以传其意，故有书。无以见其形，故有画。""是故知书画异名而同体也。"中国文字源于绘画，并且始终没有脱离象

---

① 参见《中国美术全集》，人民美术出版社、文物出版社等，1988年。
② 北京历史博物馆等：《河北望都汉墓壁画》，中国古典艺术出版社，1955年。
③ 内蒙古自治区博物馆文物工作队：《和林格尔汉墓壁画》，文物出版社，1978年。
④ 中国社会科学院考古研究所：《杏园东汉墓壁画》，辽宁美术出版社，1995年。
⑤ 甘肃省文物工作队等：《嘉峪关壁画墓发掘报告》，文物出版社，1985年。

形表意的大范畴。它是以线条笔画来表现文字符号的。早期绘画便也多以线条来表达形象。加上中国书写的工具始终是以毛笔、墨汁为主，延续几千年不变。绘画的技法因此以线条为主，是十分自然的。

这种绘画技法被古代的工师们原封不动地移植到石刻工艺中，即在平面石板上雕刻出以线条为主的绘画作品。其做法应该是先将绘画范本摹写到石板上，然后加工錾刻。这就决定了它完全仿自绘画，只不过是用刀錾代替了毛笔。因此，在中国古代的艺术品中，便产生了一种独特的艺术门类——石刻线画。汉唐之间的石刻线画可以说是它们的突出代表。

现存最早的石刻线画应该还是来自于汉代画像石。东汉时期的画像石线刻的佳作如：河南密县打虎亭汉墓的墓门装饰，陕西北部榆林、绥德等地汉代画像石墓中发现的画像石，以及山东嘉祥、沂南和江苏铜山等地发现的汉代画像石等[1]。著名的山东嘉祥武氏石室画像石即为其中的一个代表（图一）。这些画像石制作时显然是用毛笔绘制的图样作为底本，利用减地的凹刻技法将所描绘事物的外轮廓勾勒出来，然后在人物或物体的平面轮廓上再用阴刻细线表现五官、衣纹、纹饰等细部。这些作品可以说是石刻线画的前身。人们在观赏时，看到的仍是通过轮廓线表现出来的事物形象。有些画像石在出土时发现上面还残存着当时绘制的色彩，如陕北榆林大保当发现的汉代画像石[2]，更说明人

图一　武氏石室画像

们当时是把这种画像当做绘画一样进行艺术处理，造成与在绢帛纸张上绘制的图画完全相同的效果，反映出这些画像石与绘画同出一脉的密切关系。

当然，汉代画像石的制作技法十分丰富，对此李发林曾做过分析研究，在其《略谈汉画像石的雕刻技法及其分期》一文中将汉代画像石的刻法分为八种类型，即：阴线刻、平面浅浮雕、弧面浅浮雕、凹入平面雕、凹入雕、高浮雕、透雕、阳线雕等[3]。而杨伯达则对山东汉画像石的雕刻方法做了不同的分类，将之归纳为：阴线刻、凹像

---

[1] 参见《中国画像石全集》，山东美术出版社、河南美术出版社，2000年。
[2] 陕西省考古研究所等：《神木大保当——汉代城址与墓葬考古报告》，科学出版社，2001年。
[3] 李发林：《略谈汉画像石的雕刻技法及其分期》，《考古》1965年4期。

刻、阳线刻、平凸刻、隐起刻、起突刻和透突刻七大种技法[1]。实际上，这两种分类并没有十分明显的重大分歧，除杨文所指的凹像刻中包括了李文所指的凹入平面雕和凹入雕两类技法外，其他相对各类所包含的雕刻技法特征大致相似，只是定名不同而已。

阴线刻，应该是指在平面的石材上刻划凹下的线条，表现出图像，最接近于绘画。它的拓片就是一幅黑白翻转的绘画。阳线雕类似后世的印刷用雕版，空白处全部刻下去，只留下凸起的线条来表现图像，类似绘画。而平面浅浮雕与弧面浅浮雕都是在石面上略显凸起的表面图像，只是平面浅浮雕表现为平面的图像轮廓，没有立体层次，而弧面浅浮雕则略有立体层次。凹入平面雕与凹入雕都是在平面石材上向下刻掉画面中空白的地方，留出图像，也就是一般所说的阳刻，在留出的图像上要用线条刻出具体的细部，如五官、衣纹、毛发等。凹入平面雕图像为平面轮廓，凹入雕则为具有立体感的浮雕图像。现在一般称之为减地浅浮雕。高浮雕则是近乎表现出完全正、侧面的立体雕刻。透雕是将石材雕透，留下立体图像的刻法。后两种技法与弧面浅浮雕等则与绘画相距较远。其实最早滕固在《南阳汉画像石刻之历史及风格的考察》一文中做过更为概括的说明，认为汉画像石的艺术表现手法大致为两种，其一是拟浮雕的，其二是拟绘画的[2]。上述各种技法作品中，阴线雕、阳线雕、凹入平面雕和凹入雕都应该属于石刻线画。平面浅浮雕往往需要结合阴线雕来表现细部，所以也会被纳入石刻线画的范畴。而其他的弧面浅浮雕、高浮雕、透雕等则应该属于雕塑作品，与石刻线画无涉。

在汉代兴起的画像石雕刻方法虽然由于东汉末年的战乱以及魏晋十六国时期的社会变乱而趋于式微，但并没有泯灭断绝，一直是中国石匠们传承的独特技艺。到了南北朝期间，由于来自西方的佛教崇拜迅速流行开来，在众多帝王的引领下，开凿石窟、雕刻石佛像的风气遍及大江南北，给艺术石雕开辟了更为广阔的应用天地。汉地传统石雕技艺得以复苏，从而在大量佛教造像上又展现出源自汉代画像石的线刻技艺。如从北魏皇兴五年交脚弥勒石像背光后面雕刻的佛传故事画与神王像等，就可以看出汉代画像石雕刻技艺的传承与发展。不仅如此，它还随着这一时期绘画技艺的发展与变化，有了新的艺术韵味，除加强了造型的写实与准确，注意了形体变化外，还出现了新的线条表现形式，如下文中所说的"密体""疏体"等不同流派，并产生了大量精美的石刻线画艺术品，主要反映在南北朝时期流行的佛教单座造像、造像碑、石窟雕饰，以及丧葬用的石棺、石屏风、石门、墓志纹饰等石刻制品上。这时候的石刻线画大多完全使用阴线刻画图像，线条细密繁缛，造型准确逼真，构图饱满丰富，

---

[1] 杨伯达：《试论山东画像石的刻法》，《故宫博物院院刊》1987年4期。
[2] 滕固：《南阳汉画像石刻之历史及风格的考察》，载《张菊生先生七十生日纪念论文集》，1937年。

雕刻技法纯熟，很好地表现了线条勾勒的艺术感染力。

　　石刻线画的技法在南北朝时期得到完善与发展，完全源于当时绘画艺术的进步。我们可以通过当时的画作与画论记载，概括地看一下南北朝时期绘画艺术的发展脉络以及南朝艺术对北方社会的影响。魏晋南北朝时期，中国的绘画艺术在汉代传统绘画基础上，吸收了一定的外来艺术表现手法，在造型、布局与表现技法上都有了很大的提高。例如对人物形象与体态的具体描写，对树木花草等背景的处理，对宏大场面的设计安排等，都比汉代绘画有长足的进步，令人感觉气象一新。其中很多进步应该是得益于佛教文化输入所带来的西域佛教雕塑与绘画等艺术技法。而中国传统的绘画与石刻线画技法，也在改进中得以保留，自然地被运用到中原的佛教石刻中。通过对比现存的汉代墓葬壁画、魏晋南北朝墓葬壁画、敦煌石窟北朝壁画等绘画作品，可以清楚地看到，在南北朝时期，尤其是在南方，绘画的造型更逼真、细节描绘更具体、神态更生动。很多作品真正做到了神形兼备。这在古代画论对当时画家的介绍中也可以看出来。

　　按照《历代名画记》等古代画论的记载，东晋与南朝时期，南方名画家众多，他们的绘画艺术引领着时尚，也是当时民间画工与石刻工匠依托的范本。例如《历代名画记》中记录了大量当时的著名画家，像卫协、顾恺之、张墨、史道硕、戴逵、陆探微、谢赫、曹仲达、毛惠远、张僧繇等。他们的绘画技法可能吸收了来自域外的佛教艺术乃至古希腊艺术中的一些造型表现方法，使其画作更为写实逼真。除传世画作，如传为顾恺之所绘，实际应该是唐宋人摹本的《洛神赋图》《女史箴图》等之外，目前发现的南朝墓中壁画主要是模印砖壁画，像南京西善桥宫山墓等南朝大墓中"竹林七贤与荣启期"模印砖画（图二）。它们虽然是模印，却应该是以毛笔绘画为底本，表现出了笔墨线条的浓厚韵味。这些绘画人物身穿宽松的长衫，神情飘逸，或头束发髻，或披发袒胸，画线粗细均匀，表现出周密流畅的衣纹，恰与文献中记述的顾恺之和陆探微所代表的紧劲连绵的密体画风一致。唐代张彦远在其《历代名画记》中称之为："紧劲连绵，循环超忽，调格逸易，风趋电疾。"[1]这种画法，更多地出现在当时的佛教石刻上。后人曾经用"秀骨清像"来形容这类画法所表现出的南北朝道释画作风格。

　　在南北朝时期，北方曾长期陷入战乱与分裂之中，经济文化受到极大的破坏。中原士人四散迁徙，中原文化传统转由迁至江南的东晋政权传承下来。比起北方战乱后文化的停滞，南朝的文化明显要先进许多。因此，在北方基本统一，南北文化交流恢复后，南方保有的传统汉文化艺术马上回流并影响着北方社会。同时，通过海路从东南亚传入的佛教文化艺术也往往先被南朝文化吸收，然后再影响到北朝。这一趋势在这一时期的出土文物中有着充分的体现。例如大同北魏司马金龙墓出土的漆木屏风上

---

[1]　（唐）张彦远：《历代名画记》，中华书局，1985年。

图二　南朝竹林七贤砖画

面所画的列女图人物无论是形象、服饰还是风格均与传为顾恺之《女史箴图》和《列女仁智图》的摹本十分相近，说明东晋南朝绘画艺术对北朝的影响[①]。

因此，在北朝时期的大量佛教造像与墓葬石刻中出现了制作技艺比较精湛、造型精美的石刻线画作品，可能其原始粉本就来源于南方的诸多绘画高手（图三）。例如原在河南武陟林村的北魏广业寺造像碑，在磨砺平整的石面上，用细密整齐的阴刻线条刻画出佛像、弟子像、天王像以及各种纹饰等，场面宏大，形象逼真，堪称北朝佛教线画的精品[②]。类似石刻线画还有河南博物院藏北魏正光五年刘根造像、现藏美国纽约大都会博物馆的北魏永熙三年法义兄弟等二百人造像记、原在河北元氏县的东魏元象二年凝禅寺三级浮屠碑等[③]，其绘画技法多采用匀称划一的阴刻细线条，圆浑完整地绘制整体图像，并精密地描绘出各个细节，在画面上基本看不出起笔、收笔以及抑扬顿挫等运笔变化。尤其是对于衣物褶皱纹路的处理，构成十分规律又富有变化的细线条组合，形成极富韵律美的视觉感受。这可能就是后世画家称之为"密体"的南北朝画风。它显示出与上述战国秦汉绘画乃至十六国的嘉峪关墓葬壁画明显不同的绘画风

---

① 山西省大同市博物馆等：《山西大同石家寨北魏司马金龙墓》，《文物》1972年3期。
② 颜娟英：《北朝佛教石刻拓片百品》，（台北）历史语言研究所，2008年。
③ 同②。

图三 北魏佛像

格，十分注重形体与细部的逼真写实，可能是次大陆及中亚佛教艺术传入后形成的影响。

在墓葬石刻方面，20世纪以来出土了相当数量的石刻线画作品。如洛阳出土的北魏宁懋石室线刻画，就与这些佛教造像线画的刻画风格一脉相承，说明这种绘画风格在北朝政治文化中心地区是非常流行的。类似的石刻线画文物还有美国纳尔逊-阿特金斯美术馆所藏河南洛阳出土北魏孝子棺画像（图四）、美国明尼波利斯美术馆所藏北魏元谧石棺、日本奈良天理馆所藏北魏石棺床以及近代以来在河南等地出土的多件北朝石棺、石棺床等[①]。我们可以看一下著名的美国纳尔逊-阿特金斯美术馆所藏河南洛阳出土北魏孝子石棺画像，这上面精细地雕刻出大量人物、草木、房舍及山水纹饰，表现出帝舜、郭巨、原谷、蔡顺、董永等众多古代孝子故事，隐含着颂扬墓主德行，为之祈福避祸的意义。其构图充盈匀称，内容丰富，造型优美，细部线描精巧入微，是极富价值的精美艺术作品。又如1977年洛阳北郊上窑瀍河东砖瓦厂出土的一具石棺，刻画了墓主骑龙骑虎，在仙人、乐伎、怪兽的护拥下升仙的场景。我们可以看到它完全是通过纤细匀称的线条描绘表现出人物的优雅气质，龙虎的灵动矫健，以及整个升仙场面的隆重欢庆气氛。整个图像动感十足，似乎画面上的人物、神兽正在凌空飞舞，将线条刻画的艺术表现力充分发挥出来。

引起人们注意的，还有北朝时期的墓中石屏风图像，它们大多采用减地浅浮雕加线刻的工艺手法，表现出墓主生活场面、孝子故事、竹林七贤以及具有异域风格的粟特人生活、宗教图像。其实除去进行了很浅的减地工艺以外，其他雕刻完全是采用平

---

① 以上并参见黄明兰：《洛阳北魏世俗石刻线画集》，人民美术出版社，1987年。

图四　北魏孝子石棺

面线刻，仍然应该纳入石刻线画的范围。特别值得我们关注的，是现在见到的这些北朝石屏风画上表现出来的与山东南部汉代画像石相似的刻画技艺。例如在固岸出土的东魏武定六年（548年）谢氏冯僧晖墓中石屏风与日本久保惣纪念美术馆收藏的北朝石屏风等，它们上面图像刻画时采用的减地加线刻手法与在临沂吴白庄汉墓画像石孝子图上使用的技法极其相似。类似技法还可以在山东沂南汉墓画像石等处见到，说明这种中国古代石刻线画的传统雕刻技法的长期延续与流传。

现在所见的北朝石屏风中，以汉族传统文化内容为主的孝子图和墓主人日常生活出行图像占较大比例（图五）。这一类的材料包括沁阳县西向出土石屏风、洛阳古代艺术馆藏洛阳出土石屏风、日本久保惣纪念美术馆收藏的石屏风、日本奈良天理大学附属的天理参考馆收藏的两件石屏风石板、美国芝加哥美术馆收藏的一套石床与石屏风、美国弗朗西斯科美术馆藏的两件石屏风石板、西安出土的北周天和六年（571年）康业墓石屏风等，新近在河南安阳固岸村出土的东魏武定六年（548年）谢氏冯僧晖墓中一组石屏风也是以孝子图为主的。与其反映的汉族文化背景相应，它们都采用了中国传统的石刻线画形式。

此外还有一些以表现火祆教宗教崇拜内容与粟特等西域民族生活场景为主的图像。其墓主大多可以确认为粟特族人等西方来华人士。这一类的材料包括1922年在安阳出土的一具北齐石床、日本Miho博物馆收藏的一批石屏风构件与一对门阙、西安大明宫乡炕底寨发现的北周时期粟特人安伽墓中出土的一套石床与石屏风等。此外，在山东青州傅家的一座北齐武平四年墓葬中曾经出土一批石葬具，从其中大批石构件

图五　北魏石屏风画像

被用于水库大坝建筑，当地博物馆仅收集到一批雕刻有图像的石板，其形制与构图来看，应该是石屏风的残存。这些图像也属于具有粟特等西域民族文化特色的生活场景[①]。这些石刻中多采用圆雕与浅浮雕的技法。石刻线画的内容相对较少，就不在这里过多论及。

从北朝中晚期开始，中原的高等级墓葬中逐渐出现多种石质建筑构件与石质葬具，例如石门、石床、石屏风、石棺椁等。在这些石制品上，大多刻画有丰富多样的纹饰图像等，并形成了一定的礼仪制度。进入唐代以后，有些石质葬具被淘汰了，如石床、石屏风；而有些石质构件与葬具仍然得以保留，在唐代考古发掘中多有发现，主要是石门、石棺椁的存在。石刻线画的技艺，在这些石件上得到延承，并反映着唐代绘画风格的时代特征。现在发现的唐代石棺椁，多为皇室成员与个别高级官员所使用。如唐懿德太子墓、永泰公主墓、章怀太子墓、薛儆墓等墓中出土石棺椁（图六），都是在制作成殿堂外形的石棺椁上面线刻出各种纹饰和人物图像，包括侍女、宦官、仆从等栩栩如生的线刻人物画[②]。这些刻画与同时期的墓中壁画绘制风格完全一致，同样表现出精妙的线条运用技法。在石墓门上雕刻的天王力士、神兽等具有宗教

---

① 山东省益都县博物馆夏名采：《益都北齐石室墓线刻画像》，《文物》1985年10期；夏名采：《青州傅家北齐线刻画像补遗》，《文物》2001年5期。

② 陕西省博物馆等：《唐懿德太子墓发掘简报》，《文物》1972年7期；陕西省文物管理委员会：《唐永泰公主墓发掘简报》，《文物》1964年1期；陕西省博物馆等：《唐章怀太子墓发掘简报》，《文物》1972年7期；山西省考古研究所：《唐代薛儆墓发掘报告》，科学出版社，2000年。

意味的纹饰，也是线刻的佳作，它们与唐代的佛教石刻艺术品同出一源。类似石刻线画作品，我们可以在龙门石窟中的供养人、高僧画像等唐代石窟艺术品中见到。唐代佛教石刻线画中的佛像作品也很多，延续着北朝的制作风格并有所创新，如西安大雁塔门楣上的佛像线刻、道因法师碑座上的供养人、武士等人物画像、房山石经碑上的各种碑额佛像画，都是以精细匀称的流利线条刻画出逼真的人物形象，极富艺术价值，可能就是源于唐代名画家阎立本、杨契丹、曹不兴、吴道子等人的范本。这说明唐代张彦远在《历代名画记》《记两京外州寺观画壁》一节中所记载的唐代佛画盛况与各种绘画风格确实存在。这些石刻线画都是十分精美的艺术珍宝，如具有代表性的唐长安七宝台造像，台湾学者颜娟英曾有过专门的论述研究。

汉唐之间的石刻线画，是十分珍贵的一批考古研究与美术史研究资料。它们不仅清晰地表现出古代中国石刻技艺的传承沿袭情况，留存了具有典型中国文化特色的古代艺术珍品，而且展现出古代绘画艺术的发展演变过程，使我们看到古代画家的多种绘画风格及外来艺术的影响。如果有条件，将现存的所有这一时期石刻线画作品汇集一处，加以详细分类，与其他同时期艺术品对比研究，势必会在古代美术考古的研究工作中取得令人惊喜的新突破。

图六　唐薛儆墓石椁线画

附记：时光荏苒，逝水不复。在我内心中，真很难接受高明先生已经九十高寿的现实，大概是因为自己也已经步入老年了吧。我总觉得高明先生还是像三十五年前刚见到时那样，风度翩翩，神采奕奕。高明先生曾说我的导师孙贯文先生于他"是良师又是挚友"。因为这层关系，我虽然未得高先生授业，但在高先生那里，也得到弟子一般无二的看待和关照。我永远不会忘记高先生在孙先生去世后，对其家人的关心帮助，以及高先生帮助我联系工作单位的恩德。高先生在考古学界与古文字学界的成就举世皆知，而我们最敬佩的还是高先生的崇高德操与善良品行。我以前在一篇小文中写过：中国优秀知识分子的至高至坚之处就是德才合一。学问与人格、人品是一致的。当今学界，不乏学问漂亮、人品不漂亮乃至学问、人品都不漂亮之徒。所幸还有高明先生和其他先辈的榜样存在，使中国学术还存在着希望。为此，谨于病后仓促成文，以贺先生九十大庆，并祝先生康健永年。

丝绸之路上的景教艺术

林梅村

(北京大学考古文博学院)

唐代所谓"景教",实乃基督教聂斯托里派的称谓。这个教派由叙利亚人聂斯托里(Nestorius)创立,反对玛利亚是神的母亲,反对圣像崇拜、炼狱说等传统基督教义。431年,在小亚以弗所宗教会议上,聂斯托里派被东罗马基督教法庭判为异端。聂斯托里本人及其追随者被驱逐出境,不过,他们很快在萨珊波斯王国(约226~651年)找到避难所。498年,流亡西亚的景教徒成立自主教会,总部起初设在萨珊波斯西境塞琉西亚-泰西封城,一度迁往伊拉克北部摩苏尔,先后以迦勒底或亚述教会名义传教,以叙利亚文为经堂用语。780年,景教总部迁往巴格达[1]。

萨珊波斯王对景教徒采取宽容的宗教政策,许多东罗马景教徒在叙利亚、波斯定居和传教。正如研究者所分析的,波斯王收容东罗马景教徒不单出于政治考虑,更重要的是要得到罗马人先进的科学技术。众所周知,罗马人是希腊文明的继承者,东罗马景教徒精通先进的数学、医学、天文学等科学技术。《新唐书·艺文志》记有西方天文学著作"《都利聿斯经》二卷,贞元中(785~805年),都利术士李弥乾传自西天竺,有璩公者译其文"。同书又载:"陈辅《聿斯四门经》一卷。"[2]据矢野道雄考证,都利聿斯即古希腊天文学家"托勒密"的音译,而《四门经》则为托勒密天文学名著 *Terrabiblos*(《占星四书》)[3]。从姓氏看,李弥乾或为波斯景教徒,曾经把希腊天文学传入中国。大历中,波斯景教徒李素(字文贞)因精通天文星历应诏入京,供职长安司天台长达50余年,直至元和十二年(817年)去世[4]。

---

[1] Wilhelm Baum and Dietmar W. Winkler. *The Church of the East: A Concise History*. London: Routledge, 2003; Nikolai N. Seleznyov. Nestorius of constantinople: Condemnation, suppression, veneration, with special reference to the role of his name in East-Syriac Christianity. *Journal of Eastern Christian Studies*, 2010, 62(3-4): 165~190.

[2] (宋)欧阳修、宋祁撰:《新唐书·艺文志》,中华书局,1975年,1548页。

[3] Michio Yano. A note on Ptolemy in China. *Documents et Archives provenant de l'Asie Centrale*, Acted u Colloque Franco-Japonais Kyoto 4-8 Octobre 1988. Kyoto, 1990: 217~220.

[4] 荣新江:《一个入仕唐朝的波斯景教家族》,载《伊朗学在中国论文集》第二集,北京大学出版社,2009年,82~90页。

图一　罗马银壶（1）与北周李贤墓出土萨珊波斯银壶（2）

此外，波斯景教徒还熟知罗马人金银器（图一，1）、玻璃器乃至机械制作工艺。《册府元龟》卷五四六记载："开元二年（714年）……波斯僧及烈等，广造奇器异巧以进。"[①] 宁夏固原北周李贤墓出土高浮雕希腊神话人物银壶的主题图案（图一，2），描绘希腊神话中帕里斯裁决、掠夺海伦及其回归场景，但是装饰图案却采用波斯艺术的典型纹样——联珠纹，很可能是波斯景教徒模仿罗马银壶创作的艺术品[②]。

一、景教艺术在丝绸之路上的传播

叙利亚和波斯本土迄今未见早期景教艺术品。19世纪60年代，西西伯利亚的别列佐夫（Berezovo）出土了一件景教艺术风格的鎏金银盘，直径约18.6厘米。俄罗斯收藏家斯特罗加诺夫（S. G. Stroganov）在罗马购得，俄国艺术史家斯米尔诺夫（Ia. I. Smirnov）的《东方银器》一书中将其编为第37号银器（图二，1）。

从制作工艺和艺术风格看，研究者认为这件银盘当为6世纪叙利亚产品。银盘中心

---

① （宋）王钦若等编：《册府元龟》卷五四六，中华书局，1988年影印本，1490页下。
② 罗马银壶，引自古罗马艺术网站（http://pp.the51.com/photo/yishu/art/2656/1153824213791.html）；李贤墓出土萨珊波斯银壶，引自罗世平、齐东方：《波斯和伊斯兰美术》，中国人民大学出版社，2004年，86～88页。

图二　景教鎏金银盘（1）与洛阳新出土景教经幢图案（2）

为景教十字架，两边各有一位有翼天使，与萨珊波斯塔奇博斯坦（Taq-i-Bustan）岩洞拱顶石雕波斯有翼天使（图二，2）如出一辙[①]，因此这件银盘也许出自波斯景教徒之手。无论如何，这是目前所见丝绸之路上流传的最早的景教艺术品[②]。

2006年，洛阳隋唐故城东郊出土了一件唐代景教残经幢。这个经幢模仿佛教陀罗尼经幢，石灰岩质，呈八面体棱柱型，残高84厘米，水平截面外接圆直径40厘米。经幢中部每面刊刻楷书汉字2~6行，题为《大秦景教宣元至本经》，内容与1900年敦煌藏经洞所出《大秦景教宣元至本经》只有个别文字有出入。这是继明天启五年（1625年）西安出土《大秦景教流行中国碑》以及1900年敦煌藏经洞发现唐代景教写卷以来，景教考古又一重大发现[③]。据《经幢记》记载，这个景教经幢立于元和九年（814年）。我们感兴趣的是洛阳景教经幢上莲花十字架两旁雕有两个中国式"飞天"（图三），与俄罗斯西西伯利亚发现的一件6世纪景教鎏金银盘上十字架和两个西方天使图案异曲同工。

俄罗斯乌拉尔山西麓彼尔姆省卡勒伽诺夫卡村（Kalganovka）发现过另一件联珠

---

① 罗世平、齐东方：《波斯和伊斯兰美术》，中国人民大学出版社，2004年，79页。

② Ia. I. Smirnov (ed.). *Vostochnoe serebro. Atlas drevnei serebrianoi i zolotoi posudy vostochnogo proiskhozhdeniia, naidennoi preimushchestvenno v predelakh Rossiiskoi imperii. Izdanie Imperatorskoi Arkheologicheskoi Kommissii ko dniu piatidesiatiletiia eia deiatel'nosti*. St. Petersburg, 1909, no. 37；照片引自华盛顿大学丝绸之路网站State Hermitage Museum: Byzantium, Inv. no. [omega] 209。

③ 张乃翥：《跋河南洛阳新出土的一件唐代景教石刻》，《西域研究》2007年1期，65~73页；罗炤：《洛阳新出土〈大秦景教宣元至本经及幢记〉石幢的几个问题》，《文物》2007年6期，30~48页；葛承雍：《景教遗珍——洛阳新出唐代景教经幢研究》，文物出版社，2009年。

图三　洛阳出土《大秦景教宣元至本经》石经幢拓片

纹十字架纹银盘，直径约27厘米，以前定为公元613~629年拜占庭艺术品，现藏圣彼得堡艾尔米塔什博物馆[①]。这件银盘的十字架与叙利亚景教鎏金银盘的十字架相同，采用波斯艺术典型纹样的联珠纹样（图四，1），当系波斯景教艺术品，而非拜占庭艺术品。

1895年，俄罗斯收藏家伯克（V. G. Bock）收集到一件景教艺术风格的银香炉，高5.7、直径9.1厘米，现藏圣彼得堡艾尔米塔什博物馆。这个香炉上有基督、玛利亚、天使、使徒高浮雕圣像（图四，2）[②]，每个圣像或天使像都装饰有萨珊波斯艺术典型纹饰联珠纹，当系波斯景教艺术品，而非以前认为的拜占庭艺术品。5世纪，景教向东传入中亚阿姆河流域，在粟特城邦兴建了许多教堂。1916年，在乌兹别克斯坦撒马尔干城南约30公里的乌尔古特（Urgut）镇出土了一件景教艺术风格的铜香炉（图四，3），高12.5、直径10厘米，同年入藏圣彼得堡艾尔米塔什博物馆（编CA 12 758）。

[①] *Iskusstvo Vizantii v sobraniiakh SSSR. Katalog vystavki*. vol. 1: *Rannekhristianskoe iskusstvo II-IV vekov. Iskusstvo V-VIII vekov. Iskusstvo khristianskogo Egipta IV-VII veko*, Moscow: Sovetskii khudozhnik, 1977, no. 146: 109；华盛顿大学丝绸之路网站State Hermitage Museum: Byzantium, Inv. No. [Omega] 283.

[②] *Iskusstvo Vizantii v sobraniiakh SSSR. Katalog vystavki*. vol. 1: *Rannekhristianskoe iskusstvo II-IV vekov. Iskusstvo V-VIII vekov. Iskusstvo khristianskogo Egipta IV-VII veko,* Moscow: Sovetskii khudozhnik. 1977, no.153: 112；华盛顿大学丝绸之路网站State Hermitage Museum: Byzantium, Inv. no. GE [Omega] 125.

图四 波斯景教联珠纹十字架纹银盘（1）、萨珊波斯联珠纹铜香炉（2）和粟特景教香炉（3）

这个香炉上有高浮雕十字架小教堂和人物像，原为某个景教堂之物，年代约在8～9世纪[①]。

1955年，在乌兹别克斯坦乌尔古特镇发现了一个粟特景教徒墓地。1997年，在乌尔古特镇南端又发现一个景教堂遗址。2004～2006年，乌兹别克考古队发掘了这个教堂（图五）。这个教堂建于895年，一直沿用到13世纪蒙古西征。[②]

据洛阳出土《大秦景教经幢记》记载，元和九年（814年）立《大秦景教宣元至本经》经幢者是一群粟特景教徒，其中包括"大秦寺寺主法和玄应，俗姓米；威仪大德玄庆，俗姓米；九阶大德志通，俗姓康"[③]。后者即唐代来洛阳传教的撒马尔干城的景教徒。据亨特（E. C. D. Hunter）考证，公元9世纪，撒马尔干成为景教都主教驻锡地之一，因为宗主教提奥多斯（825～835年）把撒马尔干城列入外域都主教区。1060年，该城都主教派人通知宗主教和哈里发，云蒙古人已进攻到喀什，此事足见该城的作用。时至13世纪，撒马尔罕仍为教堂所在地。1281年，宗主教雅巴拉哈（Yabhallaha）

---

① Alexei Savchenko. Urgut revisited. *Journal of the Society for Syro-Mesopotamian Studies*, vol. 8. Oxford-Harvard, 1996: 334; Alexei Savchenko. The Monastery of Urgut investigated by the East Sogdian Archaeological Expedition. *ESAREX*, 1999: 1.

② Excavation of a presumed Christian monastery 2004～2006 (http://www.exploration-eurasia.com/EurAsia/ inhalt_english/projekt_2.htm).

③ 张乃翥：《跋河南洛阳新出土的一件唐代景教石刻》，《西域研究》2007年1期，66页。

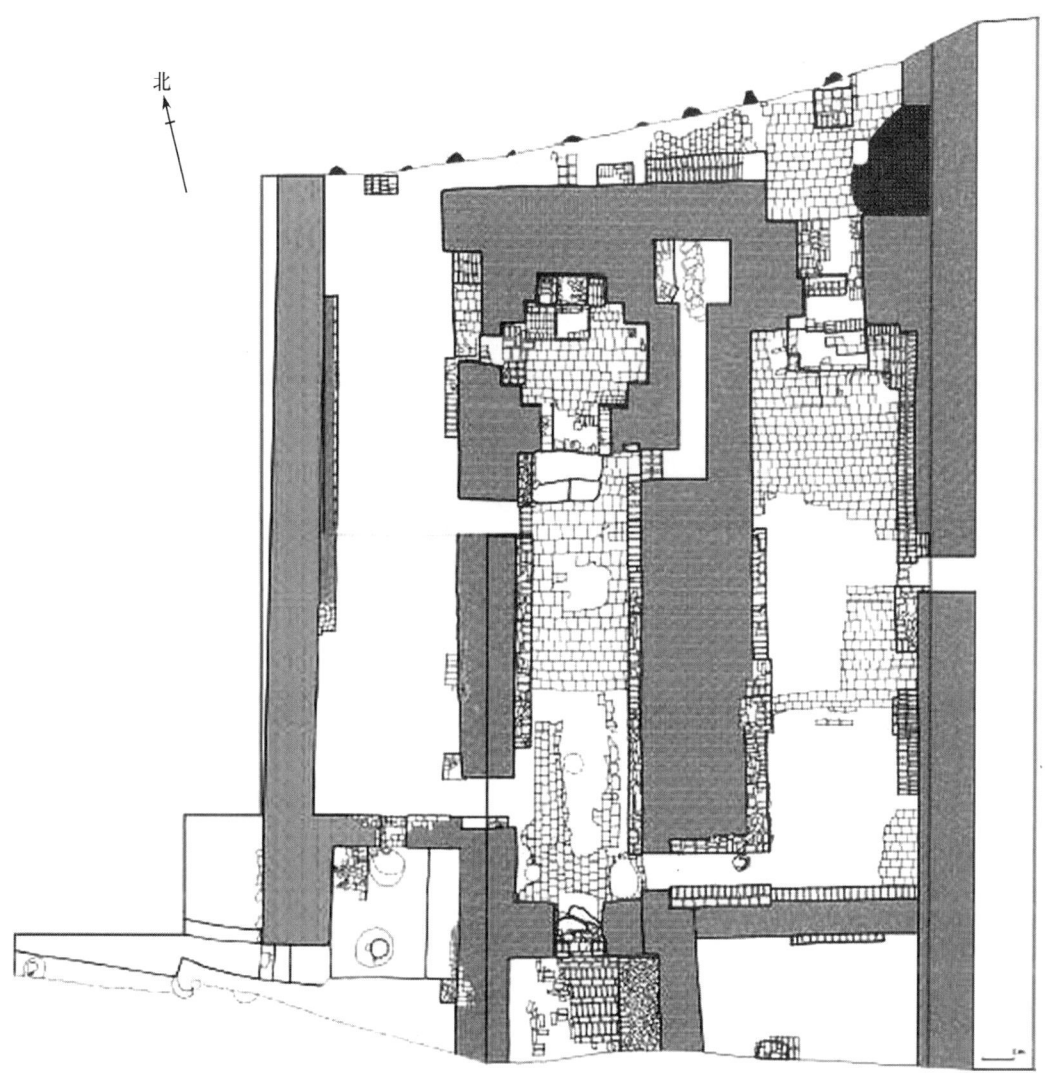

图五 撒马尔干景教堂遗址

三世就职时,出席仪式的景教高级僧侣便有该城都主教。据马可波罗报道,撒马尔干城有圣约翰主教一座雅致的圆形教堂①。

公元8世纪,中亚碎叶城成了东方景教传播的另一个重要中心。1954年,俄罗斯考古学家克兹拉索夫(L. R. Kyzlasov)在碎叶城(今吉尔吉斯斯坦阿克贝希姆古城)发现一座景教堂,年代在8世纪②。19世纪俄罗斯卡马河流域曾出土一件粟特艺术风格的

---

① 〔德〕克里木凯特著,林悟殊译:《达伽马以前中亚和东亚的基督教》,(台北)淑馨出版社,1995年,14~15页。

② G. Clauson. Ak Beshim-Suyab. *Journal of the Royal Asiatic Society*, 1961: 1~13; 努尔兰·肯加哈买提:《碎叶考古与唐代中西文化交流》,北京大学博士研究生学位论文,2006年。

图六　俄罗斯卡马河流域出土景教鎏金银盘（约9～10世纪）

景教鎏金银盘（图六），现藏圣彼得堡艾尔米塔什博物馆[①]。这个银盘图案描述《圣经》故事——耶利哥的陷落，出自《圣经·约书亚记》，绘画风格与6～8世纪抄本上叙利亚景教细密画相似[②]。研究者注意到，银盘纹饰和碎叶景教寺院出土石膏花相同，因此，这个银盘的制作地点不一定在叙利亚或波斯，而可能在中亚碎叶城粟特景教寺院[③]。

1897年，在俄罗斯乌拉尔山西麓彼尔姆省格里哥洛夫斯科村发现另一件景教鎏金银盘（图七，1），直径约23厘米。1899年入藏圣彼得堡艾尔米塔什博物馆，在斯米尔诺夫《东方银器》一书中编为38号[④]。这个银盘主题图案为基督受难的三个情节：右

---

① 〔日〕田边胜美、前田耕作编：《世界美术大全集·东洋编15·中央アジア》，（东京）小学馆，1999年，179页，图201。

② 〔德〕克里木凯特著，林悟殊译：《达伽马以前中亚和东亚的基督教》，（台北）淑馨出版社，1995年，17页。

③ 努尔兰·肯加哈买提：《碎叶考古与唐代中西文化交流》，北京大学博士研究生学位论文，2006年。

④ Ia. I. Smirnov (ed.). *Vostochnoe serebro. Atlas drevnei serebrianoi i zolotoi posudy vostochnogo proiskhozhdeniia, naidennoi preimushchestvenno v predelakh Rossiiskoi imperii. Izdanie Imperatorskoi Arkheologicheskoi Kommissii ko dniu piatidesiatiletiia eia deiatel'nosti*, St. Petersburg, no. 38. 1909; 华盛顿大学丝绸之路网站State Hermitage Museum: Eastern Iranian/Central Asian Metalwork.

图七　粟特景教银盘（1）、景教丝绸残片（2）与叙利亚出土拜占庭风格的丝绸残片（3）

下图案为基督钉死在十字架上；左下图案为基督下葬，三个士兵守卫着基督的坟墓；正中上图为基督复活，两旁有四个有翼天使。每幅图案的旁边，都有福音体叙利亚文注释，说明故事情节。铭文读作"耶稣升天"，"在鸡鸣三声之前，西门彼得不信基督"以及"武士守卫坟墓"。然后是"基督在十字架受难"，"被他宽恕罪恶的强盗"，"在他左边的强盗"，"抹大拉的玛利亚"，"玛利亚"，"天使"；最后是"狮子"和"但以理"。有关基督复活的画面耐人寻味，不见圣母玛利亚像。在基督教艺术中，圣母玛利亚往往在这个故事情节中出现，可知这个银盘为景教艺术品。从制作工艺看，很可能是9~10世纪中亚七河流域粟特景教堂的工艺品[①]。

值得注意的是，在粟特本土还发现过一件景教艺术风格的丝绸残片（图七，2），宽约19.5、长约22厘米，现藏圣彼得堡艾尔米塔什博物馆。主题图案出自《旧约创世纪》，讲述亚伯拉罕要把以撒当做牺牲之事，画面中亚伯拉罕手持尖刀，正准备宰杀他的儿子[②]。这件丝绸残片的纹饰与拜占庭丝绸（图七，3）颇为相似[③]，1889年伯克

---

① 〔德〕克里木凯特著，林悟殊译：《达伽马以前中亚和东亚的基督教》，（台北）淑馨出版社，1995年，18页和图版4.

② 同①，18页和图版5。

③ Roman Ghirshiman. *Persian Art*. New York: Golden Press, 1962: 235, fig.287.

（V. G. Bock）在埃及购得，现藏圣彼得堡埃米塔什博物馆①。从丝绸图案看，这件丝绸残片不一定产自粟特本土，更可能出自叙利亚或波斯景教徒之手。

二、敦煌藏经洞所出景教细密画

1907年，英国考古学家斯坦因（Mark A. Stein）到敦煌千佛洞考察时，用500两白银贿赂敦煌道士王圆箓，骗取藏经洞（敦煌莫高窟第17窟）古代写本24箱和佛教艺术品5箱。这批文物不全是佛教文物，还包括《大秦景教三威蒙度赞》（附有景教经典目录三十种）等唐代景教译经和一幅残破的基督像绢画（图八，1）。据日本羽田亨等学者考证，"敦煌出土的应为基督画像的绢画断片……大概为敦煌地方唐代画家接受景教司祭或教徒的订货，按其意旨或其他参考材料画成。在整个写实画法中，佛教被采入为基调。仅凭这些资料，是不能论述该地基督教美术性质的。高昌的壁画与其教义传播应一起来自波斯或粟特，其间尚无什么特殊的变化。而敦煌之基督画像已见有唐代佛像画样式的影响了"。他还在这幅画的文字说明中介绍说："基督画像，斯坦因氏在敦煌获得的绢本设色画残片，现藏大英博物馆。头饰及有波斯式翼的王冠上带有十字章，面貌等都具有写实风格。"②

1931年，英国东方学家阿瑟·韦利（Arthur Waley）将斯坦因收集品中景教残画编为48号，认为此画原为景教之物，但是在敦煌被当做菩萨崇拜③。1982年，伦敦大学艺术史系韦陀（R. Whitefield）教授把这幅圣像的性质定为"景教人物图"，年代定在9世纪④。

据西安出土《大秦景教碑》记载，贞观九年（635年），大秦国阿罗本为首的20多位僧人，不远万里来到长安。不久，他们被宰相房玄龄招入宫中，在藏书楼翻译所携经文。唐太宗李世民对阿罗本所翻经书颇为欣赏，贞观十二年（638年）七月下诏，为阿罗本等人在长安城义宁坊兴建一所景教堂。这份诏书说："道无常名，圣无常体，

---

① *Iskusstvo Vizantii v sobraniiakh SSSR. Katalog vystavki.* vol.2. *Iskusstvo Epokhi ikonoborchestva. Iskusstvo IX-XII vekov*, Moscow: Sovetskii khudozhnik. 1977, no. 432: 10 ~ 11; 华盛顿大学丝绸之路网站 State Hermitage Museum: Byzantium, Inv. No. 9472。

② 〔日〕羽田亨著，耿世民译：《西域文化史》，载《西域文明史概论》，中华书局，2005年，158 ~ 159页；陈怀宇：《高昌回鹘景教研究》，《敦煌吐鲁番研究》第四卷，北京大学出版社，1999年，图七：敦煌出土景教绘画；彭金章：《敦煌新近发现的景教遗物——兼述藏经洞所出景教文献与画幡》，《敦煌研究》2013年3期，51 ~ 57页。

③ Arthur Waley. *A Catalogue of Paintings Recovered from Tun-Huang by Sir Aurel Stein K.C.I.C.* London, 1931, no.48.

④ R. Whitefield. *The Art of Central Asia: The Stein Collection in the British Museum*, vol.1. Tokyo, 1982: 22, pl.75.

图八 敦煌藏经洞所出基督像残画（1）、萨珊波斯银币（2）和波斯景教银香炉（3）

随方设教，密济群生。大秦国大德阿罗本，远将经像，来献上京。详其教旨，玄妙无为，观其元宗，生成立要。词无繁说，理有忘筌，济物利人，宜行天下。所司即于京师义宁坊，造大秦寺一所，度僧二十一人。"（图九）⑤

《唐会要》卷四十九也收录了这份诏书，但是内容略有不同。碑文的"大秦国大德阿罗本"改作"波斯僧阿罗本"。这件诏书曰："波斯经教，出自大秦，传习而来，久行中国，爰初建寺，因以为名，将欲示人，必修其本，其两京波斯寺宜改为大秦寺，天下诸府郡置之者，亦准此。"⑥可知景教传入唐朝之初，本称"波斯经教"。为了和波斯地区流行的伊斯兰教相区别，改称"大秦景教"，而阿罗本实际为波斯景教徒。这处改动问题不大，但是碑文"远将经像"改为"远将经教"，则文义不通。因为碑文所谓"经"指景教经典，而碑文的"像"乃指基督教的圣像。景教主张"基督二性二位说"，认为圣母玛利亚只生育了耶稣的肉体，并未授予耶稣神性，所以他们反对将圣母玛利亚作为顶礼膜拜的对象，那么，阿罗本从波斯带到长安的圣像只是基督像，并非某些学者推测的还包括圣母⑦。

敦煌景教残画中基督头像刻意模仿萨珊波斯末代君主伊嗣侯（Yazdgard Ⅱ）银币上

---

⑤ （明）李之藻：《景教碑钞本》，载《天学初函》，杭州，明崇祯二年（1629年）初刻本，66页。

⑥ （宋）王溥撰：《唐会要》卷四十九，中华书局，1955年，864页。

⑦ 张绪山：《景教东渐及传入中国的希腊—拜占庭文化》，《世界历史》2005年6期，76~88页。

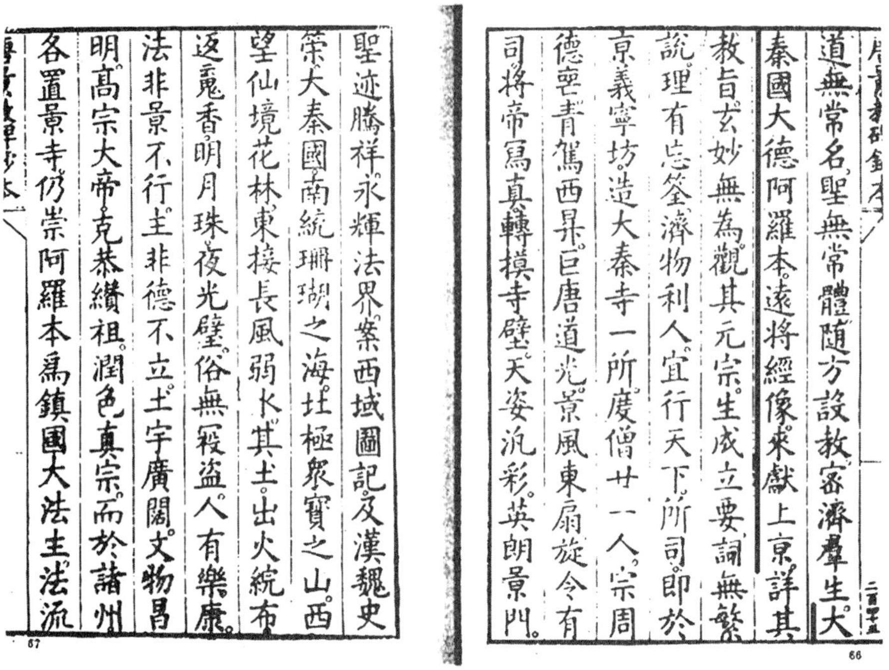
道無常名聖無常體隨方設教密濟羣生大
秦國大德阿羅本遠將經像來獻上京詳其
教旨玄妙無為觀其元宗生成立要詞無繁
說理有忘筌濟物利人宜行天下所司即於
京義寧坊造大秦寺一所度僧廿一人宗周
德喪青駕西昇巨唐道光景風東扇旋令有
司將帝寫真轉摸寺壁天姿汎彩英朗景門
聖迹騰祥永輝法界案西域圖記及漢魏史
策大秦國南統珊瑚之海北極衆寶之山西
望仙境花林東接長風弱水其土出火綄布
返魂香明月珠夜光璧俗無寇盜人有樂康
法非景不行主非德不立土宇廣闊文物昌
明高宗大帝克恭纘祖潤色真宗而於諸州
各置景寺仍崇阿羅本為鎮國大法主法流

图九　李之藻《景教碑钞本》

波斯王头像（图八，2），只是新月头冠被十字架头冠取代。敦煌景教圣像手持十字杖（图八，1）①，与波斯景教香炉上的基督像（图八，3）如出一辙，作者显然是萨珊波斯艺术家。我们怀疑，这幅景教圣像可能以波斯景教僧阿罗本带到长安的圣像为底本摹绘的。

三、高昌古城出土波斯景教细密画

20世纪初，德国吐鲁番考察队勒柯克（Albert von Le Coq）在高昌古城郊外发现一所景教废寺，位于高昌古城东城墙北端与小佛塔群之间。现存三个景教殿堂，长约20、宽近7米。这个教堂经过多次重修改建，勒柯克在内层墙壁上发现了景教残画，主要绘于东厅北墙、东墙和西厅。可惜非常残破，他只揭取了其中两幅较为完整的壁画，现藏柏林印度艺术博物馆②。其中较小的一幅残画，高43、宽21厘米，描绘了一位正在忏悔的红衣女子（图一〇，1）③。

---

① 陈继春：《唐代景教绘画遗存的再研究》，《文博》2008年4期，68页。

② Albert von Le Coq. *Chotscho: Koniglich Turfan-Expedition*. Berlin, 1913: tafel. 7.

③ 陈怀宇：《高昌回鹘景教研究》，《敦煌吐鲁番研究》第四卷，北京大学出版社，1999年，170～173页；同①，69页。

图一〇　高昌城郊外景教废寺出土壁画

　　另一幅景教残画面积稍大,宽约70、高约63厘米①。这幅画下半部表现一群手持棕榈枝的信徒簇拥着一位牧师,上半部描绘一个手持十字架的骑士像,只有马蹄部分被揭取下来(图一〇,2)。勒柯克起初以为,这幅画表现基督教祭司施洗礼的情景。据羽田亨考证,此画实际上描写基督教节日——圣枝节(Palm Sunday),也即复活节前一个星期天,人们欢迎基督骑驴进入耶路撒冷城的场景。另一位日本学者吉村大次郎认为,此画左边较大的人物像是耶稣,右边三个小人物分别为彼得、约翰和玛利亚·抹大拉②。

　　1906年,德国吐鲁番考察队的格伦威德尔(Albert Grünwedel)根据勒柯克提供的线索,在高昌景教废寺又找到另外两幅景教残画,并作了摹本。一幅为两个景教信徒,一男一女(图一一,2);另一幅描绘手持十字杖的基督骑驴像和一位女信徒(图一一,1),似乎也表现圣枝节③。会昌五年(845年),唐武宗灭佛,同时"勒大秦(景教)、穆护(摩尼教)、祆(火祆教)三千余人,并令还俗,不杂中华之风"④。景教从此在中原灭绝。

　　景教不容于唐朝,却在中原王朝鞭长莫及的吐鲁番地区发展起来。北宋使者王延德访问高昌回鹘王国(今新疆吐鲁番高昌古城)时,见到当地"复有摩尼寺、波斯

---

　　① 陈继春:《唐代景教绘画遗存的再研究》,《文博》2008年4期,68页。

　　② 〔日〕羽田亨著,耿世民译:《西域文化史》,载《西域文明史概论》,中华书局,2005年,19~20页。

　　③ Albert Grünwedel. *Altbuddhistische Kultstättent in Chinesis Turkistan Bericht über Arbeiten von 1906 bis 1907. bei Kuca, Qarasahr und in der Oase Turfan von Albert Grünwedel*. Berlin, 1912: 339~340.

　　④ (后晋)刘昫撰:《旧唐书·武宗本纪》,中华书局,1975年,605页。

图一一　高昌景教堂壁画残片摹本

僧，各持其法，佛经所谓外道者也"①。唐代景教称作"波斯教"，故唐代来华的景净、阿罗本等景教徒亦称作"波斯僧"。《宋史·天竺传》记载：太平兴国"九年（984年）五月三日，西州回鹘与波斯外道来朝贡"。所谓"波斯外道"，就指高昌回鹘王国的波斯景教徒。研究者多将高昌景教堂的废弃定在10世纪。日本学者羽田亨认为："高昌的壁画与其教义传播应一起来自波斯或粟特，其间尚无什么特殊的变化。"②那么，高昌景教绘画正是王延德《西州使程记》提到的高昌波斯僧创作的。

2016年1月6日于京城蓝旗营寓所

---

① （宋）王延德：《西州使程记》，收入（元）脱脱等撰：《宋史·外国传六》，中华书局，1977年，14112页。
② 〔日〕羽田亨著，耿世民译：《西域文化史》，载《西域文明史概论》，中华书局，2005年，19~20页。

岿峿山，南诏国的"龙舆"山

——"岿峿"一名来历试释

何金龙

（云南省文物考古研究所）

云南大理州巍山县的岿峿①图山城是南诏政权最早的城址，蒙舍诏从该山开始筑城建诏，以该诏所在的巍山坝子②为根据地，蒙舍王皮逻阁北上统一了洱海区域，唐王朝遂册封其为"云南王"，之后他又一鼓作气统一了全云南，南诏成了名副其实的"南国大诏"③。因岿峿图山城在南诏史上的重要地位及对研究南诏城址有极高的价值，2006年被公布为第六批全国重点文物保护单位。

正史中无岿峿山一名，只见于方史中，其名最早始见于南诏末期的《南诏图传》上的题记："邑主王乐着部下外券赴奏岿峿山上。"④（按：《南诏图传》上岿峿二字右侧用的就已是现今简体字的岿峿二字了，以后历代皆如此沿用岿峿二字，偶有用"垅圩"者。）（图一）之后从元代李京《云南志略》起在"岿峿"后加"图"字而成"岿峿图"，"蒙氏名细

图一 《南诏图传》上的岿峿二字

---

① 此二字读音为"lǒng yǔ"。
② 云南人称山间盆地为坝子。
③ 《南诏德化碑》语，大理市文化丛书编辑委员会：《大理古碑存文录》，云南民族出版社，1996年，4页。
④ 云南省文物管理委员会编：《南诏大理文物》，文物出版社，1992年，69页图版111。

奴罗。城蒙舍之岿䧢图而都之"①。

作为南诏风水宝地、圣地的岿䧢图山的"岿䧢"或"岿䧢图"是什么意思呢？遍查历代史料及研究者之文均未见对其意的解释。

笔者强作解人，试释之。

一、当地民间"岿䧢"一词之意

岿䧢从字形来看明显系汉语之词，汉语之词一般可顾名思义，但岿䧢一词顾名思义亦无解，况且汉字里也没有岿䧢这两个字，应为南诏新造。

岿䧢是当地人从古代沿袭下来的称呼，看来只有向当地人去了解了，而当地从古到今世居于此的民族主要是彝、白两族。巍山县博物馆馆长刘喜树先生告诉笔者，在岿䧢图山下附近彝族村寨的彝族语言里，岿䧢意为"出皇帝（或'王'）的地方"，即"龙脉"之意。

如此看来，"岿䧢山"应为"出蒙舍王之山"或"龙脉山"（图二）。

图二　岿䧢图山远景
（图中近处之山）

二、史料关于"岿䧢图"之图

与岿䧢一名不同，史料中有关于"图"的解释，"岿䧢图"之图是浮图之图，而浮图当为浮屠之异写。清《读史方舆纪要》载："岿䧢图山……号蒙舍诏。今有浮图在山上，亦曰岿䧢山，亦谓之岿䧢图城。"②"亦谓之岿䧢图城"的起因是此山为岿

---

① （元）李京：《云南志略》，王叔武校注：《大理行记校注·云南志略辑校》，云南省民族出版社，1986年，72页。

② （清）顾祖禹：《读史方舆纪要·云南纪要·云南六·蒙化府》，引自方国瑜主编、徐文德、木芹、郑志惠纂录校订：《云南史料丛刊》第5卷，云南大学出版社，1998年，786页。

屿山，山上有浮图及城址，"㟍屿图山"应为"出蒙舍王及有浮图之山"的意思。

三、"㟍屿"应为"龙舆"之谐音

前面说过㟍屿从字形来看明显系汉语之词，汉语之词一般可顾名思义，但㟍屿一词顾名思义亦无解，况且汉字里也没有㟍屿这两个字。

笔者2014年上半年领队对㟍屿图山城址进行考古调查勘探，虽然找到了湮没于地下多年的城墙墙基（图三）及大量建筑遗存（图四）等，证实了城墙的存在，但之后一直为不知㟍屿一名之意所苦。虽曾蒙刘喜树先生告知巍山彝族语言里㟍屿之意，但

图三　㟍屿图山城西城墙墙基剖面

图四　㟍屿图山城建筑遗存

仍困惑南诏为什么要新造此二字来命名此山：如是音译，为何不用别的同音汉字而非要新造峗屿二字？如是意译，汉字里无此二字，从这两个字里也看不出是什么意思。

新造峗屿二字的缘故究竟是什么？这两个字究竟是什么意思？

某日数诵峗屿两字，蓦然开窍：峗屿会不会是龙舆的谐音？

于是一切就豁然开朗了！

图五　如龙探头于巍山坝子内的峗屿图山

从峗屿山开始，蒙舍诏先是统一了巍山坝子，再北上统一了洱海区域成为云南王，最后又统一了全云南成为南国大诏，从这个意义上来看，峗屿山是南诏发迹、兴旺、强盛、称霸的风水宝地，是出南诏王的真龙天子的龙脉之舆，所以要彰显其非同一般的地位，要有个神圣的名称。笔者臆揣南诏王本欲敕封此山为龙舆山，但当时他臣服于唐王朝，虽有此意也不便明目张胆用此僭称，称龙是犯唐王朝大忌之事，但又心有不甘，为掩人耳目，字不敢用龙舆就谐音，字面还要有龙字可联想，遂以龙于二字再加山字偏旁成峗屿一名，以此暗谐此山不便明言的龙脉之舆的地位。龙舆者，龙脉之舆也。

这样一来，南诏人从字面看到峗屿二字就知道是山，能会意到龙，听、说起峗屿来从其音更可联想到龙舆之意了（图五）。

当然还有另外一种可能，就是南诏根本不在意越轨僭称，因阁逻凤都敢"坐南面而称孤"[1]、敕封五岳四渎使得"川岳既列"[2]等并刻于碑上昭告天下，敕封龙舆山也就无所谓了。但为什么不直接用龙舆而要新造峗屿呢？笔者臆测南诏是要为此山新造两个专属字以显示其特殊的尊荣地位，就像武则天要新造"曌"字作为她的专属名字一样，你中央王朝可以造专属字，我堂堂南国大诏为什么不可以！

所以，峗屿应即龙舆，峗屿山应即龙舆山。

---

[1] 《南诏德化碑》语，大理市文化丛书编辑委员会编：《大理古碑存文录》，云南民族出版社，1996年，6页。

[2] 同①，1页。

四、为什么非要用汉字来谐音？

或许有人要问：南诏人是少数民族，他们为什么不用本民族的文字？他们会说汉语、会写汉字吗？他们知道龙舆是什么意思吗？

南诏人是少数民族没错，但那时的他们只有自己的语言而没有自己的文字，所以只能用汉文来记录，况且那个时候在洱海区域通行用汉语文进行交流，理解龙舆是什么意思对他们来说完全不是问题。

先看用汉语的听、说。唐人杜佑《通典》一书记载唐代时洱海地区的居民"自云其先本汉人……言语虽小讹舛，大略与中夏同"[①]，说的是这些汉族与当地少数民族融合了不知多少代的后人所说的汉语仍基本与中原相同；唐人樊绰更进一步指出当时洱海地区的居民中，"言语音，白蛮最正，蒙舍蛮次之，诸部落不如也"[②]，说白蛮音最正，指的是白蛮的语言与汉语最为接近，蒙舍蛮则稍次之，虽稍次之仍与内地汉语比较接近，应是基本可以听懂。所以，从这些史料记载来看，当时洱海地区通行的语言应该主要是汉语，因为如不是通行的话应该早就没人会说会听了。

再看用汉文的看、写。南诏王阁逻凤"不读非圣之书"[③]，他所读的圣人之书无疑是汉文之书，著名的《南诏德化碑》碑文虽系部下撰写，但其文肯定经过阁逻凤的审阅钦准，说明南诏最高统治者的汉语文水平较高（图六）。再看诗歌、散文，它们最能反映一个人或一个民族语言水平高低。散文体的《南诏德化碑》及南诏王寻阁劝、清平官赵叔达、段义宗、杨奇鲲等的诗歌都是用汉文书写而成，可见南诏的王室、官员等对汉文化大都有较深的造诣，他们的散文、诗歌等与内地唐人的散文、诗歌相比一点也不逊色[④]。

正是由于有用汉语的环境氛围和历史基础，所以南诏用峍岈来会意及谐音龙舆就是完全可以理解的了。

五、南诏敕封"峍岈"山乃效仿内地之举

南诏敕封峍岈山并非一时的心血来潮，应是效仿内地中央王朝的敕封之举。

阁逻凤执政时期的南诏"官设百司，列尊叙卑，位分九等……通三才而制礼，用

[①] （唐）杜佑：《通典·松外诸蛮》，转引自方国瑜主编，徐文德、木芹校订：《云南史料丛刊》第1卷，云南大学出版社，1998年，626页。

[②] （唐）樊绰著，赵吕甫校释：《云南志校释》，中国社会科学出版社，1985年，297页。

[③] 《南诏德化碑》语，大理市文化丛书编辑委员会编：《大理古碑存文录》，云南民族出版社，1996年，1页。

[④] 李昆声、祁庆富：《南诏史话》，文物出版社，1984年，102~104页。

图六 《南诏德化碑》拓片

六府以经邦",俨然一个有模有样的国家政权机构设置,然后"西开寻传……北接阳山……南荒奔凑……东爨悉归",将整个云南纳为一统天下。统治机构设置了,统治范围大了,"南国大诏"之王的底气足了,阁逻凤于是"坐南面而称孤"[①]。

---

① 此条数引均见《南诏德化碑》,大理市文化丛书编辑委员会编:《大理古碑存文录》,云南民族出版社,1996年,6页。

既然"坐南面而称孤",对汉文化又比较熟悉,就仿效中央王朝皇帝的封禅之举而敕封南诏境内的大山大水,于是五岳四渎等遂"川岳既列"[①]。南诏五岳四渎的地位相当神圣,到阁逻凤之孙异牟寻与唐使崔佐时苍山盟誓时还要"上请天、地、水三官,五岳、四渎及管川谷诸神灵同请降临,永为证据"[②]。

五岳、四渎都可以敕封,敕封峣屿山这座南诏的龙舆之山更是理所当然,你内地皇帝可以新造专属的曌字,我云南王也仿效,新造专属的峣屿二字来显示龙脉之山的特殊尊荣地位。

六、"峣屿"二字并非南诏造字孤例

实际上南诏新造峣屿二字并非孤例。在滇西众多的南诏遗址(特别是城址)中一般都会出土一种被称为"南诏有字瓦"的瓦片(图七),瓦上有若干将汉字笔画略作

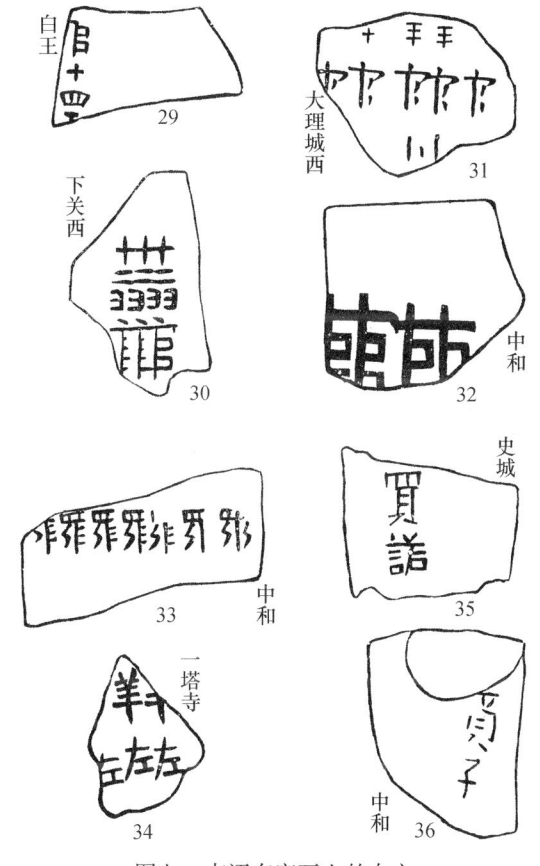

图七 南诏有字瓦上的白文

---

① 《南诏德化碑》语,大理市文化丛书编辑委员会编:《大理古碑存文录》,云南民族出版社,1996年,1页。

② (唐)樊绰著、赵吕甫校释:《云南志校释》,中国社会科学出版社,1985年,329~330页。

增损的模印文字,它们是从南诏时期起在南诏统治区域内新出现并广泛流行的一种表意记音的文字,学术界一般称其为"白文"[①],此乃南诏用汉字来新造峣屿二字的实物旁证,所以南诏新造峣屿二字并非心血来潮一时之举的孤例,而是有其广泛浓厚的造字氛围和基础的。

峣屿两字其实也是白文,只不过相较于其他一些表面难以理解的白文,峣屿二字从偏旁来看更容易读其音、会其意,或者说没有人会读错、领会错,这或许也是造字者当时造此二字的标准之一。

所以,峣屿者,龙舆也!峣屿山者,南诏的龙舆之山也!

---

① 李昆声、祁庆富:《南诏史话》,文物出版社,1984年,100~102页。

编 后 记

高明先生九秩华诞庆寿论文集编讫待印，编辑刘能嘱曹玮师兄写一篇编后记。曹师兄要我执笔。曹师兄是我的两重师兄，我们既是高先生的学生，高先生又先后把我们送到中华书局王文锦先生那里学"三礼"，所以我们又是王先生的学生。且师兄尊师道，重情义，有事每每都是他张罗主持。他的吩咐，我只得应命。

去年春节后一天，李零先生在邮件中跟曹师兄和我说，他前一天和王世民先生一起去看望了高先生，高先生八十九岁了，可能是年龄最大的古文字学家，我们应该以什么方式来庆祝一下。曹师兄与葛英会老师和北大考古文博学院杭侃院长联系，刘能也与古代文明中心徐天进主任联系，我们的建议得到了北大考古文博学院的大力支持，决定以论文集的形式，出一本庆寿文集，文集由我们来组稿编辑。在和曹玮师兄、冯时老师讨论之后，我们在复旦大学出土文献与古文字研究中心网站和中国社会科学院考古研究所考古网上刊登了文集的征稿启事，并由曹师兄的学生毕经纬博士设立了一个专门收稿件的邮箱。

不久我们就收到认识的和不认识的学者的来信。严文明先生不顾眼疾，在回信中说："高明先生是我的师兄，又是多年的同事和至交好友，我一定在稍后提供一篇文章来庆祝和纪念。"中国科学院自然科学史所的苏荣誉教授，在北大考古系讲授青铜冶金铸造多年，他回信说："弟夙敬仰高先生道德文章，值此大庆，当以小文以悉其盛。"北京大学图书馆的胡海帆先生，曾经和高先生一起整理容媛先生留下来的石刻资料，也送来了他的论文。冯时老师的学生、中国社会科学院考古研究所的年轻后俊黄益飞博士也为高先生祝嘏作文。韩国的朴载福和李永彻两教授是在北大考古文博学院拿的博士学位，他们来信说："高先生是我们的恩师。我们在北京的时候经常与高先生交流。"但是，由于种种原因，他们以及其他一些文章最后没来得及收到本论文集。因此，这本论文集所代表的只是我们老中青三代人表达对高先生敬意的小小的一部分而已。

从北京大学考古系退休以来，高先生仍然勤于著述，笔耕不辍，近年屡有新作发表。2011年和涂白奎师兄一起增订的《古文字类编》出版，2013年又出版了自己的论文集《古文献古文字考古学论集》。之后又本着一个历史工作者对历史负责的态度，在最近北大考古文博学院学生的北大考古口述史的采访中，坦诚地讲述了自己对过往历史的回忆，不为尊者贤者讳，说了一些以前他不愿意形诸文字的往事。这些事在高先生心中也是积攒了多年。记得1994年春在我硕士论文答辩结束之后，高先生和我有一次几个小时的长谈。他的意思是，我毕业了，以后出去到社会上工作，有些事情我应该知道。我当时分配到中国历史博物馆（现在的中国国家博物馆）工作。历博的馆长是高先生以前北大的朋友兼同事俞伟超先生。高先生深情地回忆了他和俞先生数十年在北大共事的友谊，他们合写《周代用鼎制度研究》的经过以及后来的一些误会。最后嘱咐我去了历博工作以后，要处理好和俞先生的关系。

高先生没有门户之见。他从来不把他的学生当做"子弟兵"。我在北大学习期间，他给我做了课程的安排：前两年四个学期，第一学期专攻说文段注，第二学期甲骨，第三学期金文，第四学期战国文字；接下来就是写硕士论文，然后毕业。其他则给我们充分的自由。他倒特意要我去上中文系唐作藩先生的音韵学课和地理系王北辰先生的历史地理课，还帮我们联系去中华书局王文锦先生那里学习"三礼"。他鼓励我去中文系听裘锡圭先生、李家浩先生的课。在我北大入学不久，李零先生从美国回来，高先生说："李零年轻，学问好，以后多去跟他学吧！"就把我介绍给了李零先生。

后来我认识考古、文物界的人多了，发现他不只对学生是这样，对几乎所有向他请教的青年学子、书法篆刻爱好者，都是这样，一视同仁，有教无类。很多年轻人都受到过他的提携与帮助。那年在北大，还有从云南民族学院来北大进修的彝族学者张纯德老师，作彝文与汉语古文字的比较，高先生也是定期和他见面，他们还合写了秦简日书和彝文日书的研究文章。

清代学者王夫之说："立门庭者必饾饤，非饾饤不可以立门庭。"高先生不立门户，但他有自己的大的坚持。他曾经二十多年参加考古田野工作，北大后来做得轰轰烈烈的曲村遗址和周原遗址的发掘，最初的调查与试掘有高先生的努力，但是他事成而退，从来没有居功自傲。他曾经很关心考古系的古文字学建设，精心编著了全国第一套古文字学教材，在考古系教学孜孜矻矻三十多年。因为他认为，多数古文字材料，首先是考古材料，因此对于考古环境的认识对古文字研究至关重要。对文字起源的研究，他认为唯一的希望是今后的考古发掘。改革开放以后，他积极参与了中国古文字学术研究会的建设，为汉语古文字学的发展做出了突出的贡献。在退休之前，他耿耿于怀的一件事，是北京大学从来没有主办过一次古文字学会的年会，都是其他兄弟院校操办，他觉得很过意不去。我到北大念书之初，他还谆谆教导，做考古古文字研究的，要与收藏文物、买卖文物以及古董商划清界限。他说这是夏鼐、张政烺等老先生从史语所传下来的老传统、好传统。先生待人以诚，持之以恒，无怨无悔。在朋友、学生有困难的时候，他常是第一个伸出援手支持。"文革"中俞伟超先生受到冲击，数次自杀未遂，虽然活了下来，但是伤了身体，事后帮着照料养伤的是高先生一家。张忠培先生在故宫博物院院长任上被停职反省，承受巨大的政治压力，高先生亲自登门探望。而一旦故友旧人身居高位，飞黄腾达，高先生则避之唯恐不及，"不想给人家添麻烦"。

这就是我们敬爱的高明先生。后来我出国念书、工作，回北京的机会少了，与高先生见面的机会也少了。但每次见面都很亲切，高先生和师母问寒问暖，问长问短，问个人的生活与学习，问国内外故人的近况，仍然关心着我们最近在做什么研究，学界有什么新的进展。2011年夏，我到北京开古代墓葬美术会议，利用会议的空当去蓝旗营寓所看望他。高先生说现在出土的、盗掘的古文字材料太多了，他已经赶不上时代了，我们年轻人应该好好做。谈到学界一些不良风气时，清癯矍铄的高先生叹息说，高邮二王在他们那个时代当然是佼佼者，但是如果我们现在有这样他们所不得见的新材料，还停留在他们那样的水平，不能超越他们，那就落后了。他还说，中国有敬老的传统固然好，但要是老而不自知，抱残守缺，甚至利用自己的权威，左右局势，阻止年轻人创新，那就更可悲了。

我常想，和自己年迈的父母一样，高先生有时也会感到寂寞吧。非常愧疚的是，这些年，我们东奔西跑的，陪他说说话的时间，实在太少。但或许如汪曾祺先生说的，"安于寂寞是一种美德，寂寞的人是充实的"，"寂寞是一种境界，一种很美的境界"。

这就是高先生的境界。

来国龙
2016年10月31日

(K-2511.01)
ISBN 978-7-03-051053-2

定价：180.00元